*Apega-te à instrução e não a largues;
guarda-a, porque ela é a tua vida.*

Provérbios 4:13

GOVERNANÇA EM AQUISIÇÕES PÚBLICAS

Teoria e prática à luz da realidade sociológica

RENATO FENILI

GOVERNANÇA EM AQUISIÇÕES PÚBLICAS

Teoria e prática à luz da realidade sociológica

Editora Impetus

Niterói, RJ
2018

© 2018, Editora Impetus Ltda.

Editora Impetus Ltda.
Rua Alexandre Moura, 51 – Gragoatá – Niterói – RJ
CEP: 24210-200 – Telefax: (21) 2621-7007

CONSELHO EDITORIAL
ANA PAULA CALDEIRA • BENJAMIN CESAR DE AZEVEDO COSTA
ED LUIZ FERRARI • EUGÊNIO ROSA DE ARAÚJO
FÁBIO ZAMBITTE IBRAHIM • FERNANDA PONTES PIMENTEL
IZEQUIAS ESTEVAM DOS SANTOS • MARCELO LEONARDO TAVARES
RENATO MONTEIRO DE AQUINO • ROGÉRIO GRECO
VITOR MARCELO ARANHA AFONSO RODRIGUES • WILLIAM DOUGLAS

Projeto Gráfico: Editora Impetus Ltda.
Editoração Eletrônica: SBNigri Artes e Textos Ltda.
Capa: Claudio Duque
Revisão de Português: C&C Criações e Textos Ltda.
Impressão e encadernação: Editora e Gráfica Vozes Ltda.

F379g
    Fenili, Renato
       Governança em aquisições públicas: teoria e prática à luz da realidade / Renato Fenili. - Niterói, RJ: Impetus: 2018.
       380 p. ; 16x23cm.

       Inclui bibliografia.
       ISBN: 978-85-7626-991-5

       1. Administração pública. 2. Licitação pública. 3. Contratos administrativos I. Título.

       CDD: 31

O autor é seu professor; respeite-o: não faça cópia ilegal.
TODOS OS DIREITOS RESERVADOS – É proibida a reprodução, salvo pequenos trechos, mencionando-se a fonte. A violação dos direitos autorais (Lei nº 9.610/1998) é crime (art. 184 do Código Penal). Depósito legal na Biblioteca Nacional, conforme Decreto nº 1.825, de 20/12/1907.

A **Editora Impetus** informa que quaisquer vícios do produto concernentes aos conceitos doutrinários, às concepções ideológicas, às referências, à originalidade e à atualização da obra são de total responsabilidade do autor/atualizador.

www.impetus.com.br

Aos meus pais, vencedores nessa vida, e que se foram cedo demais.

Agradecimentos

Se você pensa que educação é cara, experimente a ignorância. Derek Bok, ex-presidente da Universidade de Harvard, sintetiza com rara propriedade muito do discernimento que carrego ao refletir sobre a trajetória que me conduziu à concretização desta obra.

É nesse bojo que agradeço, em primeiro plano, aos que investiram em minha educação, dotando-me de instrumentos bastantes para que eu possa bem compreender a realidade, fruir de independência intelectual e criar novos caminhos que possam coadjuvar com o avanço da sociedade, jogando facho de luz em plagas ainda obscurecidas.

Meus pais se foram cedo demais. Mas plantaram raízes sólidas aqui. Lavraram fecundas sementes na minha formação, dispensando tempo e recursos. Pude ir além, por uma cultura familiar que primou pelo exemplo e pelo ensino. Sou e serei sempre grato por isso. Sou impelido a ir além. E a fazer o mesmo por meus filhos. Agradeço a eles por isso. Todos os dias.

Professora Eda Lucas. Minha orientadora de mestrado e doutorado, profissional ímpar, exemplo de retidão e de competência. Obrigado por ter feito de mim uma pessoa melhor. Por abrir um novo mundo a mim, até então desconhecido. Por ter me transformado em uma pessoa com senso crítico mais apurado, por ter acreditado em mim. Você tem o mais sincero dos meus reconhecimentos.

O processo de escrita deste livro foi denso e, por vezes, fatigante. Tomou cerca de 12 meses, em esforços correntes. Nesse período, a disciplina e a força de vontade foram constantes, norteados sempre por minha família, destacando-se, inequivocamente, duas pessoinhas: Catarina e Matheus. Não há motivação maior do que querer ser exemplo a seus filhos. Obrigado por me instigarem a entregar sempre a minha melhor versão a vocês.

Injusto seria não reconhecer, em outro plano, a própria Câmara dos Deputados, por possibilitar o meu desenvolvimento profissional. A equipe da Central de Compras daquela Casa Legislativa, que congrega rol de competências inigualável neste País. Vocês me impelem a querer ser um servidor mais abalizado, em todos os momentos. Estamos fazendo história na logística pública brasileira.

Por fim, agradeço àqueles que se preocupam, de fato, com a coisa pública. E que trabalham para um Brasil mais justo. Esta obra é para vocês.

O Autor

Renato Fenili é doutor em Administração pela Universidade de Brasília (UnB), com tese voltada à temática de compras públicas, inovação e desempenho. É mestre pela mesma instituição, permanecendo vinculado à UnB como membro de grupo de pesquisa em inovação, cultura, práticas sociais e governança pública. Especialista em gestão de materiais e patrimônio. Autor de artigos e livros sobre licitações e logística pública. Professor e palestrante da Escola Nacional de Administração Pública (ENAP), responsável pela estruturação de cursos naquela escola de governo. Palestrante e docente de destaque no cenário nacional de eventos voltados às aquisições públicas. Diretor da Central de Compras da Câmara dos Deputados, e gerente, naquela Casa legislativa, da área temática de licitações sustentáveis. Idealizador e Diretor do Laboratório de Inovações em Compras Públicas (Lab-Comp), o primeiro laboratório do gênero na América Latina. Professor de Administração de Materiais, Licitações e Contratos e Administração Geral e Pública, com docência em cursos de pós-graduação no Instituto de Gestão, Economia e Políticas Públicas.

Prefácio

Prefaciar a presente obra apresenta-se como desafio tão proeminente quanto foi escrevê-la. O risco, *in casu*, é não fazer jus à leitura que está por vir nas próximas páginas. Arquitetar este pórtico demanda prover, com esmero, os devidos recortes, a acurada contextualização e o incitação preambular de reflexões.

De antemão, consigna-se que este livro prima por sua aderência ao contexto sociológico brasileiro. E, assevera-se, vem a preencher lacuna na literatura de compras e contratações públicas. Desconhece-se, *a priori*, outra obra que venha a discutir e a desvelar, tão abertamente, a relação entre cultura, poder e licitações e contratos administrativos, faceando assuntos ao mesmo tempo críticos e paradoxalmente negligenciados na produção literária do ramo. Falta de estrutura, *déficit* em gestão de pessoas, influências indevidas no rito de aquisições, interesses diversos e por vezes conflitantes de *stakeholders*, resquícios patrimonialistas ainda vigentes. Tais elementos são aqui não só visitados, mas esmiuçados com a devida profundidade.

Em ótica macro, este estudo repousa no trinômio *gestão – sociologia – juridicidade*. Distingue-se, pois, da perspectiva dominante que inscreve as compras públicas como rito reduzido unicamente ao direito administrativo, passando a debatê-las como prática imanente à logística, levada a cabo em determinada conjuntura social, e regulamentada por arcabouço normativo e jurisprudencial específico, denso e em constante mutação. A premissa é que abalizar-se em dissertar sobre os comandos legais e infralegais não se coaduna mais com os anseios de uma sociedade ávida pelo pragmatismo e por resultados. Da mesma sorte, adotar um discurso etéreo, que não perpassa o emprego cosmético de sentenças em nível principiológico, redunda em parca efetividade.

Seria prolixo dizer que compras e contratações públicas, no Brasil, consubstanciam temática complexa. O que se propõe, contudo, é o entendimento das origens dessa complexidade, bem como a construção de modelo mental capaz de bem lidar com as variáveis em ação. Grosso modo, os estudos sobre licitações voltam-se a aclarar os meandros jurídicos, mesclando-se, não raramente, prescrições legais com uma série de acórdãos associados. O esforço, assim, reside no mundo da hermenêutica. No entanto, conjetura-se, outro lado da moeda permanece intocado: o enredamento é, sobretudo, fruto da complexidade e da diversidade do Brasil.

Inexiste, salvo melhor juízo, uma realidade homogênea em nosso País, ao falarmos de licitações e contratos administrativos. Convivem, ao mesmo tempo, práticas de gestão robustas com outras incipientes, a depender do órgão ou entidade que as capitaneia. Fala-se em *blockchain* e em certificado digital, ao passo que há prefeituras, por exemplo, que não gozam de acesso à internet. Modelam-se critérios inéditos para a delimitação da dosimetria em sanções administrativas, ao passo que alguns órgãos simplesmente não aplicam sanções, seja por insuficiência de estrutura para a instrução processual, seja por malpropícia interferência política. Há iniciativas premiadas em compras compartilhadas e em transparência, ladeadas por investigações de conluios e direcionamentos em certames.

A realidade municipal, no bojo das aquisições públicas, difere significativamente da federal. Há morosa capilarização das práticas, de forma que novas disposições de instruções normativas ministeriais, por exemplo, não reverberam no nível local. Convivem, em apertada síntese, diversos "Brasis", sob o guarda-chuva de um único arcabouço regulatório de compras e contratações elaborado pelo e para o nível federal. O resultado é patente: customizações desacertadas de rotinas e exigências incompatíveis com os recursos de pessoal acessíveis.

É nesse panorama que se deve discutir a governança em aquisições públicas, tão fragilizada na descrita conjuntura. Governança, ao pressupor o atendimento dos anseios do principal, vai além da hermenêutica jurídica. O foco passa a recair no cidadão, inscrito em relação de agência com o setor público e desfavorecido pela assimetria de informação. Quanto mais madura for essa ótica, mais se compreende que as dimensões de desempenho das compras governamentais extrapolam a visão clássica *celeridade – preço econômico – qualidade*. A comunidade, hoje, demanda também ritos transparentes, de baixo custo de instrução e que culminem em objetos que propiciem o desenvolvimento sustentável – nas searas ambiental, social e econômica.

Em sentido lato, o Brasil é um país carente de governança pública. Com uma pecha personalista / patriarcal não expurgada pelo modelo burocrático implantado por Getúlio Vargas, as legítimas aspirações dos cidadãos permanecem debilitadas em face de práticas pouco republicanas. Nesses lindes, fortalecer a governança – em especial no que concerne às contratações públicas – é resgatar dívida histórica de origens ainda coloniais.

Fato é que as lentes acuradas oportunizadas pela governança fazem das compras públicas instrumento de fomento e de execução de políticas do Estado. Afinal, de outro modo não poderia ser, como corolário único da relação de agência já trazida à baila. Destarte, aquisições estatais, em condições ideais, devem não só consubstanciar o núcleo duro da execução de convênios e de contratos de repasse, mas também promover o fomento de mercados, o desenvolvimento local, a isonomia afeta às micro e pequenas empresas, além de investir em ações afirmativas sociais. Em perspectiva dilatada, o agente de compras deve, no limite de sua discricionariedade, balizar-se pelos Objetivos de Desenvolvimento Sustentável da Organização das Nações Unidas (ODS), moldando as contratações a fim de que assumam a faceta de preditora dessa agenda.

Não se olvida, à luz da mesma governança, que as compras públicas são mais intrincadas hoje do que há dez anos. Em épocas passadas, não se falava em termo de referência, gestão de riscos, planos anuais de compras, estudos técnicos preliminares. Não se justificava, nos autos, a formação de lotes. Inexistia a Lei de Acesso à Informação. O critério de instrumento de medição de resultado (IMR) era desconhecido, bem como as sistemáticas de conta-depósito vinculada ou pagamento pelo fato gerador... E, hipotetiza-se, há tendência de as compras tornarem-se ainda mais laboriosas no futuro, como simples decorrência de uma invocação social que pugna por altos níveis de *accountability*.

Por óbvio, tal cenário impinge tanto o desenvolvimento de competências específicas ao agente quanto o fomento de um ambiente enobrecido na busca pela inovação.

A salubre (e, por vezes, utópica) atuação do gestor de compras o afasta do estereótipo de mero operador do Direito, rumando-se ao perfil proativo de um administrador multifacetado. O *know how* técnico-jurídico é apenas uma das competências necessárias: soma-se a ela a destreza em dirigir pessoas, a perícia em bem alocar os seus recursos escassos e a habilidade em diligenciar negociações e em criar redes, como forma de ampliar seus espaços de poder e promover a almejada sinergia. Outrossim, cabe ao gestor assumir o papel de empreendedor público, implementando as inovações *top down* e vivificando as de fluxo inverso.

Eis o *locus* de inserção desta obra, que simboliza divisa na maturidade acerca das compras e contratações públicas. Com a devida vênia a um ramo bibliográfico crescente, circunscrever-se à *compliance* é muito pouco. Tratar a gestão de riscos como se o objetivo último fosse é um equívoco. Menoscabar o modelo burocrático de gestão é argumento raso em face da cultura entrópica brasileira. O quadro é incompleto e tendencioso, não raramente delineado com esteio em vulnerável senso comum.

A maximização da relação de agência, assevera-se, só é atingida com a inovação, que transcende em muito a conformidade imanente ao conceito de *compliance*.

Como empreender em um quadro predominante de aversão ao risco? Como planejar as compras se, nas últimas décadas, os projetos de lei orçamentária apresentam demandas fictícias, que não são concretizadas? De que forma podemos implantar a governança se as equipes que se voltam às compras são parcas em contingente, em conhecimentos e em habilidades (e com alto índice de *turnover*)? Como fomentar a inovatividade no rito de contratações públicas, se os agentes mal dão conta de suas atividades de rotina? E, ainda, como compatibilizar o procrastinado procedimento licitatório com o senso de urgência dos governantes, que almejam concretizar o máximo nos limites temporais de seus mandatos? Ao enfrentarmos, objetivamente, essas questões, encontramos o nível de análise apropriado.

Sinta-se convidado, nas próximas páginas, a sair do lugar comum, da trivialidade. A ampliar o seu ferramental. E a emergir, ao final, com uma perspectiva sistêmica e socialmente conexa sobre a governança em aquisições públicas.

Renato Fenili
Autor

Sumário

Capítulo 1 – O conceito de governança: origem, teorias subjacentes e delimitação do construto 1

1. Introdução 1
2. Origens do conceito de governança 3
3. Teorias organizacionais e o substrato da governança 4
   3.1. A Teoria dos Custos de Transação 5
   3.2. A Teoria do Agente-Principal 8
      3.2.1. A Teoria do Agente-Principal aplicada às aquisições e contratações públicas 13
4. Definição constitutiva de governança e distinção com relação à gestão 19
5. Análise do conceito de governança em aquisições públicas proposto pelo Tribunal de Contas da União 27
   5.1. Sem liderança, não se faz governança? 29
   5.2. Estratégia e mecanismos de estratégia: uma distinção necessária 31

Capítulo 2 – Modelo de governança das compras e contratações públicas: casando a inovação *top down* com a *bottom up* 33

1. Introdução 33
2. Inovação no setor público e os fluxos *top down e bottom up* 34
   2.1. Compras públicas e inovação 38
3. Governança das aquisições na jurisprudência do TCU 46
   3.1. Recomendações afetas ao planejamento 48
      3.1.1. Plano de Logística Sustentável (PLS) 49
      3.1.2. Plano Estratégico de Compras e Contratações 49
      3.1.3. Plano Anual de Compras e Contratações 50
      3.1.4. Políticas e Estratégias Gerais 51

3.2.	Recomendações afetas à organização	53
3.3.	Recomendações afetas à direção	54
3.4.	Recomendações afetas ao controle	55
4.	Concepção do modelo de governança de aquisições	57
4.1.	Variável "PLS" como preditora de outros instrumentos de governança	59
4.2.	Variável "Gestão Estratégica" como preditora de instrumento de governança	60
4.3.	Variável "Gestão por Competências" como preditora de outros instrumentos de governança	61
4.4.	Variável "Estrutura" como preditora de outros instrumentos de governança	62
4.5.	Variável "Gestão de Riscos" como preditora de outros instrumentos de governança	64
4.6.	Apresentação do modelo final	65

Capítulo 3 – Gestão de Riscos nas Compras e Contratações Públicas 69

1.	Introdução	69
2.	O conceito de risco	72
3.	Breve panorama histórico da gestão de riscos	75
4.	Níveis da aplicabilidade da gestão de riscos em aquisições e contratações públicas	83
5.	Análise do documento RCA	85
6.	A implantação da gestão de riscos nas aquisições e contratações públicas: passo a passo	89
6.1.	A gestão de riscos no metaprocesso de aquisições públicas	94
6.1.1.	Alinhamento metodológico	95
6.1.2.	Definição do objeto de análise	97
6.1.3.	Definição das unidades administrativas envolvidas – formação da equipe	98
6.1.4.	Definição do cronograma de trabalho	102
6.1.5.	Identificação dos riscos	104
6.1.6.	Compilação dos riscos e redação apropriada	107
6.1.7.	Avaliação dos riscos	114
6.1.8.	Construção e validação da matriz de riscos	117
6.1.9.	Tratamento dos riscos	123

	6.1.10.	Confecção de relatório executivo e aprovação do Plano de Gestão de Riscos em Aquisições	125
	6.1.11.	Implementação e monitoramento	126
6.2.		A gestão de riscos em processos específicos de compras e contratações públicas	127

Capítulo 4 – O Plano de Logística Sustentável e as compras e contratações públicas: um paradigma em construção 129

1. Introdução 129
2. Os conceitos de desenvolvimento sustentável e de licitação sustentável . 132
3. Regulamentações e práticas de gestão em prol do desenvolvimento sustentável mediante as compras públicas 137
   - 3.1. O tratamento diferenciado às micro e pequenas empresas 138
   - 3.2. Guias práticos de licitações sustentáveis, com foco ambiental 142
   - 3.3. Análise do custo de ciclo de vida do produto 143
   - 3.4. Exigência de processos de logística reversa 148
   - 3.5. Ações (sociais) afirmativas no âmbito de contratos administrativos .. 150
4. Facilitadores e barreiras na implementação do paradigma das licitações sustentáveis 154
   - 4.1. Aspectos informativos 160
   - 4.2. Aspectos legais e principiológicos 160
   - 4.3. Aspectos organizacionais (estrutura, suporte gerencial e cultura) 161
   - 4.4. Aspectos orçamentários / financeiros e de disponibilidade de mercado 161
5. O PLS como preditor da sustentabilidade nas compras públicas 168

Capítulo 5 – O Plano Estratégico de Compras e Contratações Públicas 175

1. Introdução 175
2. O Plano Estratégico de Compras e Contratações como instrumento de melhoria processual 176
   - 2.1. As dimensões de desempenho das compras e contratações públicas . 177
   - 2.2. A gestão estratégica aplicada às aquisições públicas: ilustração e interfaces com outros métodos 181
     - 2.2.1. Concepção do plano estratégico: estudo de caso 184
     - 2.2.2. A interface entre a gestão estratégica e outros métodos de aperfeiçoamento processual 192
3. O Plano Estratégico como cronograma de compras e contratações em longo prazo 194

Capítulo 6 – O Plano Anual de Compras e Contratações Públicas **199**

1. Introdução 199
2. Tipos de Plano Anual de Compras e Contratações e um breve debate à luz da entropia 200
3. Aspectos metodológicos subjacentes à elaboração do plano anual de compras e contratações 206
   - 3.1. Definição de unidades supridoras 207
   - 3.2. Publicidade às unidades (supridoras e solicitantes) em relação aos prazos para a elaboração do PACC 210
   - 3.3. Levantamento das demandas pelos solicitantes e consolidação pelos supridores 213
   - 3.4. Centralização das demandas pelo setor de compras / contratações ... 215
   - 3.5. Classificação da complexidade das demandas 217
   - 3.6. Distribuição das demandas ao longo do exercício e definição de datas 220
   - 3.7. Adequação do PACC à LOA e publicação na internet 222
   - 3.8. Breve análise da IN nº 01/2018 MPDG enquanto método de elaboração do plano anual de contratações 222
4. Aspectos metodológicos (e políticos!) subjacentes à execução do plano anual de compras e contratações 225
   - 4.1. Um pouco de microssociologia do poder e o PACC 225
   - 4.2. Execução do PACC: acompanhamento e exceções 227

Capítulo 7 – Diretrizes para gestão por competências em aquisições: um pouco de luz sobre a temática **231**

1. Introdução 231
2. As recomendações do Tribunal de Contas da União e o modelo de gestão por competências 231
3. Desenvolvimento de um plano de capacitação em aquisições com base na gestão por competências 238
4. O pregoeiro pode ser um robô? Competências em um horizonte estratégico 243
5. Quando, na prática, a teoria é outra: traços da culturais brasileiros ... 248
   - 5.1. A importância da cultura como substrato da análise organizacional .. 248
   - 5.2. A conflituosa adoção universal de modelos e de práticas de gestão estadunidenses 249
   - 5.3. Cultura nacional e do setor público brasileiro 251
     - 5.3.1. Traços da cultura brasileira para a análise organizacional 252

	5.3.2. Traços da cultura do setor público brasileiro para a análise organizacional	255
6.	A prática imperfeita da gestão por competências ao longo do processo de compras e contratações públicas	258
	6.1. Hierarquia, autoritarismo e distância do poder *versus* gestão por competências	258
	6.2. Personalismo e paternalismo *versus* gestão por competências	259
	6.3. Reformismo e rotatividade de pessoal *versus* gestão por competências	261
	6.4. Espírito aventureiro *versus* gestão por competências	262
	6.5. Aversão aos empreendedores e burocratismo *versus* gestão por competências	263
7.	Conclusão	263

Capítulo 8 – Diretrizes para sanções administrativas em compras e contratações públicas **265**

1.	Introdução	265
2.	As sanções administrativas na legislação sobre licitações e contratos	267
	2.1. Advertência	270
	2.2. Multa	270
	2.3. Suspensão de participação em licitação e impedimento de contratar com a Administração	273
	2.4. Declaração de Inidoneidade	275
	2.5. Impedimento de licitar e de contratar com a esfera federativa e descredenciamento no SICAF ou sistemas semelhantes	279
3.	Questões práticas (e controversas) sobre sanções administrativas	283
	3.1. Há discricionariedade por parte do gestor público na aplicação das sanções?	283
	3.2. Um histórico negativo de uma empresa, em termos de sanções, pode ser considerado para fins de inabilitação em licitação?	285
	3.3. É possível prorrogar, a pedido da contratada, um prazo de entrega que já se exauriu?	286
	3.4. Os contratos administrativos das empresas apenadas com suspensão, impedimento ou inidoneidade podem ser prorrogados?..	287
	3.5. As sanções de suspensão, declaração de inidoneidade (Lei nº 8.666/93) e impedimento (Lei nº 10.520/2002) devem ensejar o cancelamento de ata de registro de preços vigente?	288
	3.6. Cabem as sanções da Lei nº 8.666/93 no caso de Pregão?	290
	3.7. A retenção de pagamentos é sanção passível de ser aplicada?	292

3.8. Um agente público que for omisso na abertura de processo que possa culminar em sanção administrativa pode ser responsabilizado?... 292

4. Diretrizes na instrução do processo administrativo de sanção: estudos de caso.. 293

Capítulo 9 – Em busca da perenidade da inovação nas aquisições públicas.. 311

1. Introdução.. 311
2. Teoria Institucional, cultura e inovação... 312
3. *Linking bees to the trees*: os laboratórios de inovação........................ 319
4. A racionalidade na operação de um laboratório de inovação em compras públicas.. 328

    4.1. A percepção do rito de compras como um serviço à organização......... 328

    4.2. O exercício do laboratório pautada por um modelo de inovação em compras públicas.. 331

5. Considerações Finais.. 339

Referências **341**

Capítulo 1

O conceito de governança: origem, teorias subjacentes e delimitação do construto

1. INTRODUÇÃO

O cerne da presente obra repousa – como se vislumbra em seu título – no próprio conceito de governança, bem como sua contextualização à temática das compras e contratações públicas.

Se, por um lado, o norte oferecido por um único conceito confere segurança na evolução da aprendizagem e da análise ora iniciada (afinal, minimiza-se a probabilidade de perda de foco), por outro, a multidimensionalidade da governança, associada a imprecisões generalizadas em seu delineamento, vem a compor riscos no que concerne ao alcance e à aplicabilidade desta obra.

De antemão, faz-se aqui um registro, quase que em um tom de desabafo: governança é um conceito complexo. Faz parte de uma família de conceitos densos e repletos de camadas e vieses, tais como cultura, inovação e desempenho. Os que se lançam a adotar um discurso em prol de sua simplicidade não raramente confundem governança e gestão. Ou, de forma usual, fazem pior: confundem governança com uma ou mais funções administrativas, sendo as mais recorrentes o planejamento, a direção (imergindo, neste caso, na liderança) e o controle. O imbróglio envolvendo a conceituação de governança é assim tocado por Eagleton-Pierce (2010, p. 2):

> Em menos de duas décadas, esse termo [governança] reemergiu de seu *status* dormente anterior para ser repensado e empregado ao longo de uma série de domínios e instituições, mas usualmente por atores que possuem finalidades diferentes e contraditórias. O termo foi promovido a uma categoria central, tanto explicativa

quanto descritivamente, e, por vezes, ambas ao mesmo tempo. "Governanças" estão agora multiplicando-se a uma taxa notável, e podem ser encontradas em todos os tipos de conformações institucionais e fóruns, de "governança escolar" e "governança da igreja", a "governança da saúde" e do "meio ambiente". [...] Em síntese, governança tornou-se um termo muito acessível e flexível. Distintos atores têm se mostrado capazes de revestir o termo de suas próprias visões e significados, sejam executivos de negócio na busca por assegurarem direitos de propriedade intelectual a voluntários que desejam respeito aos direitos humanos.

O cenário é agravado pelas abordagens parciais de facetas da governança, sem a devida contextualização. Nos últimos anos, a gestão de riscos, por exemplo, ganhou *status* de maior proeminência do que a governança em si. Falou-se mais em gestão de riscos, mais seminários, cursos e congressos foram realizados sobre a temática (apesar de raros ensinarem, por exemplo, como analisar impactos cruzados de riscos e identificar riscos residuais). Já os planos de capacitação dos agentes que atuam no processo de compras foram merecedores de menor destaque, remanescendo como justificativa tácita o fato de pertencerem à área de conhecimento estranha ao tecnicismo das licitações e contratos administrativos.

A falta de visão sistêmica sobre governança ao gestor de compras traz, ao menos, duas implicações. A primeira alude às iniciativas que primam, no afã de robustecer a incompreendida governança, por aprimorar práticas de gestão, ainda que de forma isolada ou estanque. Almeja-se, nessa hipótese, rever o processo de aquisições, lançando-se a melhorar técnicas de elaboração de editais, de cálculos de estimativas de despesa etc. Em que pese o valor desses esforços, há perda de sinergia ao apenas se tangenciar a governança. Esse é o lugar comum de muitos órgãos e entidades públicas: alicerçam-se em preceitos de melhoria contínua na gestão processual, mantendo-se nível de análise operacional, alcançando resultados esparsos e limitados a microprocessos no rito das compras, por olvidarem aspectos institucionalizados e subjacentes à governança em si.

Outra implicação concerne à adoção de uma postura reativa em prol do atendimento às recomendações dos órgãos de controle, em especial do Tribunal de Contas da União (TCU). Nesse sentido, passa-se a envidar esforços na consecução, por exemplo, de um plano estratégico de compras e de um plano anual de aquisições, sem que se compreenda, de fato, a intrínseca conexão entre tais instrumentos. Da mesma sorte, toma-se por pressuposto que um nível de governança satisfatório só pode ser obtido nos limites do preconizado pelo TCU. As inovações *bottom up* são mitigadas, pautando-se o gestor nos estritos ditames jurisprudenciais. Não é, entende-se, o que melhor se coaduna com o interesse público.

Neste Capítulo, o conceito de governança será apresentado, em sua completude. Será traçada sua evolução histórica, apresentadas suas características centrais e feitas as devidas distinções com relação a construtos correlatos.

2. ORIGENS DO CONCEITO DE GOVERNANÇA

De acordo com Casteigts (2003), o uso do termo "governança" remonta à Idade Média, referindo-se à noção de condução, liderança, direção. Mais especificamente, Cannon (1998), ao se debruçar sobre a origem do termo, afirma que a expressão passou a ser empregada na língua inglesa no século XIV, derivada do francês *"governaunce"*, aludindo tanto a assuntos políticos (leis sobre territórios; comando de forças militares ou, ainda, regras sobre comandos de forças náuticas – do latim: *guberno*) ou pessoais (controle administrativo, não somente em nível de estado, mas também sobre tarefas domésticas).

Para Arora (2014), inicialmente os significados de "governo" e de "governança" eram muito próximos, referindo-se a atos ou à própria maneira de se governar. No entanto, leciona o autor, ao passo que a semântica de "governo" evoluiu a partir de meados do século XVI, passando a abranger nuances de sistemas de gestão e de autoridade, o conceito de "governança" remanesceu marginalizado até o quarto final do século passado.

Em que pese a apontada origem etimológica temporalmente inscrita na Era Medieval, há indícios de que a geração de conhecimento acerca de governança (pública) data ainda da Antiguidade. Em especial, a literatura da área aponta o *Arthashastra* – um tratado em gestão pública de autoria de Kautilya, primeiro-ministro do rei da Índia, elaborado cerca de 400 a.C., como uma das fontes mais remotas de ensinamentos sobre governança (BARDHAN, 2001; KAUFMANN; KRAAY, 2008), versando sobre ética, corrupção, justiça e tendências antiautocráticas.

Resguardando-se abordagem histórica mais recente, o conceito de governança recai precipuamente sobre o segundo setor, assumindo a denominação usual de governança corporativa. Assume contornos mais definidos a partir das últimas décadas do século XX, como forma de tentar superar o clássico conflito de agência, decorrente da segregação entre propriedade e gestão empresarial, em sistema cujas fronteiras abrangem interesses difusos, oportunismo e assimetria de informação.

Nos últimos anos, muito se escreveu sobre governança. Ainda assim, alertam Asher et al. (2002), a maioria das pessoas possui uma ideia, uma noção sobre governança, sem deter a capacidade de prover uma descrição ou definição precisa. Para esses autores, governança transformou-se, usualmente, em uma espécie de "conceito guarda-chuva", estendendo-se de uma administração acurada a políticas estruturantes de democratização.

Ainda no final do século passado, artigo de autoria da Organização das Nações Unidas intitulado *Governance for Sustainable Human Development* (UNDP, 1997) sugere que "a procura de um conceito claramente articulado de governança apenas começou". Passados 20 anos desta análise, evidencia-se que, se, por um lado, avançou-se em clarificar as dinâmicas da governança, focando-se em boas práticas tais como *accountability*, participação, equidade, transparência entre outros, por outro, o objetivo central de se buscar uma governança satisfatória e as teorias que subjazem o conceito em sua acepção moderna permanecem em zona cinzenta. Tal é tanto mais verdade quanto mais migramos da governança corporativa privada para a governança de organizações públicas.

A fim de suplantar esta lacuna, indispensável se mostra a visita a conteúdo próprio da Teoria das Organizações. Propugna-se que a clara visão sobre duas correntes teóricas desenvolvidas no século passado é capaz de desmistificar o conceito de governança, dotando-nos, ainda, de ferramental crítico para a análise de tal construto. Trata-se das Teorias da Firma e da Agência, apresentadas na próxima seção.

3. TEORIAS ORGANIZACIONAIS E O SUBSTRATO DA GOVERNANÇA

Na primeira metade do século XX, iniciou-se a discussão acadêmica sobre os conflitos de interesse decorrentes da estrutura de propriedade na alta gestão de empresas. Nessa seara, destaca-se o trabalho de Berle e Means (1932)[1], considerado por muitos como o marco inicial dos estudos sobre governança corporativa (SAITO; SILVEIRA, 2008; SILVEIRA, 2010).

---

[1] Na realidade, o trabalho de Berle e Means (1932) soma-se a outros que exploram a separação entre a posse e o controle (a gestão) de recursos em uma organização.

Ao nos voltarmos à governança, duas correntes teóricas detêm proeminência: Teoria dos Custos de Transação (TCT) e a Teoria do Agente--Principal, sobre as quais se discorre a seguir.

3.1. A Teoria dos Custos de Transação

Para Braendle (2004), a chamada Teoria da Firma – e o seu desenvolvimento ulterior, a Teoria dos Custos de Transação – é um ponto de partida indispensável para estudos sobre governança corporativa. No mesmo sentido, Silveira (2010, p. 52) afirma que "a teoria da firma é o alicerce conceitual em que se estabelecem os estudos sobre governança corporativa". Os principais expoentes dessa linha são Ronald Coase e Oliver Williamson, autores centrais do que se passou a denominar Nova Economia Institucional.

O ponto de partida da Teoria da Firma[2] repousa no artigo seminal de Ronald Coase (1937), intitulado *The Nature of the Firm*. Contrapondo-se ao *mainstream* da literatura de sua época, Coase (1937) desenvolve uma teoria que passa a focar nas relações internas de uma empresa privada que, na acepção econômica, assume a denominação de firma. Discute as razões para a existência da firma tendo por pano de fundo os custos de organização interna *versus* a produção via mercado. Em especial, coube a Coase (1937) a gênese do conceito de custo de transação[3], entendido como as despesas que os agentes econômicos incorrem quando se lançam à negociação e à elaboração de contratos.

Coase (1937) se lança a aclarar a natureza da firma, tomando por ponto de partida de seu estudo uma pergunta que impacta a tradição econômica ortodoxa: Por que surgem as firmas, enquanto estruturas produtivas de coordenação do trabalho humano, em um ambiente de trocas no qual há crescente especialização do trabalho? Ou, de forma mais pragmática, qual a razão de uma empresa internalizar atividades que, em teoria, poderia obter a um custo inferior no mercado?

A resposta de Coase (1937) teve por base a minimização dos custos de transação. Nessa ótica, as firmas surgem no intuito de internalizarem os processos de se obterem produtos e serviços, consubstanciando o que se

---

2 Na realidade, poder-se-ia afirmar que há uma séria de "teorias da firma" que se desenvolveram a partir do trabalho de Coase (1937). Para o escopo desta obra, é de interesse um desses desenvolvimentos posteriores, denominado Teoria dos Custos de Transação.

3 De acordo com Williamson (1985), transação é o evento que ocorre quando um bem ou serviço é transferido através de uma interface tecnologicamente separável. Entende-se por interfaces tecnologicamente separadas as etapas interligadas do processo de produção separáveis tecnologicamente. Por exemplo, a transferência de insumos entre uma indústria e um produtor rural é uma transação, pois a indústria e o produtor utilizam-se de tecnologias separáveis, distintas.

denominou estrutura hierárquica. A mitigação dos custos de transação dá-se, nessa nova estrutura, ante a redução da assimetria de informação entre as interfaces que se relacionam, bem como do oportunismo dos agentes.

Décadas depois, Williamson (1975) avança no caminho esboçado por Coase (1937). Para aquele autor, se, por um lado, Coase não abordou com a acurada profundidade os aspectos internos da firma, por outro, teve o mérito de superar analiticamente a ênfase econômica no papel de mercado. Nesse contexto, Williamson, na década de 1970, lança as bases da chamada Teoria dos Custos de Transação que, sob a ótica da economia, traz evidências para a existência das organizações.

Imagine que você deseja vender bicicletas. Imagine, ainda, que você não quer montar uma organização, mas agir individualmente, fazendo cada transação diretamente no **mercado**. Assim, inicialmente, você busca no mercado alguém para fabricar um par de rodas. Em seguida, faz nova busca para alguém fabricar um quadro. Busca, após, vendedores de pneus, de correntes. Por fim, contrata alguém para montar a bicicleta. Cada transação, por envolver negociações que se dão diretamente no mercado, estão sujeitas à **incerteza** (devido às mais diversas variáveis) e ao **oportunismo** dos agentes envolvidos, aspectos esses acentuados em face da **racionalidade limitada** inerente ao indivíduo. Nesse caso, não há uma relação de dependência entre os envolvidos, mas apenas transações entre atores independentes.

O **mercado**, assim, enquanto instituição de governança, congrega regras não padronizadas de trocas econômicas. Os potenciais agentes de transação são anônimos e não detêm o interesse de perpetuar a relação, após sua conclusão. Trata-se, assim, de uma lógica contratual clássica, marcada pela irrelevância da identidade das partes, e por suas independências (WILLIAMSON, 1991). Ainda, o mercado possui a capacidade de adaptação autônoma mais proeminente, em face de sua competência de autorregulação.

A fim de minimizar a incerteza e o oportunismo inerentes ao mercado, existe a opção de que você monte uma **organização** voltada à construção e venda de bicicletas, estabelecendo uma relação de hierarquia e autoridade inerente às diversas tarefas envolvidas. Assim você poderá fazer uma supervisão mais direta aos envolvidos, passando, logicamente, a haver uma relação de dependência entre os atores. Neste caso, as transações passam a se dar em uma lógica contratual inscrita em uma relação hierárquica, estabelecida no bojo das fronteiras internas da organização. Aumentam-se, neste caso, os custos de transação, mas se reduzem a incerteza e os eventuais efeitos do oportunismo.

A organização – ou a firma, em sua concepção econômica – é regida por uma lógica relacional enquanto tipificação do contrato entre as interfaces transacionais. Nessa forma de governança, as identidades das partes são relevantes, havendo grande capacidade de adaptação coordenada: os eventuais conflitos são resolvidos por autoridade hierárquica interna à firma, e não por eventual foro litigioso externo.

No entanto, nem sempre o estabelecimento de uma organização é viável ou, ainda, a melhor opção. Há situações em que são tantas as tarefas envolvidas, que a organização a ser montada seria um verdadeiro "monstro" – detentora de uma estrutura complexa, expressivamente verticalizada e que, dessa forma, implicará um ônus significativo para sua manutenção. Assim, diz-se que, em uma organização hierarquizada, procede-se ao investimento específico para a sua atividade-fim, e que uma eventual realocação do investimento é significativamente custosa. É o que se nomina **especificidade do ativo**, elevado na organização e módico no mercado.

Uma alternativa, neste caso, seria a adoção de um **modelo híbrido de governança – a organização em redes.** Trata-se de uma opção intermediária, situada entre o **mercado** e a **hierarquia**. Nas redes, passam a ocorrer relações estáveis entre as organizações participantes, visando a um objetivo comum.

A lógica contratual reinante no modelo híbrido é a neoclássica, aplicada a partícipes que mantêm sua autonomia, mas que são bilateralmente dependentes em gradação não trivial (WILLIAMSON, 1991). Há, nesse caso, a medicação de um mecanismo contratual elástico, sendo que os conflitos são arbitrados por componente da rede, mas não resolvidos hierarquicamente ou mediante litígio. Não obstante, Williamson (1991) alerta acerca do custo inerente à arbitração, bem como à sua limitada capacidade de adaptação.

Dessa forma, no âmbito da Nova Economia Institucional, o termo **governança** é empregado para designar os arranjos que, por um lado, lidam com a racionalidade limitada dos agentes, com a incerteza e com o oportunismo e, por outro, visam a sopesar os custos de transação. As assim denominadas **instituições de governança**[4] (mercado, híbrida ou hierarquia) vêm, para a Teoria dos Custos de Transação de Williamson, ainda a bem lidar com variáveis como direito de propriedade e lógica contratual.

O cotejamento entre as instituições de governança é sumarizado no Quadro 1.

---

4 Williamson (1991) refere-se a tais instituições como "formas genéricas de organização econômica".

Quadro 1. Cotejamento entre as instituições de governança

	MERCADO	**HÍBRIDA**	**HIERARQUIA**
Lei do Contrato	Clássico	Neoclássico	Relacional
Identidade das partes	Irrelevante	Irrelevante	Relevante
Dependência entre as partes	Não	Sim	Sim
Adaptabilidade autônoma	Forte	Média	Fraca
Adaptabilidade coordenada	Fraca	Média	Forte
Regulação	Litigação	Arbitração	Hierárquica
Custo de transação	Baixo	Médio	Alto
Especificidade do ativo	Baixa	Média	Alta
Controle administrativo	Baixo	Médio	Alto

Fonte: elaborado pelo autor, com base em Williamson (1991).

Na visão de Silva Filho (2006, p. 265), a abordagem de governança efetuada no escopo da Nova Economia Institucional implica que a firma assuma "nova dimensão como instância privilegiada de organização de esforços produtivos, regendo interesses e solucionando conflitos inerentes à sociedade capitalista, sem necessariamente perder o foco na obtenção do maior retorno econômico possível". Se, por um lado, a teoria econômica ortodoxa tradicional trata conflitos inerentes a óbices de direito de propriedade, por exemplo, como imperfeições pontuais, a heterodoxia da Teoria dos Custos de Transação confere o relevo necessário a tal aspecto, moldando, em determinado viés, o construto governança.

3.2. A Teoria do Agente-Principal

A Teoria do Agente-Principal (ou simplesmente Teoria da Agência) confere abordagem, na ótica de Williamson (2002), complementar à Teoria dos Custos de Transação. Para esse autor, ao passo que a TCT focaliza as relações *ex post* à transação em sim, a Teoria da Agência concentra-se em variáveis *ex ante* à troca, apresentando modelo que subjaz uma relação que envolve problemática de direitos de propriedade. Outrossim, as duas teorias compartilham hipóteses de racionalidade limitada e de autointeresse, bem como apresentam variáveis dependentes semelhantes (BARNEY; OUCHI, 1986).

A Teoria da Agência[5], derivada dos trabalhos de Alchian e Demsetz (1972) e, em especial, de Jensen e Meckling (1976)[6], traz à baila os problemas (conflitos e custos) de separação entre propriedade e controle / gestão do capital em uma organização, haja vista os interesses diferenciados dos atores envolvidos. Apresenta, consoante Eisenhardt (1989), uma perspectiva única, realística e empiricamente testável sobre os problemas dos esforços cooperativos.

Para Jensen e Meckling (1976, p. 307), a expressão "teoria da firma", própria da literatura econômica, consiste, na realidade, em "uma teoria dos mercados nos quais as firmas são importantes participantes: a firma é uma 'caixa preta' manipulada de forma a atender às condições marginais relevantes no que diz respeito a *inputs* e *outputs*, maximizando [...] os lucros [...]". No entanto, analisam esses autores, criou-se a lacuna em termos de uma teoria que explicasse de que forma os objetivos conflitantes dos participantes individuais atingem o equilíbrio de sorte a maximizar o lucro.

A Teoria do Agente-Principal vem, assim, a aclarar a maneira segundo a qual se dá a transferência de riqueza entre acionistas / proprietários e administradores, em um cenário de delegação de poderes e de autoridade.

Estabelece-se, assim, a chamada **relação de agência**, nas palavras de Jensen e Meckling (1976, p. 310), quando se firma "um contrato sob o qual uma ou mais pessoas – o(s) principal(is) – emprega(m) outra pessoa – o agente[7] – para executar em seu nome um serviço que implique a delegação de algum poder de decisão do agente". O problema reside em induzir o agente a se comportar como se estivesse maximizando o bem-estar do principal, em todos os momentos. Contudo, frisam esses autores, se ambas as partes visarem à maximização da utilidade (na acepção econômica do termo), "há boas razões para acreditar que o agente nem sempre agirá de acordo com os interesses do principal".

Há alguns pressupostos básicos subjacentes à Teoria da Agência, assim consignados:

- Pressuposto 1: o agente é contratado porque possui mais informação a respeito da ação a ser realizada do que o principal (*assimetria de informação*);
- Pressuposto 2: o agente tende a empreender menos esforços do que faria se fosse o proprietário, bem como a agir em interesse próprio (*oportunismo*).

---

5 Uma vez mais, repisa-se que os princípios da Teoria da Agência podem ser remetidos ao trabalho de Berle e Means (1932).

6 Na realidade, o artigo de Jensen e Meckling (1976) visa a integrar elementos da teoria da agência, da teoria dos direitos de propriedade e da teoria de finanças a fim de desenvolver uma teoria da estrutura de posse da firma.

7 Existe a hipótese de o agente permanecer como proprietário de uma organização, assumindo o papel de seu gerente e abrindo o capital a acionistas externos. Assim, a relação de agência dar-se-á entre os acionistas e o gerente-proprietário.

Tendo em vista que, na relação de agência, tanto o principal quanto o agente são concebidos como dotados de racionalidade econômica, visando, ambos, à maximização de suas utilidades e de seus bem-estares próprios, Jensen e Meckling (1976) assumem que os agentes podem passar a incorrer em desvios morais, tais como esconder suas ineficiências a fim de evitar a perda de recompensas. Eis o que se nomina problema de agência, de ampla aplicação em situações de delegação de autoridade e de divisão de trabalho[8].

A fim de limitar as divergências referentes a seus interesses, o principal acaba por incorrer em quatro tipos de custos, apresentados no Quadro 2.

Quadro 2. Tipos de custos na relação de agência

CUSTO	CARACTERÍSTICAS
Custos de monitoramento	Referem-se aos custos incorridos pelo principal, para avaliar, observar e controlar o comportamento do agente. Contemplam não só aspectos de controle em si (auditoria, controle orçamentário etc.), mas também incentivos e compensações, inclusive pecuniários.
Custos de concessão de garantias contratuais	Trata-se dos recursos gastos pelo principal de sorte a garantir a ele e aos demais proprietários (acionistas) que os agentes não os prejudicarão e, se o fizerem, haverá a devida compensação. Tais custos podem assumir diferentes formas, como garantias contratuais para que os registros externos possam ser auditados por contadores externos, contratos explícitos contra infrações por parte do administrador e limitações contratuais ao poder de decisão do agente – que impõem custos sobre a firma por limitarem a capacidade do administrador de se beneficiar ao máximo de algumas oportunidades lucrativas.
Custos de ligação	Consistem nos custos inerentes à atuação dos agentes, de forma a garantir ao principal que seus atos não são (ou serão) prejudiciais aos interesses deste. Trata-se, por exemplo, dos custos associados à divulgação de informação aos proprietários / acionistas, à transparência na gestão, aos limites à discricionariedade etc.

---

8 O problema de agência, na ótica de Eisenhardt (1989), congrega não só as situações nas quais principal e agente têm divergência de objetivos, mas também quando o custo de verificação, pelo principal, de quais atividades o agente está desenvolvendo é alto.

CUSTO	CARACTERÍSTICAS
Custo residual	Refere-se à perda de riqueza dos proprietários / acionistas em decorrência do potencial comportamento oportunista dos agentes, bem como do comportamento adotado por aqueles em face do compartilhamento da maximização de seus interesses com outros acionistas.

Fonte: elaborado pelo autor, com base em Jensen e Meckling (1976)

Destarte, a relação de agência, com seus custos associados, é ilustrada na Figura 1.

Figura 1. Relação de agência e custos associados

Custos de monitoração, incentivos, concessão de garantias contratuais

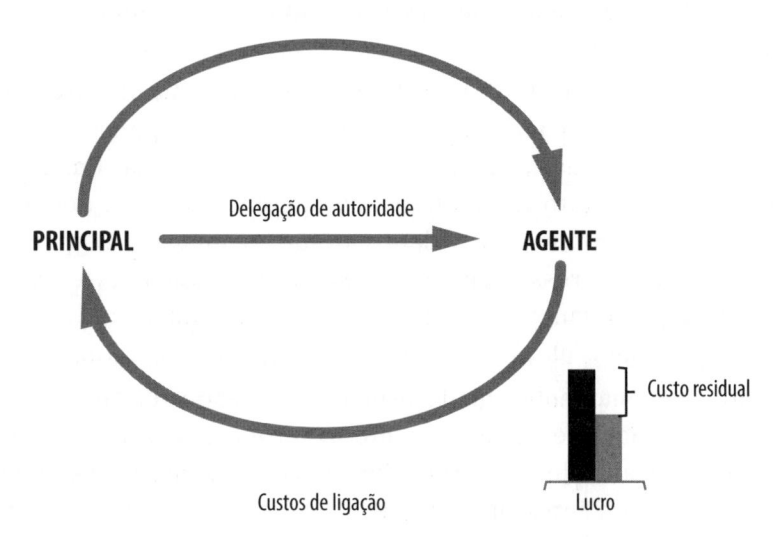

PRINCIPAL → Delegação de autoridade → AGENTE

Custo residual

Custos de ligação   Lucro

Fonte: elaborado pelo autor.

A Teoria da Agência visa, assim, a resolver o problema de agência. O intuito, segundo Eisenhardt (1989), é discutir se um contrato orientado a comportamento, que fixa salários e hierarquia do agente na organização, é mais favorável ao principal do que um contrato de resultado, regido por comissões, e até mesmo participação acionária. Consideram-se, ademais, suposições sobre pessoas (oportunismo, racionalidade limitada, aversão ao risco etc.), sobre organizações (conflitos entre metas de seus membros) e informações (assimetria entre as partes).

A mesma autora identifica duas linhas principais e complementares de acordo com as quais a Teoria da Agência tem se desenvolvido: a principal-agente e a positivista.

A linha principal-agente, marcada por sua abstração, preocupa-se com suscitar implicações teóricas mais genéricas acerca do relacionamento entre as partes, detendo enfoque mais amplo. Busca indicar qual contrato é mais eficiente em vários níveis de incerteza de resultados, de aversão ao risco[9] por parte do agente, informações e outras variáveis. O foco é determinar o contrato ótimo, sendo que as pesquisas dessa linha incluem mais implicações testáveis.

Já a linha positivista dedica-se a descrever os mecanismos de governança capazes de limitar o comportamento do agente em agir em interesse próprio. Trata-se de esforços de pesquisa de cunho preditivo, esteados em duas proposições principais, de acordo com Eisenhardt (1989): (i) os contratos baseados em resultados são mais eficazes no combate ao oportunismo do agente, e (ii) quando o principal tem informações para verificar o comportamento do agente, é mais provável que este se comporte de acordo com os interesses do principal.

Jensen e Meckling (1976) ressaltam que a magnitude dos custos de agência varia de acordo com a firma em análise, sendo dependente da própria capacidade de mitigação fática dos problemas de agência. Em especial, os custos decrescem quanto (i) melhor a competência técnica dos executivos escolhidos para orientar as atividades organizacionais; (ii) quanto maior o alinhamento de interesses entre tais executivos (agentes) e os objetivos corporativos; e (iii) quanto mais adequada e institucionalizada a governança corporativa que rege a relação entre o principal (acionista) e o agente (gestor).

Além do relacionamento agente-principal, a Teoria da Agência aborda a relação que se estabelece entre o gerente-proprietário e os acionistas de uma organização. Para tanto, Jensen e Meckling (1976) passam a cotejar as situações de uma firma gerida integralmente pelo proprietário e de uma firma que passa a contar com acionistas externos. Na primeira situação, o proprietário, argumentam esses autores, toma decisões que maximizam a utilidade para si próprio. Tais decisões envolvem retornos pecuniários – lucro – e aspectos não pecuniários diretos – tais como instalações físicas do escritório, investimento em relações pessoais com funcionários, manutenção de fornecedores amigos e até mesmo eventual quantia a ser destinada à caridade.

---

9 Conforme leciona Eisenhardt (1989), o argumento que subjaz um agente avesso ao risco é que, por não poder diversificar o emprego de seus próprios recursos na organização, zela pela manutenção do *status* organizacional; já os diretores-proprietários, por serem capazes de diversificar seus investimentos, mostram-se, ao menos, neutros aos riscos.

Já na segunda situação, haverá custos de agência também associados à divergência entre os interesses do gerente-proprietário e dos acionistas externos. O gerente-proprietário passa a arcar com apenas uma parcela dos benefícios não pecuniários que fará uso para maximizar a sua própria utilidade. Essa cotização suscita oportunismo por parte do gerente-proprietário, aliado à assimetria de informação aos acionistas quanto às vantagens ou mordomias que passa a gozar. Com menos capital investido para retorno de dividendos, há a potencial queda do empreendedorismo, o que reflete no valor das ações: passa a ser mais difícil obter recursos em mercados externos.

As implicações da Teoria da Agência na seara econômica são amplas. A discussão abrange aspectos como: o valor que um *outsider* está disposto a pagar como acionista da firma; o tamanho ótimo da firma – determinado pelo equilíbrio entre o aumento no valor líquido da empresa e o incremento no consumo de benefícios extras, não pecuniários; as opções na participação dos acionistas (ações com ou sem direito à monitoração e reflexo em seus preços de venda); o papel da sociedade limitada enquanto cerceadora dos custos de agência etc.

Nada obstante, ingressar na ótica própria do segundo setor não é o foco precípuo desta obra. O interesse ora recai sobre a relação de agência que reveste o processo de compras e contratações públicas, estabelecida entre o cidadão e o agente de compras. Nesses lindes, a Teoria da Agência carece de customização, *a priori*, ao setor público, e, em seguida, ao processo em pauta. Tal discussão é conduzida na próxima seção.

3.2.1. A Teoria do Agente-Principal aplicada às aquisições e contratações públicas

A transposição da Teoria da Agência para o setor público demanda a correta identificação de seus protagonistas. De acordo com Viana (2011, p. 20), nesse contexto, "o principal pode ser entendido como o cidadão, ou o contribuinte ou mesmo o eleitor que, através de seu voto, nomeia um agente (governante) para gerir o serviço público que é financiado pelo principal por meio do pagamento de impostos"[10]. O poder, contudo, continua a emanar do povo, conforme estatui o art. 1º da Carta Magna.

Entende-se, contudo, que, a depender da relação de agência formada, o agente pode ser um ator desprovido do exercício da função política de

---

10 No setor público, as relações de agência podem ser de três tipos principais: (i) entre os cidadãos e os agentes públicos políticos; (ii) entre os cidadãos e os agentes públicos administrativos; e (iii) entre chefes e subordinados, dentro das estruturas burocráticas públicas.

governo, limitando-se à função administrativa. Em ambos os casos, os impostos arrecadados pelo Estado assumem a faceta de integralização de capital dos sócios – a própria sociedade brasileira, a serem aplicados em ativos que serão revertidos em serviços públicos (SLOMSKI, 2005).

O cidadão, ao firmar a relação de agência com os agentes de compras, em sentido lato, passa a conviver com o que Eisenhardt (1989) se refere como problemas de agência inerentes à conduta desses agentes, que podem passar a adotar comportamento(s) em desacordo com suas responsabilidades pre-estabelecidas. Tais problemas são passíveis de assumir a forma de risco moral ou de seleção adversa.

O Quadro 3 traz as principais características desses problemas.

Quadro 3. Problemas de agência ao principal, decorrentes de comportamentos dos agentes

PROBLEMA	CARACTERÍSTICAS
Comportamento não observável, devido à complexidade (risco moral)	Em face da complexidade do trabalho do agente, o principal não consegue detectar o que está, de fato, sendo realizado.
Comportamento não observável, por desvio de finalidade (risco moral)	Valendo-se da falta de mecanismos de prestação de contas e de transparência, o agente age em desacordo com os interesses do principal, passando a privilegiar seus próprios objetivos. Visa-se, com tal conduta, à obtenção de benefícios econômicos indevidos ou à troca de favores.
Seleção adversa	Refere-se à falta de competências no agente. A seleção adversa surge, na visão de Eisenhardt (1989), quando não é possível que o principal verifique completamente, no momento da contratação, se o agente possui as competências necessárias ao exercício de suas atribuições[11].

Fonte: elaborado pelo autor, com base em Eisenhardt (1989).

---

11 Em termos mercadológicos, há ilustrações diversas sobre a seleção adversa. Grosso modo, refere-se a um efeito da assimetria de informação alusiva a um recurso pertencente ao agente, cujos dados precisos não são de posse do principal. Um caso clássico seria a venda de um carro usado, em perfeitas condições. O agente (vendedor) possui todas as informações do automóvel. Mas, o principal (comprador) não. Assim, este decresce o montante a que está disposto a pagar, uma vez que embute o risco do desconhecido na negociação (AKERLOF, 1970). No caso, Eisenhardt (1989) enfatiza como recurso as próprias competências do agente, em uma situação em que será contratado pelo principal.

Destarte, a relação de agência estabelecida entre cidadãos e agentes públicos de compras / contratações é passível de representação da Figura 2.

Figura 2. Relação de agência no processo de compras e contratações públicas

Remuneração, fiscalização social, controle etc.

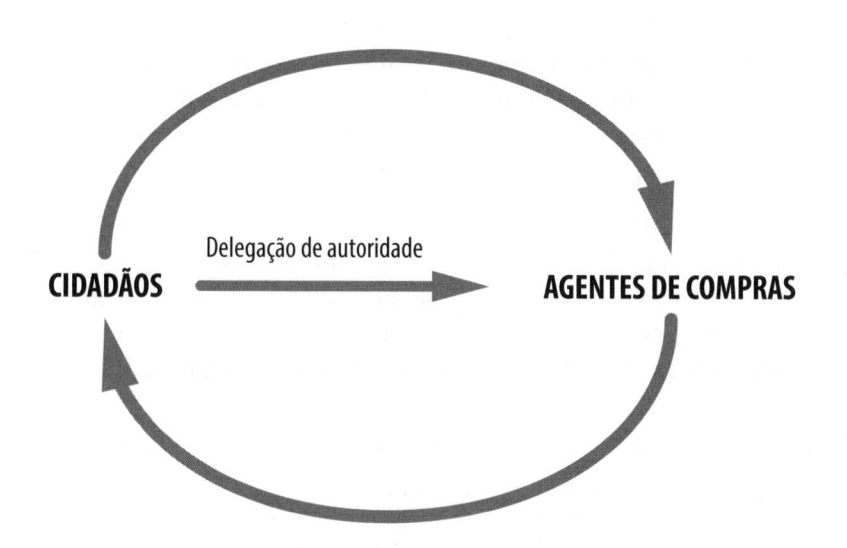

Delegação de autoridade

CIDADÃOS ⟶ AGENTES DE COMPRAS

Accountability (governo aberto), limites à discricionariedade etc.

Fonte: elaborado pelo autor.

Na relação em análise, o contrato estabelecido entre as partes (agente e principal) é esteado na delimitação do comportamento do agente, e não no compartilhamento de resultados, em decorrência do próprio regramento remuneratório da esfera pública[12]. Matias-Pereira (2004) ressalta a difícil fiscalização desse comportamento em contexto geral, inclusive no governamental. Nas palavras de Martins et al. (2015, p. 9):

> Assim, principal-agente é uma questão de supervisão e controle de comportamento de agentes que podem agir de forma obscura. Considerando que a eficiência e a decência da administração pública dependem do comportamento, nem sempre controlado e supervisionado, de agentes (burocratas), o principal (a sociedade [...]) depara-se à mercê da perda de controle sobre a máquina governamental.

---

[12] No caso, o que se veda é o pagamento de bônus, ou eventuais premiações pecuniárias ao agente público por seu desempenho como comprador em empreitada específica.

A mitigação do problema de agência, na seara pública – e em especial no processo de compras e contratações – dá-se por duas formas básicas, que faceiam, por óbvio, o risco moral e a seleção adversa.

O primeiro modo de se combater o problema de agência no processo em tela é robustecer os custos de monitoramento e de ligação, de sorte a abrandar o risco moral. Ante a intensiva normatização da matéria licitatória e de gestão contratual, infere-se que as fontes primária e secundária do direito administrativo consubstanciam o norte que deve reger o comportamento do agente. Destarte, leis (e regras infralegais, com menor extensão), doutrina e jurisprudência constituem a espinha dorsal do contrato comportamental que o agente de compras firma com o cidadão.

Nesse contexto, oferece-se a devida releitura: em ótica macro, o princípio da legalidade, enquanto predecessor dos demais, dada a presunção de legitimidade do ato administrativo, assume a árdua tarefa de garantir que os interesses do principal terão harmonia com a atuação dos agentes de compras. Em se tratando de atividade que impinge o dispêndio de recursos públicos, a migração principiológica do campo etéreo da hermenêutica jurídica para a práxis cotidiana das organizações é exigência que não comporta exceções. A dissolução da arbitrariedade e a limitação da discricionariedade do gestor – aspectos tão criticados nas licitações e nos contratos administrativos – irrompem, nessa visão, no âmago da suavização da dissonância de agência[13].

A *accountability*, em seu sentido lato, da mesma forma se insere no fortalecimento dos custos de monitoramento e de ligação. Esse conceito, cujo termo é de tradução imprecisa para a língua portuguesa, é assim apresentado por Mota (2006, p. 58):

> [*Accountability* refere-se a] um mecanismo de controle de poder com a natureza jurídica de uma relação obrigacional objetiva extracontratual (isto é, legal) que <u>coage os agentes encarregados da administração dos interesses públicos a explicar seus atos discricionários, tornando públicas as suas motivações, quando provocados institucionalmente</u>, sob pena de punição legal. (destaque do autor)

---

[13] Nesse sentido, poder-se-ia traçar um cotejamento com a relação de agência clássica do segundo setor. Da mesma forma que o proprietário da organização tem cerceada a maximização de sua utilidade quando ingressa em uma relação de agência, o cidadão vê mitigado o desempenho das compras públicas quando ingressa em uma relação de agência com a Administração Pública. Passa a haver menos flexibilidade, mais morosidade e menor poder de livre negociação do comprador público com o mercado, em prol de rotinas mais rígidas e que confiram maior segurança ao principal.

Mota (2006) chama atenção a dois aspectos da definição. Primeiramente, o que determina se o sujeito está ou não submetido à necessidade de prestar contas de seus atos é o fato de <u>administrar interesses públicos</u>. Outro aspecto diz respeito à sanção: se for apurado abuso de poder ou desvio de finalidade, <u>haverá aplicação de penalidade</u>.

Pertinente, a fim de bem clarificar os mecanismos de *accountability* que permeiam o exercício do agente de compras e contratações públicas[14], é evidenciar suas dimensões e seus tipos, arrolados no Quadro 4.

Quadro 4. Dimensões e tipos de *accountability*

DIMENSÃO	CARACTERÍSTICAS
Informação / Transparência	Também conhecida como *"answerability"*, é a mera disponibilização de informações à sociedade e às demais instâncias de controle. A comunicação institucional é uma ferramenta de uso recorrente nesta dimensão. A divulgação de dados acerca de compras efetuadas e de contratos vigentes também se inserem nesta dimensão.
Explicação / justificação	Também conhecida por *"responsiveness"* (ou responsividade), envolve pedidos de explicação sobre os atos. Há, nesta dimensão, uma obrigação legal e institucional de fornecer informações e responder a questionamentos.
Sanção / Coerção / Punição	Também conhecida por *"enforcement"*, refere-se à capacidade, também legal e institucional, de serem aplicadas penalidades quando identificadas irregularidades, ou na hipótese de as informações demandadas não serem fornecidas, a despeito do respaldo legal. As instituições de *accountability* podem deter alto ou baixo poder de *enforcement*, de acordo com os exemplos abaixo: • <u>alto poder de *enforcement*</u>: tribunais de contas, órgãos de auditoria (CGU etc.), agências reguladoras, comissões parlamentares, conselhos administrativos etc.; • <u>baixo poder de *enforcement*</u>: organizações da sociedade civil, imprensa etc.

---

14 O agente de compras e contratações públicas está, conforme se depreende do Quadro 4, sujeito à *accountability*, em todas as suas dimensões e tipos.

TIPO	CARACTERÍSTICAS
Horizontal	É a prestação de contas efetuada **exclusivamente em nível de Governo**, podendo ser entre os Poderes (sistema de freios e contrapesos), ou entre órgãos, por meio de tribunais de contas, Ministério Público, agências reguladoras e demais órgãos de controle. Trata-se de uma ação entre iguais (ambos, o fiscalizado e o fiscalizador, são da esfera pública). A *accountability* horizontal é, de certa maneira, uma forma de controle burocrático, efetuado entre organizações que mantêm entre si relações pouco flexíveis, estabelecidas em normas legais.
Vertical	Refere-se aos processos de prestação de contas **entre o Governo e os cidadãos**. Há, assim, uma relação entre atores (governo e cidadão) que estão em patamares distintos, o que justifica o nome "vertical". Os principais mecanismos de controle de que dispõem os cidadãos são o voto eleitoral e a ação popular.[15]
Societal (ou social)	Trata-se de um controle e uma fiscalização de agentes públicos por parte de **grupos da sociedade civil**. Diferentemente da *accountability* vertical, os mecanismos de controle são os movimentos sociais e as denúncias, protagonizadas por entidades como ONGs, sindicatos, associações diversas ou a imprensa (há autores que inserem este tipo de *accountability* na categoria vertical). Os agentes da *accountability* societal não possuem, contudo, o poder legal para aplicarem sanções contra transgressões de agentes públicos.

Fonte: elaborado pelo autor, com base em Mainwaring (2003) e Schedler (2004).

O outro modo de se combater o problema de agência no processo de compras e de contratações públicas é atenuar os efeitos da seleção adversa, na acepção de Eisenhardt (1989), ou seja, minimizar o risco de o agente de compras não deter as competências necessárias para as suas atribuições, o que iria de encontro ao interesse do principal. Tal ação passa, necessariamente, pela modelagem dos processos de recrutamento, de aprendizagem organizacional e de gestão por competências (inclusive mediante a adoção de práticas de certificação), a serem abordados mais adiante, nesta obra.

---

[15] Ação popular é o direito do cidadão, assim normatizado pelo inc. LXXIII do art. 5º da CF/88:
"LXXIII – qua*lquer cidadão é parte legítima para propor ação popular que vise a anular ato lesivo ao patrimônio público ou de entidade de que o Estado participe, à moralidade administrativa, ao meio ambiente e ao patrimônio histórico e cultural, ficando o autor, salvo comprovada má-fé, isento de custas judiciais e do ônus da sucumbência;"*

Tendo sido apresentadas as principais correntes teóricas que atuam como substrato do conceito contemporâneo de governança, as seções derradeiras deste Capítulo dedicam-se a bem delinear esse construto. Preliminarmente, será proposta uma definição constitutiva de governança, bem como traçadas as fronteiras com relação ao que se entende por gestão. Em seguida, proceder-se-á à análise da definição de governança em aquisições públicas proposta pelo Tribunal de Contas da União.

4. DEFINIÇÃO CONSTITUTIVA DE GOVERNANÇA E DISTINÇÃO COM RELAÇÃO À GESTÃO

Feita a opção de se adotar a teoria da agência como substrato de destaque na discussão acerca de governança, a definição constitutiva proposta e adotada nesta obra naturalmente se vale de seus elementos principais:

> **Governança** é o conjunto de ações de monitoramento e de incentivos que visam a assegurar, de forma institucionalizada e em uma relação de agência, que os interesses do principal estão sendo preservados pelo agente[16].

Conjetura-se que a institucionalização[17] das práticas de monitoramento e de incentivos moldem o cerne do conceito de governança, de sorte que tal fenômeno carece de investigação mais aprofundada.

Segundo Peci (2006, p. 2), o conceito de instituição, a despeito de empregado há anos em estudos organizacionais e sociológicos, "continua a ser um dos conceitos mais controversos em termos de concepção teórica e aplicação prática". A autora se vale dos ensinamentos de Hughes (1936) – um dos primeiros pesquisadores a empregar o termo – que define instituição como um empreendimento social implementado de maneira esperada e permanente.

No mesmo sentido, para Prates (2000, p. 91), o termo *instituição* denota "a ideia de valores e normas sociais estáveis que impõem restrições a alternativas de ação e estabelecem 'scripts' e rotinas comportamentais

---

16 Tal definição coaduna-se sobremaneira com o preconizado pelo Instituto Brasileiro de Governança Corporativa, para quem a preocupação da governança corporativa é "criar um conjunto eficiente de mecanismos, tanto de incentivos quanto de monitoramento, a fim de assegurar que o comportamento dos administradores esteja sempre alinhado com o melhor interesse da empresa". Disponível em: <http://www.ibgc.org.br/index.php/governanca/origens-da-governanca>.

17 A despeito de não compor a base teórica subjacente ao conceito de governança, não se olvida que a Teoria Institucional detém relação intrínseca com tal construto, por aclarar aspectos de conformação de práticas mais perenes e legitimadas socialmente.

adequadas a contextos específicos de interação social". Trata-se, pois, de um mecanismo de redução de incertezas em prol da adoção de linha de ação entendida socialmente como legítima e, dessa forma, mais duradoura.

O conjunto de mecanismos de monitoramento e de incentivo que compõem a governança, desse modo, deve ser perene, arraigado nas práticas organizacionais. As práticas devem ser institucionalizadas. É o que se depreende de Meyer e Rowan (1983, p. 2), para quem a "institucionalização envolve o processo pelo qual processos sociais e obrigações passam a ter um *status* de regra no pensamento e na ação social". Práticas de governança não institucionalizadas remanescem frágeis, volúveis e facilmente moldadas casuisticamente pelos gestores.

Quando aplicadas no âmbito de uma organização, tem-se o que se denomina governança corporativa, conceito que toma espaço no Brasil a partir da década de 1990, quando das privatizações e da abertura do mercado nacional. Nesse contexto, ocorreu, em 1995[18], a criação do Instituto Brasileiro de Governança Corporativa (IBGC), organização sem fins lucrativos, reconhecida como referência na difusão de boas práticas de governança na América Latina. Eis o conceito empregado pelo IBGC (2015, p. 20):

> Governança corporativa é o sistema pelo qual as empresas e demais organizações são dirigidas, monitoradas e incentivadas, envolvendo os relacionamentos entre sócios, conselho de administração, diretoria, órgãos de fiscalização e controle e demais partes interessadas.

Em adição, o citado Instituto identifica quatro princípios básicos de governança corporativa, listados no Quadro 5.

Quadro 5. Princípios básicos de governança corporativa

PRINCÍPIO	CARACTERÍSTICAS
Transparência	Consiste no desejo de disponibilizar para as partes interessadas as informações que sejam de seu interesse e não apenas aquelas impostas por disposições de leis ou regulamentos. Não deve restringir-se ao desempenho econômico-financeiro, contemplando também os demais fatores (inclusive intangíveis) que norteiam a ação gerencial e que conduzem à preservação e à otimização do valor da organização

---

18 Originalmente, o referido instituto denominou-se Instituto Brasileiro de Conselheiros de Administração (IBCA), tendo seu nome alterado para Instituto Brasileiro de Governança Corporativa em 1999.

PRINCÍPIO	CARACTERÍSTICAS
Equidade	Caracteriza-se pelo tratamento justo e isonômico de todos os sócios e demais partes interessadas (*stakeholders*), levando em consideração seus direitos, deveres, necessidades, interesses e expectativas.
Prestação de contas (*accountability*)	Os agentes de governança devem prestar contas de sua atuação de modo claro, conciso, compreensível e tempestivo, assumindo integralmente as consequências de seus atos e omissões e atuando com diligência e responsabilidade no âmbito dos seus papéis.
Responsabilidade corporativa	Os agentes de governança devem zelar pela viabilidade econômico-financeira das organizações, reduzir as externalidades negativas de seus negócios e suas operações e aumentar as positivas, levando em consideração, no seu modelo de negócios, os diversos capitais (financeiro, manufaturado, intelectual, humano, social, ambiental, reputacional etc.) no curto, médio e longo prazos.

Fonte: elaborado a partir de IBGC (2015).

Imbróglio recorrente nos fóruns de discussão sobre governança concerne à dificuldade de distingui-la do que se entende por gestão, de modo que se evidencia oportuno o estabelecimento de fronteiras entre tais construtos.

Ainda de acordo com o IBGC (2009), governança refere-se ao conjunto de processos, costumes, políticas, leis, regulamentos, e instituições que regulam a <u>maneira de se administrar</u>. Trata-se, pois, do estabelecimento de diretrizes, mediante as quais se dá o exercício da gestão.

Em que pese a objetividade semântica do parágrafo anterior, há perguntas que remanescem, e que não raramente suscitam dúvidas ou frágeis explicações de gestores. Arrolam-se alguns exemplos:

- O planejamento estratégico é instrumento de governança ou de gestão?
- O controle é inerente à governança ou à gestão?
- A governança é restrita ao nível estratégico (cúpula) da organização?
- Há gradações de governança em uma organização?

No intuito de bem abordar tais questionamentos, seguirá a análise de um caso hipotético, para fins didáticos.

> A fim de bem distinguir governança e gestão, iremos nos valer do seguinte exemplo: você acaba de comprar uma pizzaria. Assim, passou a ter, sob sua responsabilidade, um *chef* pizzaiolo que, por sua vez, supervisiona uma equipe de dez funcionários na cozinha.[19]

> Nos primeiros dias sob sua gestão, alguns problemas surgiram, afetos ao funcionamento da cozinha. De forma mais proeminente, dois foram os óbices que impactaram o desempenho da unidade:
> - não havia padrão na receita das pizzas, mesmo quando de sabores idênticos (variavam em quantidade e tipos de ingredientes e em apresentação do prato, a depender da pessoa que montava a pizza), e
> - em geral, não havia estoque de ingredientes para atender toda a demanda diária, resultando em pedidos não atendidos.
>
> Tais disfunções impactavam negativamente os anseios do principal (você!), visto que implicavam potenciais insatisfações dos clientes e demais malefícios decorrentes dos custos de falta de estoque.
>
> Visando ao saneamento desses contratempos, você resolve adotar as seguintes diretrizes:
> - todas as pizzas devem seguir, estritamente, as receitas definidas previamente pelo *chef* pizzaiolo. As receitas devem ser redigidas, previamente, em uma base de dados, a ser disponibilizada à equipe de cozinha. Ainda, quando da preparação de uma pizza, todos os ingredientes devem ser pesados em balança calibrada, seguindo-se estritamente o quantitativo estipulado na receita. E a montagem deve seguir o crivo do *chef*, assegurando-se a devida padronização;
> - a reposição dos estoques de ingredientes deve seguir um sistema de ponto de pedido (reposição contínua), sendo firmados contratos de fornecimento baseados em *just in time* com empresas que primam pela qualidade dos alimentos.

No exemplo acima, foram impostas algumas diretrizes com vistas a garantir o atendimento aos interesses do principal. Regras foram definidas. Uma <u>estrutura para a ação</u> foi estabelecida, mas não o curso da ação em si.

---

19 Fonte da imagem: disponível em: <http://www.doncorleone.com.br/public/dev/images/pizza-3-sabores.jpg>.

Tais diretrizes (ou regras de conduta, ou políticas, ou algum termo correlato) consubstanciam, na realidade, práticas de governança, institucionalizadas de sorte a garantir sua perenidade e o devido afastamento de condutas personalistas dos atores organizacionais.

"Sempre que" forem montar uma pizza, deverão fazê-lo de acordo com as receitas do *chef*. "Sempre que" forem cozinhar uma pizza, os ingredientes devem ser pesados previamente, de forma a homogeneizar o quantitativo de cada receita. E, ainda, "sempre que" forem tomadas medidas com relação à gestão de estoques, tais medidas devem seguir o modelo de ponto de pedido. Ao se estipular os "sempre que", estrutura-se a governança.

Note que, ao se planejar a reposição de estoque (agora seguindo-se o modelo de reposição contínua), ao se executar, de fato, a montagem de uma pizza, ou ao se controlar a montagem do prato (ações que devem se dar de acordo com um *script* previamente estabelecido), o que se faz é a administração em si, a gestão.

O objeto da gestão é o processo organizacional (ou administrativo), entendido como um conjunto de atividades sequenciais interdependentes que apresentam relação lógica entre si, com a finalidade de atender e, preferencialmente, suplantar as necessidades e expectativas dos clientes internos e externos de determinada organização (OLIVEIRA, 1996). O processo organizacional, por sua vez, é composto por funções administrativas[20].

A despeito de não haver consenso na literatura da área, parcela considerável de autores se vale, hoje, da concepção oriunda da Teoria Neoclássica, responsável pela releitura dos postulados da Teoria Clássica de Fayol. O entendimento é que as funções básicas do administrador são o planejamento, a organização, a direção e o controle[21]. Destarte, em apertada síntese, temos que planejar, organizar, dirigir (pessoas) e controlar são tarefas da gestão. Mas estabelecer regras ou estruturas para o planejamento, organização, direção e controle são incumbências próprias da governança.

Feita essa sucinta digressão, retornamos às questões ilustradas anteriormente:

---

20 Conforme leciona Chiavenato (2000, p. 131), "quando tomadas em conjunto na sua abordagem global, para o alcance de objetivos, [as funções administrativas] formam o processo administrativo".
21 A seu tempo, Henri Fayol definira as funções do administrador como prever, organizar, comandar, coordenar e controlar.

- *O planejamento estratégico é instrumento de governança ou de gestão?*

    Estipular regras ou diretrizes para a realização do planejamento estratégico (uso mandatório do *Balanced Scorecard*, fases a serem observadas, horizonte temporal a ser considerado, métodos para a concepção do plano etc.) é incumbência própria da governança. Agora, realizar um planejamento estratégico específico, seguindo-se as fases previamente estipuladas, e se contemplando o horizonte temporal predeterminado, é tarefa típica da gestão, sendo, inclusive, a etapa inicial da gestão estratégica.

- *O controle é inerente à governança ou à gestão?*

    Em tentativa de distinguir governança e gestão, o Tribunal de Contas da União, no Acordão nº 1.546/16 – Plenário traz a seguinte explanação:

    *"Governança refere-se à definição do que deve ser executado (direção), e gestão refere-se à forma como as executa. Por exemplo, diversas organizações (e.g., IBGC, GAO e OCDE) preconizam que uma boa prática de governança é estabelecer política (diretrizes) para a gestão de riscos (inclusive das aquisições). Entretanto, a implementação dessa política não é função da governança, e sim da gestão. **Já o controle da gestão é função da governança**, ou seja, a gestão deve ser monitorada quanto ao cumprimento das diretrizes estabelecidas e quanto aos resultados obtidos"* (destaque do autor).

    O trecho destacado acima deve ser visto com ressalvas. O fato é que o controle é uma função administrativa, seja na ótica de Fayol ou na acepção da teoria organizacional neoclássica. Destarte, exercer o controle é ato típico da gestão. No entanto, estabelecer diretrizes ou políticas para o controle, isso é tarefa da governança.

- *A governança é restrita ao nível estratégico (cúpula) da organização?*

    Conjectura-se que esta seja uma das questões polêmicas sobre governança, capaz de suscitar barreiras à acurada compreensão do construto. O Tribunal de Contas da União (BRASIL, 2014), ao abordar o sistema de governança em órgãos e entidades da administração pública, traz o esquema representado na Figura 3.

Figura 3. Sistema de governança em órgãos e entidades da Administração Pública

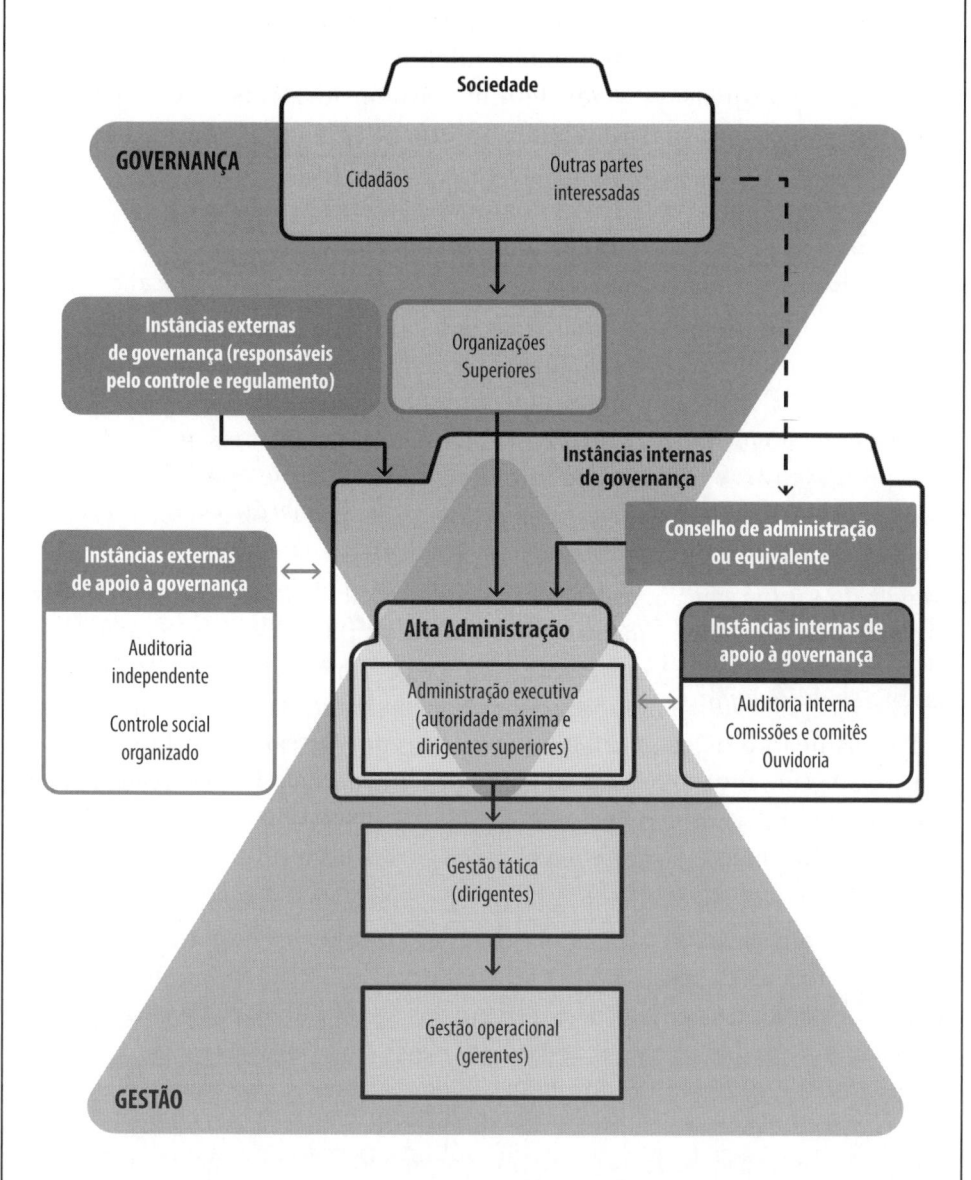

[Diagrama: Sociedade (Cidadãos, Outras partes interessadas) → Instâncias externas de governança (responsáveis pelo controle e regulamento) / Organizações Superiores → Instâncias internas de governança → Conselho de administração ou equivalente → Alta Administração (Administração executiva - autoridade máxima e dirigentes superiores) ↔ Instâncias internas de apoio à governança (Auditoria interna, Comissões e comitês, Ouvidoria); Instâncias externas de apoio à governança (Auditoria independente, Controle social organizado) → Gestão tática (dirigentes) → Gestão operacional (gerentes). GOVERNANÇA na parte superior; GESTÃO na parte inferior.]

Fonte: BRASIL (2014, p. 28).

O sistema ora representado "reflete a maneira como diversos atores se organizam, interagem e procedem para obter boa governança" (BRASIL, 2017, p. 27). A parte superior do esquema alude à governança, ao passo que a inferior, à gestão. No que concerne à governança, a Corte de Contas destaca quatro instâncias, a saber: (i) instâncias externas de governança (responsáveis pelo controle, pela fiscalização e pela regulação; (ii) instâncias externas de apoio à governança (responsáveis pela avaliação, auditoria e monitoramento independente; (iii) instâncias internas de governança (responsáveis por definir e avaliar a estratégia e as políticas, zelando pela conformidade com o interesse público – são os conselhos de administração e a cúpula organizacional); e (iv) instâncias internas de apoio à governança (realizam a comunicação entre *stakeholders* internos e externos à organização, comunicando disfunções à alta administração – são as ouvidorias, as auditorias internas, os comitês, o conselho fiscal etc.).

Do exposto, depreende-se que o sistema de governança é exercido pelo principal (sociedade), por organismos de regulamentação e controle externo e pela cúpula organizacional, em conjunto com seu *staff*. As instâncias internas de governança, destarte, são caracterizadas como pertencentes à alta administração, em sentido lato. Aos níveis tático e operacional são, no esquema em análise, relegadas tão somente as tarefas de gestão, mas não os encargos próprios da estruturação da governança.

Malgrado tal percepção, as implicações de tal delineamento são simplistas. O corolário imediato é que as diretrizes e as políticas determinadas pela cúpula da organização, consubstanciando os ditames da governança em nível estratégico, são suficientes, *per si*, para bem estruturar a ação em níveis tático e operacional – e isso é uma falácia. As regras de monitoramento e de ligação, estipuladas em nível macro, devem ser desdobradas aos níveis meso e micro para que sejam compreensíveis e exequíveis a tais estamentos da organização. E tal desdobramento é capitaneado pelas gerências táticas e operacionais.

Um exemplo simples, tomando por base o objeto desta obra – o processo de compras e contratações públicas é capaz de trazer novos *insights*. Determinada seção de uma unidade de compras de um órgão público tem por incumbência receber os diversos pedidos de aquisição das demais unidades da organização, analisar os pleitos (sob a ótica das exigências legais) e dar o devido prosseguimento. A análise do pleito envolve fatores como caracterização do objeto, justificativa de mérito e do quantitativo, justificativa para eventual indicação de marca etc., usualmente consignados em termo de referência. Desta análise, pode decorrer a devolução processual à unidade requisitante, para saneamento da(s) pendência(s). A equipe que faz esse crivo inicial, lotada na citada seção, é nova e inexperiente na função. Visando a mitigar a falta de padronização entre as análises, e a assegurar a qualidade do trabalho, o chefe da seção elaborou um *checklist*, a ser seguido por todos os membros de sua equipe, que arrola os pontos centrais a serem considerados na verificação.

> A instituição do *checklist* como procedimento mandatório nada mais é do que uma medida para robustecer a governança em nível operacional. Preencher o *checklist*, por sua vez, faz parte da gestão operacional.
>
> No interior das fronteiras organizacionais, a intelecção é que se, por um lado, os macrocomandos da governança são de tutela da cúpula, por outro, tais comandos devem ser desdobrados em estruturas de monitoramento, incentivo e ligação em níveis tático e operacional, de sorte a bem incrementar seu potencial de implementação e de institucionalização.

> - *Há gradações de governança em uma organização?*
>
> O grau de governança em uma organização é diretamente proporcional ao nível de institucionalização da estrutura para a ação. Uma lei, por exemplo, pode ser entendida como uma diretriz que goza de maior perenidade do que uma política de tramitação processual em um órgão público.
>
> Outrossim, o grau de institucionalização pode ser decorrente não apenas da perenidade da norma, mas também do quanto as diretrizes são, de fato, respeitadas. Pode haver, por exemplo, determinada área da organização na qual as diretrizes são ignoradas ou facilmente alteradas, ao passo que outra área do mesmo órgão convive com políticas mais sólidas, cumpridas pelos atores, e de difícil mudança. Essa realidade revela distintos estágios de maturidade de governança, em uma mesma organização.

5. ANÁLISE DO CONCEITO DE GOVERNANÇA EM AQUISIÇÕES PÚBLICAS PROPOSTO PELO TRIBUNAL DE CONTAS DA UNIÃO

O Tribunal de Contas da União, por intermédio de recorrente jurisprudência, define da seguinte forma a governança das aquisições[22]:

> **Governança das aquisições** consiste no conjunto de mecanismos de liderança, estratégia e controle postos em prática para avaliar, direcionar e monitorar a atuação da gestão das aquisições, com objetivo que as aquisições agreguem valor ao negócio da

---

[22] Tal definição é uma adaptação do conceito de governança no setor público apresentado no Referencial Básico de Governança Aplicável a Órgãos e Entidades da Administração Pública, de autoria do TCU: *"governança no setor público compreende essencialmente os mecanismos de liderança, estratégia e controle postos em prática para avaliar, direcionar e monitorar a atuação da gestão, com vistas à condução de políticas públicas e à prestação de serviços de interesse da sociedade"* (BRASIL, 2014, p. 5-6) Ainda, a definição é adaptação do conceito de governança pública, insculpido no Decreto n. 9.203/2017, que dispõe sobre a política de governança da administração pública federal.

organização, com riscos aceitáveis. (Acórdãos nº 2.622/15 – Plenário; 1.546/16 – Plenário, entre outros – destaque do autor)

Registre-se que, em abordagens mais recentes, o TCU vem substituindo o mecanismo "controle" por "*accountability*", levando-se em consideração abordagens mais atuais, sejam nacionais ou internacionais, conforme explicado no Acórdão 508/208 – Plenário.

Um primeiro esforço para fins de análise e compreensão dessa definição nos leva a dissecá-la, de sorte que se constrói o esquema constante do Quadro 6.

Quadro 6. Definição de governança das aquisições, pelo TCU

GOVERNANÇA DAS AQUISIÇÕES		
ALMEJA...	**OBJETO**	**ATRAVÉS DE MECANISMOS DE...**
• Avaliar		• Liderança
• Monitorar	A gestão!	• Estratégia
• Direcionar		• Controle

Fonte: elaborado pelo autor, a partir de Brasil (2014).

O fato de a governança visar a prover diretrizes à gestão, de forma a garantir a persecução dos interesses do cidadão, é ponto tido como pacífico e que, como vimos, encontra espeque na teoria da agência. Dessa maneira, o exame subsequente recai sobre os denominados *mecanismos de governança*, termo que engloba variáveis complexas e multidimensionais. Segundo a Corte Federal de Contas, "para que as funções de governança (avaliar, direcionar e monitorar) sejam executadas de forma satisfatória, alguns mecanismos devem ser adotados: a liderança, a estratégia e o controle" (BRASIL, 2014, p. 36).

A abrangência da estratégia, da liderança e do controle, enquanto macro-construtos, podem, em visão preliminar, dotar a definição ora em análise da necessária coerência. Entretanto, em ótica mais detida, há de se perquirir como (e se), de fato, tais mecanismos atuariam como garantidores da almejada governança. Conjectura-se que as maiores celeumas conceituais repousam nos mecanismos de liderança e estratégia, que carecem de olhar mais atento. É o que faremos agora[23].

---

[23] A abordagem sobre a relação entre controle e governança foi realizada na seção 4 deste Capítulo, de modo que o diagnóstico subsequente será restrito aos mecanismos de liderança e de estratégia.

5.1. Sem liderança, não se faz governança?

Como ocorre com muitos dos conceitos inseridos nas Ciências Sociais, diversas são as maneiras de se definir liderança. Muito provavelmente, como ressalta Bergamini (1994), isso é decorrente do fato de os aspectos da liderança estarem sendo investigados há muito tempo pela humanidade.

As primeiras abordagens sobre esse conceito remontam ainda á Antiguidade. Filósofos e escritores como Platão e Confúcio ou, ainda, o livro *A Arte da Guerra*, de Sun Tzu (século VI a.C.) já se propõem a delinear o que consideram como essencial na formação e no desempenho de um líder.

No entanto, a partir da metade do século XX, a discussão sobre liderança passou a ser uma das maiores preocupações dos pesquisadores do comportamento humano, em especial ao estudarem as organizações (empresas). Passou-se a associar a liderança a uma série de variáveis, seja à produtividade, à consecução de metas, à motivação ou, simplesmente, à satisfação das pessoas no ambiente de trabalho.

Ousando encontrar um denominador comum na multiplicidade de definições de liderança, algumas características centrais são passíveis de identificação[24]:

- liderança é um processo;
- liderança ocorre no contexto de um grupo;
- liderar implica influenciar o comportamento de outros. é uma influência interpessoal;
- liderança envolve a busca por objetivos;
- usualmente, por meio da liderança, busca-se a motivação necessária a otimizar o desempenho;
- esses objetivos são compartilhados pelos líderes e por seus seguidores.

No panorama ora discutido, a perspectiva do TCU é a de associar liderança ao êxito da governança, apresentando-a como um de seus mecanismos. Tal relação é assim evidenciada por aquele Tribunal:

> Liderança refere-se ao conjunto de práticas, de natureza humana ou comportamental, que assegura a existência das condições mínimas para o exercício da boa governança, quais sejam: pessoas íntegras, capacitadas, competentes, responsáveis e motivadas ocupando os principais cargos das organizações e liderando os processos de trabalho (BRASIL, 2014, p. 37).

---

[24] Tomou-se como base definições de autores como Hemphill e Coons (1957); Tannenbaum, Weschler e Massarik (1961); Jacobs (1970); Rouch e Behling (1984); Yukl (2006); Northouse (2007), entre outros.

Há de se frisar, no excerto acima, que se estabelece um rol de características pessoais do líder que o definem como tal. Um membro da cúpula organizacional deve ser íntegro, competente, responsável e motivado, para que, dessa forma, seja visto como um líder e sua atuação dê o necessário respaldo à governança.

Denota-se, assim, um resquício da chamada teoria dos traços, sendo o líder visto como aquele que detém combinações especiais de predicados específicos – no caso, são salientados traços culturais e de personalidade. Uma vez que a liderança, na visão em juízo, "assegura a existência de condições mínimas para o exercício da boa governança", o quadro instável que se afigura é o de se condicionar a institucionalização exitosa da governança à figura da(s) pessoa(s) que ocupa(m) os principais cargos da organização.

A interpretação objetiva da proposição em pauta é que, sem a devida competência, ou sem motivação do ocupante da cúpula organizacional, não há governança. Esse cenário impingiria um risco demasiado ao principal, haja vista a governança voltar-se ao controle e à delimitação da estrutura para a ação, das práticas, e não da mente humana. Caso o fosse, o resguardo aos interesses do principal só seria provido se, e somente se, todos os níveis de programação mental fossem considerados nos mecanismos de monitoramento, incentivo e ligação.

Para Hofstede (2003), há três níveis de programação mental humana, representados na Figura 4.

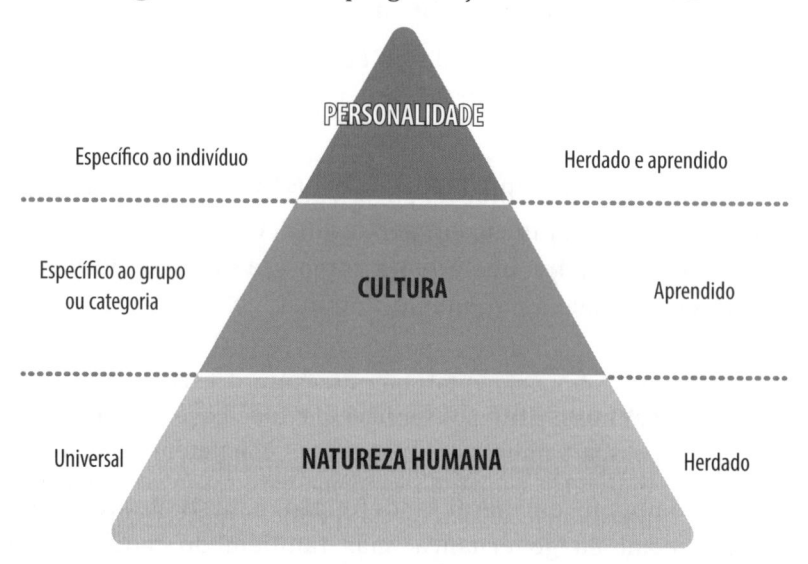

Figura 4. Níveis de programação mental humana

Específico ao indivíduo	PERSONALIDADE	Herdado e aprendido
Específico ao grupo ou categoria	CULTURA	Aprendido
Universal	NATUREZA HUMANA	Herdado

Fonte: Hofstede (2003).

A natureza humana, nessa representação, é herdada por meio dos genes, ao passo que a cultura é responsável por moldar o ferramental universal de sentimentos e de capacidades do Homem, dotando-o de um *modus operandi* inerente a um grupo ou categoria. Ao se mesclarem a herança genética, a influência da programação coletiva (cultura) e as experiências pessoais, toma forma a personalidade do ator social, um "conjunto único de programas mentais que não partilha com nenhum outro ser humano" (HOFSTEDE, 2003, p. 20).

Patente, pois, a fragilidade de se repousar a governança em mecanismos que remetem a traços de personalidade do agente, ainda mais se considerarmos que se abarca, nessa seara, inclusive aspectos de carga genética do indivíduo. O sentido é justamente o contrário. Não é a personalidade do agente que dá base à governança. É a governança que torna perene a convergência entre as práticas de gestão e o interesse público, independentemente das personalidades dos agentes públicos.

Esse entendimento desvela a oportunidade de nova reflexão. Quanto mais institucionalizada a governança, menor é a sua dependência da liderança, conforme elucidação prévia. Por óbvio, o inverso remanesce verdadeiro. A liderança e o empreendedorismo do agente são variáveis que favorecem a inovação e, assim, são necessárias quando da alteração do *status quo* – seja efetiva implementação inicial de diretrizes e de estrutura para a ação, seja em esforços (usualmente disruptivos[25]) para o seu aprimoramento.

Por derradeiro, mister ressaltar que há quatro níveis de análise considerados no Referencial Básico de Governança do TCU, a saber: "os mecanismos de governança, os componentes, as práticas e os itens de controle" (BRASIL, 2014, p. 36). Ao nos debruçarmos sobre os componentes e as práticas relativas ao mecanismo liderança, vêm à baila rotinas diversificadas, tais como capacitação, avaliação de desempenho, administração de benefícios, adoção de códigos de ética, segregação de funções etc. – que se inserem no bojo da gestão de pessoas em sentido amplo, mas não necessariamente da liderança.

5.2. Estratégia e mecanismos de estratégia: uma distinção necessária

As práticas relativas ao mecanismo estratégia, de acordo com a Corte de Contas, contemplam, em geral, a definição não só de diretrizes para a participação social na governança, mas também do modelo de gestão

---

[25] No caso de inovações incrementais, conjetura-se que a figura do líder / empreendedor possa ser menos necessária do que nas hipóteses de inovações radicais.

estratégica (contemplando aspectos como transparência e envolvimento de *stakeholders*), além da política de monitoramento e avaliação da execução dessa estratégia (BRASIL, 2014).

Ainda de acordo com o Tribunal de Contas da União, uma das funções da governança é "definir o direcionamento estratégico" (BRASIL, 2014, p. 31). Um exame mais detido ao exposto por aquele Tribunal pode levar a um raciocínio falacioso: *mecanismos de estratégia compõem a governança que, por sua vez, define a estratégia.* O estabelecimento da estratégia, enquanto prática de governança, é ainda explicitado na seguinte prática:

> **Prática E2.2 – Estabelecer a estratégia da organização**
>
> Consiste em definir a missão, a visão e a estratégia da organização, compreendendo objetivos, iniciativas, indicadores e metas de desempenho. Pressupõe também o envolvimento das partes interessadas na formulação da estratégia e a sua execução (BRASIL, 2014, p. 52).

Em conformidade com discussão pretérita conduzida neste Capítulo, não cabe à governança definir a missão, a visão ou a própria estratégia da organização, com seus objetivos, projetos, indicadores e metas. Tais ações são inerentes à gestão estratégica. O que cabe a governança é estabelecer uma estrutura para a gestão. Definir as etapas a serem observadas para o planejamento estratégico, os atores que devem ser envolvidos na sua concepção, a periodicidade, o método. A governança, destarte, limita-se à gênese de um modelo de gestão estratégica.

Tendo sido apresentadas e discutidas as principais facetas do conceito de governança, estamos aptos a abordar o modelo de governança das compras e contratações públicas, no intuito de bem identificar suas variáveis e inter-relações. É o que faremos no próximo Capítulo.

Capítulo 2

Modelo de governança das compras e contratações públicas: casando a inovação *top down* com a *bottom up*

1. INTRODUÇÃO

O que um órgão ou entidade pública precisa ter para que sua governança das compras e contratações seja considerada satisfatória?

Responder essa pergunta – situada no mote central desta obra – demanda capacidade de abstração. A multidimensionalidade do conceito governança – discutida no Capítulo anterior – implica um sem-número de caminhos para a sua consecução nas aquisições públicas. Para identificá-los, contudo, faz-se mister determinar as variáveis preditoras da governança, bem como suas inter-relações.

Uma premissa ora adotada, entretanto, é que o agente que se debruça sobre a problemática em tela não conseguirá listar, em sua completude, todas as variáveis independentes e bem compreender todas as suas inter-relações, em face de sua limitação cognitiva[1]. Aventa-se, por conseguinte, pressuposto que se coaduna com a teoria da racionalidade limitada desenvolvida pelo economista Herbert Simon. Não se concebe, pois, o ator organizacional como o *homem econômico* da administração clássica, dotado de onisciência e de racionalidade substantiva (MOTTA; VASCONCELOS, 2013). Fala-se, em seu lugar, do *homem administrativo*, mais modesto e realista, "limitado no conhecimento de todas as alternativas" (BALESTRIN, 2002, p. 5).

---

[1] Nessa ótica, o agente toma decisões e estrutura a sua ação racionalmente (adequando meios e fins), mas tão somente com base nos fatores que consegue perceber e interpretar. Conforme leciona Chiavenato (2014), os demais aspectos da situação que não são percebidos ou conhecidos – embora existam na realidade – não interferem na prática social.

Dessa forma, neste Capítulo, será apresentado um **modelo** de governança em compras e contratações públicas. Como todo modelo inerente à lógica da racionalidade limitada, trata-se de panorama não realístico, haja vista ser uma simplificação da realidade, e não a realidade em si. Ainda assim, serve de representação de um certo número de aspectos da conjuntura, com potencial para organizar observações, descrever, analisar e sintetizar dados (MIRANDA, 2007). Um modelo, na ótica de Taylor (1986) e Cohen e Cyert (1965), é um conjunto de suposições abstratas razoáveis das quais uma conclusão – ou conjunto de conclusões – pode ser logicamente formulada. Seu ferramental promove o aprendizado, a compreensão e a geração de *insights*.

A base do modelo apresentado é composta por variáveis difundidas pelo Tribunal de Contas da União, em jurisprudência que vem se consolidando nesta década. Em adição, a representação é complementada com a identificação de outras variáveis independentes, que guardam relação intrínseca com o processo de aquisição pública.

De antemão, devemos compreender que, no Brasil, a discussão acerca de um modelo de governança em compras e contratações públicas é, *per si*, uma mudança de paradigma. Vem a promover alteração disruptiva no que concerne às diretrizes das aquisições, antes reduzidas a comandos legais e a práticas não padronizadas e, não raramente, incipientes de gestão. A proposição de modelo(s) e seus esforços de implementação vêm, recentemente, consubstanciando inovação, em estrita harmonia com sua acepção teórica.

Preliminarmente à abordagem do modelo e de suas variáveis, cabe, destarte, uma digressão acerca da inovação no setor público, bem como da necessária complementaridade entre a visão inovativa da Corte de Contas e a perspectiva dos órgãos e entidades executórias em prol da delimitação da governança em compras e contratações. É o que faremos na próxima seção.

2. INOVAÇÃO NO SETOR PÚBLICO E OS FLUXOS *TOP DOWN* E *BOTTOM UP*

Para os fins desta obra, o conceito de inovação toma como ponto de partida a definição oferecida pela Organização para a Cooperação e Desenvolvimento Econômico (OCDE) e registrada no Manual de Oslo, segundo a qual inovação é "a implementação de um produto (bens ou serviços) novo ou significativamente melhorado, ou um processo, ou um novo método de marketing, ou um novo método organizacional nas práticas de negócio, na organização do local de trabalho ou nas relações externas" (OCDE, 2005, p. 55).

Sundbo e Gallouj (1998, p. 4), por sua vez, definem inovação como "uma mudança de negócio mediante a adição de um novo elemento ou uma nova combinação de elementos antigos no sentido schumpeteriano[2]". A inovação, segundo esses autores, deriva de fenômeno de dimensões variadas, podendo ser definida como inovação apenas quando a mudança de fato agrega valor à resolução de uma situação problema, e as soluções e os novos procedimentos são passíveis de repetição de forma sistemática.

A evolução da abordagem à inovação culminou no desenvolvimento de ampla diversidade de tipologias e de gradações a partir do século XX. Há, hoje, dezenas de tipos de inovação, que consideram a categorização conforme seu objeto (processo, produto, serviço etc.), sua força (incremental, radical etc.), o escopo de mudança tecnológica (em sistemas específicos ou em paradigmas), entre outros. Nosso interesse recai sobre a inovação no setor público e, em especial, sobre o fluxo de onde derivam as práticas que, *ex post*, podem consubstanciar a almejada inovação.

Definição de inovação no setor público citada de forma recorrente na literatura é a elaborada por Mulgan e Albury (2003, p. 3), referindo-se à "criação e implementação de novos processos, produtos, serviços e métodos de entrega, que resultam em significativas melhorias na eficiência, eficácia ou qualidade dos resultados". Trata-se, assim, de encontrar soluções criativas ou inéditas a problemas e a necessidades de interesse público, incluindo novos serviços, novas conformações organizacionais e otimização de processos (CURRIE et al., 2008).

O setor público, por deter como subjacente lógica diversa da competição de mercado, apresenta objetivos e mecanismos de inovação particulares. Para Lima e Vargas (2010, p. 5-6), em decorrência de as organizações públicas, via de regra, não competirem por participações crescentes no mercado, "o resultado da inovação, do ponto de vista macro, fica associado a objetivos socioeconômicos e políticos, e, do ponto de vista da organização, associa-se às finalidades organizacionais".

Em comparação com organizações de mercado, o setor público, na ótica de March e Olsen (1989), existe em um sistema social mais complexo, com objetivos e valores mais ambíguos e difíceis de quantificar. Tais fatores, associados às barreiras inerentes à seara pública, resultam em menores incentivos à inovação

---

2 Para Schumpeter (1984, p. 112), a inovação é a força motriz que impinge um caráter evolutivo à máquina capitalista, sendo decorrente de "novos bens de consumo, novos métodos de produção ou transporte, dos novos mercados, das novas formas de organização industrial que a empresa capitalista cria". Merecedora de destaque é a visão de que, na concorrência atrelada à inovação, repousa o cerne do processo de "destruição criadora", denominação empregada por Schumpeter (1984) ao se referir à contínua revolução da estrutura econômica, na qual novas combinações substituem antigas, e posições de mercado (oligopolistas ou monopolistas) não detêm caráter permanente "devido às incessantes atividades tecnológicas realizadas por outras firmas" (GONÇALVES, 1984, p. 106).

no setor organizacional, que pode ser considerada, em alguns casos, "um extra opcional ou um fardo adicional" (MULGAN; ALBURY, 2003, p. 5).

Mulgan e Albury (2003) identificam sete fatores que agem como impeditivos à inovação no setor público, sintetizados no Quadro 7.

Quadro 7. Barreiras à inovação no setor público

Barreira	Descrição
Pressões para a entrega e fardos administrativos	No setor público, a maioria de gestores e de profissionais dispõe de pouco tempo para se dedicar à inovação na prestação de serviços que culmine em celeridade ou redução de custos. A parcela majoritária de seus esforços é gasta em lidar com a pressão cotidiana da condução de suas organizações, na prestação de serviços e na prestação de contas.
Orçamentos e planejamento de curto prazo	O fracionamento das metas de inovação no diminuto horizonte temporal de um ano – interstício de vigência do orçamento público – acaba por retirar a devida importância dos esforços. Uma requisição de se obter uma minimização de 2 ou 3% no custo ao longo de um ano soa menos relevante do que obter melhora de 30% nos indicadores de eficiência em dez anos.
Poucas recompensas e incentivos à inovação	Ao passo que os governos incrementaram incentivos à inovação no setor privado, com medidas tais como proteção de marcas, benefícios fiscais às atividades de pesquisa e desenvolvimento etc., na esfera pública resiste a tradição de mais penalidades por falhas em inovação do que de recompensas pelo êxito.
Cultura de aversão ao risco	No setor estatal, há a obrigação de se prover um padrão aceitável em serviços públicos, manter a continuidade de sua prestação e assegurar-se do recolhimento de tributos. Tais atividades centrais induzem a uma cultura de aversão ao risco, acentuada ao se considerar o fato de que o fracasso em uma empreitada de alto risco acarreta dano público aos envolvidos.
Baixas habilidades em gestão de riscos e de mudança	No setor público, em que pese a oportunidade e a motivação necessária à inovação por vezes estarem presentes, há uma relativa escassez de habilidades em mudança e em gestão de riscos, ameaçando o processo de inovação.

Barreira	Descrição
Relutância de se extinguirem organizações ou programas ineficientes / ineficazes	As organizações públicas, diferentemente das empresas privadas, dificilmente deixarão de existir como consequência de não serem inovadoras. Ainda assim, novos programas públicos continuam sendo lançados, com padrões mais elevados que os anteriores, mas as funções anteriores que apresentavam falhas raramente são extintas. Ademais, inovações que evidenciam problemas em estágios de teste são usualmente abandonadas precocemente, apesar de a perseverança poder resultar em benefícios.
Tecnologias que restringem arranjos culturais ou organizacionais	Por vezes, a despeito de a tecnologia necessária à inovação estar disponível, no setor público falta o alinhamento entre a cultura organizacional, sistemas, métodos e processos de gestão, impedindo a incorporação da tecnologia às práticas.

Fonte: elaborado pelo autor com base em Mulgan e Albury (2013).

Malgrado tais barreiras, Gallouj e Djellal (2012) colocam em xeque a ideia de que o setor público é menos preocupado com a inovação, se cotejado com o privado. Para tanto, esses autores trazem à baila os seguintes argumentos: (i) uma hipótese plausível é a de que uma administração pública por si inovadora será mais efetiva em prover o suporte para a inovação de outros agentes econômicos; (ii) em serviços públicos, há setores cujas atividades de inovação são bem documentadas na literatura, tais como áreas de saúde e de laboratórios públicos de pesquisa; (iii) as fronteiras entre serviços públicos e privados flutuam em tempo e espaço, podendo, inclusive, haver competição entre tais searas. Além disso, alguns serviços públicos podem ser providos pelo setor privado, mediante novas conformações, como as parcerias público-privadas; e (iv) crises econômicas e mudanças demográficas tendem a fomentar a inovação em serviços públicos, conduzindo à racionalização da produção e à emergência de novas demandas sociais.

A Comissão Europeia – órgão executivo da União Europeia – conduziu, em 2010, uma pesquisa dedicada à inovação no setor público (*Innobarometer 2010 Analytical Report on Innovation in Public Administration*), sendo aplicado questionário em mais de quatro mil organizações públicas naquele continente. Os principais achados foram compendiados no *European Public Sector Innovation Scoreboard* 2013 (HOLLANDERS et al., 2013), e partem da constatação que dois terços das instituições públicas europeias haviam introduzido um serviço inédito ou significativamente melhorado entre 2007 e 2010. O Quadro 8 traz uma síntese de tais achados.

Quadro 8. Achados sobre inovação no setor público, obtidos a partir do *Innobarometer 2010*

Fator	Constatação
Tamanho da instituição	A tendência da inovação em serviço cresce linearmente com o tamanho das instituições públicas.
Indutor da inovação	O principal indutor de inovação no setor público é a introdução de novas leis e regulamentos, seguida de novas prioridades políticas e de funcionalidades de governo eletrônico.
Modo de inovação	A abordagem *top-down* de inovação mostra-se prevalente no setor público.
Barreira à inovação	A carência de recursos financeiros e de pessoal evidencia-se como a barreira mais significativa à inovação.
Efeitos da inovação	De modo geral, inovações implicam os seguintes efeitos positivos no setor público: acesso facilitado à informação devido à inovação sem serviços; melhoria da satisfação do usuário; prestação mais célere dos serviços; melhoria das condições de trabalho e da satisfação dos empregados; redução de custos.

Fonte: elaborado pelo autor a partir de Hollanders et al. (2013).

Diversos são os objetos e os níveis de análise de inovação no setor público, conforme análise de Hollanders et al. (2013). O rol contempla reformas políticas e legais, inovação em disseminação de informação pública, em geração de receita orçamentária, em prestação de serviços públicos tais como saúde e educação, em práticas de licitações públicas etc.

Frisa-se que Hollanders et al. (2013) registram que mais da metade das organizações envolvidas no *Innobarometer 2010* indicaram que as licitações públicas entregaram ou contribuíram para soluções inovadoras em serviços – frisando-se a redução de custos e a minimização de impactos ambientais, entre outros, bem como o fomento ao desenvolvimento de produtos inovadores pelo mercado. Haja vista a centralidade das compras públicas nesta obra, na próxima seção discute-se a relação entre licitações e inovação.

2.1. Compras públicas e inovação

A relação entre licitações públicas e inovação pode dar-se sob duas perspectivas principais. Primeiramente, tem-se a chamada **licitação estratégica** (EDLER; GEORGHIOU, 2007, p. 953), na qual "a demanda por determinadas tecnologias, produtos ou serviços é encorajada a fim de estimular o mercado". Trata-se, assim, de um olhar exógeno sobre os possíveis impactos das compras e contratações públicas no comportamento do mercado, de sorte a subsidiar determinada política pública.

Em coletânea de artigos publicada pela Organização das Nações Unidas (UNOPS, 2014) sobre a temática da relação entre licitações e inovação, preponderam exemplos de licitações estratégicas. Nesse sentido, as compras públicas constituem-se em instrumento político secundário que fomenta a inovação. As iniciativas podem ser assim categorizadas: (i) suporte à inovação industrial; (ii) desenvolvimento de tecnologias no setor de serviços; (iii) desenvolvimento de economias locais; (iv) incentivo a soluções de menor impacto ambiental; (v) institucionalização de práticas de benefícios sociais.

Os objetivos perseguidos pelas licitações estratégicas confundem-se com os próprios do desenvolvimento sustentável, salientando-se as conexões entre suas três dimensões: econômica, social e ambiental. Com essa perspectiva, busca-se, mediante as compras e contratações públicas, a satisfação das necessidades das organizações governamentais quanto a bens e serviços de forma que se "atinja o 'valor do dinheiro' em termos de geração de benefícios não apenas para a organização licitante, mas também, para a sociedade e a economia, ao mesmo tempo em que se minimizam os danos ao meio ambiente" (DEFRA, 2006, p. 10).

Outra ótica, menos recorrente na literatura que aborda a dinâmica entre licitações públicas e inovação, refere-se às **características endógenas** do rito de compra e contratação pública, concernente às tarefas processuais inerentes à sua fase interna e externa. Busca-se, nessa perspectiva, a consecução de um procedimento mais célere, menos oneroso, e mais transparente ou, ainda, uma melhor qualidade da instrução processual.

A inovação referente à governança nas compras e contratações públicas reveste-se, ao mesmo tempo, das facetas estratégica e endógena[3]. Congrega todas as dimensões de desempenho do processo de compras públicas, seja no tocante à sustentabilidade (exógena) ou aos atributos processuais inerentes ao rito ou a características do objeto. Sendo fenômeno almejado em órgãos e entidades, mostra-se pertinente um olhar mais detido sobre as fontes e os fluxos da inovação no setor público.

A inovação na seara governamental é usualmente tida como de fluxo *top down* ("de cima para baixo), conforme realçado por Hollanders et al. (2013). Na mesma linha, Windrum (2008) avalia que inovações públicas são geralmente

---
3 Discussão mais aprofundada sobre a temática inovação e compras públicas é realizada no Capítulo 9 desta obra.

analisadas como atividades *top down* iniciadas por instâncias com poder normativo / agentes políticos, e não como atividades *bottom up* ("de baixo para cima") iniciadas por atores de níveis organizacionais mais operacionais. Em contrapartida, salientam Kesting e Ulhøi (2010) e Saari, Lehtonen e Toivonen (2015), há um crescente ramo de literatura especializada baseado no conceito de inovação conduzida pelos empregados[4], referente à dinâmica *bottom up*.

No que tange à governança em compras e contratações públicas no Brasil, a inovação afeta à implantação de novas diretrizes e políticas deu-se, recentemente, em conformidade com fluxo *top down*, mormente devido à atuação do Tribunal de Contas da União na conformação de jurisprudência sobre a temática. Tais comandos reverberaram, ainda, por tribunais de contas estaduais e municipais, bem como por órgãos de controle internos, que passaram a agir como emissores secundários de ditames nas aquisições. Nesses lindes, dois pontos são merecedores de abordagem específica, a saber: (i) a ampliação das competências do TCU para além de seu escopo constitucional e legal, e (ii) as razões para tal ampliação.

As competências do Tribunal de Contas da União – de aplicação restrita ao âmbito federal – derivam dos artigos 33 (§ 2º), 71 a 74 e 161 da Constituição Federal. Há, ainda, outras incumbências com esteio em diplomas legais específicos, sumarizadas no Quadro 9.

Quadro 9. Competências constitucionais e legais do TCU

Fundamento	Competência
CF 88, art. 71, I	Apreciar as contas anuais do presidente da República.
CF 88, art. 33 (§ 2º) e art. 71, II	Julgar as contas dos administradores e demais responsáveis por dinheiros, bens e valores públicos.
CF 88, art. 71, III	Apreciar a legalidade dos atos de admissão de pessoal e de concessão de aposentadorias, reformas e pensões civis e militares.
CF 88, art. 71, IV	Realizar inspeções e auditorias por iniciativa própria ou por solicitação do Congresso Nacional.
CF 88, art. 71, V	Fiscalizar as contas nacionais das empresas supranacionais.
CF 88, art. 71, VI	Fiscalizar a aplicação de recursos da União repassados a estados, ao Distrito Federal e a municípios.

---

4 No original, *Employee-driven innovation (EDI)*.

Fundamento	Competência
CF 88, art. 71, VII	Prestar informações ao Congresso Nacional sobre fiscalizações realizadas.
CF 88, art. 71, VIII e XI	Aplicar sanções e determinar a correção de ilegalidades em atos e contratos.
CF 88, art. 74, § 2º	Apurar denúncias apresentadas por qualquer cidadão, partido político, associação ou sindicato sobre irregularidades ou ilegalidades.
CF 88, art. 161	Fixar os coeficientes dos fundos de participação dos estados, do Distrito Federal e dos municípios e fiscalizar a entrega dos recursos aos governos estaduais e às prefeituras municipais.
Lei nº 8.666/93	Apreciar representações apresentadas por licitante, contratado ou pessoa física ou jurídica acerca de irregularidades na aplicação da Lei de Licitações e Contratos.
Lei nº 10.028/2000	Processar e julgar infrações administrativas contra leis de finanças públicas.
Lei nº 10.264/2001	Fiscalizar a aplicação dos recursos passados aos Comitês Olímpico e Paraolímpico Brasileiros.

Fonte: elaborado pelo autor a partir de informações do sítio do TCU na internet.

Ao que se depreende, as competências da Corte Federal de Contas restringem-se à fiscalização da entrega / aplicação de recursos federais, bem como ao julgamento das contas de gestores responsáveis por bens públicos. Não abarca, em intelecção imediata, a definição de um *modus operandi* em relação a atos de gestão, e nem da estruturação para a ação da Administração Pública. Ainda assim, em suas atividades, o TCU vem avaliando, periodicamente, a capacidade de governança e gestão no setor público, seja nas políticas governamentais, na gestão de pessoas, nas áreas de tecnologia da informação, de saúde, de segurança e nas contratações públicas[5].

Tal ação dá-se com fulcro nos planos de controle externo daquele Tribunal, de vigências bianuais. Entre os objetivos estratégicos de resultado, transcrito nos últimos planos, consta *aprimorar a governança e a gestão em organizações e políticas públicas*[6]. Na mesma linha, o Plano Estratégico do TCU (horizonte 2015-2021) traz como objetivo *realizar diagnósticos*

---

[5] Nesse sentido, veja <http://portal.tcu.gov.br/governanca/governancapublica/>.
[6] O plano de controle externo vigente, para o período de abril de 2017 a março de 2019, está disponível em: <https://portal.tcu.gov.br/biblioteca-digital/planos-de-controle-externo-e-de-diretrizes-abr-2017-mar-2019.htm>.

sistêmicos em áreas relevantes, de maneira a orientar *a adoção de medidas que possibilitem aprimorar os instrumentos de governança, gestão e desempenho da Administração Pública*[7]. Cita-se, ainda, a missão e a visão de futuro, consignadas em 2013, da Secretaria de Controle Externo de Aquisições Logísticas do TCU (SELOG), quais sejam: "ser referência no controle e aperfeiçoamento da governança das aquisições públicas" e "exercer o controle da governança das aquisições públicas em benefício da sociedade"[8], respectivamente. Ainda assim, a base para a atuação da Corte de Contas é relativamente frágil, respaldada em planos autoelaborados, e de cunho discricionário.

A extrapolação das competências originais do TCU não é vista de forma homogênea entre os agentes públicos. Grosso modo, há dois extremos: os que criticam o posicionamento daquela Corte, questionando sua legitimidade para proferir orientações sobre a gestão (interna) de órgãos e entidades públicas[9]; e os que interpretam por natural a ação daquele Tribunal, haja vista, em lógica macro, estar havendo intervenção normativa em prol do melhor uso dos bens e valores públicos.

De toda sorte, o avanço do Tribunal de Contas da União no terreno da governança pública – e, em especial, das compras e contratações governamentais – avulta-se irreversível. Discutir eventual vício de competência e, quiçá, a lidimidade desse avanço é esforço estéril. Mais apropriado, contudo, é compreender a razão para tal investida, os espaços de poder envolvidos, e quais as possibilidades do gestor em face da inovação de fluxo *top down*.

As práticas incipientes de gestão nas compras públicas vêm sendo apontadas há pelo menos duas décadas pelo TCU. A falta de planejamento, nesse contexto, deteve (e detém) papel de destaque[10], respondendo por estigmas como fracionamento de despesas, compras desnecessariamente emergenciais, má caracterização do objeto, execução financeira insatisfatória etc. A despeito das falhas continuadas no processo de aquisições, o Tribunal de Contas da União limitou-se, historicamente, a identificar irregularidades

---

7 O plano de controle externo e o plano estratégico do TCU são ostensivamente citados como as bases que justificaram a realização de um conjunto de auditorias sobre governança nas aquisições, na forma de Fiscalização de Orientação Centralizada (FOC), que culminaram no Acórdão nº 2.238/15 – Plenário TCU.

8 A redação da visão de futuro, adotada pela SELOG, confunde-se com a missão da unidade. Visão de futuro traduz-se em *status* que se almeja gozar após o horizonte estratégico. Uma melhor técnica de redação seria: "firmar-se como referencial de controle externo da governança das aquisições".

9 Há, inclusive, membros do corpo de ministros do TCU que já reconheceram, em palestras, que talvez aquele Tribunal tenha ido um pouco além do que deveria, consubstanciando ingerência em campo sob a tutela de outros órgãos e entidades públicas.

10 Citam-se, por exemplo, as Decisões nº 347/94, nº 202/97 e nº 197/97 – Plenário TCU, Acórdão nº 2.528/2003 – Primeira Câmara TCU.

e a tecer recomendações que não raramente reforçavam comandos já insculpidos na Lei de Licitações e Contratos.

Apenas recentemente o TCU diligenciou mudança de abordagem. Deixou de tratar sintomas, e voltou-se às causas. Rompeu, de fato, as fronteiras dos órgãos e das entidades públicas e passou a "legislar" sobre o processo licitatório, estabelecendo uma superestrutura para a gestão de compras, normatizando o planejamento, a estrutura, direção e o controle processual. Em síntese: ocupou um espaço que estava caótica e casuisticamente preenchido por gestores públicos que, com louváveis exceções, agiam de modo reativo às demandas, aos problemas e, logicamente, às emergências.

Se, em 2007, a recomendação era para realizar "o planejamento prévio dos gastos anuais, de modo a evitar o fracionamento de despesas de mesma natureza" (Acórdão nº 1.084/07 – Plenário) ou se, em 2010, frisava a Corte a necessidade de realizar "o planejamento de compras a fim de que possam ser feitas as aquisições de produtos de mesma natureza de uma só vez" (Acórdão nº 367/10 – Segunda Câmara)[11], a partir de meados desta década, a mera indicação da compulsoriedade do planejamento não se mostrou suficiente. O nível de abordagem, outrora macro, revelou-se meso[12]: agora ditam-se regras sobre como fazer esse planejamento, explicitando-se não só os instrumentos de gestão que devem ser implementados, mas também como se dá a estruturação desses instrumentos.

O espaço ocupado pelo Tribunal de Contas da União é também uma extensão de poder. A assunção do papel de detentor da tutela da governança nas aquisições, podendo esculpi-la com relativa autonomia, alça aquela Corte ao papel de institucionalizadora de práticas por ela engendradas. A fonte do poder está, inicialmente, na capacidade de se gerar o conhecimento. Trata-se de acepção que encontra respaldo em Foucault (1972), para quem o conhecimento efetivo – ou seja, que detém eficácia instrumental – é útil e necessário ao exercício do poder. Nas palavras de Peci, Vieira e Clegg (2006, p. 64):

> [Foucault] ressalta que o que é mais interessante entre as relações do poder com o conhecimento não é a detecção de conhecimento falso, espúrio, mas o papel de conhecimentos que são valorizados e efetivos por causa de sua segura eficácia instrumental. Foucault usa a palavra *savoir* – utilizada para

---

11 Há uma série de acórdãos contemporâneos aos citados que guardam o mesmo nível de análise. A superação da falta de planejamento é também indicada como imprescindível para fins de se evitar dispensas emergenciais ou prorrogações contratuais dentro do prazo de vigência das avenças.

12 Entende-se que o nível micro deve levar em consideração a realidade de cada órgão ou entidade pública, para fins de operacionalização dos instrumentos de governança propostos pelo TCU. Isso se dá tão somente no âmbito da própria organização que os implementa.

conotar o conhecimento próximo ao *know-how* (uma maneira de tornar um problema tratável ou um material manejável). Esse tipo médio de conhecimento, que pode não ser rigorosamente científico, demanda certo grau de ratificação dentro de um grupo social, além de conferir alguns benefícios sociais.

As diretrizes de governança ditadas passam a ser a <u>verdade</u> – este, outro conceito central na perspectiva de Foucault (2004, p. 12) – detendo o TCU a prerrogativa de delinear "os mecanismos e as instâncias que permitem distinguir os enunciados verdadeiros dos falsos". Aquele Tribunal assume a função de produzir verdades sobre governança nas aquisições, sendo este um mecanismo de manutenção de poder.

Interessante cenário é trazido à baila, a título ilustrativo, por Brígido (2013), como panorama de aplicação da Teoria de Foucault[13]:

> Até o final do século XVIII, a medicina era uma sabedoria particular do médico que auxiliava o doente no combate à epidemia. Com a necessidade de mudanças estruturais e arquitetônicas, o hospital começou a utilizar a tecnologia política da disciplina. Para isso modificou seu espaço interno e externo fazendo do médico seu organizador e utilizando o registro permanentemente. Assim, o hospital passa a ser não apenas um local de cura, mas também de registro, acúmulo e formação de saber. A verdade que era produzida passa a ser procurada através de técnicas (BRÍGIDO, 2013, p. 70).

O paralelo é imediato. A Corte Federal de Contas, em face da liberdade que goza para gerar conhecimentos, produz verdades, suscitando efeitos permeados de poder. Analogamente ao hospital, o TCU pode ser visto hoje como um local de registro, acúmulo e formação de saber: a verdade lá produzida (na forma de recomendações jurisprudenciais) é, da mesma forma, procurada através de técnicas, traduzidas na forma de tecnologias específicas de governança e de gestão: como estruturar um plano anual de compras, como fazer gestão de riscos, como gerir pessoas por competências na área de aquisições etc.

O fluxo de inovação *top down* então criado visa a institucionalizar novas práticas de governança. Aos diversos órgãos e entidades públicos, por sua vez, cabem a adaptação de seus processos de compras e contratações ao modelo

---

13 O próprio Foucault, em sua obra *Microfísica do Poder*, estuda as relações de poder em hospitais. O excerto de Brígido (2013) ora transcrito sumariza análise mais aprofundada de Foucault.

proposto, em claro arquétipo da Teoria Institucional[14]. A ação organizacional evidencia-se, destarte, condicionada pelas forças ambientais, suscetível ao contágio de legitimidade e associando a institucionalização à necessidade de reconhecimento social e de adaptação a interesses conjunturais. De acordo com Selznick (1996), a legitimação é vista como um imperativo organizacional, fonte de inércia e regulador de formas particulares e de rotinas. O resultado é a ocorrência do isomorfismo institucional, no qual a inovação ocorre em direção à consecução de práticas mais estáveis e legitimadas, através de um processo de conformidade mimética (imitação de arranjos estruturais e de *benchmarks* de organizações bem-sucedidas cujos ritos coadunam-se com o propugnado pelo TCU) e coercitiva (decorrente da pressão direta da Corte de Contas) (DIMAGGIO; POWELL, 1991).

Contudo, a institucionalização das novas práticas é caminho que guarda certa complexidade. Em consonância com o modelo de mudança institucional proposto por Greenwood, Suddaby e Hinings (2002), o avanço jurisprudencial, primeiramente, tem a função de desestabilizar as práticas estabelecidas. Segue-se o segundo estágio – a desinstitucionalização, no qual há a emergência do empreendedorismo organizacional, com vistas à adequação do modelo de governança de aquisições em pauta. O distúrbio proporcionado nesta etapa não só catalisa novas ideias, como também guia em direção à próxima fase: a pré-institucionalização, na qual a inovação toma forma, sendo customizada à realidade da organização pública. As fases seguintes, consoante esquema daqueles autores, constituem-se em teorização – especificação de uma rotina que constitui um problema à organização e justificação de uma solução plausível; difusão – na busca de uma objetivação e legitimação crescente e, finalmente, a reinstitucionalização, na qual a nova prática de governança é assumida como natural e apropriada.

Ao gestor de compras que se vê imerso na turbulência de modificação de seu espaço em face da institucionalização forçada, impinge a necessidade de diagnóstico acurado, para fins de posicionamento que mais bem favoreça o interesse público. A compreensão do modelo de governança de aquisições disseminado pelo TCU deve se dar em sua completude, vislumbrando-se suas potencialidades e limitações. Os seguintes aspectos devem ser levados em consideração, em todas as hipóteses:

---

14 A Teoria Institucional é responsável por oferecer uma visão alternativa à perspectiva racional que sugere que as mudanças organizacionais ocorrem periodicamente, no intuito de agregar melhor *performance* substantiva. Para aquela corrente, as organizações adaptam suas características internas às expectativas dos principais *stakeholders* em seu ambiente (ASHWORTH; BOYNE; DELBRIDGE, 2007). O Capítulo 9 traz abordagem mais contundente a essa teoria.

(i) o Tribunal de Contas da União insurge como o principal patrocinador da modelagem do processo de aquisições públicas. Ao gestor de compras, sensibilizar a cúpula de sua organização a envidar esforços em prol do aperfeiçoamento da governança passa a ser mais acessível. O discurso interno passa a gozar de maior legitimidade: a aspiração para a implantação de um plano anual de compras, por exemplo, não tem a sua gênese na unidade de compras, mas sim em uma exigência do órgão de controle externo. A cúpula será cobrada pelos instrumentos de governança em aquisições e terá que justificar uma eventual não implantação àquele Tribunal;

(ii) o modelo proposto pela Corte Federal de Contas não é completo *per si*. Há uma série de instrumentos não considerados (e de ênfases desmedidas nos que são contemplados) e de *insights* não alcançados. Os elementos são apresentados de forma estanque, não conversando entre si: as inter-relações das variáveis independentes não são evidenciadas. Ademais, não há ilustração da temporalidade de aplicação e de revisão de vários dos instrumentos. Destarte, expõe-se, aos órgãos e entidades públicos, um campo bastante favorável às inovações *bottom up*. O modelo em comento deve ser visto como carente de aprimoramento – tarefa a ser desempenhada por quem detém a *expertise* da execução das compras: o gestor de compras.

Uma vez apresentada a dinâmica entre inovação e compras públicas, bem como clarificados os papéis dos principais atores nesse cenário, estamos prontos para seguir adiante. Na próxima seção, abordaremos as recomendações jurisprudenciais que dão espeque ao modelo de governança de aquisições proposto pelo TCU.

3. GOVERNANÇA DAS AQUISIÇÕES NA JURISPRUDÊNCIA DO TCU

O ingresso mais proeminente do Tribunal de Contas da União na matéria governança remonta a 2007, quando se efetuou levantamento afeto à área de tecnologia da informação (TI). Desde então, os esforços foram se diversificando, passando a abranger os domínios de gestão de pessoas, de políticas públicas, do setor de saúde e de aquisições.

Ainda em 2013, a Corte de Contas efetuou diagnóstico com o objetivo de obter e sistematizar informações sobre a governança e a gestão das aquisições nas organizações da Administração Pública Federal, do sistema S, dos conselhos federais e de outras que realizem gestão de recursos federais, e que tenham atuação nacional[15], em projeto denominado *Perfil GovAquisições – Ciclo 2013*. Aplicou-se questionário de avaliação em 376 organizações, e os dados coletados revelaram o seguinte panorama:

> O referido trabalho identificou, por meio de dados declarados pelos jurisdicionados, que não é adequada a situação da governança e da gestão das aquisições na Administração Pública Federal, tendo em vista as deficiências/falhas nos sistemas de governança e gestão das aquisições da maioria das organizações que se autoavaliaram, tais como: ausência (ou deficiências) de (no) estabelecimento de diretrizes para as aquisições; ausência (deficiência) de (no) estabelecimento das competências, atribuições e responsabilidades; deficiências na função de auditoria interna (BRASIL, 2016, p. 6).

Tal levantamento seminal culminou no Acórdão nº 2.622/2015 – TCU – Plenário, que trouxe uma série de recomendações com o objetivo de induzir melhorias na governança das aquisições públicas. Desde então, expediu-se uma série de acórdãos análogos[16], frutos de avaliações de práticas de governança adotadas pela Administração Pública Federal. As orientações são diversificadas, e requerem uma atenção do gestor para a devida compreensão. Importante salientar que acórdãos não se compõem de material didático, e nem possuem tal intuito. Para a sua exata assimilação, demandam tratamento, de sorte a favorecer o processo de ensino-aprendizagem.

Mais recentemente, em 2017, a Corte de Contas aplicou instrumento de autoavaliação em 581 órgãos e entidades públicos federais, reunindo as temáticas de tecnologia de informação, pessoas, contratações e governança pública. Os resultados foram, pela primeira vez, disponibilizados em relatórios individualizados por unidade administrativa, e tornados públicos na internet. A deliberação do TCU, por sua vez, foi formalizada mediante o Acórdão nº 588/2018 – Plenário. Desse documento, extraem-se os seguintes achados:

(i) 58% das organizações estão em estágio de capacidade inicial em governança e gestão;

(ii) o cenário mais preocupante é o de gestão de pessoas (69% das organizações em estágio inicial);

(iii) a gestão das contratações também apresenta quadro crítico, com 56% da amostra em estágio inicial;

---

15 Tal diagnóstico consubstanciou-se no quinto levantamento capitaneado pelo TCU para a obtenção de informações sobre governança na Administração Pública Federal. Realizaram-se, anteriormente, três levantamentos sobre TI (2007, 2010 e 2012) e um sobre gestão de pessoas (2013).

16 Em rol não exaustivo: Acórdãos 2.328/2015, 2.622/2015, 2.743/2015, 2.749/2015, 2.831/2015, 1.414/2016, 1.545/2016, 2.352/2016, entre outros.

(iv) no que diz respeito à governança das contratações, 85% das organizações estão no estágio inicial da gestão de riscos;

(v) 50% das organizações estão no estágio inicial de capacidade de estruturação da gestão de contratações, não se revelando avanços com relação ao levantamento já realizado em 2013;

(vi) 76% das organizações estão no estágio inicial de capacidade no monitoramento do desempenho da gestão de contratações;

(vii) 65% das organizações não definiram os perfis profissionais desejados de colaboradores da área de gestão de contratações, e 77% não o fizeram para os ocupantes de cargos de chefia;

(viii) 78% das organizações não definiram o quantitativo necessário à área de gestão das contratações, e

(ix) 62% das organizações estão no estágio inicial de capacidade na execução de processo de planejamento das contratações (piora com relação ao levantamento de 2013).

O diagnóstico delineia a anemia da Administração Pública Federal, que, no que concerne às suas contratações, revela *performance* incompatível com a relação de agência na qual é partícipe. É nesse bojo que o Tribunal de Contas da União propõe encaminhamentos, como modo de cercear a incessante e sempre corrente tendência ao desarranjo.

Nesse sentido, as recomendações exaradas pela Corte Federal de Contas, no que concerne à governança das aquisições, serão nesta obra categorizadas por função administrativa, a saber: **planejamento, organização, direção e controle**. Tal medida refina o ferramental dos instrumentos propostos, bem como confere ao gestor um olhar concatenado sobre a implantação e o eventual regime permanente da governança, sob a perspectiva processual.

3.1. Recomendações afetas ao planejamento

O planejamento reúne a maior parcela de recomendações de governança das aquisições na jurisprudência do TCU. De modo geral, há quatro elementos tocados pelo órgão de controle externo, a saber: (i) plano de logística sustentável; (ii) plano estratégico de compras e contratações; (iii) plano anual de compras e contratações; e (iv) políticas e estratégicas gerais. As compilações jurisprudenciais e sintéticos esclarecimentos são apresentados a seguir[17].

---

17 Nos capítulos subsequentes desta obra, tais instrumentos de governança serão apresentados e analisados em profundidade.

3.1.1. Plano de Logística Sustentável (PLS)

No que concerne ao Plano de Logística Sustentável, eis as recomendações exaradas pelo Tribunal de Contas da União[18]:

- elabore e aprove um Plano de Gestão de Logística Sustentável, isto é, um plano, contendo objetivos e responsabilidades definidas, ações, metas, prazos de execução e mecanismos de monitoramento e avaliação, que permite à organização estabelecer práticas de sustentabilidade e racionalização de gastos e processos;
- publique no seu sítio na internet o Plano de Gestão de Logística Sustentável aprovado;
- estabeleça mecanismos de monitoramento para acompanhar a execução do Plano de Gestão de Logística Sustentável.

Relevante assinalar que, conforme o excerto acima, o Plano de Logística Sustentável deve não só estabelecer práticas de sustentabilidade, mas também rotinas que convirjam para a racionalização de gastos e processos. Nesses termos, amplia-se sobremaneira o escopo usual de um PLS, que absorve eventuais iniciativas de gestão de custos. Ademais, torna-se manifesto um potencial paradoxo: lidar com o custo maior da sustentabilidade, ao passo que se almeja a mitigação de dispêndios[19].

3.1.2. Plano Estratégico de Compras e Contratações

No que diz respeito a um Plano Estratégico de Compras e Contratações (PECC), eis as recomendações do Tribunal de Contas da União:

Estabeleça formalmente:

- objetivos organizacionais para a gestão das aquisições, alinhados às estratégias de negócio;
- pelo menos um indicador para cada objetivo definido na forma acima, preferencialmente em termos de benefícios para o negócio da organização;
- metas para cada indicador definido na forma acima;

---

18 Conforme consta do Acórdão nº 1.414/2016 – TCU – Plenário. Tais recomendações são, ainda, espelhadas em diversos outros acórdãos do TCU.

19 O ponto chave para a solução desse paradoxo é a correta compreensão do conceito de racionalização de gastos, a ser associado com aspectos de custo de ciclo de vida do produto e mitigação de desperdícios. Tal análise será efetuada mais adiante, nesta obra.

> - mecanismos que a alta administração adotará para acompanhar o desempenho da gestão das aquisições.

Em que pese a transcrita jurisprudência não empregar, propriamente, o termo "Plano Estratégico", ao se estabelecerem objetivos, indicadores e metas para as aquisições, alinhados à estratégia organizacional, é o que se almeja produzir.

Outrossim, o último comando do excerto transcrito esconde complexidade adicional: vislumbra-se significativa subjetividade em se falar no "desempenho" da gestão das aquisições. No intuito de instrumentalizar a recomendação, deve-se, preliminarmente, identificar as variáveis que predizem esse desempenho, discussão essa que será conduzida no Capítulo 5.

3.1.3. Plano Anual de Compras e Contratações

Com perspectiva operacional, as recomendações da Corte Federal de Contas sobre o Plano Anual de Compras e Contratações (PACC) são assim apresentadas:

> Execute processo de planejamento das aquisições, contemplando, pelo menos:
> - elaboração, com participação de representantes dos diversos setores da organização, de um documento que materialize o Plano de Aquisições, contemplando, para cada contratação pretendida, informações como: descrição do objeto, quantidade estimada para a contratação, valor estimado, identificação do requisitante, justificativa da necessidade, período estimado para aquisição (e.g., mês), programa/ação suportado (a) pela aquisição, e objetivo(s) estratégico(s) apoiado(s) pela aquisição;
> - aprovação, pela mais alta autoridade da organização, do plano de aquisições;
> - divulgação do plano de aquisições na internet;
> - acompanhamento periódico da execução do plano, para correção de desvios.

O caráter minudente da caracterização do Plano de Aquisições, coligido a partir do trecho acima, exterioriza o grau de imisão do TCU na seara da gestão – vai-se além de indicar a necessidade de implantação do plano em tela, chegando-se a indicar os campos que devem constar do instrumento.

3.1.4. Políticas e Estratégias Gerais

Ainda no que toca ao planejamento das aquisições, há recomendação para o estabelecimento de diretrizes das seguintes temáticas:

> Estabeleça diretrizes para a área de aquisições incluindo:
> - Estratégia de terceirização;
> - Política de compras;
> - Política de estoques;
> - Política de sustentabilidade;
> - Política de compras conjuntas.

O cumprimento desse amplo comando exige a definição de regras para cada um dos pontos. A definição de diretrizes sobre políticas de compras, de sustentabilidade e de compras conjuntas será abordada nos capítulos subsequentes. Por ora, segue sucinta análise sobre a **estratégia de terceirização** e a **política de estoques**.

O estabelecimento de diretrizes acerca da **estratégia de terceirização** reside em responder uma série de questionamentos. Um <u>rol não exaustivo</u> é assim discriminado:

(I) Quais os critérios a serem considerados para definir se um serviço deve ser terceirizado?

De modo geral, serviços de limpeza, recepção, copeiragem, vigilância, entre outros, são entendidos como terceirizáveis, *a priori*. Nada obstante, há serviços que concernem a atividades críticas à Administração Pública, por estarem associados à geração e ao acesso a informações sensíveis e que, desse modo, carecem de análise mais acurada sobre a sua possibilidade de terceirização. É o caso, por exemplo, do serviço de pesquisador de preços para processos licitatórios[20].

A Instrução Normativa nº 05/2017 do Ministério do Planejamento, Desenvolvimento e Gestão, em seu art. 7º, preconiza que serão objeto de execução indireta as atividades previstas em decreto que regulamenta a matéria. O Decreto nº 2.271/97, por sua vez, explicita da seguinte forma as atividades passíveis de execução indireta:

---

20 A IN nº 05/2017, em seu art. 9º, veda a execução indireta na Administração Pública federal de atividades consideradas estratégicas para o órgão ou entidade, cuja terceirização possa colocar em risco o controle de processos e de conhecimentos e tecnologias.

> Art. 1º No âmbito da Administração Pública Federal direta, autárquica e fundacional poderão ser objeto de execução indireta as atividades materiais acessórias, instrumentais ou complementares aos assuntos que constituem área de competência legal do órgão ou entidade.
>
> § 1º As atividades de conservação, limpeza, segurança, vigilância, transportes, informática, copeiragem, recepção, reprografia, telecomunicações e manutenção de prédios, equipamentos e instalações serão, de preferência, objeto de execução indireta.
>
> § 2º Não poderão ser objeto de execução indireta as atividades inerentes às categorias funcionais abrangidas pelo plano de cargos do órgão ou entidade, salvo expressa disposição legal em contrário ou quando se tratar de cargo extinto, total ou parcialmente, no âmbito do quadro geral de pessoal.

(II) Como definir a métrica de remuneração para o serviço terceirizado?

No caso, há de se definirem diretrizes para a aferição e o pagamento do serviço, seja por resultado, por quantidade de horas de serviço, por postos de trabalho ou ainda, o estabelecimento de um sistema híbrido. O apropriado desenvolvimento de um Instrumento de Medição de Resultado (IMR), nos moldes do preconizado pela Instrução Normativa nº 05/2017, do Ministério do Planejamento, Desenvolvimento e Gestão, com razoáveis e precisas faixas de ajustes de pagamento, reside no cerne da questão acima.

(III) Quais as diretrizes que regem o modelo de serviço a ser implantado?

Diversas variáveis devem ser consideradas para fins de delineamento do modelo de contratação. No nível de governança, um dos aspectos, para fins de ilustração, tange ao grau de automação do serviço. Como exemplo, na execução indireta de limpeza, pode-se exigir que a contratada use equipamentos automatizados para o serviço, em adição apenas aos artefatos tradicionais. O resultado seria a despesa a maior relativa ao emprego da tecnologia, compensada pela diminuição do quantitativo de pessoal necessário para a execução do objeto.

(IV) Como estruturar a fiscalização contratual, de sorte a mitigar a probabilidade de responsabilidade subsidiária?

A estratégia de terceirização deve considerar os riscos envolvidos, a fim de evitar a fragilização da Administração em face do particular. Nesses termos, a estruturação da fiscalização contratual constitui pilar para o resguardo dos interesses do principal, bem como para evitar a negligência capaz de ensejar responsabilidade subsidiária dos órgãos e entidades públicos.

A **política de estoques**, por sua vez, é esteada em uma multiplicidade de fatores tais como (i) definição de parâmetros gerais (seleção de materiais a serem estocados, método de fixação dos níveis de estoque, por material, estoques de segurança, taxas médias de consumo etc.); (ii) escolha do sistema de reposição de estoques adequado; (iii) enumeração de critérios que embasem uma opção pelo sistema de registro de preços na revisão do estoque, quando aplicável; (iv) metodologia para o cálculo de previsão de demanda etc.

3.2. Recomendações afetas à organização

A organização, enquanto função administrativa, é assim definida por Maximiano (2000, p. 67):

> Organização é o processo de definir o trabalho a ser realizado e as responsabilidades pela realização; é também o processo de distribuir os recursos disponíveis segundo algum critério.

Por intermédio da organização, visa-se a esclarecer quatro pontos principais (FENILI, 2017):

- Como serão alocados os recursos para a realização dos processos de trabalho;
- Quais as atividades específicas que devem ser desenvolvidas para a consecução dos objetivos planejados – especialização;
- Em cada área específica, como se darão as relações de hierarquia, autoridade e competências – descrição de cargos e definição de autoridade;
- Como a estrutura organizacional deve ser disposta a fim de possibilitar o desempenho mais eficiente, eficaz e efetivo – departamentalização.

Na governança das aquisições, as recomendações do Tribunal de Contas da União alusivas à organização são assim apresentadas:

> Proceda, periodicamente, à avaliação quantitativa e qualitativa do pessoal do setor de aquisições, de forma a delimitar as necessidades de recursos humanos para que esse setor realize a gestão das atividades de aquisições da organização.
>
> Estabeleça em normativos internos:

> - as competências, atribuições e responsabilidades dos dirigentes, inclusive quanto à delegação de competências, com respeito às aquisições, incluindo a responsabilidade pelo estabelecimento de políticas e procedimentos de controles internos necessários para mitigar os riscos nas aquisições.
> - as competências, atribuições e responsabilidades dos cargos efetivos da área de aquisições.
> - Política de delegação de competência para autorização de contratações.
> - avalie a necessidade de atribuir a um comitê, integrado por representantes dos diversos setores da organização, a responsabilidade por auxiliar a alta administração nas decisões relativas às aquisições, com objetivo de buscar o melhor resultado para a organização como um todo.

3.3. Recomendações afetas à direção

A direção diz respeito às práticas de <u>gestão de pessoas</u>, de modo a colocar em curso o planejamento efetuado. As recomendações do TCU, nos limites da governança das aquisições, referentes à direção remetem à estruturação de <u>gestão por competências</u>, conforme se depreende do seguinte excerto:

> Estabeleça um modelo de competências para os ocupantes das funções-chave da área de aquisição, em especial daqueles que desempenham papéis ligados à governança e à gestão das aquisições.
> - Expeça orientações no sentido de que, quando pertinente, a escolha dos ocupantes de funções-chave, funções de confiança ou cargos em comissão na área de aquisições seja fundamentada nos perfis de competências definidos no modelo e sempre pautada pelos princípios da transparência, da motivação, da eficiência e do interesse público.
> - Elabore Plano Anual de Capacitação para a organização.
> - Quando elaborar o Plano Anual de Capacitação, contemple ações de capacitação voltadas para a governança e gestão das aquisições.
> - Capacite os gestores da área de aquisições em gestão de riscos.
> - Adote mecanismos para acompanhar a execução do Plano Anual de Capacitação.

3.4. Recomendações afetas ao controle

No que tange ao controle, as recomendações jurisprudenciais abrangem não só o monitoramento *a posteriori*, mas também o concomitante, usualmente sob a forma de gestão de riscos e de *check-lists*.

Estabeleça diretrizes para o gerenciamento de riscos da área de aquisições.

Realize gestão de riscos das aquisições.

Adote um sistema de monitoramento para acompanhar o cumprimento das recomendações proferidas pela unidade de auditoria interna.

Inclua, nas atividades de auditoria interna, a avaliação da governança e da gestão de riscos da organização.

Inclua entre as atividades de auditoria interna a avaliação dos controles internos na função de aquisições.

Estabeleça modelos de lista de verificação para atuação da consultoria jurídica na emissão de pareceres; para a atuação do pregoeiro ou da comissão de licitação, e para a atuação do fiscal de contrato.

Defina, aprove e publique um processo formal de trabalho para planejamento de cada uma das aquisições, contendo, no mínimo, os seguintes controles internos:

- realização de estudos técnicos preliminares;
- plano de trabalho, elaborado com base no estudo técnico preliminar, devidamente assinado pela autoridade competente (terceirização de serviços), em atenção ao art. 2º do Decreto nº 2.271/97;
- termo de referência ou projeto básico, elaborado a partir do estudo técnico preliminar.

Consigna-se, por oportuno, que o TCU estabelece, em seus acórdãos, uma série de controles internos a serem implementados nas etapas de elaboração dos estudos técnicos preliminares, dos termos de referência ou projeto básico e da gestão contratual[21].

Por fim, guardando maior proximidade com a função controle, a jurisprudência ainda estabelece diretrizes às penalidades na execução contratual, nos seguintes termos:

---

[21] A lista de controles pode ser apreciada, por exemplo, no Acórdão nº 2.352/2016 – Plenário TCU, disponível em: <https://contas.tcu.gov.br/juris/SvlHighLight?key=41434f5244414f2d434f4d504c45544f2d31373335383135 &sort=RELEVANCIA&ordem=DESC&bases=ACORDAO-COMPLETO;&highlight=&posicaoDocumento=0&n umDocumento=1&totalDocumentos=1>.

> Prever, no modelo de gestão do contrato, cláusulas de penalidades observando as seguintes diretrizes:
> - vincular multas às obrigações da contratada estabelecidas no modelo de execução do objeto (e.g. multas por não alcance dos níveis mínimos de serviço);
> - definir o rigor de cada penalidade de modo que seja proporcional ao prejuízo causado pela desconformidade;
> - definir a forma de cálculo da multa, de modo que seja o mais simples possível;
> - definir penalidades e seu rigor, caso o nível mínimo de serviço acordado não seja atingido.

A jurisprudência exposta permite, assim, a identificação de uma série de variáveis que subjazem a governança das compras e das contratações públicas, na ótica do Tribunal de Contas da União, sumarizadas na Figura 5.

Figura 5. Variáveis inerentes à governança das aquisições, conforme o TCU

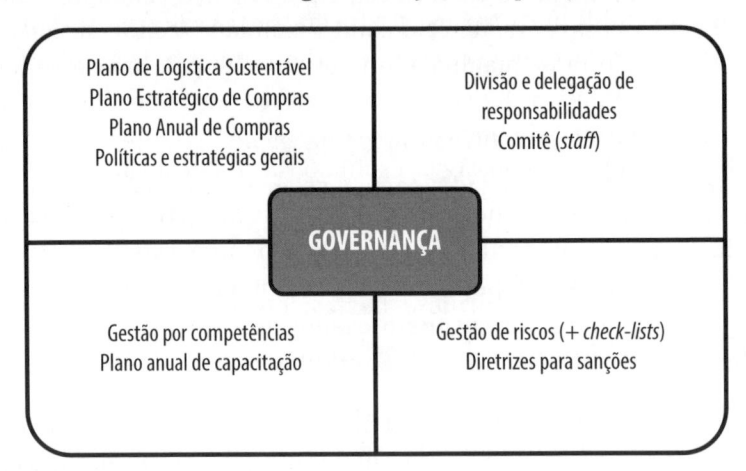

Plano de Logística Sustentável Plano Estratégico de Compras Plano Anual de Compras Políticas e estratégias gerais	Divisão e delegação de responsabilidades Comitê (*staff*)
Gestão por competências Plano anual de capacitação	Gestão de riscos (+ *check-lists*) Diretrizes para sanções

(centro: **GOVERNANÇA**)

Fonte: elaborado pelo autor.

Um olhar mais raso dispensado ao esquema acima pode levar à compreensão de que as variáveis se dão de forma estanque, sem influências mútuas, o que seria um equívoco. Há, não se olvida, interferências recíprocas, mediações e, quiçá, moderações. A visualização de tais relações, mediante a concepção de um macromodelo, tem por benefício o desenvolvimento e a implantação de instrumentos de governança mais maleáveis e que conversem entre si, robustecendo suas efetividades.

A concepção do modelo em tela é apresentada na próxima seção.

4. CONCEPÇÃO DO MODELO DE GOVERNANÇA DE AQUISIÇÕES

As variáveis representadas na Figura 5 são, como vimos, inerentes às recomendações jurisprudenciais do Tribunal de Contas da União. Servem, pois, de base para a concepção de um modelo de governança de aquisições, em especial na Administração Pública federal. Cabe aqui, contudo, um aparte: o rol apresentado não é exaustivo, comportando ampliação por parte do gestor, casando, dessa forma, as inovações *top down* com a *bottom up*. Diretrizes sobre gestão de conhecimento nas compras e contratações, ou sobre o acompanhamento dos prazos processuais, por exemplo, podem compor os elementos do modelo, a critério de um órgão ou entidade específica. Na presente análise, entretanto, iremos nos ater ao rol identificado previamente.

O esboço inicial do modelo ora proposto exige o conhecimento dos conceitos de variável dependente e independente. Variável independente é assim definida por Marconi e Lakatos (2000, p. 189):

> [**Variável independente** é aquela que] influencia, determina ou afeta outra variável; é o fator determinante, condição ou causa para determinado resultado, efeito ou consequência; é o fator manipulado (geralmente) pelo investigador, na sua tentativa de assegurar a relação do fator com um fenômeno observado ou a ser descoberto, para ver que influência exerce sobre um possível resultado (destaque do autor).

Os mesmos autores definem **variável dependente** como "o fator que aparece, desaparece ou varia à medida que o investigador introduz, tira ou modifica a variável independente; a propriedade ou fator que é efeito, resultado, consequência ou resposta a algo que foi manipulado (variável independente)" (MARCONI; LAKATOS, 2000, p. 189).

Por conseguinte, as variáveis presentes na Figura 5 são ditas independentes, por serem consideradas preditoras da governança, sendo esta a variável dependente de nosso modelo. Ao passo que a gestão consegue manipular e agir diretamente sobre as diretrizes da gestão de riscos ou do plano de compras, por exemplo, não há a possibilidade de atuação direta sobre a governança. Com base nos elementos identificados previamente, procede-se à nomenclatura das variáveis a serem empregadas no modelo subsequente, conforme disposto no Quadro 10.

Quadro 10. Nomenclatura de variáveis empregadas no modelo de governança das aquisições

Elemento(s)	Nome da variável independente empregada no modelo
Plano de Logística Sustentável	PLS
Plano Estratégico de Compras	Gestão Estratégica
Plano Anual de Compras	Plano de Compras
Políticas e estratégias gerais	Políticas e estratégias gerais
Divisão e delegação de responsabilidades Comitê (*staff*)	Estrutura
Gestão por competências Plano anual de capacitação	Gestão por competências
Gestão de riscos (+ *check-list*)	Gestão de riscos
Diretrizes para sanções	Sanções

Fonte: elaborado pelo autor.

O rol de variáveis disposto no Quadro 10 comporta, obviamente, incremento. Nesses termos, vislumbra-se que, em curto prazo, *compliance* e integridade, por exemplo, irão ingressar no modelo, aumentando a sua complexidade.

As relações iniciais de predição / explicação são ilustradas na Figura 6.

Figura 6. Relações preditoras principais do modelo

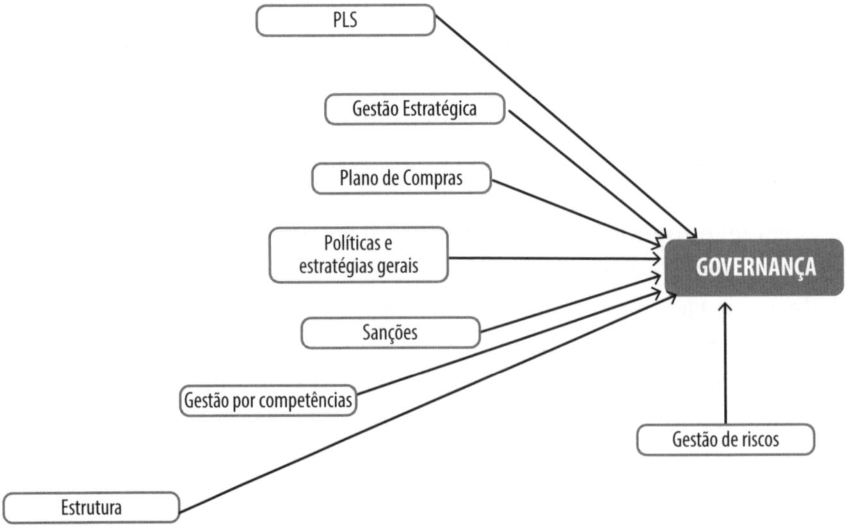

Fonte: elaborado pelo autor.

A governança das aquisições, conforme a Figura 6, pode ser explicada pela ação causa-e-efeito de cada uma das oito variáveis independentes representadas, tomadas em conjunto. Trata-se, em terminologias estatísticas, de regressões lineares múltiplas, conferindo-se à governança um coeficiente de determinação (R^2), ou seja, um índice que revela o quanto de sua variância é explicada pela variância das outras variáveis independentes.

O modelo apresentado não considera, todavia, a predição existente entre as variáveis independentes. Tal configuração peca pelo excesso de simplificação: a abstração afasta-se sobremaneira da realidade, suscitando *insights* incorretos, por se considerarem os instrumentos de governança independentes *per si*. Nesses lindes, mister aprofundar-se no modelo, de sorte a acrescê-lo das relações omitidas.

4.1. Variável "PLS" como preditora de outros instrumentos de governança

Ao se considerar a variável "PLS" como preditora de outros instrumentos de governança, o modelo passa a contemplar as relações apresentadas na Figura 7.

Figura 7. PLS como preditora de outros instrumentos de governança

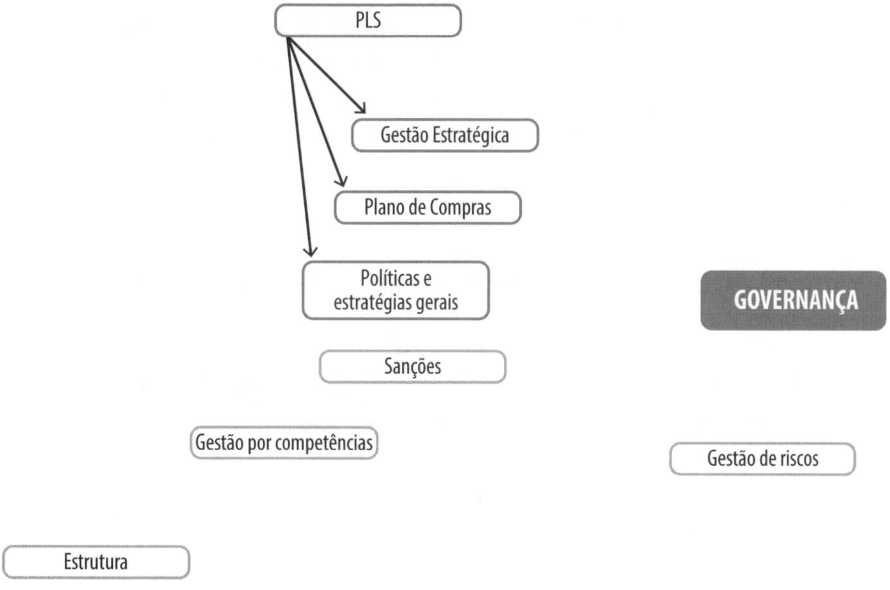

Fonte: elaborado pelo autor.

O Plano de Logística Sustentável, por considerar objetivos e ações alusivas às dimensões econômica, social e ambiental, congrega ações no bojo não só das ditas contratações públicas sustentáveis, mas também da gestão de estoques e de almoxarifados.

Assim, a gestão estratégica das aquisições deverá observar os comandos do PLS, seja em termos de consumos decrescentes em horizonte temporal de longo prazo, de opções por materiais com menores custos ao longo do ciclo de vida dos produtos, ou de mudanças de modelos contratuais que mais bem se coadunem aos preceitos da sustentabilidade – inclusive espelhando ações afirmativas, de cunho social, por exemplo.

A materialização das ações previstas no PLS, no que diz respeito às aquisições e agora em nível operacional, dá-se no Plano de Compras, instrumento que se vincula à execução do orçamento anual. As dimensões da sustentabilidade, destarte, passam a ser contempladas em pleitos específicos e concretos: objetos são especificados em consonância com critérios socioambientais e editais consignam exigências de logística reversa, de tratamento privilegiado a micro ou pequenas empresas e de favorecimento a segmentos sociais mais desprovidos, por exemplo.

Estratégias de terceirização e diretrizes de estocagem, da mesma maneira, devem se valer do norte provido pelo PLS, primando-se, a título de ilustração, por soluções de menor pegada ambiental, pela sensibilização à dimensão social da sustentabilidade[22] e por sistemas de reposição mais racionais. É recomendável, ainda, que a política de compras conjuntas, como decorrência do PLS, seja definida visando ao fomento do mercado de produtos ditos sustentáveis, bem como à inovação, valendo-se do conceito de poder de compra estatal.

4.2. Variável "Gestão Estratégica" como preditora de instrumento de governança

Ao se considerar a variável "Gestão Estratégica" como preditora, o modelo passa a contemplar a relação apresentada na Figura 8.

---

22 Um exemplo seria a contratação de associação de portadores de deficiência física para a prestação de serviços continuados terceirizados (à luz do inc. XX do art. 24 da Lei nº 8.666/93).

Figura 8. Gestão estratégica como preditora do Plano de Compras

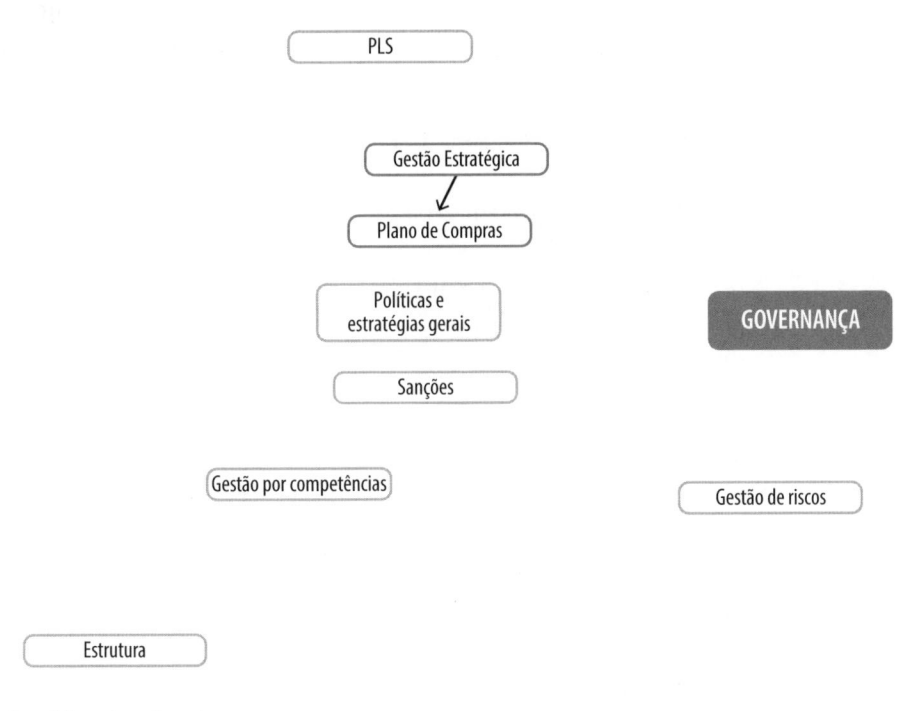

- PLS
- Gestão Estratégica
- Plano de Compras
- Políticas e estratégias gerais
- Sanções
- Gestão por competências
- GOVERNANÇA
- Gestão de riscos
- Estrutura

Fonte: elaborado pelo autor.

A gestão estratégica de compras e contratações, formalizada por um plano estratégico, deve ser desdobrada em nível operacional, a fim de se tornar exequível. O plano estratégico, em ótica acurada, não é uma extrapolação do plano anual de compras, mas sim o inverso: é este plano anual um detalhamento do plano estratégico, vinculado à lei orçamentária e que rege a parcela da execução financeira do órgão ou da entidade pública.

4.3. Variável "Gestão por Competências" como preditora de outros instrumentos de governança

Ao se considerar a variável "Gestão por Competências" como preditora de outros instrumentos de governança, o modelo passa a abranger as relações apresentadas na Figura 9.

Figura 9. Gestão por Competências como preditora de outros instrumentos de governança

```
                    ┌─────────────────┐
               ───▶ │      PLS        │
              /     └─────────────────┘
             /      ┌─────────────────┐
            / ────▶ │ Gestão Estratégica│
           /        └─────────────────┘
          /         ┌─────────────────┐
         / ──────▶  │ Plano de Compras │
        /           └─────────────────┘
       /            ┌─────────────────┐          ┌───────────┐
      / ─────────▶  │   Políticas e   │          │GOVERNANÇA │
     /              │estratégias gerais│         └───────────┘
    /               └─────────────────┘
   /                ┌─────────────────┐
  / ─────────────▶  │     Sanções     │
 /                  └─────────────────┘
┌──────────────────────┐                    ┌─────────────────┐
│Gestão por competências├──────────────────▶│ Gestão de riscos│
└──────────────────────┘                    └─────────────────┘

┌──────────┐
│ Estrutura│
└──────────┘
```

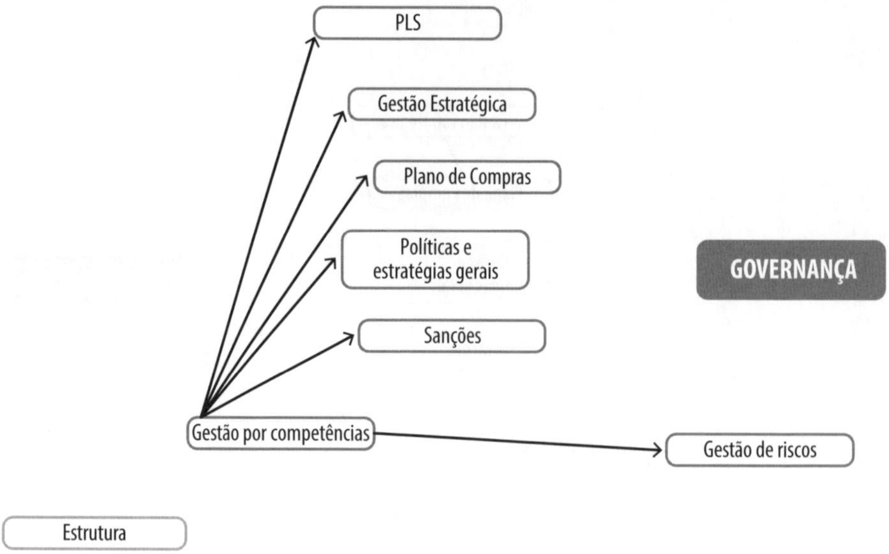

Fonte: elaborado pelo autor.

A gestão por competências, por reproduzir as potencialidades dos atores organizacionais na conformação da governança nas aquisições, evidencia-se como uma das variáveis mais transversais do modelo, agindo como preditora dos demais instrumentos que, para seu desenvolvimento, carecem de conhecimentos, habilidades e atitudes dos colaboradores envolvidos.

O pressuposto é o de que servidores competentes (ou seja, com reduzido *gap* de competência alusiva às atribuições de seu cargo) gozam de maior capacidade para a elaboração de um PLS, ou para o delineamento das diretrizes dos planos estratégico e anual de compras e contratações. Detêm, ainda, melhores atributos para a concepção dos ditames referentes à instrução de processos administrativos sancionatórios (originados em âmbito de licitações e contratos administrativos), bem como para a concepção de uma estrutura para a gestão de riscos.

4.4. Variável "Estrutura" como preditora de outros instrumentos de governança

Ao se considerar a variável "Estrutura" como preditora de outros instrumentos de governança, o modelo passa a abranger as relações apresentadas na Figura 10.

Figura 10. Estrutura como preditora de outros instrumentos de governança

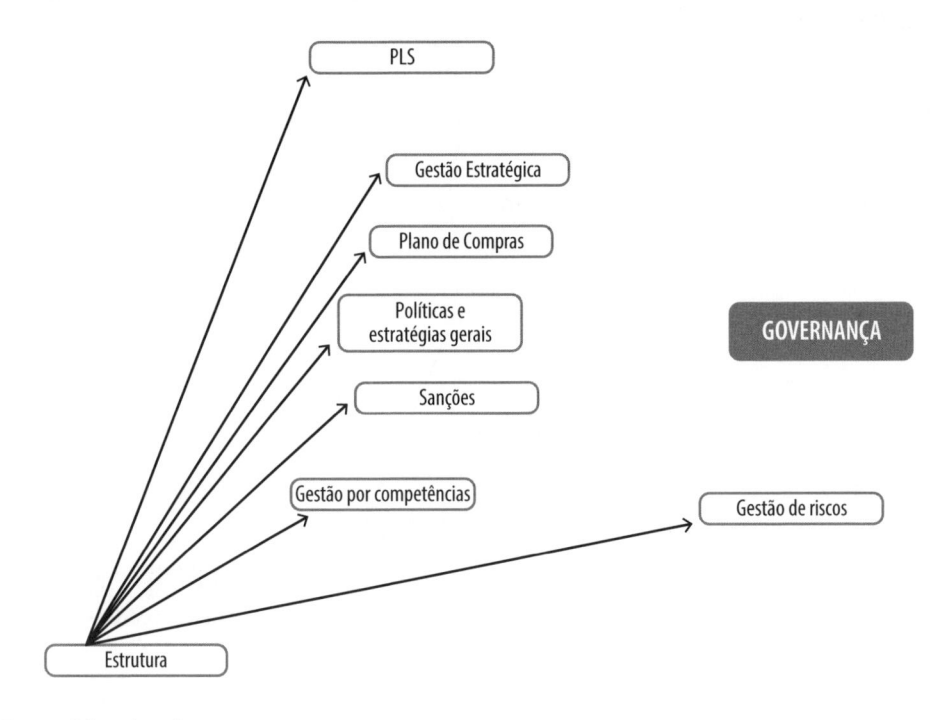

```
                    ┌─────────┐
                    │   PLS   │
                    └─────────┘
                ┌──────────────────┐
                │ Gestão Estratégica│
                └──────────────────┘
                ┌──────────────────┐
                │ Plano de Compras │
                └──────────────────┘
                ┌──────────────┐
                │  Políticas e │          ┌────────────┐
                │estratégias gerais│      │ GOVERNANÇA │
                └──────────────┘          └────────────┘
                ┌─────────┐
                │ Sanções │
                └─────────┘
                ┌────────────────────┐
                │Gestão por competências│──────▶┌──────────────┐
                └────────────────────┘         │Gestão de riscos│
                                               └──────────────┘
   ┌──────────┐
   │ Estrutura│
   └──────────┘
```

Fonte: elaborado pelo autor.

A estrutura, entendida como a alocação de recursos materiais e de pessoal ao longo do processo de compras e contratações, bem como a divisão de responsabilidades e a eventual delegação de autoridade, situa-se como fator causal das demais variáveis. Uma boa estrutura, nesse panorama, pode explicar ao menos parcela da capacidade satisfatória de se elaborar um plano anual de compras, ou de se estabelecerem as diretrizes para a aplicação de sanções, por exemplo.

Trata-se, assim, de uma das variáveis – similarmente à gestão por competências e à gestão de riscos – de maior transversalidade no modelo. Não obstante, seja pela generalizada carência de pessoal nas equipes de compras de órgãos e entidades públicas, pela insuficiência de espaços de poder conferidos à área, ou até mesmo pela perpetuação de uma cultura de não se formalizarem as atribuições, os vícios alusivos à estrutura são patentes, abrangentes e de soluções laboriosas. Como resultados, surgem conflitos intersetoriais na organização, falta de segregação de funções, e alocação de pessoal de maneira insatisfatória ao longo do processo, culminando na formação de gargalos.

4.5. Variável "Gestão de Riscos" como preditora de outros instrumentos de governança

As ações da variável "Gestão de Riscos", como preditora de outros instrumentos de governança, são representadas na Figura 11.

Figura 11. Gestão de Riscos como preditora de outros instrumentos de governança

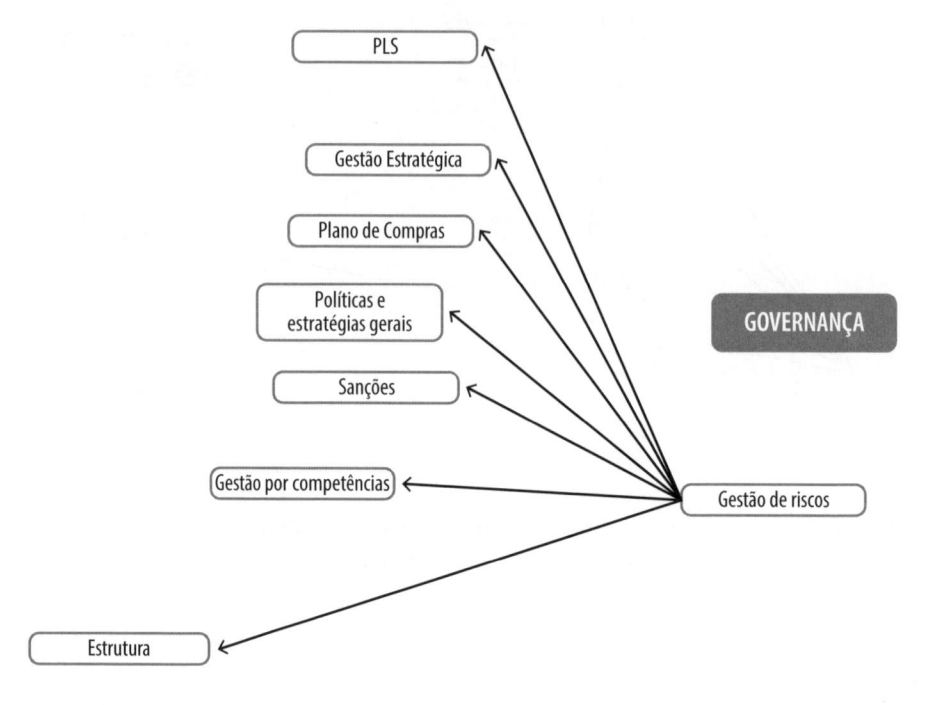

Fonte: elaborado pelo autor.

A gestão de riscos, entendida, em apertada síntese, como o conjunto de diretrizes que permite o diagnóstico processual, a priorização de ações de incremento de *performance*, o delineamento de ações de melhoria e seu monitoramento, tem por papel agir sobre os demais instrumentos de governança, de sorte a otimizá-los. Em decorrência da multiplicidade dos potenciais riscos referentes ao processo de aquisições, há intensiva transversalidade dessa variável no modelo.

4.6. Apresentação do modelo final

A junção das relações de predição identificadas nas seções anteriores consubstancia o modelo de governança das aquisições representado na Figura 12.

Figura 12. Modelo de governança das aquisições

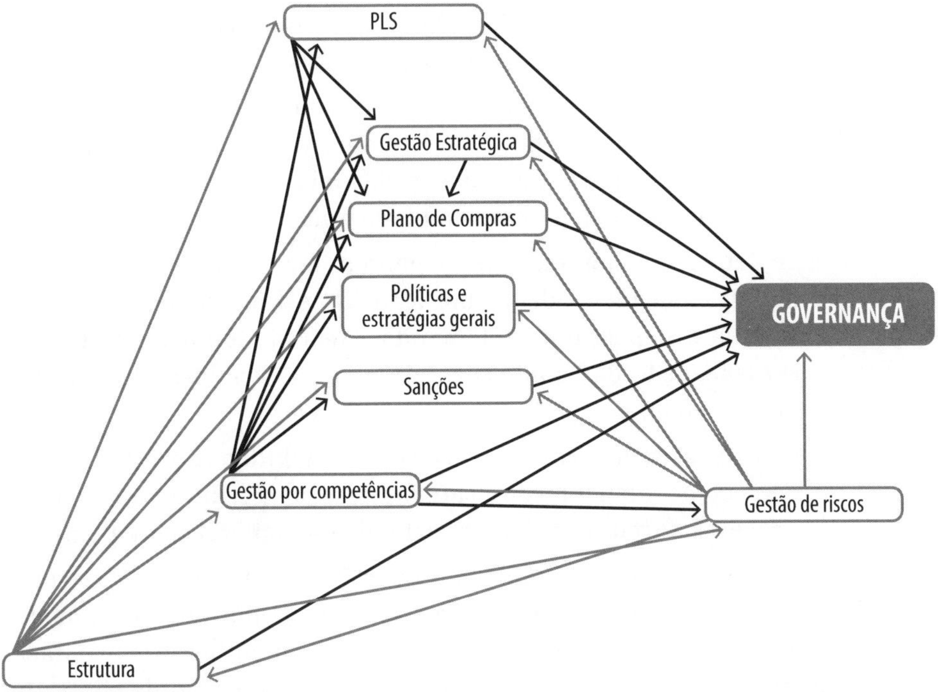

Fonte: elaborado pelo autor.

Sobreleva-se, a partir da correta compreensão do modelo, o caráter de indissociabilidade de seus elementos, que passam a protagonizar relações de mútuas predições. Uma vez mitigado o aspecto de estanqueidade das variáveis independentes, confere-se ao gestor uma visão mais aprofundada sobre as relações de causa e efeito que moldam a governança.

A ótica mais apurada permite diagnósticos mais precisos, que convergem em decisões mais robustas. A ordem de implantação dos instrumentos de governança torna-se mais racional, bem como a necessidade de coordenação temporal entre os esforços ganha mais aparência. Lança-se, pois, um facho de luz em domínio pouco explorado, e ainda em construção.

As implicações provenientes do modelo servem de ferramental ao gestor. A fim de bem aclarar tal proposição, tomemos o seguinte exemplo. Um efetivo plano anual de compras, por ser variável preditora, é capaz de reforçar a governança das aquisições. Nesse contexto, diligências em prol do aperfeiçoamento desse plano devem ser assim direcionadas:

- Nos aspectos intrínsecos ao próprio plano anual, focando-se a própria variável;
- Nas variáveis preditoras do plano de compras, identificadas no modelo, arrolando-se as seguintes premissas:
  - PLS e Gestão Estratégica: objetivos alusivos à sustentabilidade e demais ações em horizonte temporal de longo prazo, no que tange às compras, devem ser desdobrados objetivamente em nível operacional, no bojo do plano anual;
  - gestão por competências: agentes mais competentes detêm maior capacidade de elaboração do plano anual de compras, seja na prospecção das demandas, seja na definição do nível de centralização das aquisições e em sua distribuição longitudinal no exercício;
  - estrutura: melhores divisões de responsabilidade e de autoridade, bem como distribuições satisfatórias de recursos ao longo do processo suscitam maior capacidade de elaboração do plano.

Em que pese o significativo número de variáveis e de relações inerentes ao modelo proposto, reconhece-se que a abordagem sobre os instrumentos de governança, no que toca à geração de conhecimento e à capacitação, é por vezes tendenciosa e parcial. Não se olvida que a gestão de riscos, por exemplo, assume dimensão desproporcional no cenário de discussão sobre a governança das aquisições[23], ao passo que aspectos de estrutura, ou de gestão estratégica remanescem praticamente intocados. Em ótica pessoal deste autor, um hipotético ranking em termos de relevância atribuída às variáveis independentes é ilustrado na Figura 13.

---

23 Há eventos nos quais a gestão de riscos assume contornos de maior destaque do que a própria governança em si, suscitando distorções na percepção e compreensão do macroconstruto.

Figura 13. Ranking dos instrumentos de governança, em termos de abordagem para capacitação ou geração de conhecimento[24]

Ranking...

1º - Gestão de Riscos
2º - Plano anual de compras
3º - Políticas e estratégias gerais
4º - Sanções
5º - PLS
6º - Gestão por competências
7º - Gestão Estratégica de compras
8º - Estrutura

Fonte: elaborado pelo autor.

Conjetura-se que a heterogeneidade na abordagem dos elementos em comento possa ser justificada não só por modismos, mas também pela capacidade de implantação ou otimização do instrumento. Como, ilustra-se, falar de estrutura e de segregação de funções quando a maioria dos órgãos e entidades públicas do Brasil goza de unidades de compras desprovidas de pessoal? Como falar de gestão por competências quando as equipes são, por vezes, compostas por um ou dois agentes? Ou quando a meritocracia é perpassada por interesses pouco republicanos? Seria inócuo e indiferente tecerem disposições pouco pragmáticas ao grande público. Ainda assim, são desafios a serem faceados diretamente, ante a ameaça que se avoluma aos interesses do principal.

> A compreensão do modelo em tela constitui ponto de partida para a abordagem da governança das aquisições. O próximo (e derradeiro) passo é a apreensão acerca dos instrumentos de governança, familiarizando-se com suas características e visando ao desenvolvimento da capacidade de suas customizações às diversas realidades organizacionais. Iniciaremos pela gestão de riscos, no próximo capítulo.

---

24 Fonte da imagem: disponível em: <http://bloggfiler.no/siljasvalg.blogg.no/images/1840675-12-1394018022631.jpg>. Acesso em 23 ago. 2017.

Capítulo 3

Gestão de Riscos nas Compras e Contratações Públicas

1. INTRODUÇÃO

Desde 2015, a gestão de riscos nas aquisições vem galgando posto de destaque entre os demais instrumentos de governança. Por vezes, paradoxal e equivocadamente, a gestão de riscos, conforme já salientado, parece assumir dimensão maior do que a governança em si.

Não raramente, fala-se mais, escreve-se com maior frequência e realizam-se eventos mais recorrentes sobre gestão de riscos do que sobre os planos de compras, sobre a estrutura da área de aquisições ou acerca da gestão por competências das equipes de compras e contratações. Tal se deve, precipuamente, a três fatores, a saber: (i) o destaque conferido aos riscos, pelas cortes de contas; (ii) a exigência à implantação da gestão de riscos, efetuada por uma amplitude de normativos (p. ex., pela IN nº 05/2017 do MPDG); e (iii) o caráter prático e instrumental da gestão de riscos, favorecendo a dinâmica de ensino-aprendizagem subjacente.

A busca por garantir que as ações levadas a cabo pela Administração estão sendo tomadas no estrito interesse do principal assume facetas complexas em função das particularidades do processo de aquisições. As múltiplas dimensões de desempenho do rito, o emprego direto de recursos públicos e os inúmeros *gateways* conferem a ele o *status* de desafio pujante em um sem-número de órgãos e entidades públicas. Nesse contexto, pertinentes são as colocações do TCU (BRASIL, 2014, p. 73):

> O desafio da governança nas organizações do setor público é determinar quanto risco aceitar na busca do melhor valor para os cidadãos e demais partes interessadas, o que significa

prestar serviço de interesse público da melhor maneira possível (INTOSAI, 2007). **O instrumento de governança para lidar com esse desafio é a gestão de riscos** (destaque do autor).

A discussão inerente à gestão de riscos nas aquisições vem ao encontro do próspero cenário ocupado pelo mote na jurisprudência da Corte Federal de Contas. Historicamente, dos 555 acórdãos do TCU que tocam à gestão de riscos (o primeiro remonta a 2001), aproximadamente 70% foram publicados a partir de 2014, conforme se depreende do Gráfico 1.

Gráfico 1. Distribuição de acórdãos do TCU sobre Gestão de Riscos

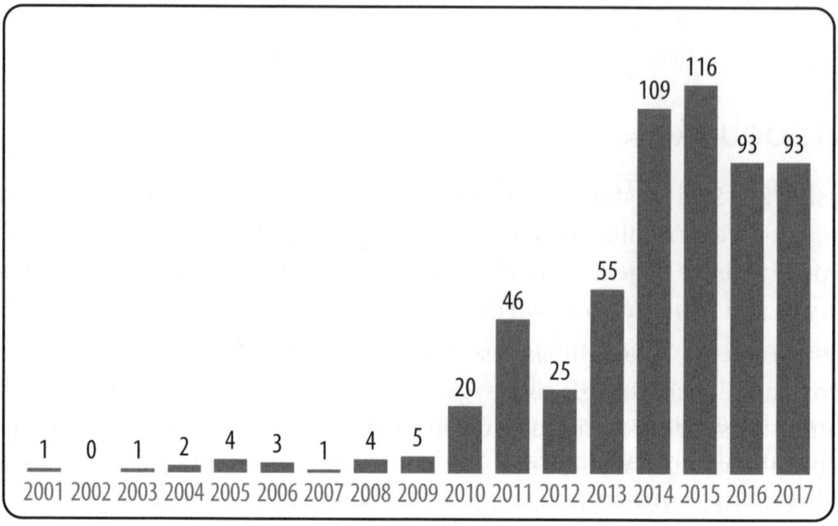

[Gráfico de barras com os valores: 2001: 1; 2002: 0; 2003: 1; 2004: 2; 2005: 4; 2006: 3; 2007: 1; 2008: 4; 2009: 5; 2010: 20; 2011: 25; 2012: 46; 2013: 55; 2014: 109; 2015: 116; 2016: 93; 2017: 93]

Fonte: construído a partir de pesquisa jurisprudencial na página institucional do TCU, na internet.

O Tribunal de Contas da União, em setembro de 2015, apresentou relatório de consolidação de auditorias, realizadas na forma de Fiscalização de Orientação Centralizada (FOC) em anos anteriores, sobre governança e gestão de aquisições. Valendo-se de uma amostra de 20 (vinte) órgãos e entidades da Administração Pública Federal, a Corte de Contas, entre outros achados, constatou deficiência na gestão de riscos das aquisições em todas as organizações auditadas.

O relatório de consolidação das auditorias, formalizado pelo Acórdão nº 2.238/2015 – TCU – Plenário, traz como corolário que "*as práticas relacionadas à gestão de risco encontram-se pouco difundidas, ainda dependendo de verdadeira conscientização dos gestores quanto a sua relevância, bem como da implementação de esforços para aquisição de expertise e capacitação de dirigentes e servidores".*

O quadro foi acentuado no levantamento de 2017, com cerca de 85% das organizações apresentando baixa maturidade de gestão de riscos em contratações públicas. No Acórdão 508/2018 – Plenário TCU, que congrega os dados e as análises deste levantamento, a Corte de Contas se exime de tecer novos encaminhamentos, assentando que o tema já foi abordado em jurisprudência pretérita, com gênese a partir de 2015.

Desde então, passou-se a produzir jurisprudência maciça voltada à temática da governança nas aquisições[1]. Invariavelmente, as reiteradas recomendações daquele Tribunal são assim exaradas:

- Estabeleça diretrizes para o gerenciamento de riscos na área de aquisições;
- Capacite os gestores na área de aquisições em gestão de riscos;
- Realize gestão de riscos das aquisições;
- Inclua nas atividades de auditoria interna a avaliação da gestão de riscos da organização.

Relevante assinalar, ainda em caráter introdutório a este Capítulo, que a gestão de riscos, a despeito de se inserir no bojo das atividades de controle, não se confunde com os esforços de auditoria, seja por sua distinção temporal, ou pelos atores organizacionais que a capitaneiam. Explica-se: ao passo que as auditorias se consubstanciam, via de regra, em expressões de controle *a posteriori*, a gestão de riscos reside no âmbito dos controles preliminares ou concomitantes.

Outrossim, a gestão de riscos é exercida não pelas equipes de controle (interno ou externo), mas sim pela gestão executiva do processo de compras e contratações, que formam a "administração ativa", em alusão à expressão empregada pelo advogado e doutrinador Marçal Justen Filho, em entrevista à Escola Nacional de Administração Pública (ENAP)[2]. O que cabe às equipes de controle, sim, é verificar a efetividade das rotinas de gestão de riscos, no bojo da finalidade processual. Para Marçal, à administração ativa incumbe a atividade essencial do processo de aquisições, cabendo aos órgãos de controle papel secundário na garantia da eficácia das contratações:

---

1 Em rol não exaustivo: Acórdãos nºs 1.414/2016, 1.545/2016, 2.352/2016, 2.328/2015, 2.622/2015, 2.743/2015, 2.749/2015, 2.831/2015, 1.414/2016, 2.352/2016, 2.453/2016, todos Plenário – TCU.
2 Disponível em: <https://comunidades.enap.gov.br/mod/forum/discuss.php?d=77>. Acesso em 28 ago. 2017.

Como os órgãos de controle, interno e externo, podem auxiliar a administração pública a efetivarem contratações mais eficazes?

Marçal: Não me parece que a efetivação de contratações mais eficazes dependa especificamente de alguma atuação adicional dos órgãos de controle. <u>Existe, no entanto, um distanciamento significativo entre a chamada "administração ativa" e a atividade de controle.</u> [...] A atividade de controle é essencial para assegurar os objetivos constitucionais. <u>Mas a atividade administrativa essencial não é o controle.</u> A satisfação das necessidades essenciais e a promoção dos valores constitucionais mais supremos <u>depende da atividade administrativa ativa</u>. Portanto, os investimentos mais relevantes do Estado devem ser realizados no âmbito da atividade administrativa finalista. (destaques do autor).

Não se olvida que a implementação de rotinas mais racionais de compras e contratações, a maior transparência na intenção de dispêndio de recursos públicos e o viés estratégico dispensado às aquisições – fatores amalgamados pela efetiva gestão de riscos – vêm ao encontro do papel visado pelo Estado enquanto agente de transformação e de indução da lógica socioeconômica contemporânea.

2. O CONCEITO DE RISCO

Etimologicamente, o termo *risco* é oriundo da expressão latina *risicu* ou *riscu*, com o significado de <u>ousar</u> (IBGC, 2007). Envolve efeitos positivos ou negativos que suscitam desvios em termos de uma dimensão de desempenho almejada.

O Quadro 11 traz objetivo cotejamento entre os conceitos de risco, incerteza e ignorância.

Quadro 11. Distinções conceituais básicas entre risco, incerteza e ignorância

RISCO	INCERTEZA	IGNORÂNCIA
Evento futuro identificado, ao qual é possível associar uma probabilidade de ocorrência.	Evento futuro identificado, ao qual **não** é possível associar uma probabilidade de ocorrência.	Evento futuro que, no momento da análise, não pode sequer ser identificado, muito menos quantificado

Fonte: elaborado pelo autor, com base em Faber, Manstetten e Proops (1996).

Ainda no que concerne à aposição do substrato básico conceitual de risco, pertinente é a transcrição da definição insculpida na norma internacional ISO 31.000, de tradução para o português pela Associação Brasileira de Normas Técnicas (ABNT). Nesse documento, a explanação é acompanhada de cinco notas explicativas, ora transcritas:

> **Risco**
> **Efeito da incerteza nos objetivos**
> NOTA 1 Um efeito é um desvio em relação ao esperado – positivo e/ou negativo.
>
> NOTA 2 Os objetivos podem ter diferentes aspectos (tais como metas financeiras, de saúde e segurança e ambientais) e podem aplicar-se em diferentes níveis (tais como estratégico, em toda a organização, de projeto, de produto e de processo).
>
> NOTA 3 O risco é muitas vezes caracterizado pela referência aos eventos potenciais e às consequências, ou uma combinação destes.
>
> NOTA 4 O risco é muitas vezes expresso em termos de uma combinação de consequências de um evento (incluindo mudanças nas circunstâncias) e a probabilidade de ocorrência associada.
>
> NOTA 5 A incerteza é o estado, mesmo que parcial, da deficiência das informações relacionadas a um evento, sua compreensão, seu conhecimento, sua consequência ou sua probabilidade (ABNT, 2009, p. 1) (destaque do autor)

A distinção entre risco e problema (*issue*), por sua vez, é tocada pelo Guia PMBOK (PMI, 2013), voltado ao gerenciamento de projetos. Ao passo que o **risco** se refere a uma condição incerta que, "se ocorrer, provocará um efeito positivo ou negativo em um ou mais objetivos" (PMI, 2013, p. 310), o **problema** alude a uma situação real e concreta que se faz presente na execução do projeto, restando, pois, descaracterizada a incerteza.

Malgrado tais fronteiras conceituais, a distinção entre problema e risco é pertinente quando falamos de projetos, ou de empreitadas específicas. No entanto, ao abordarmos a gestão de processos em sentido lato, a diferença deve ser vista de maneira parcimoniosa. Ilustra-se: o preenchimento insatisfatório de termos de referência, caso seja recorrente em uma organização, constitui-se problema histórico relativo ao processo de aquisições. Ao mesmo tempo, há riscos (probabilidades e impactos) de que tal falha venha a ocorrer em processos vindouros. Dessarte, deve ser contemplado quando da abordagem de gestão de riscos.

Risco, desse modo, "envolve a quantificação e a qualificação da incerteza" (probabilidades), e das consequências "tanto no que diz respeito às perdas quanto aos ganhos" (impactos) (IBGC, 2017, p. 11). Historicamente, sua abordagem corporativa denota relação intrínseca com aspectos financeiros, de sorte que "a relação risco-retorno indica que, quanto maior o nível de risco aceito, maior o retorno esperado dos investimentos" (IBGC, 2017, p. 15). Tal lógica, entretanto, carece da devida contextualização ao processo de aquisições públicas.

Em se tratando de compras e de contratações governamentais, o nível de aceitação de riscos – o <u>apetite de risco</u>[3] – evidencia-se naturalmente baixo. Ao se trazer à baila o interesse da coletividade, expresso, no caso, nas próprias dimensões de desempenho do processo (preço, qualidade do objeto, sustentabilidade, qualidade e legalidade da instrução, transparência do rito etc.[4]), a lógica de se aceitarem riscos é sobremaneira desconstruída. A mitigação dos riscos, assim, soa como o tratamento preferencial a ser dispensado.

A estrutura de semântica do risco, nesta obra, alinha-se com a adotada pelo Tribunal de Contas da União no documento <u>Riscos e Controles nas Aquisições</u> (RCA)[5]. Sua enunciação, assim, é composta por três elementos, a saber: **causa**, **efeito** e **consequência**[6]. Um exemplo é apresentado no Quadro 12:

Quadro 12. Exemplo de enunciação de risco

CAUSA	EVENTO	CONSEQUÊNCIA
Especificação do objeto é excessiva	Cerceamento da competitividade	Sobrepreço na contratação

Fonte: elaborado pelo autor.

O gerenciamento de riscos vale-se de um apanhado de normas e de manuais de boas práticas, destacando-se os propostos pelo *Committee of Sponsoring Organizations of the Treadway Comission* (COSO II), pela ISO 31.000 e pelo COBIT 5. Como ponto comum, além das etapas do processo de gestão de riscos (com diminutas particularidades), tem-se o entendimento de que a gestão de riscos subsidia o processo decisório e a definição da estratégia, constituindo objetivo método de diagnóstico, priorização e proposição de linhas de ação.

---
3 Apetite de risco é o "grau de incerteza que uma entidade está disposta a aceitar, na expectativa de uma recompensa" (PMI, 2013, p. 11).
4 A discussão que levará à identificação das dimensões de desempenho do processo de compras e contratações públicas é efetuada no Capítulo 5.
5 A análise do documento RCA é efetuada no item 5 deste Capítulo. A estrutura semântica adotada pelo documento RCA deu-se no formato preconizado pela NBR ISO 31000.
6 Na estrutura de enunciação empregada no PMBOK (PMI, 2015), o risco confunde-se com o evento.

3. BREVE PANORAMA HISTÓRICO DA GESTÃO DE RISCOS

Ao passo que a gestão de riscos como disciplina específica data de meados do século passado, a origem da noção de riscos em si é remetida à Mesopotâmia antiga, cerca de 3.200 a.C., conforme salientam os trabalhos de Covello e Mumpower (1985) e Golding (1992). A análise de risco, nessa conformação seminal, era protagonizada por um grupo denominado Asipu, cuja atuação é assim descrita:

> No vale do Tigre-Eufrates, cerca de 3.200 a.C, vivia um grupo chamado Asipu. Uma de suas funções principais era servir como consultores para risco, incerteza ou para decisões difíceis. Se uma decisão a ser tomada referia-se a uma empreitada arriscada, a uma proposição de casamento arranjado, ou a um local de construção adequado, poder-se-ia consultar com um membro dos Asipu. Os Asipu iriam identificar as dimensões relevantes do problema, identificar ações alternativas, e coletar dados dos prováveis resultados (por exemplo, perda de lucro, sucesso ou fracasso). Os melhores dados disponíveis, a partir de suas perspectivas, eram sinais dos deuses, os quais os Asipu eram especialmente qualificados a interpretar. Os Asipu iriam, então, criar um gabarito com um espaço para cada alternativa. Se os sinais fossem favoráveis, eles colocariam um sinal de mais no espaço; se não, eles inseririam um de menos. Uma vez completada a análise, os Asipu iriam recomendar a alternativa mais favorável. O último passo era a confecção de um relatório ao cliente, gravado em uma tábua de argila.
>
> [...] as práticas dos Asipu marcam o primeiro registro histórico de uma forma simplificada de análise de riscos (COVELLO; MUMPOWER, 1985, p. 33)(tradução do autor).

Uma vez que os Asipu eram entendidos como capazes de ler os sinais dos deuses, explicam Covello e Mumpower (1985), a probabilidade, em termos de análise quantitativa, não tinha lugar em suas predições. Um dos primeiros traços de análise quantitativa associada a riscos, discorrem ainda esses autores, pode ser remetida a conjeturas religiosas de vida após a morte. Nesse âmbito, desponta a obra de Arnóbio de Sica (também chamado de Arnóbio, o Velho), um retórico de renome que viveu em Numídia, norte da África, entre 250 e 330 d.C.

Outrora figura de destaque em igreja pagã que rivalizava com o cristianismo, Arnóbio, após sonho premonitório, converte-se a cristão por volta de 303 d.C., mas seu batismo é negado pelo bispo da Igreja Cristã, sob o prisma da desconfiança da sinceridade dessa conversão. No intuito de demonstrar a legitimidade de sua vontade, Arnóbio lança-se à elaboração da obra *Adversus Nationes*[7] (*Contra os Pagãos*), uma monografia de sete volumes que se presta à apologia da fé cristã.

Um dos argumentos consignados nessa obra, na ótica de Covello e Mumpower (1985), é particularmente relevante à história da análise probabilística de riscos. Após discorrer sobre as incertezas e os riscos associados às decisões que afetam a alma do indivíduo, Arnóbio propõe uma matriz de cruzamento entre a opção religiosa e a existência divina, representada no Quadro 13.

Quadro 13. A matriz de Arnóbio de Sica

		Opção Religiosa	
		Permanecer Pagão	Aceitar o Cristianismo
Existência divina	Deus não existe	(1)	(2)
	Deus existe	(3)	(4)

Fonte: elaborado pelo autor.

Na hipótese de Deus não existir, conforme o raciocínio proposto, não haveria diferença entre as situações (1) e (2), desconsiderando-se a pequena ressalva de que o cristianismo exigiria, desnecessariamente, a abstenção a prazeres carnais usufruídos pelos pagãos. Já na hipótese de Deus existir, contudo, aceitar o cristianismo (4) seria bem melhor à alma do indivíduo do que remanescer pagão (3). De acordo com Grier (1981), esse tipo de construção analítica de Arnóbio responde pelo primeiro registro histórico do **princípio da dominância**, uma ferramenta heurística para a tomada de decisões sob condições de riscos e incertezas[8].

Ainda assim, a avaliação de riscos não fora efetuada com bases probabilísticas. Tal avanço deu-se tão somente no Renascimento, época que já contava com a adoção do sistema indo-arábico de numeração, introduzido gradualmente na Europa a partir dos séculos XI e XII, tornando possível cálculos mais complexos do que somas e subtrações simples.

---

7 O nome original da obra, no único manuscrito existente, é *Adversus Nationes*, mas é referida na Crônica de São Jerônimo como *Adversus Gentes*.

8 O **princípio da dominância**, aplicado ao processo decisório, estatui que, na escolha entre alternativas, deve-se selecionar a opção dominante, ou seja, a opção segundo a qual os resultados são tão bons ou melhores dos que os relativos às demais opções, em todos os casos (MELLERS, WEISS, BIRNBAUM, 1992).

No século XVII, com a introdução da teoria da probabilidade por Pascal, uma de suas primeiras aplicações foi aprofundar-se na matriz de Arnóbio, concluindo que, dada a distribuição de probabilidades da existência de Deus, o valor estimado de ser um cristão superava o valor estimado do ateísmo (COVELLO; MUMPOWER, 1985). E, em virtude dos avanços decorridos da teoria da probabilidade, os séculos XVII e XVIII testemunharam intensa geração de conhecimento na seara dos riscos[9], ilustrada por melhores tabelas de expectativa de vida, por soluções ao paradoxo de São Petersburgo e pelo delineamento de protótipos de avaliação quantitativa de riscos.

As preocupações financeiras evidenciam-se uma das principais responsáveis, em visão longitudinal, pela evolução do gerenciamento dos riscos. Inicialmente, o foco recaía sobre jogos e apostas, identificando-se livros e ensaios que tratavam de riscos associados a jogos de cartas e dados, contando com autores como Girolamo Cardano e Galileo Galilei[10]. Em paralelo, o ramo de seguros também protagonizou muito da evolução da mentalidade de gestão de riscos, seja na proteção de viajantes (desde a Antiguidade) ou em formas mais diversificadas – seguros de vida, contra desastres naturais ou de objetos de valor significativo, de modo geral. Destarte, o tripé inicial para a gênese da gestão de riscos é apresentado na Figura 14.

Figura 14. Elementos essenciais para a gênese histórica da gestão de riscos

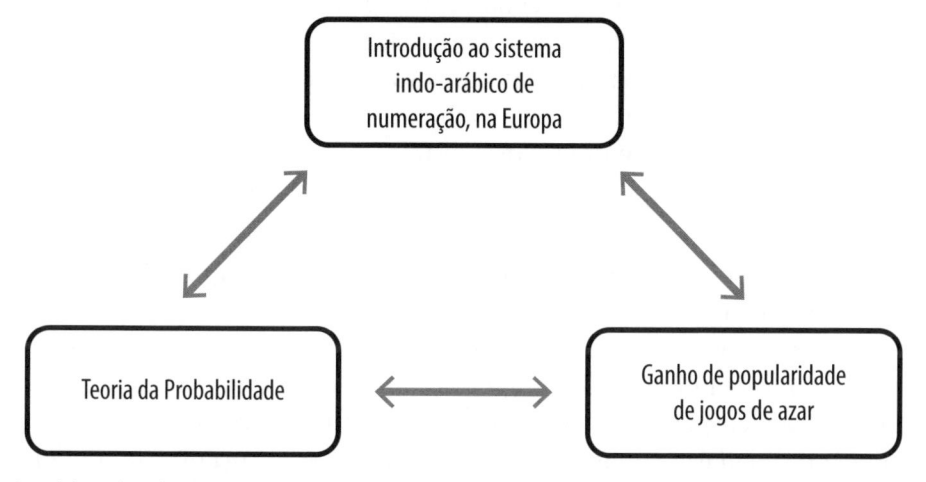

```
          Introdução ao sistema
             indo-arábico de
           numeração, na Europa
                 ↙     ↘
                ↗       ↖
   Teoria da Probabilidade ⟷ Ganho de popularidade
                               de jogos de azar
```

Fonte: elaborado pelo autor, com base em Bernstein (1998).

---

9 Além de Pascal, uma lista (não exaustiva) de expoentes no campo da probabilidade, nos séculos XVII e XVIII, deve necessariamente contemplar Bernoulli, Fermat, Cramer, LaPlace, Halley, Arbuthnot, Hutchinson, entre outros.

10 Girolamo Cardano, matemático e físico, é autor do livro *Liber de Ludo Alene*, o primeiro estudo de probabilidade relativo ao jogo de cartas. Galileo, por sua vez, em 1630, escreveu breve ensaio sobre o jogo de dados, como forma de agradar Cosimo II, Grão-Duque da Toscana.

De acordo com Vesper (2006, p. 2-3), Lloyds of London, uma das empresas de seguro mais conhecidas no mundo, foi fundada em 1687, em um café próximo à Torre de Londres, devido, em parte, ao fato de o estabelecimento ser usado como um local de reunião para capitães de navios que "compartilhavam informações sobre viagens passadas e vindouras, rotas, clima e ameaças". Aqueles que desejavam partilhar os riscos assinavam seus nomes em um quadro sob os termos de um contrato que todos podiam ver[11].

Um próximo estágio na mentalidade da gestão de riscos é alcançado em função da Revolução Industrial, já nos séculos XVIII e XIX. Vêm à baila os riscos causados pelo emprego da tecnologia, na forma inicial de motores a vapor. De acordo com Burke (1997), o uso de vapores de alta pressão, usualmente em motores de navios, entre os anos 1816 e 1848, causou mais de 2.500 mortes em 233 acidentes em embarcações, com um número equivalente de feridos. Em 1838, o congresso dos Estados Unidos aprovou o *Steamboat Inspection Act*, o primeiro marco regulatório de uma indústria, no intuito de reduzir o número de explosões em embarcações e as fatalidades resultantes. Como os acidentes continuaram, nova versão do ato normativo foi publicada em 1852, visando a mitigar a recorrência de acidentes. Nesse contexto, a gestão de riscos, no bojo da Primeira Revolução Industrial, vem a se consolidar como uma resposta a desastres.

Nada obstante, a partir do século XXI, as práticas de gestão de riscos protagonizaram significativa evolução, em especial devido à sua empregabilidade na seara financeira / econômica. A gestão de riscos evolui em face de acontecimentos históricos que evidenciaram a fragilidade do principal (usualmente acionistas de grandes corporações) em relação a seus agentes (administradores / proprietários), traduzidos em escândalos de falências de companhias e de perdas vultosas de capital.

Durante os anos que sucederam a I Guerra Mundial (1914-1918), a economia estadunidense gozava de franco desenvolvimento, regida pela intensa atividade industrial e agrícola, marcada pela exportação intensiva ao mercado europeu. Consolidou-se, entre 1918 e 1928, o chamado "modo de vida americano", marcado pela produção em larga escala, pela alta taxa de emprego, e pelo consumo catapultado pela expansão do crédito (LUNA, 2011). A negociação de ações em mercado financeiro vivia o seu auge: o frenesi especulativo generalizado implicava a usual prática de tomada de empréstimos para a negociação: até 1929, 2 de cada 5 dólares financiados por bancos eram empregados na compra de ações[12].

---

11 Dessa prática, leciona Vesper (2006), surge o termo *"underwriting"* (subscrição), de uso corriqueiro atual em instituições financeiras especializadas em operações de lançamento de ações no mercado primário.

12 Conforme consta de <http://content.time.com/time/nation/article/0,8599,1854569,00.html>.

No final da década de 1920, no entanto, as nações europeias, uma vez reconstruídas e dotadas novamente de sua própria capacidade industrial, haviam diminuído significativamente as importações oriundas dos Estados Unidos. Sem outro mercado externo de porte equivalente ao europeu, e com um mercado interno incapaz de absorver a produção, a consequência foi o descompasso entre oferta e demanda, acarretando óbices a empresas que, em grande parte, eram de capital aberto, com ações operando na Bolsa de Nova Iorque. A baixa dos preços, a diminuição da produção e o desemprego tomam força, em conjuntura não espelhada nos valores dos ativos negociados na bolsa.

Os dias 24 a 29 de outubro de 1929 respondem pela gênese do que passou a se chamar de Grande Depressão, período marcado pela crise econômica de abrangência global que se estendeu até a Segunda Guerra Mundial[13]. Nesses dias, os preços das ações caíram vertiginosamente, havendo um ímpeto de venda de ações que não encontrava a necessária ação de compra. A queda de 28%, considerando apenas os dias 28 e 29 de outubro, era sintoma do rompimento de uma bolha de alta de cotações sem lastro econômico real. A análise de Luna (2011, p. 15), por sua vez, identifica os seguintes fatores causais à crise que se instaurava:

> i) falta de direcionamento ou descontrole da produção industrial, por conta do excesso de confiança dos mercados produtores nos mercados consumidores;
>
> ii) incentivo ao consumo desenfreado motivado pela expansão do crédito em níveis perigosos;
>
> iii) falta de credibilidade no modelo capitalista, causada pela especulação de empresários sobre as ações de suas empresas na bolsa de valores;
>
> iv) ciclo vicioso causado pelas dívidas do pós-guerra, onde os países envolvidos deviam grandes somas em dinheiro aos bancos americanos e passaram a pegar novos empréstimos para saldar empréstimos antigos;
>
> v) falta de regulamentação dos mercados, permitindo que ocorressem especulações e fraudes.

Em 1932, visando a mitigar os riscos que culminaram no *crash* de 1929, o governo do presidente Roosevelt institui a *U.S. Securities and Exchange Comission* (SEC), agência federal correspondente, no Brasil, à Comissão de Valores Mobiliários (CVM). Em sua atuação inicial, duas leis foram elaboradas por essa Comissão, a saber, a *Securities Act*, de 1933. e a *Securities Exchange Act*, de 1934.

---

13 Na realidade, a Bolsa de Nova Iorque só alcançou o mesmo patamar pré *crash* em 1954.

Luna (2011, p. 16), identifica da seguinte forma os pontos principais dessas normas: (i) transparência na comercialização de ações, por meio da divulgação da verdade sobre seus negócios e os riscos envolvidos, e (ii) determinações sobre o trato com os investidores de forma justa e honesta, colocando os interesses destes em primeiro lugar.

O termo *governança*, ainda de uso incipiente, passa a se moldar na década seguinte, quando da protagonização de iniciativa equivalente, com vistas a garantir a regulamentação das relações entre os mercados e as nações. Trata-se do Acordo da Conferência de Bretton Woods, que visou à "organização do sistema monetário internacional que deveria suceder à Segunda Guerra Mundial, então em plena conflagração" (COZENDEY, 2013, p. 11). Para Luna (2011), este evento histórico é reconhecido como marco do surgimento e da difusão mundial do termo *governança*.

As respostas nacionais à crise de 1929 deram-se de maneira independente e sem coordenação entre os países. O Sistema Bretton Woods de gerenciamento econômico, definido a partir de julho de 1944, criou procedimentos, regras e instituições para a sedimentação de condições estáveis em prol do avanço do comércio internacional, em reação a essa fragmentação. Entre as instituições de Bretton Woods, sobressaem-se o Fundo Monetário Internacional (FMI) e o Acordo Geral sobre Tarifas e Comércio (GATT), que deram origem à Organização Mundial do Comércio, que buscaram, na ótica de Cozendey (2013), o desfazimento, por um lado, dos sistemas de pagamentos bilaterais e das áreas monetárias de base colonial, e, por outro, as preferências comerciais entre potências imperialistas e suas colônias.

Como um dos marcos históricos inerentes à gestão de riscos, há de se citar, ainda, a edição do *Foreign Corrupt Practices Act* (FCPA)[14], nos Estados Unidos, em 1977, fruto de achados do escândalo *Watergate*, que culminara na renúncia do então Presidente Richard Nixon três anos antes. Em função da atuação do gabinete do promotor especial designado para a apuração do aventado escândalo, associado à do subcomitê de corporações multinacionais do Senado, veio à baila a informação de que várias corporações estadunidenses (Northrop, Lockheed, Exxon, entre outras) faziam uso de propinas para corromper agentes governamentais estrangeiros, no intuito de lograrem vantagens indevidas em acordos comerciais.

Conforme leciona Swinkels (2013), a despeito de o propósito central do FCPA ter sido a eliminação de pagamentos indevidos de firmas estadunidenses a agentes estrangeiros, o objetivo secundário era o incremento de controle no

---

14 O *Foreign Corrupt Practices Act* serviu de base, em paralelo com outros diplomas legais, para a Lei nº 12.846/2013, conhecida no Brasil como Lei Anticorrupção.

interior das próprias firmas. Nesse sentido, o ato previu a institucionalização de sistemas de controle interno, que deveriam prover segurança para a realização de transações – processadas e autorizadas em conformidade com os princípios de contabilidade vigentes. A auditoria interna, com espeque no FCPA, ampliou o seu escopo, irrompendo os limites da contabilidade em sentido estrito, passando a abarcar aspectos variados de gestão.

Salienta-se, por oportuno, que a história recente da gestão de riscos é acompanhada de esforços, em nível internacional, de proteção a investidores e a mercados, denotando-se intensificação a partir da década de 1980, com a globalização e o maior fluxo de capitais entre países. Tentativas de reforço da confiabilidade do sistema financeiro internacional deram-se mediante os denominados Acordos de Basileia, ratificados por mais de uma centena de países. Já em sua terceira versão – os acordos deram-se em 1988, com evoluções em 2004 e 2010 – o que se almeja é o tratamento de riscos afetos à fragilidade do sistema bancário, sejam eles de crédito (riscos de não pagamento pelos devedores), de mercado (riscos de oscilações de taxas de juros, de câmbio e de *commodities*) ou operacionais (fraudes, erros humanos, infraestrutura de apoio etc.).

Em 1985, instaurou-se, nos Estados Unidos, uma comissão independente do segundo setor, com a finalidade de estudar as causas de fraudes em relatórios financeiros de empresas privadas, bem como de insculpir recomendações para empresas públicas e auditores independentes. A *National Comission on Fraudulent Financial Reporting*, também conhecida como *Treadway Comission*, foi posteriormente alçada a comitê, passando a ser conhecida por *The Committee of Sponsoring Organizations of the Treadway Comission* (COSO). Trata-se de uma entidade sem fins lucrativos, voltada à elaboração e à disseminação em boas práticas de controle e gestão de riscos, visando ao robustecimento da governança corporativa. Entende-se, nada obstante, que a relevância do COSO é devido, ao menos em parte, à Lei *Sarbanes-Oxley*, publicada 17 anos após a gênese daquela entidade.

Ao término de 2001, grandes corporações como a Enron Corporation e Arthur Andersen[15] surpreenderam negativamente a sociedade, com a notícia de que seus lucros vultosos dos últimos anos eram fruto de fraudes contabilistas e fiscais[16].

---

15 Além dessas, destaca-se o caso WorldCom, a então segunda maior empresa de telefonia de longa distância e tecnologia para comunicação dos Estados Unidos, que adotara a prática de forjar resultados financeiros, amenizando os impactos de vultosas dívidas contraídas.

16 A Enron Corporation era uma companhia do ramo de energia, situada no Texas / EUA, com operações em escala que a colocava entre as líderes no mundo do ramo. Com faturamento anual em torno de R$ 100 bilhões, em 2001 vieram à tona diversas denúncias de fraudes contabilistas e fiscais. A empresa pediu concordata no mesmo ano, arrastando consigo a encarregada de sua auditoria, dando início ao calvário da Arthur Andersen.

Tendo este acontecimento por pano de fundo, em decorrência de projeto dos senadores estadunidenses Michael Oxley e Paul Sarbanes, em 2002 o Congresso norte-americano promulgou a Lei *Sarbanes-Oxley*[17] (usualmente referida simplesmente por SOX ou, ainda, Sarbox). Trata-se de norma que obriga todas as empresas de capital aberto (com ações negociadas na Bolsa dos Estados Unidos) a seguirem rigorosamente certas determinações. A referida norma alude a um conjunto de regramentos éticos, que convergem para uma política de governança corporativa.

A seção 404 da Sox estabelece critérios para a avaliação dos controles internos das firmas, no que concerne ao modelo de publicação de suas demonstrações financeiras. Há a recomendação no sentido de que as empresas adotem tais padrões de controles internos estabelecidos pelo COSO. Nesses lindes, mister destacar que, em 2013, aquele Comitê publicou artigo no intuito de orientar a *compliance* de empresas públicas com relação à seção 404 da lei em tela, em virtude da atualização do *framework* em controle interno e gestão de riscos[18].

A cronologia ora visitada, em cunho de síntese histórica da gestão de riscos, é representada na Figura 15.

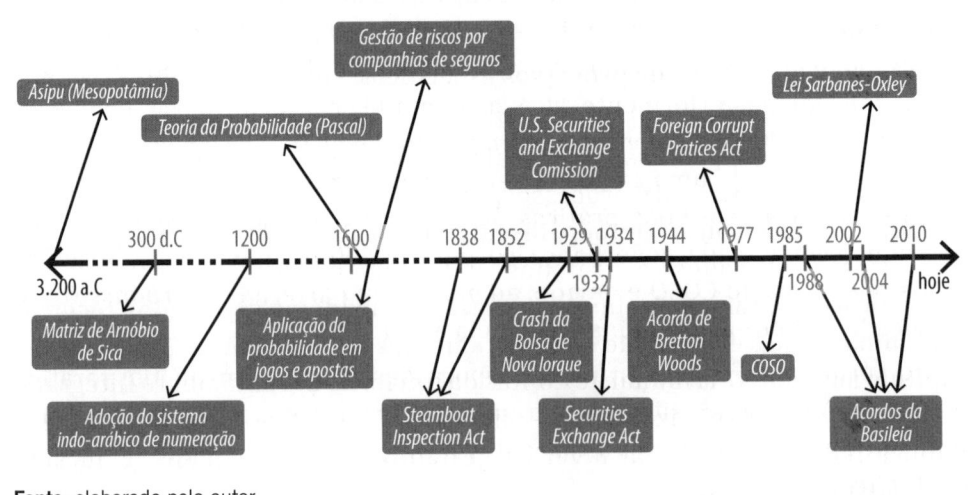

Figura 15. Cronologia da gestão de riscos

Fonte: elaborado pelo autor.

---

17 *Sarbanes-Oxley Act*, no original.
18 Artigo disponível em: <https://www.coso.org/documents/COSO%20McNallyTransition%20Article-Final%20COSO%20Version%20Proof_5-31-13.pdf>. Acesso em: 26 nov. 2017.

Em reflexão sobre o resgate histórico da gestão de riscos, destacam-se os seguintes apontamentos de Luna (2011): (i) os intervalos de tempo entre eventos de crise financeira ou de escândalos têm diminuído; (ii) sempre após um evento de impacto econômico negativo, insurgem iniciativas de tratamento de riscos; (iii) a gestão de riscos e a governança, em si, entram em cena desde o século passado como instrumento de proteção aos investidores, motivado pela instabilidade ambiental.

> Uma vez traçado o panorama histórico proposto nesta seção, estamos prontos para ingressar na discussão da gestão de riscos relativa ao processo de compras e contratações públicas. Iniciaremos pela abordagem acerca dos níveis de análise em termos de sua aplicabilidade, diligenciada na próxima seção.

4. NÍVEIS DA APLICABILIDADE DA GESTÃO DE RISCOS EM AQUISIÇÕES E CONTRATAÇÕES PÚBLICAS

Há dois níveis básicos de aplicabilidade da gestão de riscos em aquisições e contratações públicas, a saber:

(i) gestão de riscos do metaprocesso de compras públicas, em sentido *lato*;

(ii) gestão de riscos de processos específicos, em sentido *stricto*.

Na aplicação da gestão em sentido lato, o que se almeja é a melhoria de *performance* do processo. Assemelha-se, em seu intuito último, a outras ferramentas de gestão de processos, tais como o Seis Sigma, *Kaizen*, *Lean*, Trilogia de Juran ou o método insculpido no BPM CBOK. Nesse sentido, os riscos priorizados e tratados induzem inovações estruturais no macroprocesso, tais como implementação de modelos de estudos técnicos preliminares ou a elaboração dos instrumentos de governança abordados no capítulo anterior. O Tribunal de Contas da União, no Levantamento Integrado de Governança Organizacional – ciclo 2017, aplicado à Administração Pública federal, aborda tal nível da gestão de riscos mediante a questão ilustrada na Figura 16.

Figura 16. Abordagem avaliativa da gestão de riscos do metaprocesso de contratações públicas, pelo TCU

4331. Riscos da área de gestão de contratações são geridos. (tipo A)
○ Não adota
○ Há decisão formal ou plano aprovado para adotá-lo
○ Adota em menor parte
○ Adota parcialmente
  ↪ Indique quais as evidências dessa adoção:
○ Adota em maior parte ou totalmente
  ↪ Indique quais as evidências dessa adoção:
○ Não se aplica
  ○ Não se aplica porque há lei e/ou norma, externa à organização, que impede a implementação desta prática.
    ↪ Indique que leis e/ou normas são essas:
  ○ Não se aplica porque há estudos que demonstram que o custo de implementar este controle é maior que o benefício que seria obtido dessa implementação.
    ↪ Identifique esses estudos:
  ○ Não se aplica por outras razões.
    ↪ Explique que razões são essas:

Visando explicitar melhor o grau de adoção do controle, marque abaixo uma ou mais opções que majoritariamente caracterizam sua organização:
☐ a) A gestão de riscos contempla a identificação, análise e avaliação de riscos
☐ b) A gestão de riscos contempla o tratamento dos riscos identificados
☐ c) A gestão de riscos contempla a definição de responsáveis pelas ações de tratamento dos riscos
☐ d) Os riscos do processo de trabalho definido para planejamento de cada uma das contratações são geridos
☐ e) Os riscos do processo de trabalho definido para seleção de fornecedores são geridos
☐ f) Os riscos do processo de trabalho definido para gestão de contratos são geridos
☐ g) A organização capacita os gestores da área de gestão de contratações em gestão de riscos

Fonte: questionário do Levantamento Integrado de Governança Organizacional – ciclo 2017 (TCU).

Já em sentido estrito, o foco recai sobre empreitadas específicas, usualmente relevantes e que guardam maior complexidade. Não raramente, aludem a contratações de serviços continuados ou de soluções de tecnologia de informação e de comunicação (TIC). Tal ótica – espelhada, por exemplo, na Instrução Normativa MPDG nº 05/2017 – usualmente impinge três momentos de consideração da gestão de riscos ao longo do rito em análise, a saber: o planejamento da contratação, a seleção do fornecedor e a gestão contratual em si. No Levantamento Integrado de Governança Organizacional – ciclo 2017, aplicado à Administração Pública Federal, a Corte de Contas aborda esse nível da gestão de riscos mediante a questão ilustrada na Figura 17.

Figura 17. Abordagem avaliativa da gestão de riscos de processos específicos de contratações públicas, pelo TCU

4332. As equipes de planejamento das contratações analisam os riscos que possam comprometer a efetividade das etapas de Planejamento da Contratação, Seleção do Fornecedor e Gestão Contratual ou que impeçam ou dificultem o atendimento da necessidade que originou a contratação. (tipo A)
○ Não adota
○ Há decisão formal ou plano aprovado para adotá-lo
○ Adota em menor parte
○ Adota parcialmente
  ↳ Indique quais as evidências dessa adoção:
○ Adota em maior parte ou totalmente
  ↳ Indique quais as evidências dessa adoção:
○ Não se aplica
  ○ Não se aplica porque há lei e/ou norma, externa à organização, que impede a implementação desta prática.
    ↳ Indique que leis e/ou normas são essas:
  ○ Não se aplica porque há estudos que demonstram que o custo de implementar este controle é maior que o benefício que seria obtido dessa implementação.
    ↳ Identifique esses estudos:
  ○ Não se aplica por outras razões.
    ↳ Explique que razões são essas:

Visando explicitar melhor o grau de adoção do controle, marque abaixo uma ou mais opções que majoritariamente caracterizam sua organização:
☐ a) A gestão de riscos contempla a identificação, análise e avaliação de riscos
☐ b) A gestão de riscos contempla o tratamento dos riscos identificados
☐ c) A gestão de riscos contempla a definição de responsáveis pelas ações de tratamento dos riscos
☐ d) A gestão de riscos é realizada em cada uma das contratações de TI (Tecnologia da Informação)
☐ e) A gestão de riscos é realizada em cada uma das contratações de serviços prestados de forma contínua
☐ f) As equipes de planejamento das contratações são selecionadas de modo que pelo menos um dos seus integrantes possua capacitação em gestão de riscos

Fonte: questionário do Levantamento Integrado de Governança Organizacional – ciclo 2017 (TCU).

O Plano de Gestão de Riscos de um órgão ou entidade pública, por consubstanciar diretrizes gerais aplicáveis ao metaprocesso de compras e contratações públicas, atém-se ao nível lato. A estrutura para a ação tocada no tratamento dos riscos passará a deter aplicação ampla, desdobrando-se, em seguida, em cada rito específico. A modelagem de um termo de referência, por exemplo, fruto hipotético da gestão de riscos em sentido lato, irá assumir contornos específicos quando de sua aplicação na instrução de um processo de contratação de serviço de vigilância, a título de mera ilustração.

> Repositório de destaque na listagem de riscos do metaprocesso de compras e contratações públicas, o documento RCA, de autoria do Tribunal de Contas da União, é merecedor de análise, efetuada em seguida.

5. ANÁLISE DO DOCUMENTO RCA

Mediante o Acórdão nº 1.321/2014 – Plenário, o Tribunal de Contas da União, em relatoria da Ministra Ana Arraes, determinou que fosse publicado na internet o documento RCA – Riscos e Controles nas Aquisições.

Trata-se de produto elaborado pela Secretaria de Controle Externo de Aquisições Logísticas do Tribunal de Contas da União (Selog), em esforço cujo escopo constituiu-se no mapeamento das informações relacionadas aos riscos considerados mais significativos no processo de aquisição. A estratégia metodológica, consoante delineada no aludido acórdão, constituiu-se das tarefas sumarizadas na Figura 18:

Figura 18. Tarefas executadas para fins de elaboração do documento RCA

```
Preposição de       Identificação e     Identificação e     Mapeamento
metaprocesso    →   descrição dos   →   descrição de    →   de excertos de
para                principais          sugestões de        documentos de
contratações        riscos              controles internos  referência
```

Fonte: elaborado pelo autor, com base no Acórdão nº 1.321/2014.

O metaprocesso proposto, representado na Figura 19, tomou por base o conteúdo da IN SLTI nº 04/2010, bem como o Guia de Boas Práticas em Contratações de Soluções de Tecnologia da Informação – Riscos e Controles para o Planejamento da Contratação – versão 1.0, publicado pelo TCU em 2012[19].

Figura 19. Metaprocesso de aquisição pública proposto no documento RCA

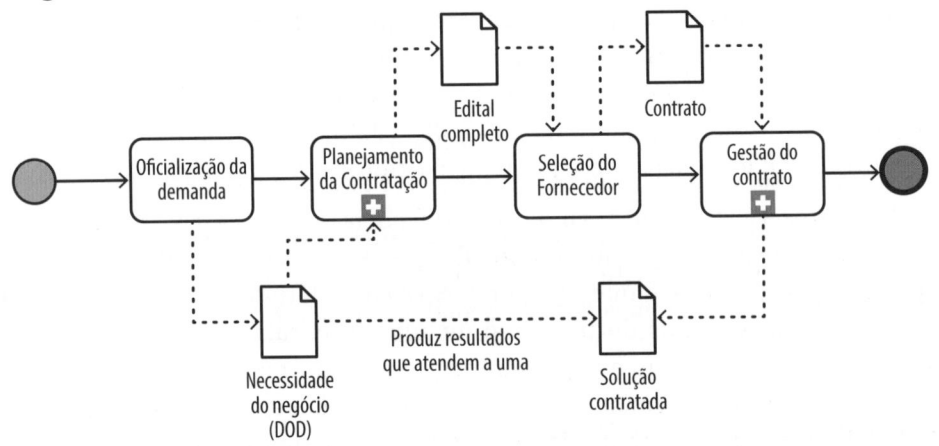

Fonte: portal do TCU na internet.

---

[19] Relevante assinalar que as etapas do metaprocesso proposto são recepcionadas pela IN nº 05/2017 MPDG.

A identificação dos principais riscos valeu-se, do mesmo modo, de abordagens anteriores da Corte Federal de Contas sobre práticas inerentes à área de tecnologia da informação, seja com fulcro no citado Guia, seja a partir de acórdãos estruturantes expedidos, destacando-se os Acórdãos nº 1.233/2012 (gestão de TI) e nº 1.214/2013 (terceirização), ambos do Plenário. Ademais, varreram-se os Informativos de Licitações e Contratos e os Boletins de Jurisprudência do TCU entre 2012 e 2013, distinguindo-se e avaliando-se a relevância dos riscos mais proeminentes relacionados aos objetos dos mencionados acórdãos. A descrição desses riscos deu-se no formato preconizado pela NBR ISO 31.000, qual seja, <causa> *levando a* <evento de risco> *com consequente* <consequência do risco>.

As etapas derradeiras das estratégias metodológicas referem-se à identificação e descrição de sugestões de controles internos e ao mapeamento dos excertos de documentos de referência (normas, jurisprudência etc.). No total, o documento, de caráter doutrinário, contempla 117 riscos e 150 possíveis controles internos para mitigá-los. Trata-se, ainda, de repositório inacabado e em construção, disponível na internet[20] e em formato hipertexto.

Em ótica avaliativa, consignam-se ponderações sobre o melhor uso do documento em pauta. Preliminarmente, frisa-se, conforme apresentado nesta seção, que o documento foi construído tendo por esteio trabalhos anteriores do TCU na área de tecnologia da informação. Assim, o que se observa é a extrapolação de especificidades de riscos afetos à contratação de soluções de TI, adaptadas à realidade do macroescopo das aquisições públicas. Tal aspecto deve ser levado em consideração pelos agentes públicos que se valem do esteio do RCA.

Em adição, o foco na construção do documento deu-se na fase de planejamento da aquisição, destacando-se a identificação e a sugestão de tratamento de riscos decorrentes da elaboração de estudos técnicos preliminares (ETP) e de termos de referência. Dos 117 riscos mapeados, 34 recaem sobre ETP, e nada menos do que 40 sobre termo de referência / projeto básico, ao passo que há apenas 8 riscos relativos à gestão contratual. Há, ainda, etapas finais do processo de aquisição, tais como o recebimento provisório, ou liquidação e pagamento, que não contemplam, na versão atual do documento, riscos, constando a observação "a desenvolver" no hipertexto. A distribuição, em percentuais, dos riscos por etapa do metaprocesso em análise é apresentada no Gráfico 2.

---

20 Disponível em: <http://portal.tcu.gov.br/comunidades/controle-externo-das-aquisicoes-logisticas/atuacao/riscos-e-controles-nas-aquisicoes/>. Acesso em 17 dez. 2017.

Gráfico 2. Distribuição de riscos por etapa do metaprocesso de aquisições, no documento RCA

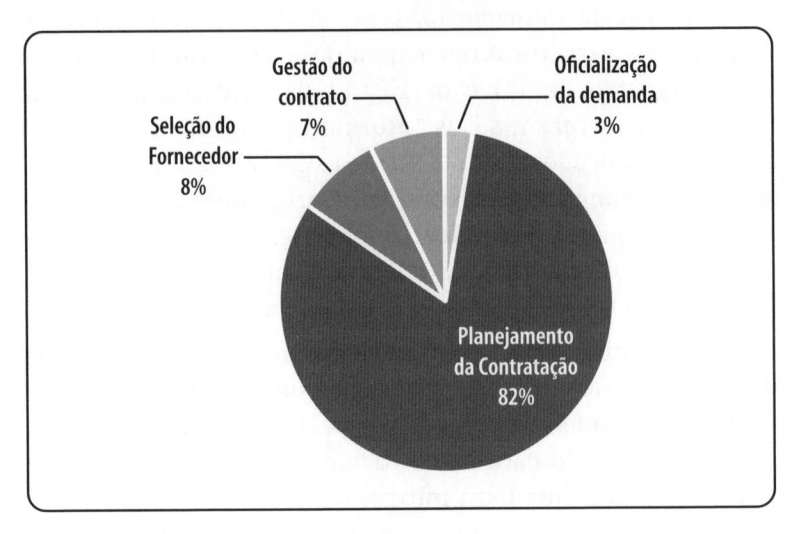

- Gestão do contrato: 7%
- Oficialização da demanda: 3%
- Seleção do Fornecedor: 8%
- Planejamento da Contratação: 82%

Fonte: elaborado pelo autor.

A ênfase na abordagem dos riscos no planejamento da contratação pode ser justificada por dois aspectos. Preliminarmente, tem-se o próprio caráter inacabado do documento, que assim permanece nos últimos anos. Uma versão conclusa observaria, conjetura-se, uma dilação nos riscos próprios à fase de gestão contratual, em virtude da complexidade e dos óbices recorrentes que acompanham as execuções das avenças públicas. Da mesma sorte, há lacuna na gestão de riscos do processo de aplicação de sanções administrativas decorrentes de licitações, moldando hiato em subprocesso crítico componente do rito em tela.

A outra justificativa, registrada pela Corte de Contas em seu portal, refere-se ao fato de "as condições postas nos editais e termos de referência serem instrumentos utilizados nas fases seguintes de escolha do fornecedor e da execução contratual". Em que pese tal argumento não estear, em sua completude, a discrepância no foco de abordagem do documento RCA, entende-se que a dedicação às etapas iniciais do processo de aquisições – mormente o planejamento – traduz-se no melhor custo-benefício, haja vista os progressos logrados propagarem-se, de fato, às etapas subsequentes. Essa razoável visão acarreia desdobramentos metodológicos, em especial quando emerge a escassez de recursos organizacionais como barreira à ampla e irrestrita implantação da gestão de riscos no processo em comento.

Por derradeiro, o Acórdão nº 1.321/2014 – Plenário TCU é claro em incluir a ressalva de que o documento RCA "se encontra em fase de amadurecimento", não se tratando de posição em tese por parte do TCU, "mas orientação que deve ser avaliada em cada caso concreto pelos gestores que o forem utilizar". Malgrado a estagnação evolutiva do documento (salvo melhor juízo, não há atualização há alguns anos), entende-se que o documento em análise guarda caráter precípuo instrumental, assumindo papel de base de dados de riscos em aquisições. Seu uso é de especial valor em organizações que gozam de baixa ou média maturidade no processo de compras e contratações, e que, dessa forma, possam ter dificuldades na identificação de riscos em seus próprios ritos.

> A implantação da gestão de riscos nas aquisições públicas deve observar os níveis mencionados na Seção 4 deste Capítulo. O passo a passo para tanto é abordado em seguida.

6. A IMPLANTAÇÃO DA GESTÃO DE RISCOS NAS AQUISIÇÕES E CONTRATAÇÕES PÚBLICAS: PASSO A PASSO

Não há um modelo único de implementação da gestão de riscos em organizações. Em termos de arcabouço teórico, a gestão de riscos tem se valido da produção de conhecimento originária de entidades sem fins lucrativos, das quais se destacam a *International Organization for Standardization* (ISO) e o *Committee of Sponsoring Organizations of the Treadway Commission* (COSO). As normas / documentos de referência aplicáveis são a ISO 31000:2009 e o COSO-ERM, respectivamente.

Assinala-se, nesse sentido, que o Tribunal de Contas da União já recorreu, em jurisprudência de sua autoria, tanto a preceitos da ISO 31000:2009 quanto do COSO:

> O item 4.3.2 da ABNT ISO 31000/2009 descreve que convém que a política de gestão de riscos estabeleça claramente os objetivos e o comprometimento da organização em relação à gestão de riscos e aborde:
>
> – a justificativa da organização para gerenciar riscos;
>
> – as ligações entre os objetivos e políticas da organização com a política de gestão de riscos;
>
> – as responsabilidades para gerenciar riscos;
>
> – a forma com que são tratados conflitos de interesse;

– o comprometimento de tornar disponíveis os recursos necessários para auxiliar os responsáveis pelo gerenciamento de riscos;

– a forma com que o desempenho da gestão de riscos será medido e reportado; e

– o comprometimento de analisar criticamente e melhorar periodicamente a política e a estrutura da gestão de riscos a um evento ou mudança nas circunstâncias (Acórdão nº 673/2015 – Plenário TCU).

[...] recomendar ao Serviço Nacional de Aprendizagem Rural – Administração Regional no Estado de Roraima que adote, no gerenciamento de seus riscos e na definição de seus controles, os fundamentos dos modelos de gestão de riscos Coso I e Coso II, definidos no documento "Controles Internos – Modelo Integrado", publicado pelo Comitê das Organizações Patrocinadoras – Coso [...] (Acórdão nº 2.518/2017 – Primeira Câmara TCU)

Para fins metodológicos, salienta-se a semelhança entre tais pilares normativos-teóricos[21]. Desta sorte, apresenta-se a primeira premissa que subjaz ao método adotado:

> **Premissa 1:** As normas / documentos de referência ISO 31000:2009 e COSO-ERM podem ser empregadas, indistinta e satisfatoriamente, como esteio teórico e metodológico na implantação da gestão de riscos nas aquisições.

Em âmbito pátrio, o Instituto Brasileiro de Gestão Corporativa (IBGC) firma-se como referência no que concerne à gestão de conhecimento voltada ao desenvolvimento de melhores práticas de governança. Destarte, a publicação *Guia de Orientação para Gerenciamento de Riscos Corporativos* (IBGC, 2007) – que se vale, dentre outros nortes, do COSO ERM, evidencia-se passível de ser empregada, no que couber, para fins de fundamentação metodológica e conceitual.

Nesse contexto, o sistema de gestão de riscos corresponde a um processo composto por quatro etapas, assim ilustrado na Figura 20.

---

[21] As distinções, ainda que menos relevantes para o escopo deste Relatório, são sumarizadas no conteúdo disponível em: <https://www.slideshare.net/IFAC_Multimedia/pursuing-global-alignment-of-risk-managment-guidelines-by-vincent-tophoff>. Acesso em: 19 dez 2017.

Figura 20. Etapas teóricas do processo de gestão de riscos

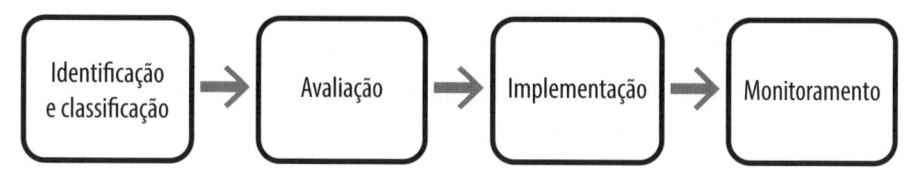

Identificação e classificação → Avaliação → Implementação → Monitoramento

Fonte: elaborado pelo autor, com base em IBGC (2017).

O Quadro 14, construído com fundamento em IBGC (2017), traz uma compilação dessas etapas.

Quadro 14. Descrição das etapas do processo de gestão de riscos

ETAPA	DESCRIÇÃO
1. Identificação e classificação dos riscos	Trata-se da definição do conjunto de eventos, externos ou internos, que podem impactar (positiva ou negativamente) os objetivos estratégicos da organização, inclusive os relacionados aos ativos intangíveis. O processo de identificação e análise geral de riscos deve ser monitorado e continuamente aprimorado para identificar os riscos eventualmente não conhecidos, seja por ignorância, seja pela falta de atribuição de probabilidade (incerteza), vulnerabilidade ou velocidade. Este processo deve ampliar o conhecimento da exposição a riscos.
	Não há um tipo de classificação de riscos que seja consensual, exaustivo ou definitivo e aplicável a todas as organizações; a classificação deve ser desenvolvida de acordo com as características de cada organização, contemplando as particularidades da sua indústria, mercado e setor de atuação.
2. Avaliação e tratamento dos riscos	Para se definir qual tratamento será dado a determinado risco, o primeiro passo consiste em determinar o seu efeito potencial, ou seja, o grau de exposição da organização àquele risco e a capacidade e o preparo para administrá-lo. Esse grau considera pelo menos três aspectos: a probabilidade de ocorrência, a vulnerabilidade e o seu impacto (em geral medido pelo impacto no desempenho econômico-financeiro na imagem da organização e em fatores sociais, ambientais, de conformidade e estratégicos). Deve-se incorporar também à análise o impacto intangível.
	Na avaliação de riscos, constrói-se a **matriz de riscos**. Os riscos priorizados devem ser **tratados**.

ETAPA	DESCRIÇÃO
3. Implementação	O gerenciamento dos riscos de um determinado processo é uma atividade a ser atribuída aos gestores desse processo, inclusive com a aplicação de modelos de mercado. Cabe à gestão de riscos integrar e orientar os vários esforços, em consonância com os objetivos estabelecidos pela administração, e avaliar a necessidade de estabelecer um comitê executivo de gestão de riscos.
4. Monitoramento	O monitoramento é feito com base em duas medidas principais: a) Definição de medidas de desempenho; e b) Preparação de relatórios periódicos de riscos e de controle.

Fonte: construído a partir de IBGC (2017).

Há, em adição, estratégias previstas, tanto pelo IBGC, quanto pelo Guia PMBOK (PMI, 2013) – ou por outros materiais de referência, nas hipóteses de riscos positivos e negativos, conforme sumarizados nos Quadros 15 e 16. Tais estratégias consubstanciam a etapa de **tratamento dos riscos**.

Quadro 15. Estratégias de tratamento para riscos negativos

ESTRATÉGIA	DESCRIÇÃO
Eliminar	A eliminação ou prevenção de riscos visa a **remover totalmente a ameaça**.
Transferir	A transferência de riscos exige a mudança de alguns ou de todos os impactos negativos de ameaça, juntamente com a responsabilidade da resposta, para um terceiro. **Transferir o risco simplesmente passa a responsabilidade pelo gerenciamento para outra parte, mas não o elimina.** Transferir a responsabilidade pelo risco é mais eficaz ao lidar com a exposição a riscos financeiros. A transferência de riscos quase sempre envolve o pagamento de um prêmio à parte que está assumindo o risco. As ferramentas de transferência podem ser bastante variadas e incluem, entre outras, o uso de seguros, seguros-desempenho, garantias, fianças etc. Podem ser usados contratos para transferir a responsabilidade de determinados riscos para outra parte.

ESTRATÉGIA	DESCRIÇÃO
Mitigar	A mitigação de riscos **implica a redução da probabilidade e/ou do impacto de um evento de risco adverso para dentro de limites aceitáveis**. Adotar uma ação antecipada para reduzir a probabilidade e/ou o impacto de um risco em geral é mais eficaz do que tentar reparar o dano depois de o risco ter ocorrido. Adotar processos menos complexos, fazer mais testes ou escolher um fornecedor mais estável são exemplos de ações de mitigação.
Aceitar[22]	Essa estratégia é adotada porque raramente é possível eliminar todas as ameaças. Pode ser passiva ou ativa. A **aceitação passiva** não requer nenhuma ação exceto documentar a estratégia, deixando que a equipe trate dos riscos quando eles ocorrerem. A estratégia de **aceitação ativa** mais comum é estabelecer uma reserva para contingências, incluindo tempo, dinheiro ou recursos para lidar com os riscos.

Fonte: construído a partir de IBGC (2017).

Quadro 16. Estratégias de tratamento para riscos positivos

ESTRATÉGIA	DESCRIÇÃO
Explorar	Essa estratégia pode ser selecionada para riscos com impactos positivos quando a organização deseja garantir que a oportunidade seja concretizada. Procura eliminar a incerteza associada com um determinado risco positivo, garantindo que a oportunidade realmente aconteça. Exemplos de respostas de exploração direta incluem designar os recursos mais talentosos da organização no intuito de reduzir o tempo de conclusão ou para proporcionar um custo mais baixo do que foi originalmente planejado.
Compartilhar	Compartilhar um risco positivo envolve a alocação integral ou parcial da propriedade a um terceiro que tenha mais capacidade de capturar a oportunidade para benefício da empreitada. Exemplos de ações de compartilhamento incluem a formação de parcerias de compartilhamentos de riscos, equipes, empresas para fins especiais ou *joint ventures*, as quais podem ser estabelecidas com a finalidade expressa de aproveitar a oportunidade de modo que todas as partes se beneficiem das suas ações.

---

[22] A estratégia de "aceitar" pode ser também empregada para riscos positivos.

ESTRATÉGIA	DESCRIÇÃO
Melhorar	Essa estratégia é usada para **aumentar a probabilidade e/ou os impactos positivos de uma oportunidade**. Identificar e maximizar os principais impulsionadores desses riscos de impacto positivo pode aumentar a probabilidade de ocorrência. Exemplos de melhoramento de oportunidades são o acréscimo de mais recursos a uma atividade para terminar mais cedo.
Aceitar	Aceitar uma oportunidade é desejar aproveitá-la caso ela ocorra, mas não a perseguir ativamente.

Fonte: construído a partir de IBGC (2017).

Implantar a gestão de riscos, no que concerne às aquisições e contratações públicas, impinge a necessidade de se observarem os níveis tocados na Seção 4 deste Capítulo, quais sejam: o nível do metaprocesso de compras públicas, em sentido *lato*, e o nível afeto a processos específicos, usualmente de maior complexidade ou criticidade, em sentido *stricto*. Em função desses níveis, a gestão de riscos irá diferir em variados aspectos, indo desde a escolha da equipe envolvida até as rotinas de revisão dos riscos. É o que veremos nas próximas páginas.

6.1. A gestão de riscos no metaprocesso de aquisições públicas

Nesta seção, serão apresentadas as etapas para fins da implantação da gestão de riscos alusiva ao metaprocesso de aquisições de um órgão ou entidade pública. Trata-se de um modelo que prima por sua objetividade e pelo melhor custo-benefício, ressaltando o balanceamento entre a robustez na identificação, avaliação e tratamento dos riscos e o constante zelo pela compressão temporal da própria tarefa de implantação da gestão de riscos.

O modelo ora apresentado, já validado com êxito na Câmara dos Deputados e aplicado também no Tribunal de Justiça do Distrito Federal e dos Territórios[23] (TJDFT) constitui-se em dilação do rito representado na Figura 21. Em especial, há quatro etapas preparatórias que antecedem o início da identificação dos riscos, bem como etapas intermediárias que bem detalham os esforços que dão forma à gestão de riscos em si. O modelo prático, em sua forma estendida, é ilustrado na Figura 21.

---

[23] A aplicação deu-se mediante esforço de capacitação, contratado pelo TJDFT e realizado no segundo semestre de 2017. Neste ensejo, relevante assentar que aquele Tribunal goza, atualmente, de elevado grau de maturidade na governança de suas aquisições.

Figura 21. Etapas do modelo prático de implantação da gestão de riscos nas aquisições públicas

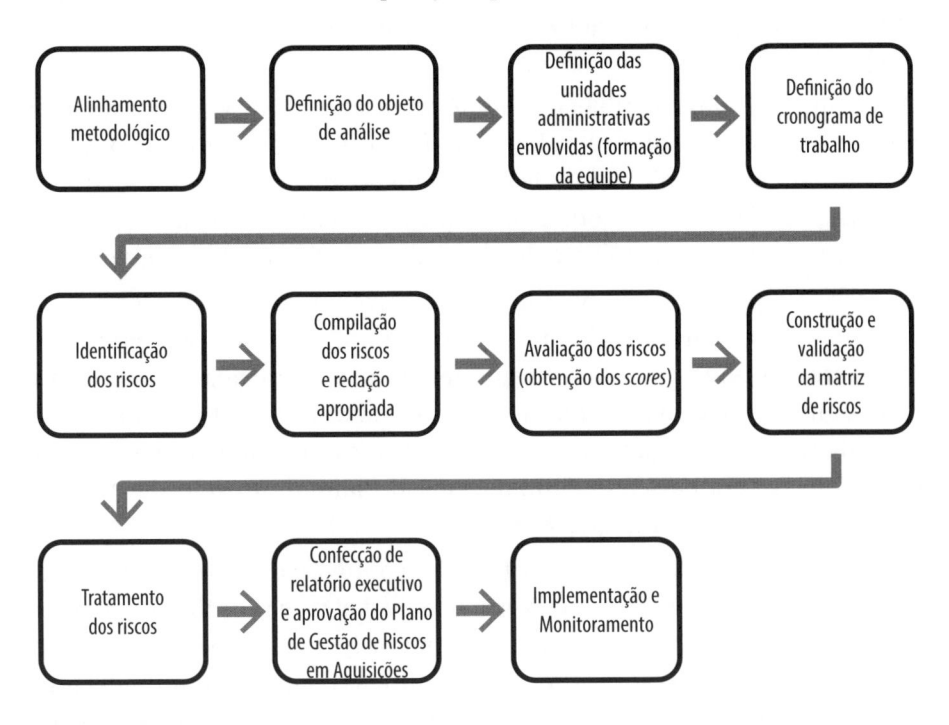

```
┌──────────────┐   ┌──────────────┐   ┌──────────────┐   ┌──────────────┐
│ Alinhamento  │──▶│ Definição do │──▶│ Definição das│──▶│ Definição do │
│metodológico  │   │   objeto     │   │   unidades   │   │ cronograma de│
│              │   │  de análise  │   │administrativas│  │   trabalho   │
│              │   │              │   │envolvidas (formação)│           │
│              │   │              │   │  da equipe)  │   │              │
└──────────────┘   └──────────────┘   └──────────────┘   └──────┬───────┘
                                                                │
   ┌────────────────────────────────────────────────────────────┘
   ▼
┌──────────────┐   ┌──────────────┐   ┌──────────────┐   ┌──────────────┐
│Identificação │──▶│  Compilação  │──▶│Avaliação dos │──▶│ Construção e │
│  dos riscos  │   │  dos riscos  │   │   riscos     │   │  validação   │
│              │   │  e redação   │   │(obtenção dos │   │  da matriz   │
│              │   │  apropriada  │   │   scores)    │   │  de riscos   │
└──────────────┘   └──────────────┘   └──────────────┘   └──────┬───────┘
                                                                │
   ┌────────────────────────────────────────────────────────────┘
   ▼
┌──────────────┐   ┌──────────────┐   ┌──────────────┐
│  Tratamento  │──▶│ Confecção de │──▶│Implementação │
│  dos riscos  │   │relatório executivo│ e Monitoramento│
│              │   │e aprovação do Plano│              │
│              │   │de Gestão de Riscos │              │
│              │   │ em Aquisições │   │              │
└──────────────┘   └──────────────┘   └──────────────┘
```

Fonte: elaborado pelo autor.

As etapas do modelo prático são detalhadas nas seções subsequentes.

6.1.1. Alinhamento metodológico

A gestão de riscos, em oportuno cotejamento com a dinâmica própria à gestão de pessoas nas organizações, pode ser entendida como uma responsabilidade de linha e uma função de *staff*. Ao passo que o esteio teórico, metodológico e de instrumentos de gestão deve, em situação ideal de arquitetura organizacional, ser provido por área de *staff*, cabe ao gestor de linha a efetiva ação direta no processo de administração de riscos.

Nada obstante, forçoso reconhecer a recenticidade dessa temática em organizações públicas. O cenário contemporâneo predominante é o de lacuna de estrutura respeitante à gestão de riscos, remanescendo a parcela majoritária da Administração Pública desprovida, em suas unidades, de políticas corporativas nessa área de conhecimento. Tal fragilidade, se não obstaculiza a implantação da gestão de riscos nas aquisições *per si*, sobreleva o desafio da consecução da legitimidade do método a ser adotado. Outrossim, traz maior ônus à área de negócios (ou seja, às próprias unidades de compras e contratações), que passa a ser responsável pelo desenvolvimento de método e pela gestão executória dos riscos.

A legitimidade das escolhas metodológicas, esclarece-se, é aspecto central a nortear a lide em prol da implantação da gestão de riscos nas aquisições de um órgão ou entidade pública. A inobservância de tal preceito pode acarretar, ao final, que se coloque em xeque a validade dos resultados obtidos, desmerecendo-se esforços custosos da equipe multidisciplinar envolvida.

Nesses termos, o compartilhamento prévio, com os *stakeholders*, do método a ser empregado nessa empreitada e o seu aprimoramento, usualmente efetuados mediante reuniões de coordenação, é estratégia que vem a conferir a necessária lidimidade. Tal linha de ação foi a adotada pela Central de Compras da Câmara dos Deputados, em meados de 2017, quando das diligências seminais que culminaram no Plano de Gestão de Riscos das Aquisições daquela Casa Legislativa.

Por aquela ocasião, o citado órgão não contava com macrodiretrizes de gestão de riscos. Nesse contexto, foram efetuadas três reuniões preliminares com a Assessoria de Projetos e Gestão, unidade que, de certa forma, detém a competência para a elaboração de tal política. Como resultado, decidiu-se que a iniciativa da Central de Compras prestar-se-ia de piloto para um projeto estratégico de definição da política corporativa de gestão de riscos da Câmara dos Deputados.

Não se olvida, ainda, que o alinhamento metodológico proposto e as reuniões preliminares de coordenação constituem-se de estratégia de negociação e de criação de consenso, no intuito de se evitarem conflitos[24]. O êxito da implantação da gestão de riscos nas aquisições envolve, necessariamente, a identificação dos *stakeholders*, de seus interesses, características e circunstâncias. Ao passo que, por exemplo, as áreas jurídica e de controle interno da organização possivelmente serão mais favoráveis à gestão de riscos, clientes internos podem ser mais resistentes, ante a expectativa de se tornar o processo de compras e contratações mais disfuncionalmente burocrático.

Ao se empregarem "a informação e o poder com o fim de influenciar o comportamento dentro de uma 'rede de tensão'" (COHEN, 2007, p. 14), cria-se comprometimento sistêmico. Por fim, não raramente, o protagonismo na

---

24 Na fase de identificação e de delineamento dos possíveis tratamentos a riscos, conflitos moderados entre indivíduos da equipe podem ter efeitos benéficos nas sessões de *brainstorming*, tornando-as mais ricas em virtude de visões dissonantes. Não obstante, conflitos e tensões que antecedem as fases centrais da gestão de riscos são entendidos como de efeitos negativos, devendo ser mitigados.

organização de um projeto que culmine na elaboração de um plano de gestão de riscos pode causar distorções e animosidades em arenas marcadas por castelos de vaidades. Assim, eis que o alinhamento introdutório proposto se presta, ainda, ao bom apaziguamento dos egos.

6.1.2. Definição do objeto de análise

Haja vista a extensão e a complexidade do processo de aquisições públicas, dedicar-se à gestão de riscos abarcando o rito em sua completude – especialmente quando falamos da implantação pioneira de tal prática – pode se mostrar contraproducente. Destarte, sob a égide de esforços seminais, alvitra-se prover um recorte ao rito. A adoção de linha de ação distinta traria os seguintes óbices:

- significativa extensão temporal da dedicação do grupo de trabalho;
- identificação e classificação de um número expressivo de riscos que, por sua vez, culminariam em amostra vultosa a ser tratada. A multiplicidade de ações a serem concretizadas e monitoradas depararia, inequivocamente, com a carência de recursos de pessoal para tanto.

Tal opção, desse modo, toma por base a segunda premissa metodológica, ora apresentada:

> **Premissa 2:** A implementação de gestão de riscos de forma segmentada no processo de aquisições promove as devidas eficácia e efetividade.

A Premissa 2 conduz à necessidade de se bem analisar a partição processual que revelará o melhor custo-benefício ao se submeter à gestão de riscos. Neste quesito, imperioso reconhecer que as condições definidas na fase de planejamento da contratação, consoante salientado pelo Tribunal de Contas da União, consubstanciarão "instrumentos utilizados nas fases seguintes de escolha do fornecedor e da execução contratual"[25].

Justifica-se, ainda, a escolha pelo planejamento das aquisições como satisfatório foco preambular de análise não só por ser esta a função administrativa inicial do rito, mas também por ser a partição que mais afeta os resultados. Erros nas fases iniciais do processo respondem pelos danos mais

---

25 Excerto extraído de <http://portal.tcu.gov.br/comunidades/controle-externo-das-aquisicoes-logisticas/atuacao/riscos-e-controles-nas-aquisicoes/>. Acesso em: 23 dez 2017.

custosos, por implicarem retrabalhos mais intensivos. Eis que se consigna a terceira[26] premissa metodológica:

> **Premissa 3:** O foco da gestão de riscos no planejamento das aquisições e contratações é capaz de prover o satisfatório custo-benefício.

Desse modo, a proposição em tela é a de consolidação do subprocesso de planejamento, intrínseco ao macroprocesso em análise, como porta de entrada à implementação da gestão de riscos nas aquisições, em seu primeiro ciclo[27]. As etapas componentes do subprocesso são as ilustradas na Figura 22.

Figura 22. Subprocesso de planejamento das aquisições

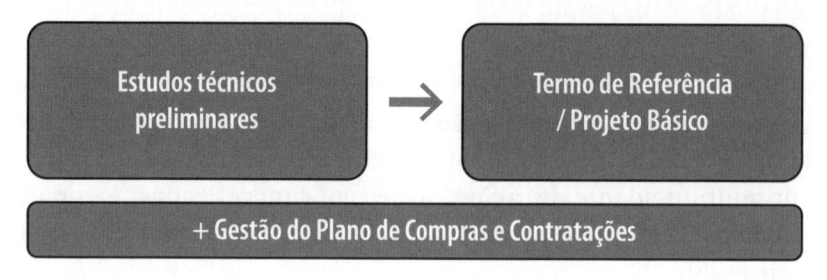

[Estudos técnicos preliminares] → [Termo de Referência / Projeto Básico]

[+ Gestão do Plano de Compras e Contratações]

Fonte: elaborado pelo autor.

Fração prevalecente dos órgãos e das entidades públicas brasileiras não confeccionam estudos preliminares em suas compras e contratações, bem como não têm instituído um plano anual de aquisições. Ainda assim, o subprocesso de planejamento a ser considerado mantém-se o retratado na Figura 23: a dinâmica de identificação de riscos irá, no caso, salientar as probabilidades e impactos de óbices derivados da privação de tais instrumentos de governança.

6.1.3. Definição das unidades administrativas envolvidas – formação da equipe

Um dos fatores críticos de sucesso na dinâmica de implementação da gestão de riscos das aquisições é a composição da equipe de trabalho encarregada de

---

26 Em rígido sentido conceitual, não se trata, logicamente, de premissa, em virtude de se apresentar raciocínio analítico que a antecede e a esteia.

27 Após a implementação da gestão de riscos, segue-se o monitoramento das ações aventadas. Decorrido determinado horizonte temporal, a ser definido na política de gestão de riscos, procede-se à nova etapa de identificação e tratamento dos riscos, iniciando-se novo ciclo.

tal incumbência. Nessa esfera, dois fatores devem ser considerados quando de sua formação:

(i) tamanho ótimo da equipe, e

(ii) diversidade e perfil de seus membros.

O **tamanho da equipe** – número de seus integrantes – deve ser determinado de sorte a promover uma satisfatória dinâmica de identificação e de definição dos tratamentos aos riscos. Ao passo que uma equipe sobremaneira reduzida irá cercear a dinâmica de geração de ideias e de debate, grupos extensos tendem a prejudicar a coordenação de *insights*, a profundidade da argumentação e a gestão do tempo de trabalho dos envolvidos, podendo trazer à baila, ainda, episódios de folga social[28].

Dimensionar o tamanho ótimo da equipe requer considerar variáveis tais como o grau de centralização e a disponibilidade de recursos de pessoal do processo de compras. Com bases tão somente empíricas – e a despeito do inconveniente de se soar excessivamente preditivo – conjetura-se que o tamanho ótimo da equipe varia de 10 a 20 indivíduos[29]. A transposição do limite superior desse intervalo é possível, e vai depender do grau de afinidade entre os membros da equipe e do próprio perfil do colaborador que conduzirá as dinâmicas subsequentes.

A equipe, outrossim, deve ser multidisciplinar, visando a desnudar distintas percepções sobre o subprocesso de planejamento das aquisições. Sua **diversidade** deve ser diretamente proporcional à gama de atribuições envolvidas no processo em análise. Assim, é prudente traçar um reconhecimento acurado dos principais *stakeholders* envolvidos, em especial os que detêm *expertise* técnica na instrução e no controle processual. Destacam-se, assim, os seguintes papéis a serem contemplados na composição da equipe, em caráter não exaustivo:

- clientes / solicitantes, responsáveis pela geração da necessidade a ser atendida, bem como mais sensíveis à eventual morosidade efetiva da conclusão do rito de compra ou contratação;
- responsáveis pela elaboração de estudos técnicos preliminares e projetos básicos / termos de referência;
- responsáveis pela elaboração / conferência de planilhas estimativas de despesas;

---

28 Folga social refere-se à tendência de os indivíduos se esforçarem menos ao trabalharem em grupos do que fariam se estivessem sozinhas. Quanto maior o grupo, maiores as chances de se incorrer nesse fenômeno.

29 Na Câmara dos Deputados, a equipe foi composta por 13 membros, revelando-se número adequado às sessões de identificação e de tratamento dos riscos. No TJDFT, as dinâmicas foram realizadas com cerca de 50 servidores – montante excessivo para as dinâmicas propostas.

- responsáveis pelo cumprimento do disposto no plano anual de compras e contratações, quando houver;
- membros da comissão permanente de licitação;
- assessores jurídicos, e
- membros da unidade de controle interno.

Ao nos voltarmos ao **perfil** da equipe, há uma série de fatores a serem perseguidos, passíveis de simples categorização, a saber: (i) em termos técnicos: conhecimento de seus membros sobre a legislação afeta a licitações e contratos administrativos; experiência na instrução e/ou no controle de processos de aquisições, no órgão ou entidade; noções jurisprudenciais na temática; (ii) em termos comportamentais: facilidade de trabalho em grupo; boa capacidade de comunicação; objetividade e capacidade de síntese[30]; criatividade (na proposição de soluções).

Em ótica complementar, coaduna-se com os predicados apontados por Clutterbuck (2008), ao discorrer sobre o conceito de equipe, se cotejado com o de grupo[31]:

- habilidades complementares: favorecem a criação de mais valor quando são aproveitadas as diversas formas de talento e conhecimento;
- compromisso com propósito comum: exige-se uma noção comum de direção. sem um propósito comum, as prioridades e intenções individuais dominarão o que as pessoas fazem, e haverá pouca coordenação de esforços;
- compromisso com metas de desempenho: também é necessário para assegurar que todos compreendam da mesma maneira quais deverão ser os resultados do seu trabalho;
- responsabilidade mútua: há um senso de responsabilidade que envolve a interação entre os indivíduos da equipe.

Quando da composição da equipe, indispensável discriminar o(s) responsável(is) pela condução das tarefas explicitadas no cronograma de trabalho. Caberá ao agente ocupante deste papel reger as sessões de identificação e de tratamento de riscos, bem como coordenar / executar ações de bastidores, tais como a compilação e a redação apropriada dos riscos identificados e a confecção do relatório executivo conclusivo.

---

[30] A prolixidade é traço indesejável nos membros da equipe, indo de encontro ao custo-benefício das dinâmicas de identificação e de tratamento dos riscos, por consumir, de forma não produtiva, o tempo a elas dedicado.
[31] A literatura que se volta ao estudo de equipes é pacífica em distingui-la do conceito de grupo de trabalho. Nesse sentido, ver Katzenbach e Smith (2008).

Pertinente, ainda, é a noção de que a equipe formada passará pelos estágios de formação de um grupo, sistematizados por Robbins (2006) consoante a Figura 23.

Figura 23. Estágios da formação de um grupo.

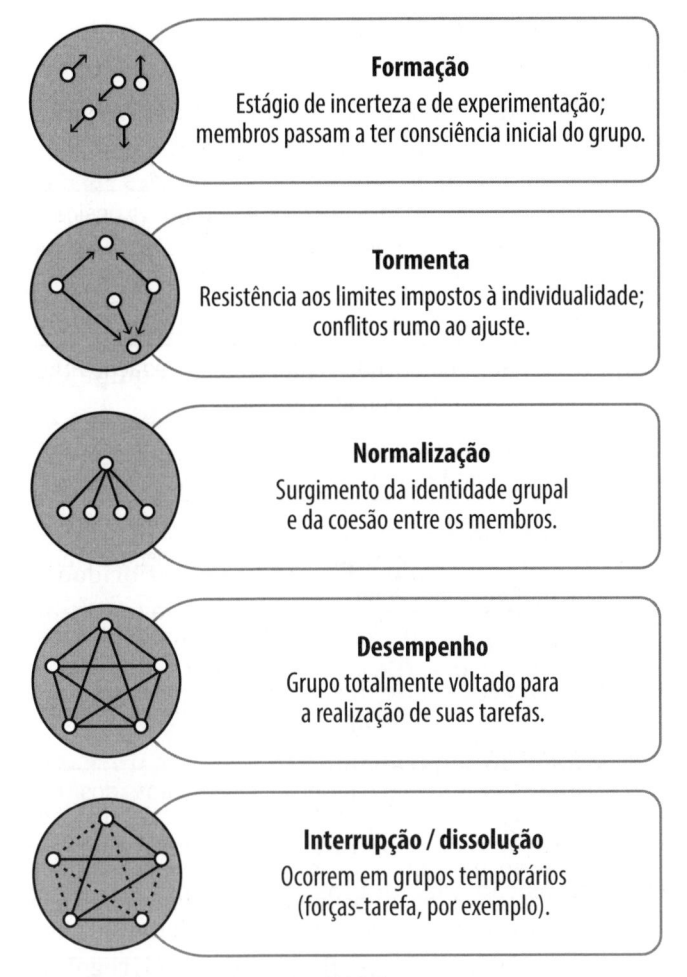

Formação
Estágio de incerteza e de experimentação; membros passam a ter consciência inicial do grupo.

Tormenta
Resistência aos limites impostos à individualidade; conflitos rumo ao ajuste.

Normalização
Surgimento da identidade grupal e da coesão entre os membros.

Desempenho
Grupo totalmente voltado para a realização de suas tarefas.

Interrupção / dissolução
Ocorrem em grupos temporários (forças-tarefa, por exemplo).

Fonte: elaborado pelo autor, com base em Robbins (2006).

O limitado interregno proposto para a existência da equipe impinge a necessidade de que as etapas de formação e de tormenta sejam as mais céleres possíveis, com vistas a que se possa gozar dos benefícios das fases de normalização e de desempenho. O intuito último é de se estabelecer uma equipe sinérgica, com competências complementares, e regida por liderança situacional.

6.1.4. Definição do cronograma de trabalho

A robustez na definição das bases metodológicas e a formação criteriosa da equipe ensejam a elaboração e a execução de reduzido entremeio de trabalho. A suposição – já validada empiricamente – é de que a implementação da gestão de riscos nas aquisições, em sentido lato, pode ser efetuada de acordo com o cronograma proposto no Quadro 17.

Quadro 17. Proposição de cronograma de trabalho para a implementação da gestão de riscos

Dia 1	Apresentação do cronograma à equipe. Exposição didática sobre gestão de riscos nas compras e contratações públicas. (Reunião presencial)
Dia 2	Dinâmica de identificação de riscos. (Reunião presencial)
Dia 3	Compilação dos riscos identificados e redação apropriada. (Tarefa interna. Não há reunião presencial)
Dia 4	Envio de formulário de avaliação dos riscos aos membros da equipe. (Tarefa interna. Não há reunião presencial)
Dia 5	Consolidação dos formulários de avaliação dos riscos, já preenchidos. Construção da matriz de riscos. (Tarefa interna. Não há reunião presencial)
Dia 6	Reunião de validação da matriz de riscos. Seleção dos riscos a serem tratados. (Reunião Presencial)
Dia 7	Discussão e definição dos tratamentos dos riscos. (Reunião presencial)
Dia 8	Discussão e definição dos tratamentos dos riscos. (Reunião presencial)
Dia 9	Redação de minuta de relatório executivo de conclusão. Envio aos membros do grupo, para conferência. (Tarefa interna. Não há reunião presencial)
Dia 10	Reunião de fechamento. Assinatura do relatório. *Feedback* metodológico. (Reunião presencial)

Fonte: elaborado pelo autor.

Arrolam-se os seguintes deslindes acerca do cronograma proposto:
- os dez dias úteis de trabalho podem se dar de forma consecutiva ou espaçada. Por exemplo, entre os dias 7 e 8, é conveniente dispor um dia sem tarefas específicas, mas que servirá de ínterim para o

amadurecimento da equipe acerca dos *insights* para o tratamento dos riscos. Analogamente, entre os dias 9 e 10, pode ser necessário um dia adicional, para que os membros da equipe possam ler e bem avaliar a minuta do relatório final;

- as reuniões presenciais devem primar por serem produtivas. Poder-se-ia discorrer extensivamente sobre métodos para a realização de reuniões eficientes e eficazes. As técnicas, quase sempre insculpidas na chamada literatura de *pop management*[32], estendem-se desde as mais óbvias (p.ex., ter uma pauta clara) até as mais inusitadas (realizar reuniões em pé, ou em ritmo de caminhada etc.). O ponto aqui salientado afasta-se de soluções mágicas ou pouco usuais, tendo por espeque o conceito matemático de produtividade, qual seja, a razão entre resultados e insumos. No caso, o insumo básico a ser considerado é o somatório do homem-hora envolvido no trabalho. Sendo o quantitativo de indivíduos da equipe variável de controle, recai sobre o tempo de reunião a mensuração do insumo. Destarte, quanto menor o tempo envolvido para se alcançar o resultado pretendido, mais produtiva será a dinâmica. A orientação, nesse sentido, é a de que as reuniões tenham definido não só o horário de início, mas também o de término, evitando que se estendam demasiadamente e trazendo à baila um senso de objetividade na conclusão das tarefas. Em sede de empirismo, nas reuniões matinais, tal senso é mais facilmente obtido, haja vista a interrupção para o almoço constituir demarcação para fins de conclusão do encontro[33];
- dos dez dias propostos para o cronograma, há apenas seis reuniões presenciais, promovendo, da mesma sorte, a produtividade almejada;
- a reunião do dia 1 é mais expedita. Trata-se de mera apresentação conceitual, pouco minudente, acompanhada da exposição do cronograma a ser cumprido. Sua duração ótima é de 60 minutos.

No que tange ao processo de gestão de riscos, a atuação da equipe, consoante cronograma supra, abrangeu as etapas de identificação, avaliação e proposição de tratamentos aos riscos.

Mister compreender que a gestão de riscos, em suas etapas de identificação e avaliação, dá substância a um procedimento de pesquisa. Ao passo que a

---

[32] *Pop management* é terminologia empregada para designar o conjunto de livros populares de gestão, definidos por Wood Jr. e De Paula (2003, p. 7) como "textos produzidos por agentes do campo do *management* – consultor, guru, jornalista, professor ou executivo – com a finalidade de difundir suas ideias em grande escala e legitimar seu papel de produtor ou disseminador do conhecimento em gestão empresarial". Para abordagem sobre a temática, ler Carvalho, Carvalho e Bezerra (2010).

[33] Na Câmara dos Deputados, as reuniões presenciais foram marcadas para as 10:00h, estendendo-se até às 12:00h.

identificação se dá por intermédio de pesquisa qualitativa, a avaliação se dá por pesquisa quantitativa. Assim, há, em aderência a um modelo de pesquisa acadêmica, pergunta de pesquisa, objetivos geral e específicos, sujeitos da pesquisa, e método próprio, esquematizados na Figura 24.

Figura 24. As etapas de identificação e de avaliação de riscos como procedimento de pesquisa

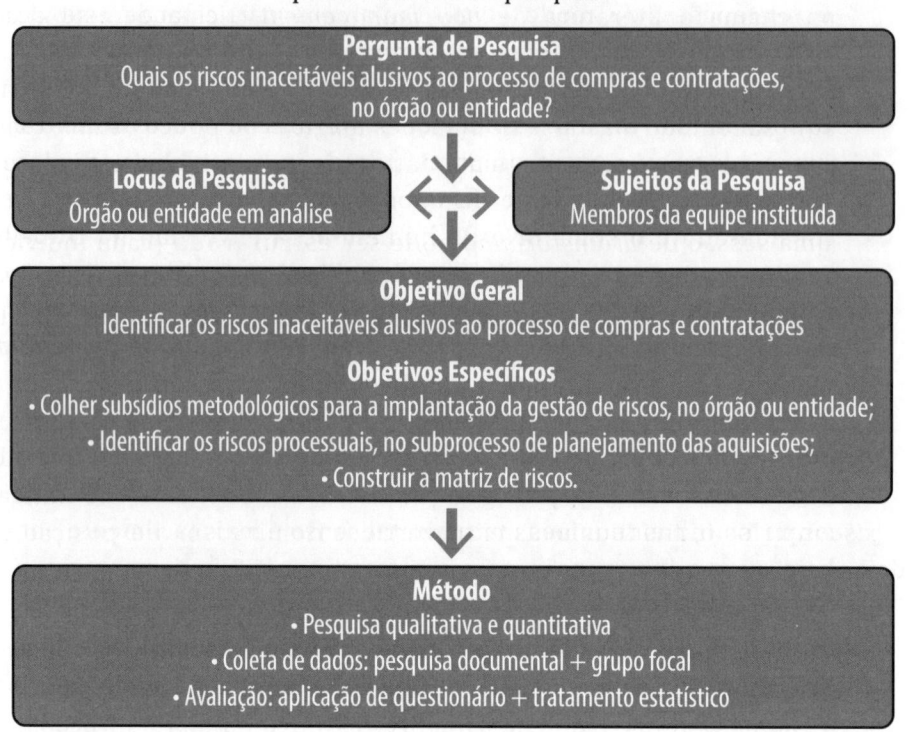

Pergunta de Pesquisa
Quais os riscos inaceitáveis alusivos ao processo de compras e contratações, no órgão ou entidade?

Locus da Pesquisa
Órgão ou entidade em análise

Sujeitos da Pesquisa
Membros da equipe instituída

Objetivo Geral
Identificar os riscos inaceitáveis alusivos ao processo de compras e contratações

Objetivos Específicos
• Colher subsídios metodológicos para a implantação da gestão de riscos, no órgão ou entidade;
• Identificar os riscos processuais, no subprocesso de planejamento das aquisições;
• Construir a matriz de riscos.

Método
• Pesquisa qualitativa e quantitativa
• Coleta de dados: pesquisa documental + grupo focal
• Avaliação: aplicação de questionário + tratamento estatístico

Fonte: elaborado pelo autor.

6.1.5. Identificação dos riscos

A identificação dos riscos constitui uma das etapas mais importantes do processo de implementação da gestão de riscos nas aquisições. É nesse momento que se obtém o *input*, o substrato básico para a avaliação e o tratamento posteriores. A identificação deficiente irá acarretar vulnerabilidade do diagnóstico das compras e contratações do órgão ou entidade, comprometendo a efetividade almejada ao final.

A dinâmica de identificação de riscos ("Dia 2") vale-se de procedimentos de pesquisa qualitativa. Nessa seara, é possível o emprego de diversos métodos qualitativos de coleta de dados, realçando-se pesquisa documental, entrevistas individuais, grupos focais e/ou observação. Habitualmente, denota-se preferência pela realização de grupos focais, sendo a condução de *brainstorming* estruturado técnica que demonstra resultados satisfatórios. A opção pode ser assim justificada:

- *brainstorming* é uma das mais famosas técnicas de geração de ideias. É utilizada quando se deseja gerar e refinar conceitos, linhas de ação e percepções, de modo geral. Envolve a participação espontânea de todos os participantes em um grupo, gerando-se um clima de envolvimento e motivação capaz de bem delinear o panorama de um problema, em caráter exploratório. Durante o processo, não deve haver hierarquia entre os participantes que, por sua vez, deverão demonstrar capacidade de síntese de suas ideias;

- uma sessão de *brainstorming* pode ser **estruturada** (cada indivíduo deve dar uma ideia a cada rodada, ou passar a vez até a próxima rodada), ou **não estruturada** (as ideias são dadas conforme surgem nas mentes dos indivíduos). A opção pela forma estruturada deu-se com base na Premissa 4:

> **Premissa 4:** A adoção de *brainstorming* em sua modalidade estruturada é capaz de otimizar o tempo de geração de ideias, bem como de mitigar os riscos de os indivíduos mais extrovertidos dominarem a exposição de ideias.

A sessão de identificação dos riscos, nos moldes propostos, exige uma postura assertiva por parte de quem conduz a dinâmica. Uma vez mais, pontuam-se orientações gerais ao / à ocupante deste papel:

- deve-se zelar para que os participantes do *brainstorming* tenham, a todo tempo, foco naquilo que está sendo discutido. Um participante "A", por exemplo, pode identificar como risco afeto ao estudo preliminar uma justificativa da necessidade da aquisição pouco robusta, implicando a compra que não satisfaz o demandante por completo, com consequente desperdício de recursos públicos. Nesse instante, após a contribuição desse participante, outros indivíduos, naturalmente, irão requerer a prerrogativa da fala, a fim de complementar ou de contrapor "A". O meio-termo a ser buscado refere-se a deixar o diálogo fluir até o momento em que a divagação começar a tomar lugar. Quando isso se suceder, a intervenção se faz necessária, fazendo-se seguir o *brainstorming* estruturado;

- na situação exposta acima, no diálogo que sucede a enunciação do participante "A", podem vir à baila outros riscos. Assim, é necessária a atenção constante de quem conduz a reunião, para que, a todo tempo, esteja vigilante em tomar notas. Recomenda-se, assim, que ao menos mais duas pessoas sejam incumbidas de, da mesma forma, registrar os riscos aventados nas discussões;
- deve-se, ainda, zelar para que as falas, sempre que possível, refiram-se mais a riscos generalizáveis do que a problemas singulares observados em processos específicos. Há indivíduos que demonstram tendência de narrar óbices pontuais ocorridos em ritos definidos. Por vezes, os casos são peculiares e moldam exceções, e não regras. Assim, não são relevantes em uma sessão de identificação de riscos e acabam por consumir precioso tempo de trabalho;
- os participantes não irão exteriorizar os riscos na semântica estrutural adotada pela NBR ISO 31000, qual seja, causa – evento – consequência. E isso não deve ser exigido, em momento algum, no intuito de se fomentar a fluidez do *brainstorming*. O que será declarada é a causa, ou, por vezes, o evento. As falas serão do tipo: "o processo chega sem termo de referência", ou "a estimativa de despesas é furada". A complementação, em termos de estrutura de redação, do risco é efetuada na etapa seguinte, descrita *a posteriori*.

Em ótica que transcende o corriqueiro na literatura de gestão de riscos, mister assinalar o caráter de **arena política / de negociação** que se esculpe na sessão de identificação. Em uma conjuntura de inexistência de recursos organizacionais para sanear todos os riscos do subprocesso de planejamento das aquisições, os indivíduos passam a disputar – caso vislumbrem tal cenário de forma sistêmica – o emprego de tais recursos de sorte a tratar os riscos que eles julguem (em percepção individual) mais relevantes. Ilustro: se, para mim, a principal celeuma do subprocesso em comento seja uma suposta inexistência de estudos técnicos preliminares, em minha estratégia, irei enunciar esse risco e fazer a defesa mais contundente possível de que a probabilidade de ocorrência é muito alta e de que o impacto poderá ser catastrófico. O objetivo é o de que seja criado um juízo em comum sobre a criticidade do risco, que influenciará a equipe quando do preenchimento do formulário de avaliação.

Na Câmara dos Deputados, em duas horas de reunião, foram identificados 53 (cinquenta e três) riscos alusivos ao subprocesso de planejamento das aquisições. No TJDFT, somaram-se 43 (quarenta e três) riscos.

6.1.6. Compilação dos riscos e redação apropriada

Os riscos identificados na reunião do "Dia 2" devem ser transcritos, conferindo-lhes redação apropriada, nos moldes do adotado pelo Tribunal de Contas da União em seu documento RCA (que, como vimos, toma por base a NBR ISO 31000), a saber:

> **Risco = causa + evento + consequência**

Quando desta etapa, é pertinente a consulta ao documento RCA, a fim de verificar se algum risco identificado pelo TCU nas etapas do subprocesso em análise havia sido esquecido quando do *brainstorming*. A intenção é a de complementar a listagem a compor o formulário de avaliação dos riscos.

Realça-se que a tarefa em pauta, a despeito de soar mecanizada, exige, por vezes, dedicação intelectiva diferenciada. Tal se dá em virtude de uma enunciação de determinado participante, incompleta na semântica estrutural proposta, poder ser alusiva tanto à causa quanto ao evento em si. Vejamos o exemplo:

> Na sessão de *brainstorming*, determinado participante enuncia como risco o fato de as especificações dos materiais poderem ser direcionadas a determinadas empresas ou fabricantes. Isso é uma causa ou um evento?
>
> Na compilação dos riscos, pode-se adotar a seguinte formatação:
>
> "Especificação direcionada, levando ao cerceamento da competitividade, com consequente sobrepreço final e ilegalidade do rito."
>
> Neste caso, a opção foi por remeter a fala à causa do risco. Não obstante, poder-se-ia optar pela seguinte redação:
>
> "Falta de diretrizes organizacionais para a elaboração de especificações, levando a especificações direcionadas, com consequente cerceamento de competitividade."
>
> Nesta hipótese, remeteu-se a fala ao evento de risco.

No exemplo acima, ambas as formas estão corretas. Não obstante, a opção de redação poderá trazer efeitos diversos em termos de *score* no formulário de avaliação de riscos.

Para fins de ilustração, o Quadro 18 traz os riscos identificados na dinâmica realizada na Câmara dos Deputados.

Quadro 18. Riscos identificados na Câmara dos Deputados, alusivos ao subprocesso de planejamento das compras e contratações

Nº	CAUSA DO RISCO	EVENTO DE RISCO	CONSEQUÊNCIA DO RISCO
1	Contratação realizada sem ETP	Direcionamento indevido da contratação	Desperdício de recursos públicos / Fragilização institucional da Câmara dos Deputados
2	Especificação genérica demais	Falta de critérios na aceitação da proposta	Aquisição de objeto que não atende à Administração (qualidade)
3	Ausência de campo de assinatura para o órgão solicitante, no TR	Não formalização da concordância do solicitante com o TR / especificações	Possibilidade de se efetuar compra que não atenda plenamente o solicitante
4	Contratação realizada sem ETP	Fragilização de inovação interna (sempre compramos as mesmas coisas, ao passo que pode haver soluções mais "inteligentes")	Desperdício de recursos públicos
5	Falta de reconhecimento, pelos solicitantes e supridores, da relevância do Plano de Compras (barreira cultural)	Rotinas de compras em descompasso com o planejamento orçamentário do Departamento Financeiro da Câmara dos Deputados	Execução financeira insatisfatória
6	Inexistência de um modelo de ETP na Casa	Dificuldade da área demandante / do supridor em elaborar o ETP	Vícios gerais no processo de aquisições
7	Especificações de produtos fora de linha, ou que exijam conformidade com normas revogadas (ABNT etc.)	Dificuldade de realização de estimativa de preços / Impugnação de editais	Morosidade / Incremento de custo processual

Nº	CAUSA DO RISCO	EVENTO DE RISCO	CONSEQUÊNCIA DO RISCO
8	Órgão supridor atua apenas compilando as demandas dos solicitantes	Incapacidade do supridor em elaborar ETP	Vícios gerais no processo de aquisições
9	Inexistência de normativo interno que exija ETP	Maior flexibilidade para a não elaboração de ETP	Vícios gerais no processo de aquisições
10	Escassez de preços no mercado / em bases de dados	Falta de base para bem estimar o preço	Sobrepreço / baixo preço estimado / morosidade
11	Ausência de um repositório de informações sobre contratações anteriores e lições aprendidas para subsidiar a elaboração do ETP – Falta gestão de conhecimento	Dificuldade da área demandante / do supridor em elaborar o ETP	Vícios gerais no processo de aquisições
12	Elaboração de ETP a partir do objeto a ser contratado	Direcionamento da contratação	Desperdício de recursos públicos / Fragilização institucional da Câmara dos Deputados
13	Ausência de equipe para elaborar o ETP / ETP elaborado por apenas uma pessoa	"Contaminação" na escolha do objeto a ser contratado na elaboração do ETP / Parcialidade na análise das alternativas cabíveis	Desperdício de recursos públicos / Fragilização institucional da Câmara dos Deputados
14	Especificação muito detalhada	Cerceamento da competitividade	Sobrepreço
15	Muitos itens a serem precificados	Trabalho intensivo	Morosidade
16	Insuficiência na caracterização das sanções (multas etc.), no termo de referência	Sanções desproporcionais à conduta do fornecedor / imprevisão de sanções	Gestão contratual deficiente

Nº	CAUSA DO RISCO	EVENTO DE RISCO	CONSEQUÊNCIA DO RISCO
17	Termo de referência não enfatiza aspectos da gestão contratual em si, mas apenas fatores anteriores à contratação	Execução contratual deficiente	Desperdício de recursos públicos
18	Muitos itens a serem especificados	Trabalho intensivo do processo de especificação	Morosidade
19	Insuficiência de capacitação	Falta de capacidade de elaboração de ETP	Vícios gerais no processo de aquisições
20	Contratação realizada sem ETP	Contratação que não produz resultados capazes de atender à necessidade da Administração	Desperdício de recursos públicos Impossibilidade de contratar – Não atendimento à necessidade pública
21	Falta de capacitação na elaboração do TR	TR não agrega valor, de fato, ao processo	Morosidade / Retrabalho / Desperdício de recursos públicos
22	Justificativa de mérito do pedido, no TR, deficiente	Compra inócua, que pode não satisfazer plenamente a necessidade da Casa	Desperdício de recursos públicos / Questionamento em face dos órgãos de controle
23	Contratação realizada sem ETP	Maiores chances de impugnação de editais / paralisação de certames / demora em respostas a recursos	Incremento de custo processual / Morosidade
24	Falta de padronização nas especificações	Dificuldade na realização de estimativa de preços	Morosidade
25	Especificação direcionada	Cerceamento de competitividade	Sobrepreço / ilegalidade
26	Planejamento das compras restrito ao orçamento anual	Plano Anual de Compras remanesce operacional	Incapacidade de elaboração de um Plano Estratégico de Compras

Nº	CAUSA DO RISCO	EVENTO DE RISCO	CONSEQUÊNCIA DO RISCO
27	Justificativa do quantitativo dos itens, no TR, deficiente (ou inexistente)	Incompatibilidade do quantitativo demandado com a real necessidade da Casa	Desperdício de recursos públicos (no caso de compra em excesso), ou incremento de custo processual (no caso da necessidade de outro processo para suplantar a deficiência quantitativa) / Morosidade
28	Contratação realizada sem ETP	Mitigação da capacidade dos atores envolvidos no planejamento do processo de aquisições em pensar de forma estratégica	Planejamento de compras remanesce sempre operacional, e nunca estratégico
29	Insuficiência de capacitação	Falta de capacidade de elaboração de TR e de especificações	Vícios gerais no processo de aquisições
30	Prazo de validade das estimativas de preço é exíguo (6 meses)	Necessidade de se atualizarem estimativas ao longo da fase interna da licitação	Morosidade / retrabalho
31	Ausência de histórico de execuções contratuais na Casa para subsidiar futuras contratações	Dificuldade na elaboração do TR, que passa a não agregar valor, de fato, ao processo	Morosidade / Retrabalho / Desperdício de recursos públicos
32	Falta de normativo que estabeleça os responsáveis para a elaboração do TR e das especificações	Indefinição de papéis	Morosidade / Retrabalho
33	Contratação realizada sem ETP	Desconsideração dos riscos existentes na contratação e gestão do contrato	Impacto causado por todos os riscos desconsiderados

Nº	CAUSA DO RISCO	EVENTO DE RISCO	CONSEQUÊNCIA DO RISCO
34	Modelo atual de preenchimento do TR pouco intuitivo e não voltado ao usuário	Dificuldade de preenchimento do TR na plataforma do SIGMAS[34]	Morosidade / Retrabalho
35	Modelo vigente de TR na Casa é rígido	Cerceamento da possibilidade de detalhamento mais preciso do objeto a ser contratado	TR permanece apenas figurativo no processo
36	Falta de percepção dos servidores acerca da relevância do ETP	Resistência por parte dos envolvidos no processo de aquisições em elaborar o ETP	Vícios gerais no processo de aquisições
37	Existência de vários termos de referência em um mesmo processo	Dificuldade de análise processual / incompatibilidade e perda de informações ao longo do processo	Morosidade / Retrabalho
38	Especificações utilizadas na Casa não espelham o usual do mercado, ou das contratações de outros órgãos e entidades da Administração Pública	Dificuldade na realização de estimativa de preços	Morosidade
39	Informações acerca de critérios de sustentabilidade não são de fácil acesso aos servidores	Critérios de sustentabilidade não são preenchidos, no TR	Fragilização do atendimento à sustentabilidade, em sua dimensão ambiental
40	Contratação realizada sem ETP	Contratação acaba por abranger apenas parte da solução total necessária	Incremento de custo processual / Morosidade Desperdício de recursos públicos
41	Ausência de informação de marca de referência no TR / na especificação	Dificuldade de realização de pesquisa de preço	Preço estimado não condiz com o objeto demandado

Nº	CAUSA DO RISCO	EVENTO DE RISCO	CONSEQUÊNCIA DO RISCO
42	Falta de estabelecimento, no TR, de critérios de avaliação de qualidade para o recebimento do objeto da contratação	Dificuldade no recebimento do objeto Recebimento de objetos diferentes do pretendido	Desperdício de recursos públicos
43	Falta de critérios no tratamento dos preços coletados na estimativa de despesas	Aplicação de método estatístico adequado	Sobrepreço / baixo preço estimado
44	Quem pesquisa o preço não conhece o objeto	Dificuldade em se estimar o preço	Morosidade / incompatibilidade do preço estimado com o objeto
45	Contratação realizada sem ETP	Assimetria de informação, em favor dos fornecedores (os fornecedores podem trazer informações sobre soluções existentes no mercado que são desconhecidas à Câmara dos Deputados)	Fragilização dos certames / Fragilização institucional da Câmara dos Deputados
46	Escassez de mão de obra para a realização de estimativas (modelo centralizado de estimativas)	A estimativa de preços é um gargalo do processo	Morosidade
47	Falta de capacitação para a realização de estimativa de preços	Dificuldade em se estimar o preço	Morosidade / Incompatibilidade do preço estimado com o objeto
48	Contratação realizada sem ETP	Desalinhamento da contratação com a Gestão Estratégica da Câmara dos Deputados	Fragilidade da Gestão Estratégica / Desperdício de recursos públicos.

---

34 SIGMAS = Sistema de Gestão de Materiais e Serviços. Trata-se do sistema de tecnologia da informação subsidiário aos processos logísticos da Câmara dos Deputados.

Nº	CAUSA DO RISCO	EVENTO DE RISCO	CONSEQUÊNCIA DO RISCO
49	Cotações empregadas na confecção de planilha estimativa de despesas não estão de acordo com as especificações	Estimativa de preços não condiz com a especificação	Sobrepreço / baixo preço estimado
50	Falta de reconhecimento, pelos solicitantes e supridores, da relevância do Plano de Compras (barreira cultural)	Não atendimento, pelos supridores e solicitantes, das medidas necessárias à elaboração e execução do Plano de Compras	Estagnação em *status* de falta de planejamento
51	Instrumentos de governança das unidades internas da Casa em descompasso temporal com os prazos de elaboração do Plano de Compras	Insumos (informações oriundas dos solicitantes e supridores) para o Plano de Compras são pobres e sujeitos à alteração posterior	Estagnação em *status* de falta de planejamento
52	Contratação realizada sem ETP	Fragilização de inovação do mercado (p.ex., compramos sempre carros a combustão, e nunca carros elétricos)	Enfraquecimento da dimensão econômica da sustentabilidade
53	Unidades internas da Casa não estão familiarizadas com as novas rotinas inerentes ao Plano de Compras	Retrabalho / desgaste da Central de Compras com as demais áreas	Estagnação em *status* de falta de planejamento / Maior resistência das áreas quanto à implementação do Plano de Compras

Fonte: compilado pelo autor.

6.1.7. Avaliação dos riscos

Uma vez identificados os riscos, segue-se a avaliação, procedimento de pesquisa quantitativa *per si*. Para tanto, é necessária a construção do formulário de avaliação de riscos, realizada com base nos riscos arrolados na etapa prévia.

Avaliar riscos significa determinar seus efeitos potenciais, mensurados em termos do grau de probabilidade de ocorrência e do impacto no processo em análise, organização e na sociedade caso venham a se concretizar (IBGC, 2017). Haja vista toda organização, por definição, lidar com recursos escassos, não há valências suficientes para o tratamento de todos os riscos identificados. Destarte, há de se priorizá-los, seccionando do todo os que detêm maior criticidade.

Por meio da avaliação, isso posto, almeja-se discernir os riscos de maior severidade, que, passam a ser eleitos como fazendo jus ao consumo de recursos organizacionais para o seu tratamento. De acordo com o IBGC (2017, p. 42), "à medida que o seu grau de severidade diminui de intensidade, os riscos podem ser monitorados e tratados em periodicidades mais espaçadas". A mensuração da severidade (ou do potencial) é efetuada mediante a atribuição de *scores* individuais a cada risco, referentes à probabilidade e impacto. Para tanto, com base nos riscos identificados, há de se elaborar formulário de avaliação, a ser preenchido por cada membro da equipe de trabalho, nos moldes da representação no Quadro 19.

Quadro 19. Exemplo de formulário de avaliação de riscos (extrato)

Nº	CAUSA	RISCO / EVENTO	EFEITO / CONSEQUÊNCIA	PROBABILIDADE (*score*)	IMPACTO (*score*)
1	Contratação realizada sem ETP	Direcionamento indevido da contratação	Desperdício de recursos públicos / Fragilização institucional da Câmara dos Deputados		
2	Especificação genérica demais	Falta de critérios na aceitação da proposta	Aquisição de objeto que não atende à Administração (qualidade)		
3	Ausência de campo de assinatura para o órgão solicitante, no TR	Não formalização da concordância do solicitante com o TR / especificações	Possibilidade de se efetuar compra que não atenda plenamente o solicitante		
...	...	...	...	...	...

Fonte: elaborado pelo autor.

Há liberdade na definição da extensão das escalas de probabilidade e impacto. No entanto, ambas devem ter o mesmo alcance (por exemplo, 1 a 5), de forma a possibilitar a construção de uma matriz de riscos quadrada (ou seja, com o mesmo número de linhas e colunas). Seus efeitos na construção da matriz de riscos serão discutidos na próxima seção. Por ora, nos Quadro 20 e 21, são apresentados os descritivos das escalas, que devem ser inscritos no formulário distribuído aos respondentes, para fins de orientação

Quadro 20. Descritivo da escala de probabilidade

Score	Frequência observada / esperada	Descritivo da escala
5 – Muito alta	≥ 90%	Evento esperado que ocorra na maioria das circunstâncias
4 – Alta	≥ 50% e < 90%	Evento provavelmente ocorra na maioria das circunstâncias
3 – Possível	≥ 30% e < 50%	Evento deve ocorrer em algum momento
2 – Baixa	≥ 10% e < 30%	Evento pode ocorrer em algum momento
1 – Muito baixa	< 10%	Evento pode ocorrer em circunstâncias excepcionais

Fonte: BRASIL (2017).

Quadro 21. Descritivo da escala de impacto

Score	Descritivo da escala
5 – Catastrófico	O impacto ocasiona colapso às ações de gestão; a viabilidade estratégica pode ser comprometida
4 – Grande	O impacto compromete acentuadamente as ações de gestão; os objetivos estratégicos podem ser fortemente comprometidos
3 – Moderado	O impacto é significativo no alcance das ações de gestão
2 – Pequeno	O impacto é pouco relevante ao alcance das ações de gestão
1 – Insignificante	O impacto é mínimo no alcance das ações de gestão

Fonte: Elaborado pelo autor, com base em BRASIL (2017).

Chegamos, assim, ao dia 4 do cronograma proposto. O envio dos formulários de avaliação dos riscos pode ser efetuado via e-mail, abstendo-se, para fins de execução dessa tarefa, de reunião presencial. O intuito é o de se evitar o debate, entre os membros da equipe, prévio ao preenchimento dos *scores*, o que poderia contaminar a percepção dos indivíduos. Não se busca, nesse ponto, a persecução do consenso: almeja-se, sim, colher insumos para que, em seguida, seja possível beneficiar-se da riqueza das distintas visões sob o subprocesso em análise.

Uma vez recebidos os formulários já preenchidos, passa-se à construção da matriz de riscos, sobre a qual se discorre em seguida.

6.1.8. Construção e validação da matriz de riscos

De posse dos *scores*, preenchidos por cada um dos respondentes nos formulários aplicados conforme descrito na seção anterior, passa-se à construção da matriz de riscos, também denominada mapa de riscos (IBGC, 2017). Trata-se de uma representação, em plano cartesiano, da relação probabilidade *versus* impacto afeta aos riscos identificados. A disposição habitual é a da probabilidade no eixo das abscissas e do impacto no eixo das ordenadas, consoante representado na Figura 25.

Figura 25. Representação esquemática da matriz (ou mapa) de riscos

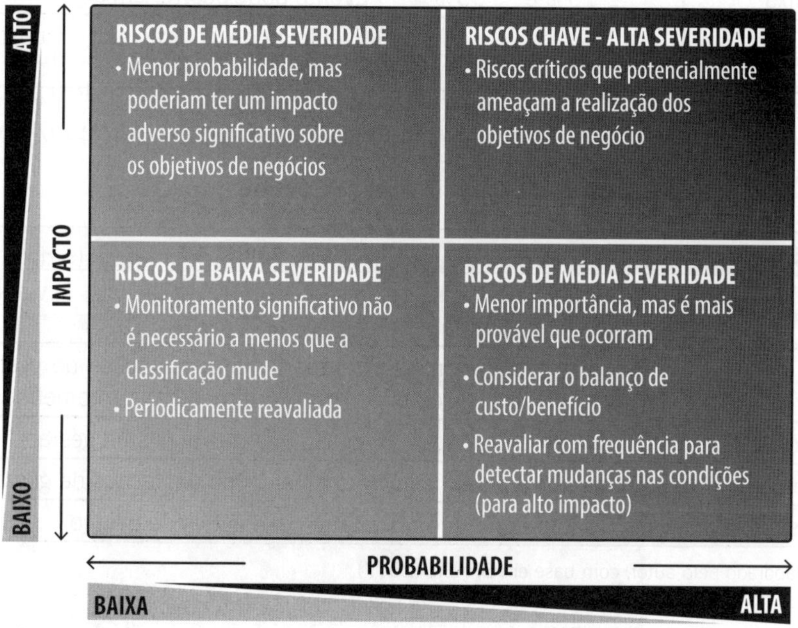

IMPACTO ALTO	RISCOS DE MÉDIA SEVERIDADE • Menor probabilidade, mas poderiam ter um impacto adverso significativo sobre os objetivos de negócios	RISCOS CHAVE - ALTA SEVERIDADE • Riscos críticos que potencialmente ameaçam a realização dos objetivos de negócio
IMPACTO BAIXO	RISCOS DE BAIXA SEVERIDADE • Monitoramento significativo não é necessário a menos que a classificação mude • Periodicamente reavaliada	RISCOS DE MÉDIA SEVERIDADE • Menor importância, mas é mais provável que ocorram • Considerar o balanço de custo/benefício • Reavaliar com frequência para detectar mudanças nas condições (para alto impacto)
	PROBABILIDADE BAIXA	PROBABILIDADE ALTA

Fonte: IBGC (2017, p. 43)

Em termos metodológicos, assevera-se que o esboço da matriz de riscos é dispensável, haja vista que o que se almeja é a identificação dos riscos mais relevantes, diligência passível de ser executada em planilha simples de cálculo, dispondo-se em ordem decrescente o nível de risco, obtido pelo produto entre os *scores* de probabilidade e impacto. Ainda assim, assenta-se que a representação da matriz se afigura como útil ferramental didático capaz de catalisar a dinâmica de validação das etapas pretéritas, bem como elemento de sensibilização dos *stakeholders* que patrocinam a empreitada como um todo.

De acordo com IBGC (2017, p. 42), "respostas aos riscos devem ser desenvolvidas começando com os riscos encontrados no quadrante superior direito (os riscos-chave), que concentra eventos de grande probabilidade e grande impacto, ou seja, de alta severidade". Essa, assim, é a função central do mapa de riscos: visualizar-se qual a amostra, inserida no escopo da população total de riscos identificados, responde pelos riscos inaceitáveis.

Como exposto na seção anterior, há liberdade na definição das escalas de probabilidade e impacto. Grosso modo, o que se encontra de forma mais recorrente são as escalas de 1 a 3, de 1 a 5 (cujo descritivo encontra-se nos Quadros 20 e 21) e de 1 a 10. A opção, nesse caso, deve repousar sobre dois aspectos precípuos: (i) a facilidade de os respondentes fazerem uso da escala, ou seja, de bem discernirem e fazerem uso, na prática, de seus diferentes pontos ordinais; e (ii) o grau de discriminação, na representação dos riscos que se queira atingir. Nesse último quesito, importante ter ciência de que a escala de 1 a 3 conduz a uma matriz de 9 áreas delimitadas; a de 1 a 5, de 25 áreas, e a de 1 a 10, de 100 áreas. A Figura 26 traz, como exemplo, o modelo de uma matriz com escalas de 1 a 5.

Figura 26. Matriz de riscos – escalas de probabilidade e impacto de 1 a 5

IMPACTO		1	2	3	4	5
Catastrófico	5	Risco Moderado	Risco Alto	Risco Crítico	Risco Crítico	Risco Crítico
Grande	4	Risco Moderado	Risco Alto	Risco Alto	Risco Crítico	Risco Crítico
Moderado	3	Risco Pequeno	Risco Moderado	Risco Alto	Risco Alto	Risco Crítico
Pequeno	2	Risco Pequeno	Risco Moderado	Risco Moderado	Risco Alto	Risco Alto
Insignificante	1	Risco Pequeno	Risco Pequeno	Risco Pequeno	Risco Moderado	Risco Moderado
PROBABILIDADE		Muito baixa	Baixa	Possível	Alta	Muito alta

Fonte: BRASIL, 2017, p. 5.

No esforço empreendido no âmbito da Câmara dos Deputados, a matriz de riscos, construída com base nas médias aritméticas dos *scores* de probabilidade e impacto, é apresentada no Gráfico 3.

Gráfico 3. Matriz de riscos – Câmara dos Deputados
(média aritmética dos *scores*)

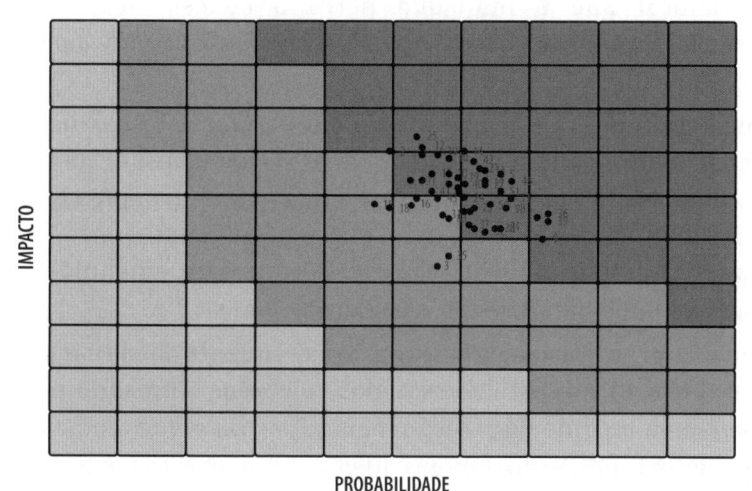

Fonte: elaborado pelo autor.

Oportuno assentar que os respondentes, ao atribuírem *scores* às probabilidades e aos impactos dos riscos identificados, acabam por, não raramente, incorrer em erros análogos aos acercados na literatura de avaliação de desempenho individual. Em especial, afloram-se cinco erros:

(i) erro de tendência central: o respondente evita notas altas ou baixas, mantendo a avaliação com pontuações médias, ou em torno de limites reduzidos dentro da escala. É o que se observa no Gráfico 3, no qual a plotagem dos riscos resultou em aglomerado de respostas em área diminuta. Em muitos casos, os indivíduos fizeram uso da escala – de 1 a 10 – apenas no intervalo de pontuação de 5 a 8;

(ii) efeito Horn: tendência de se atribuir *scores* elevados de probabilidade e impacto para todos os riscos, gerando uma tendência de avaliar negativamente todos os riscos;

(iii) erro de recenticidade: acontecimentos recentes têm peso significativo na avaliação. Assim, se o respondente se deparou, recentemente, com processo que, por exemplo, revelava vício contundente no termo de referência, mesmo sendo esse vício pouco provável de voltar a ocorrer, há a tendência de pontuar todos os riscos afetos a termos de referência com *scores* elevados, tanto em probabilidade quanto em impacto;

(iv) erro de fadiga: realizar várias avaliações seguidamente pode refletir em baixa da qualidade do trabalho do respondente. Em um formulário de 53 riscos, conforme aplicado no caso da Câmara dos Deputados, é natural que o indivíduo perca a concentração ao longo do preenchimento, abreviando o esforço analítico conforme se aproxima dos itens finais;

(v) incompreensão de significado dos enunciados de riscos: interpretações inadequadas dos enunciados dos riscos causam distorções nas avaliações. Nesse tipo de erro, há duas condutas que se evidenciam: o respondente pode manifestar sua incompreensão, sendo esta saneada pela equipe, ou, de outra forma, o desentendido permanece tácito, maleficiando o rito de avaliação em si.

A patente concentração de riscos em área reduzida da matriz pode ensejar distinto tratamento estatístico aos dados coletados. Tomando por certo que a mediana é uma medida de posição mais robusta do que a média aritmética e do que a moda, pois é menos sensível à categorização e a discrepâncias (BUSSAB; MORETTIN, 2007), é plausível a construção de nova matriz. Uma vez mais, na iniciativa realizada pela Câmara dos Deputados, a nova matriz obtida é a reproduzida no Gráfico 4.

Gráfico 4. Matriz de riscos – Câmara dos Deputados (mediana dos *scores*)

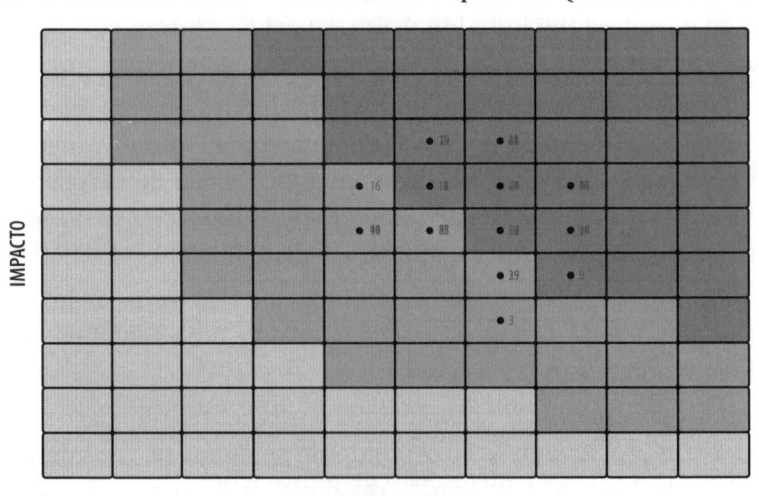

Fonte: elaborado pelo autor.

A matriz disposta no Gráfico 4 oferece maior discernimento para fins de visualização da potencialidade dos riscos, no caso em pauta.

Ainda em antecipação à reunião de validação da matriz de riscos, devem ser assinalados os quesitos que receberam avaliações mais díspares por parte dos respondentes, sob o prisma de se alçarem como presumíveis indícios de erros de interpretação (ou de percepção) dos indivíduos. Essa ação é realizada mediante o cálculo do desvio-padrão para os *scores* de probabilidade e impacto, de cada risco, seguindo-se o posterior estabelecimento de nível de corte acima do qual a discrepância é entendida como significativa. No Gráfico 5, plota-se a distribuição dos desvios-padrão dos *scores* de probabilidade e impacto obtidos na avaliação de riscos capitaneada pelo TJDFT.

Gráfico 5. Distribuição dos desvios-padrão dos *scores* de probabilidade e impacto (TJDFT)

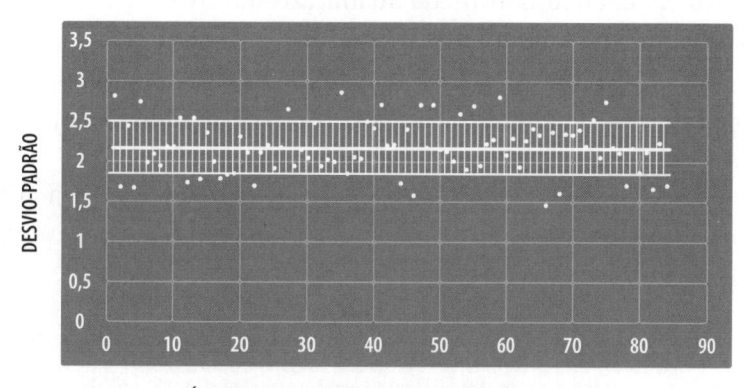

Fonte: elaborado pelo autor.

Concluem-se, assim, as tarefas próprias ao dia 5 do cronograma. Há de se engrandecer que, notabilizando-se pela eficiência, com apenas cinco dias úteis de trabalho da equipe, e tendo sido realizadas apenas duas reuniões presenciais, já é possível a obtenção de uma primeira versão da matriz de riscos, a ser validada no encontro consecutivo.

Em reunião presencial ("Dia 6"), a matriz de riscos é apresentada à equipe, visando à sua validação. Nessa dinâmica, discutem-se as avaliações dos riscos que apresentaram maiores desvios-padrão em seus *scores*. O intuito, com vimos, é o de equalizar a compreensão da semântica dos riscos, a fim de verificar eventuais erros na atribuição de pontuações.

Com indesejada constância, é comum deparar-se com situações nas quais, para determinado risco, há respondentes que atribuíram ao impacto, por exemplo, pontuação 1, ao passo que outros respondentes registraram o *score* 8 ou 9. Nessa situação, adequada linha de ação é promover o debate direto entre os membros da equipe, fazendo com que os que pontuaram os extremos defendam seus pontos de vista. Após a confrontação de percepções, pode haver a alteração de *scores*, por aqueles que reviram suas percepções, ou, por óbvio, a manutenção dos valores, mas agora sem que paire a aura de erro de interpretação.

As eventuais alterações dos *scores* devem ser registradas no decorrer da reunião presencial do dia 06, já refletindo, de imediato, as novas conformações da matriz de riscos. Em seguida, a matriz é validada pela equipe, tornando possível a identificação dos riscos inaceitáveis e que merecem, ainda no escopo de atuação do grupo, ser tratados. Tal identificação é realizada mediante o cálculo do nível de risco (ou potencial de risco), conceito matematicamente equivalente ao produto da probabilidade e do impacto de cada risco. O Gráfico 6 traz a distribuição do nível de risco, conforme a dinâmica realizada na Câmara dos Deputados.

Gráfico 6. Distribuição dos níveis de risco – Câmara dos Deputados

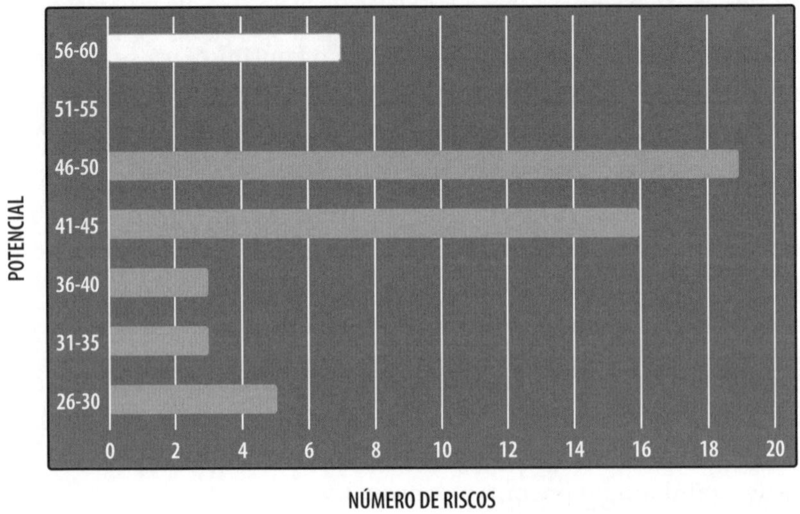

Fonte: elaborado pelo autor.

Por conseguinte, na Câmara dos Deputados, foram priorizados, para fins de tratamento, 7 (sete) riscos, destacados no Gráfico 7[35].

---

35 O Gráfico 7 é reprodução do Gráfico 4, sendo construído com base na mediana dos *scores*. Assim, conforme exposição prévia, há a sobreposição visual de riscos: a despeito de estarem destacados apenas dois retângulos, há 7 riscos nesse espaço.

Gráfico 7. Riscos priorizados para fins de tratamento – Câmara dos Deputados

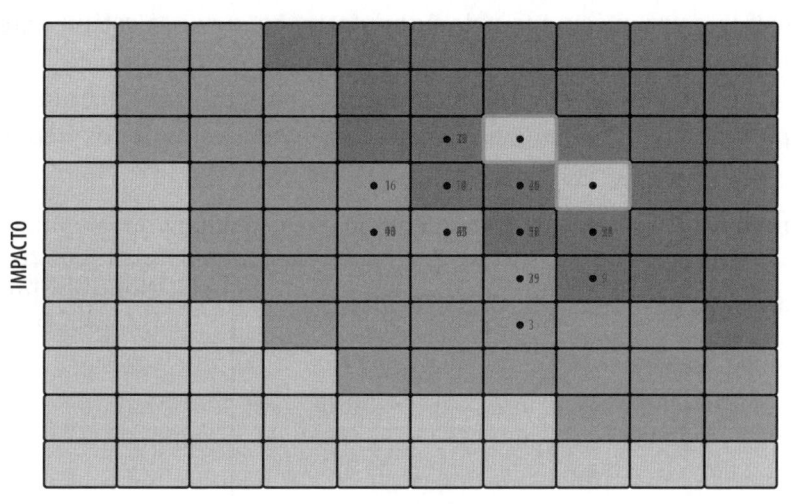

[Gráfico: matriz de Impacto x Probabilidade com riscos plotados na área vermelha]

Fonte: elaborado pelo autor.

Note que nem todos os riscos representados na área vermelha do Gráfico 7 foram selecionados, neste momento, para fins de tratamento. Selecionaram-se apenas os riscos de maior nível, para os quais a organização pode dispor de recursos. A gestão de riscos, por ser processo contínuo, irá se debruçar sobre os riscos remanescentes em momento ulterior. Outrossim, muitas vezes, ao se tratar os riscos de maior potencial, outros riscos – com causas em comum aos primeiros – são, da mesma forma, tratados.

A última atividade, ainda inscrita na reunião do dia 6 do cronograma proposto no Quadro 17, dá-se com vistas a prover o elo com as dinâmicas dos dias 7 e 8. Já ciente dos riscos a serem tratados, consentânea é a divisão dos riscos entre os membros da equipe, visando a que, na próxima reunião, já sejam trazidas propostas de tratamento. Com isso, ganha-se tempo, assegurando-se maior eficiência ao labor do grupo.

6.1.9. Tratamento dos riscos

Em observância ao cronograma disposto no Quadro 17, os dias 7 e 8 são dedicados à discussão e à definição dos tratamentos a serem dispensados aos riscos. A natureza de tal tarefa exige maior criatividade dos componentes da equipe, e tempo para que se vislumbrem alternativas. Destarte, pode se mostrar adequada a intercalação de dias sem atividades, antes e após o dia de trabalho 7.

Um risco demanda, para fins de tratamento, ao menos uma medida. Para cada medida a ser executada pela Administração, deve-se estipular, além de sua descrição, o(s) responsável(is) e o prazo para a sua execução[36]. O Quadro 22 traz exemplo de tratamentos vislumbrados para um dos riscos inaceitáveis do subprocesso de planejamento das aquisições da Câmara dos Deputados:

Quadro 22. Exemplo de tratamento de risco – Câmara dos Deputados

CAUSA DO RISCO	EVENTO DE RISCO	CONSEQUÊNCIA DO RISCO
Modelo atual de preenchimento do termo de referência (TR) pouco intuitivo e não voltado ao usuário	Dificuldade de preenchimento do TR na plataforma do SIGMAS	Morosidade / Retrabalho

MEDIDA	DESCRIÇÃO	RESPONSÁVEL (IS)	PRAZO (S)
1	• Desenvolvimento de interface mais amigável ao usuário, para a elaboração do TR; • Submissão desta demanda ao Comitê Gestor do sistema de TI, para fins de aprovação	Central de Compras (responsável pela submissão da demanda) / CPL / Centro de Informática	1 mês para a submissão da demanda
2	Revisão da estrutura do TR	Central de Compras (responsável principal) / CPL / DETEC	4 meses
3	Elaboração de manual para o preenchimento do TR	Central de Compras (responsável principal) / CPL / DETEC	2 meses após a conclusão da medida 2

Fonte: compilado pelo autor, com base no Relatório Executivo de Gestão de Riscos das Aquisições (Câmara dos Deputados, 2016).

Quando houver mais de um responsável pela implementação da medida, importante consignar quem detém a responsabilidade principal, e que, nesse papel, será cobrado, quando do monitoramento, pela sua feitura.

---

[36] Além desses campos, pode-se arrolar os riscos inerentes à implementação da medida em si.

6.1.10. Confecção de relatório executivo e aprovação do Plano de Gestão de Riscos em Aquisições

A confecção de relatório executivo responde pela formalização da empreitada operada pela equipe. Além de seu objetivo primário – materializar o Plano de Gestão de Riscos em Aquisições, a ser submetido às instâncias decisórias do órgão ou entidade pública, o relatório serve como instrumento de gestão de conhecimento. Nesse papel, deve contemplar a descrição pormenorizada do método empregado, com as premissas adotadas e as rotinas efetuadas.

A boa descrição do método permite a replicação do cometimento em outro órgão ou entidade. Provê, ainda, elementos para o aprimoramento de projetos corporativos de gestão de riscos, bem como para novas rodadas de identificação e proposição de tratamentos de riscos nas compras e contratações, a serem realizadas no futuro. Em perspectiva mais minudente, o Quadro 23 retrata proposta de sumário a nortear o relatório em análise.

Quadro 23. Proposta de sumário do relatório executivo

Item do sumário	Descrição
1. Introdução	Traz um sucinto panorama evolutivo das práticas de compras e contratações do órgão ou entidade, bem como a exigência de se implementar a gestão de riscos nas aquisições, espelhando comando jurisprudencial do TCU.
2. Objetivos	O objetivo principal é apresentar o Plano de Gestão de Riscos nas Aquisições. Objetivos secundários são casuísticos, podendo estender-se desde subsidiar metodologicamente projetos corporativos de gestão de riscos a consolidar diagnóstico do subprocesso de planejamento das compras e contratações.
3. Esteio jurisprudencial	Apresenta a jurisprudência da Corte Federal de Contas, no que concerne à gestão de riscos nas aquisições.
4. Método	Apresenta as premissas adotadas ao longo do trabalho, bem como relata as etapas seguidas pela equipe.
5. Resultados	Traz os riscos identificados, a matriz de riscos, e salienta os riscos entendidos como inaceitáveis.
6. Considerações Finais	Fechamento conclusivo do relatório.
7. Apêndice	Plano de Gestão de Riscos nas Aquisições, contemplando os riscos inaceitáveis e as medidas de tratamento.

Fonte: elaborado pelo autor

A fim de bem legitimar o Plano de Gestão de Riscos, e a conferir a base política para a implementação das medidas de tratamento, duas ações são basilares. A primeira diz respeito à assinatura do relatório: todos os membros da equipe devem assiná-lo, outorgando-lhe raízes sistêmicas. Em adição, o Plano deve ser aprovado por autoridade da cúpula organizacional, de sorte a revesti-lo de aspecto normativo interno.

6.1.11. Implementação e monitoramento

Inequivocamente, a implementação e o monitoramento são as etapas mais intrincadas da gestão de riscos nas aquisições. O ímpeto inicial que culmina na elaboração do Plano de Gestão de Riscos deve perpetuar-se por interregno posterior mais dilatado, pelo qual respondem as implantações das medidas de tratamento dos riscos.

Cada medida de tratamento assume contornos conceituais de projetos, salientando-se sua temporalidade, a definição de um objetivo específico, a singularidade do resultado final almejado, sua execução em contexto de restrição de recursos, e sua natureza progressiva, sendo a medida desenvolvida em etapas, de forma incremental. Logo, a implementação em foco esbarra nas mesmas celeumas culturais da gestão de projetos na seara pública, sejam elas a aversão ao comportamento empreendedor, óbices da dualidade de comando – típica das estruturas matriciais, burocratismo, reformismo e autoritarismo (CARBONE, 2000).

O monitoramento dessa implementação, assim, mostra-se imprescindível. Recomenda-se estipular uma rotina para tal controle: a periodicidade varia em função do julgado adequado à realidade da organização. Na Câmara dos Deputados, por exemplo, estipulou-se que reuniões de monitoramento serão realizadas trimestralmente.

Ao longo do tempo, quando do término da efetivação das medidas de tratamento, ou quando eventual mudança de cenário implicar o decaimento da pertinência da implementação das medidas remanescentes, vem à baila a necessidade de se iniciar novo ciclo de gestão de riscos. Nessa segunda idealização, conjetura-se, o foco processual pode ser estendido, abarcando fases subsequentes do rito de compras e contratações.

6.2. A gestão de riscos em processos específicos de compras e contratações públicas

A gestão de riscos do metaprocesso de aquisição, descrita na seção 6.1 deste Capítulo, como vimos, alude a esforço de melhoria processual, em sentido lato. Não obstante, em sentido estrito, ou seja, no bojo de ritos específicos de compra e contratação, a gestão de riscos deve tomar lugar, guardando espaço definido a ser formalizado no escopo de instrução dos autos.

Denota-se, em sede jurisprudencial e de regulamentação, o incremento da relevância à gestão de riscos nesse sentido estrito. Tal se infere de cotejamento simples entre o documento RCA, do TCU, e a IN nº 05/2017, do MPDG. Ao passo que, no primeiro, a gestão de riscos é item a compor o estudo preliminar, no segundo, tal conteúdo passa a ter corpo próprio, sendo realizado / atualizado em três momentos, a saber: após o estudo preliminar, ao final da elaboração do termo de referência / projeto básico e após a fase de seleção do fornecedor[37].

A citada instrução normativa traz, em seu Anexo IV, modelo de mapa de risco, passível de customização. No modelo, trabalha-se com medida(s) preventiva(s) e de contingência ao risco. Tal modelo é reproduzido na Figura 27.

Figura 27. Modelo de mapa de risco

MODELO DE MAPA DE RISCOS

FASE DE ANÁLISE

( ) Planejamento da Contratação e Seleção do Fornecedor

( ) Gestão do Contrato

RISCO 01			
Probabilidade:	( ) Baixa	( ) Média	( ) Alta
Impacto:	( ) Baixa	( ) Média	( ) Alta
Id	Dano		
1.			
Id	Ação Preventiva		Responsável
1.			
Id	Ação de Contingência		Responsável
1.			

Fonte: IN nº 05/2017 (Anexo IV).

---

[37] Além disso, o mapa de riscos deve ser atualizado durante a fase de gestão contratual, quando da ocorrência de eventos relevantes.

Não se olvida que escassos são os órgãos e as entidades públicas que detêm recursos de pessoal para que mapas de risco sejam elaborados para cada compra ou contratação significativa. O que se vislumbra, no remate deste Capítulo, são <u>riscos</u> que circundam a elaboração do <u>mapa de riscos</u> nesta ótica estrita, já me escusando da retórica exacerbada. Em rol exemplificativo, avultam-se as seguintes adversidades:

- na prática, a elaboração do mapa de riscos acaba por ser incumbência de um único servidor, a despeito do comando da IN nº 05/2017, que a atribui a uma equipe;
- o rarefeito nível de capacitação e a tênue maturidade de gestão em unidades desprovidas de estrutura insurgem como barreiras à qualidade das informações constantes dos mapas. Os riscos acabam por não ser identificados, remanescendo a abordagem em nível raso;
- o mapa de risco pode passar a consubstanciar ferramenta pouco funcional, que não agrega valor ao rito e que consta apenas para fins de *compliance*.

Nesses termos, assevera-se que a gestão de riscos em processos específicos de compras e contratações públicas, na atual conjuntura da Administração Pública brasileira, não se constitui em inovação, mas em mera proposta de mudança, já que não vem marcada de efetividade. A abordagem longitudinal dessa temática irá comprovar se tal prática assumirá a desejada faceta de inovação, conforme propugnam os órgãos normativos e de controle.

Capítulo 4

O Plano de Logística Sustentável e as compras e contratações públicas: um paradigma em construção[1]

1. INTRODUÇÃO

Ainda que tardiamente, passados cerca de vinte e cinco anos desde a publicação da Lei de Licitações e Contratos, o governo brasileiro mostra indícios de ter tomado ciência da capacidade de as licitações agirem como ferramental para a execução de determinadas políticas públicas.

Respondendo por 10 a 30% do Produto Interno Bruto dos países (CALLENDER; MATHEWS, 2000)[2], o vulto inerente às compras públicas surge como vetor mercadológico contundente. Visto que o governo e sua administração atuam no papel de protagonistas na injeção de capital no mercado, passam a gozar de poder para – dentro de certos limites – transformá-lo. Uma procura significativa por objetos escassos irá, ao longo do tempo, gerar uma oferta crescente, até um ponto de equilíbrio. Da mesma sorte, uma determinada regra em termos de favorecimento de segmentos específicos – micro e pequenas empresas, no caso, ou, ainda, empresas que se voltem a produtos manufaturados ou serviços que atendam a normas técnicas brasileiras – irá promover o seu desenvolvimento econômico.

---

[1] Capítulo adaptado e expandido a partir de conteúdo da obra FENILI, R. R. *Boas Práticas Administrativas em Compras e Contratações Públicas*. 1ª ed. Rio de Janeiro: Impetus, 2015.
[2] Dados mais atuais, alusivos à União Europeia e ao Brasil, estabelecem em aproximadamente 15% a fração das compras públicas em relação ao PIB (BRASIL, 2014a; ICLEI, 2007).

O cerne normativo da interface entre licitações e políticas pública reside no art. 3º da Lei de Licitações e Contratos, alterado pela Lei nº 12.349/2010, cuja redação passou a ser³:

> Art. 3º **A licitação destina-se a garantir** a observância do princípio constitucional da isonomia, a seleção da proposta mais vantajosa para a administração e **a promoção do desenvolvimento nacional sustentável** e será processada e julgada em estrita conformidade com os princípios básicos da legalidade, da impessoalidade, da moralidade, da igualdade, da publicidade, da probidade administrativa, da vinculação ao instrumento convocatório, do julgamento objetivo e dos que lhes são correlatos (BRASIL, 1993) (destaques deste autor).

Após quase uma década desde a previsão da promoção do desenvolvimento nacional sustentável como um dos objetivos centrais das licitações, progressos marcantes foram realizados nesse sentido. Não obstante, o fato é que a licitação sustentável – nomenclatura usual da compra pública que se harmoniza com tal preceito legal – ainda não se consolidou como paradigma vigente das contratações da Administração Pública.

A carência de efetivas rotinas de sustentabilidade, nas compras públicas, acaba por trazer aos holofotes "casos de sucesso". Contudo, a governança não se coaduna com a restrição a *cases*, mas sim com a institucionalização das práticas de maneira ampla. Esse é o desafio que se assoma.

Tal contexto impingiu que o Tribunal de Contas da União, em recentes acórdãos, venha exarando comandos jurisprudenciais que, invariavelmente, assumem a seguinte denotação⁴:

- Elabore e aprove um Plano de Gestão de Logística Sustentável, isto é, um plano, contendo objetivos e responsabilidades definidas, ações, metas, prazos de execução e mecanismos de monitoramento e avaliação, que permite à organização estabelecer práticas de sustentabilidade e racionalização de gastos e processos;
- Publique no seu sítio na internet o Plano de Gestão de Logística Sustentável aprovado;

---

3 A redação original do artigo não previa a "promoção do desenvolvimento nacional sustentável". Insta registrar que a Medida Provisória nº 495/2010 havia, anteriormente à publicação da Lei nº 12.349/2010, inserido no artigo a "promoção do desenvolvimento nacional".
4 Conforme consta do Acórdão nº 1.414/2016 – TCU – Plenário. Tais recomendações são, ainda, espelhadas em diversos outros acórdãos do TCU.

> • Estabeleça mecanismos de monitoramento para acompanhar a execução do Plano de Gestão de Logística Sustentável.

Oriundo de sessão realizada em maio de 2017, o Acórdão nº 1.056/2017 – TCU – Plenário trouxe uma série de recomendações alusivas à necessária aplicação do *caput* do art. 3º da Lei de Licitações e Contratos, no que se refere ao desenvolvimento nacional sustentável. As principais determinações da Corte de Contas, e que resvalam nas compras públicas sustentáveis, são assim sintetizadas:

> 9.1. determinar que [...] o **Ministério do Planejamento, Desenvolvimento e Gestão** [...] promova a necessária aplicação do art. 3º, *caput*, da Lei nº 8.666, de 1993, com o intuito de:
>
> 9.1.1. retomar [...] as atividades da Comissão Interministerial de Sustentabilidade da Administração Pública Federal direta, autárquica e Fundacional (Cisap) [...];
>
> 9.1.2. apresentar [...], o devido plano de ação destinado a implementar o necessário **sistema de acompanhamento das ações de sustentabilidade** [...];
>
> 9.2.1. implementar o Índice de Acompanhamento da Sustentabilidade na Administração (IASA), com eventuais adaptações e atualizações que se fizerem necessárias [...] de modo a possibilitar a verificação e o acompanhamento da evolução de ações que visem à sustentabilidade na APF [...];
>
> 9.2.2.1. exigir que os **Planos de Gestão de Logística Sustentável (PLS)** ou instrumentos substitutos equivalentes **estejam previstos no planejamento estratégico de cada órgão e entidade da APF**, considerando o alcance e a transversalidade dos aspectos inerentes à sustentabilidade, de modo a **institucionalizar, com isso, todas as ações de sustentabilidade junto à direção geral das aludidas instituições**;
>
> 9.2.2.2. exigir que os órgãos e as entidades da APF implementem, **em suas estrutura**s, o efetivo funcionamento de **unidades de sustentabilidade com caráter permanente**, contando, em sua composição, com servidores ou colaboradores dotados de perfil técnico para a específica atuação nos assuntos pertinentes; e
>
> 9.2.2.3. exigir que as **avaliações de desempenho dos PLS contenham ferramentas de avaliação da efetividade do instrumento de planejamento**, com vistas a permitir a análise dos resultados das ações implementadas e o comportamento

dos padrões de consumo, em busca da manutenção do ponto de equilíbrio entre o consumo e os gastos;

9.2.3. coordenar e integrar as iniciativas destinadas ao aprimoramento e à implementação de critérios, requisitos e práticas de sustentabilidade a serem observados pelos órgãos e entidades da administração federal em suas contratações públicas [...] devendo atentar para a necessidade de **aprimorar a normatização que permite a APF realizar aquisições de produtos e serviços sustentáveis**, com maior agilidade e eficiência, além de outros incentivos gerenciais, no caso de o órgão ou a entidade federal contar com o devido PLS;

9.2.4. concluir **a revisão do Catálogo de Materiais – CATMAT e do Catálogo de Serviços – CATSER**, de sorte a regulamentar a inclusão de itens com requisitos de sustentabilidade e a excluir os itens cadastrados em duplicidade;

9.2.5. exigir a devida apresentação da **Plano Anual de Contratações** pelos órgãos e entidades integrantes do SISG, **especificando os itens com requisitos de sustentabilidade** que serão adquiridos em consonância com o correspondente PLS;

9.2.7. exigir, em conjunto com o Ministério do Meio Ambiente, que os órgãos e as entidades da administração federal elaborem os seus **Planos de Gerenciamento de Resíduos Sólidos**, visando à correta destinação dos resíduos gerados pelo funcionamento da máquina administrativa federal [...]; (destaques do autor)

Neste Capítulo, a realidade da sustentabilidade nas compras e contratações públicas será discutida, iniciando-se pela apresentação dos conceitos de desenvolvimento sustentável e de licitação sustentável, para então adentrar-se na análise ampla das práticas e das regulamentações legais que se inserem no bojo da sustentabilidade. Ademais, o Plano de Logística Sustentável (PLS) será abordado como instrumento de governança, cujo papel, conforme análise conduzida no Capítulo 2, é o de agir como variável preditora dos Planos Estratégico e Anual de Compras e Contratações.

2. OS CONCEITOS DE DESENVOLVIMENTO SUSTENTÁVEL E DE LICITAÇÃO SUSTENTÁVEL

Consoante análise de Costa (2011), o conceito de desenvolvimento sustentável foi disseminado a partir de 1987, em um documento elaborado pela Comissão Mundial sobre Meio Ambiente e Desenvolvimento da

Organização das Nações Unidas (ONU) conhecido como Relatório *Brundtland*[5]. Em tal documento, **desenvolvimento sustentável** é da seguinte maneira apresentado:

> O desenvolvimento que procura satisfazer as necessidades da geração atual, sem comprometer a capacidade das gerações futuras de satisfazerem as suas próprias necessidades, significa possibilitar que as pessoas, agora e no futuro, atinjam um nível satisfatório de desenvolvimento social e econômico e de realização humana e cultural, fazendo, ao mesmo tempo, um uso razoável dos recursos da terra e preservando as espécies e os habitats naturais (ONU, 1987).

O Relatório *Brundtland* enfatiza as conexões entre igualdade social, produtividade econômica e qualidade do ambiente, entendidas como pilares da sustentabilidade. Em análise capinateada por Theis e Tomkin (2012), tais dimensões – social (incluindo sociopolítica), econômica e ambiental – são assim esclarecidas:

> (i) **Social (sociopolítica)**: refere-se às interações entre instituições, empresas e pessoas, abarcando valores humanos, aspirações, bem-estar e questões éticas que dão o esteio às tomadas de decisão que dependem de ação coletiva;
>
> (ii) **Econômica**: os interesses econômicos definem o quadro para a tomada de decisão, o fluxo de capital financeiro, e a facilitação do comércio, incluindo conhecimentos, habilidades, competências e outros atributos incorporados nos indivíduos que são relevantes à atividade econômica. Esta dimensão refere-se, ainda, à distribuição eficiente dos recursos disponíveis e à regulação do fluxo de investimento, de forma a empregar e a utilizar satisfatoriamente as riquezas produzidas;
>
> (iii) **Ambiental**: trata-se do reconhecimento da diversidade e da interdependência dentro de sistemas vivos, os bens e serviços produzidos pelos ecossistemas do mundo e os impactos dos resíduos humanos.

No mesmo sentido, a Declaração de Johannesburgo de 2002[6] reforça o entendimento de que há três vetores principais que moldam o desenvolvimento sustentável:

> [Os Estados possuem] responsabilidade coletiva de fazer avançar e fortalecer os pilares interdependentes e mutuamente apoiados

---

[5] Nomeado em função de Gro Harlem Brundtland, médica e política norueguesa, que presidiu a citada comissão.
[6] Documento produzido na Cúpula Mundial sobre Desenvolvimento Sustentável, África do Sul, 2002.

do desenvolvimento sustentável – **desenvolvimento econômico, desenvolvimento social e proteção ambiental** – nos âmbitos local, nacional, regional e global (destaque do autor).

Eis que não se pode restringir o desenvolvimento sustentável ao enfoque ambiental. O escopo deve prever o devido balanceamento entre o zelo com o meio ambiente, as aspirações individuais e o bem-estar social e a álea econômica, sendo esta entendida como basilar às dinâmicas sociais e ambientais. A Figura 28 ilustra o paradigma da sustentabilidade, representando seus três componentes principais e suas inter-relações.

Figura 28. Os pilares do desenvolvimento sustentável e suas inter-relações.

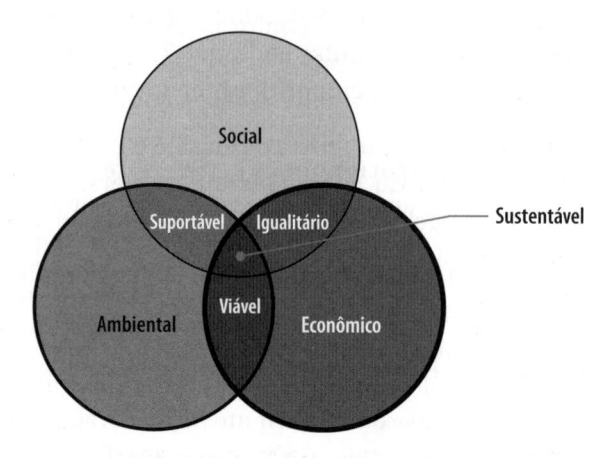

Fonte: Baseado em relatório da International Union for the Conservation of Nature (ADAMS, 2006).

Com esteio nas inter-relações constantes da Figura 28, depreende-se que o desenvolvimento que atende tão somente aos quesitos social e econômico pode se evidenciar igualitário ou equitativo, mas não será ambientalmente suportável em longo prazo. Já o desenvolvimento que contempla apenas os aspectos social e ambiental pode ser dito suportável em longo prazo, mas pode não ser viável, por esbarrar no motriz de suporte econômico. Por fim, o desenvolvimento alicerçado nos aspectos ambiental e econômico, a despeito de ser viável (por empregar satisfatoriamente os investimentos ao passo que resguarda os ecossistemas), não é tido por sustentável por negligenciar a esfera sociopolítica.

Destarte, o desenvolvimento é tido por sustentável quando age em prol da melhora da qualidade de vida das pessoas inseridas em determinada comunidade, garantindo-se um fluxo satisfatório de capital nos diversos segmentos da sociedade e resguardando-se os recursos naturais para uso permanente. Nesse bojo, analisam Theis e Tomkin (2012), as vertentes podem ser físicas – através do suprimento satisfatório de bens e serviços aos indivíduos; em termos de aspirações – disponibilizando-se acesso à educação, sistemas de justiça e assistência à saúde; e estrategicamente, salvaguardando os interesses das gerações vindouras. Eis que sustentabilidade, conforme salientam aqueles autores, é bandeira de uma série de movimentos sociais que ocorreram ao longo da história, tais como direitos humanos, igualdade racial, equidade de gênero, relações de trabalho entre outros.

O que se almeja frisar, neste ponto, é que **pensar o desenvolvimento sustentável como o zelo único com o ambiente é um equívoco**. Não obstante, o que se observa é que, consoante avaliam Meehan e Bryde (2011), a maior parcela das iniciativas de compras públicas ditas sustentáveis fragmentam o tripé da sustentabilidade, frisando-se aspectos ambientais sem aliá-los a critérios sociais e ao desenvolvimento econômico.

Nesses lindes, mister realçar que, entre os dias 25 e 27 de setembro de 2015, em Nova Iorque, por ocasião do septuagésimo aniversário da Organização das Nações Unidas, foram decididos os novos Objetivos de Desenvolvimento Sustentáveis globais. Trata-se de um conjunto de 17 objetivos, que se desdobram em 169 metas. Todos os 193 países membros foram signatários da chamada Agenda 2030, cujo nome alude ao término do horizonte temporal para a consecução dos objetivos apresentados na Figura 29.

Figura 29. Objetivos de Desenvolvimento Sustentável (ODS)

Fonte: Sítio das Nações Unidas na Internet. Acesso em: 06 jan. 2018.

Conforme se colige, dos 17 objetivos arrolados na Figura 29, 10 não são relativos à dimensão ambiental, mas sim às dimensões econômica e/ou social. São eles:

1. erradicação da pobreza;
2. fome zero e agricultura sustentável;
3. saúde e bem-estar;
4. educação de qualidade;
5. igualdade de gênero;
8. trabalho decente e crescimento econômico;
9. indústria, inovação e infraestrutura;
10. redução das desigualdades;
16. paz, justiça e instituições eficazes; e
17. parceria e meios de implementação[7].

A busca pelo desenvolvimento sustentável, nas últimas décadas, passou a fazer parte da agenda de políticas públicas do Estado. Trata-se da Agenda Ambiental na Administração Pública (A3P) definida como um programa que visa a promover a responsabilidade socioambiental e inserir critérios de sustentabilidade nas atividades da Administração Pública. O principal aliado na execução dessa política é o poder de compra, definido por Stroppa (2009, p. 16) como a "prerrogativa que tem o consumidor de definir suas exigências e necessidades, tornando-se um indutor de qualidade, produtividade e inovação tecnológica". Ademais, ainda segundo aquele autor, "sendo o Estado um grande comprador, ele poderia usar deste 'poder' para fomentar o desenvolvimento socioambiental".

Nesta visão, o objetivo das compras públicas transcende o mero suprimento célere, econômico e com qualidade (FENILI, 2015). Passa a ser instrumento de política pública, de modo que o uso adequado dos recursos "pode significar, direta ou indiretamente, maior ganho social e ambiental, quer seja devido à possibilidade de geração de novos empregos, ao uso racional dos recursos naturais ou à melhoria da qualidade de vida da população" (MACHADO, 2002, p. 67).

Traz-se à baila, por óbvio, o conceito de **licitações sustentáveis** (usualmente denominadas compras ou contratações públicas sustentáveis), da seguinte maneira apresentado em definição recorrente na literatura especializada:

---
7 Refere-se à parceria e cooperação entre as nações, de sorte que países em melhores condições financeiras auxiliem os demais a alcançar a sustentabilidade por intermédio de financiamento, redução e reestruturação de dívidas externas.

Contratação Pública Sustentável é o processo por meio do qual as organizações [públicas] satisfazem às suas necessidades por produtos e serviços de forma que se atinja o "valor do dinheiro" em termos de geração de benefícios não apenas para a organização licitante, mas também, para a sociedade e a economia, ao mesmo tempo em que se minimizam os danos ao meio ambiente (DEFRA, 2006, p.10).

As dimensões econômica, social e ambiental, assim, estão presentes nas licitações sustentáveis. No contexto nacional, refere-se à preferência, nas compras e contratações públicas, a bens e a serviços desenvolvidos no Brasil (ou que invistam em pesquisa e desenvolvimento de tecnologia no País), de modo a fomentar a geração de emprego, a arrecadação de tributos e a manutenção da riqueza; a privilegiar micro e pequenas empresas, como maneira de garantir o desenvolvimento deste segmento economicamente frágil da sociedade, e a procurar objetos e práticas de tratamento de resíduos que causem o mínimo de danos ao ambiente.

3. REGULAMENTAÇÕES E PRÁTICAS DE GESTÃO EM PROL DO DESENVOLVIMENTO SUSTENTÁVEL MEDIANTE AS COMPRAS PÚBLICAS

No que tange às compras públicas sustentáveis, como vimos, o art. 3º da Lei nº 8.666/93 passou, em 2010, a prever a promoção do desenvolvimento nacional sustentável como objetivo geral das licitações. Fato é que o desenvolvimento nacional já era insculpido na Constituição Federal de 1988 como objetivo fundamental do Brasil, conforme preconizado no inc. II de seu art. 3º.

A inovação trazida pela nova redação do art. 3º da Lei nº 8.666/93 refere-se à associação da sustentabilidade ao desenvolvimento nacional. Nesse sentido, o mesmo art. 3º da Lei de Licitações e Contratos passou a conferir vantagens, em licitações, a produtos que trouxessem benefícios econômicos e sociais ao País, em especial mediante as redações dos §§ 5º a 10, 12, 14 e 15 do mesmo artigo. Nesse bojo, citam-se a margem de preferência para produtos manufaturados e para serviços nacionais que atendam a normas técnicas brasileiras, considerando-se a geração de emprego e renda, o desenvolvimento e a inovação tecnológica no Brasil, entre outros critérios.

O Decreto nº 7.746, de 5 de junho de 2012, regulamenta o art. 3º da Lei de Licitações e Contratos. Estabelece, de forma específica, critérios, práticas e diretrizes para a promoção do desenvolvimento nacional sustentável nas contratações realizadas pela administração pública federal. Seu art. 4º

– quiçá o conteúdo mais relevante do normativo – arrola as **diretrizes de sustentabilidade**, a saber:

> Art. 4º São **diretrizes de sustentabilidade**, entre outras:
>
> I – menor impacto sobre recursos naturais como flora, fauna, ar, solo e água;
>
> II – preferência para materiais, tecnologias e matérias-primas de origem local;
>
> III – maior eficiência na utilização de recursos naturais como água e energia;
>
> IV – maior geração de empregos, preferencialmente com mão de obra local;
>
> V – maior vida útil e menor custo de manutenção do bem e da obra;
>
> VI – uso de inovações que reduzam a pressão sobre recursos naturais; e
>
> VII – origem ambientalmente regular dos recursos naturais utilizados nos bens, serviços e obras. (destaque deste autor)

À luz do consignado dispositivo, a seguir identificam-se cinco práticas de gestão que se coadunam com as diretrizes de sustentabilidade e que possuem relação direta com a implementação de um Plano de Logística Sustentável. São elas:

(i) tratamento diferenciado a micro e pequenas empresas;

(ii) guias práticos de licitações sustentáveis (enfoque ambiental);

(iii) análise do custo de ciclo de vida do produto;

(iv) exigência de processos de logística reversa, em instrumentos convocatórios; e

(v) ações sociais afirmativas no âmbito de contratos administrativos.

A seguir, veremos com maiores detalhes essas práticas.

3.1. O tratamento diferenciado às micro e pequenas empresas

A Lei Complementar nº 147, de 7 de agosto de 2014, ao alterar dispositivos da Lei Complementar nº 123/2006, acarretou uma severa mudança na dinâmica das compras públicas. Houve uma significativa acentuação do tratamento diferenciado conferido às micro e pequenas empresas (MEs e EPPs).

Trata-se, assim, de medidas que visam a promover o desenvolvimento econômico e social, alcançando dois dos tripés da sustentabilidade, consoante estatuído pelo art. 47 da Lei Geral da Micro e Pequena Empresa:

> Art. 47. Nas contratações públicas da administração direta e indireta, autárquica e fundacional, federal, estadual e municipal, deverá ser concedido tratamento diferenciado e simplificado para as microempresas e empresas de pequeno porte **objetivando a promoção do desenvolvimento econômico e social no âmbito municipal e regional, a ampliação da eficiência das políticas públicas e o incentivo à inovação tecnológica** (destaque deste autor).

O art. 1º do Decreto nº 8.538/2015 – norma que veio a regulamentar o tratamento favorecido, diferenciado e simplificado para as microempresas e empresas de pequeno porte, no âmbito federal[8] – elenca três objetivos a serem atingidos com o aludido tratamento favorecido, diferenciado e simplificado. Vejamos:

> Art. 1º Nas contratações públicas de bens, serviços e obras, deverá ser concedido tratamento favorecido, diferenciado e simplificado para as microempresas e empresas de pequeno porte, agricultor familiar, produtor rural pessoa física, microempreendedor individual – MEI e sociedades cooperativas de consumo, nos termos deste Decreto, com o objetivo de:
>
> **I – promover o desenvolvimento econômico e social no âmbito local e regional;**
>
> **II – ampliar a eficiência das políticas públicas; e**
>
> **III – incentivar a inovação tecnológica** (destaques deste autor).

As principais alterações, no que tange às aquisições governamentais, constam do art. 48 da lei em análise:

> Art. 48. Para o cumprimento do disposto no art. 47 desta Lei Complementar, a administração pública:
>
> I – deverá realizar processo licitatório destinado exclusivamente à participação de microempresas e empresas de pequeno porte nos itens de contratação cujo valor seja de até R$ 80.000,00 (oitenta mil reais);

---

8 Além das MEs e EPPs, o aludido decreto volta-se a agricultores familiares, produtores rurais pessoa física, microempreendedores individuais e sociedades cooperativas de consumo.

II – poderá, em relação aos processos licitatórios destinados à aquisição de obras e serviços, exigir dos licitantes a subcontratação de microempresa ou empresa de pequeno porte;

III – deverá estabelecer, em certames para aquisição de bens de natureza divisível, cota de até 25% (vinte e cinco por cento) do objeto para a contratação de microempresas e empresas de pequeno porte.

A nova redação do inc. I do art. 48 da norma exige que as licitações cujos itens não ultrapassem o valor de R$ 80.000,00 sejam restritas a micro e pequenas empresas. Assim, na hipótese de um certame para aquisição de 10 itens, cujos montantes estimados totais, por item, sejam de R$ 70.000,00 – somando-se um valor global estimado na licitação de R$ 700.000,00 – será exclusiva para ME e EPP.

Já com fulcro no inciso III do mesmo artigo, no caso de uma licitação de cabo elétrico, por exemplo, entendido como bem de natureza divisível[9], que some o valor estimado de R$ 100.000,00 para este item, dever-se-á reservar uma cota de até 25% do objeto para disputa exclusiva de micro e pequenas empresas. Frisa-se que a cota restante – de no mínimo 75% – será de ampla competição, podendo da mesma forma participar da disputa MEs e EPPs.

O art. 49 da Lei Complementar nº 123/2006 traz três hipóteses nas quais restaria afastado o tratamento diferenciado às micro e pequenas empresas. O fato é que o afastamento desse tratamento diferenciado deve ser devidamente motivado na fase interna do procedimento licitatório. O inc II do art. 49 será analisado na próxima seção, ao se discorrer sobre aspectos de disponibilidade de mercado. O inciso III, por sua vez, alude a situações nas quais há prejuízo ou mera impossibilidade lógica de se segmentar o objeto entre possíveis fornecedores distintos. É o caso, por exemplo, de objeto que deva ser padronizado, como o fornecimento de mobiliário. A contratação de pessoas jurídicas distintas para o fornecimento fragiliza, nesse caso, o princípio da padronização.

Por derradeiro, o inc. IV do art. 49 aborda as compras diretas, às quais incide preferencialmente o tratamento diferenciado às MEs e EPPs apenas nas denominadas dispensas por valor (incs. I e II do art. 24 da Lei de Licitações e Contratos). Na eventualidade de se efetuar a contratação por dispensa de licitação, com esteio nesses incisos, de empresa que não se enquadre na situação de micro ou pequena empresa, deve-se motivar a decisão no processo.

---
9 Conceitua-se bem divisível como o item de material passível de fornecimento por pessoas jurídicas distintas, sem que haja incompatibilidade tecnológica no desmembramento ou prejuízo ao conjunto do objeto.

Há, ainda, dois aspectos no tratamento diferenciado às MEs e EPPs que se inserem no amplo contexto da sustentabilidade econômica e social. Trata-se da comprovação tardia de regularidade fiscal e do empate ficto.

A demonstração de prova de regularidade fiscal, no caso de micro e pequenas empresas, deve ser efetuada quando da contratação em si, e não para fins de habilitação prévia. É o que dispõe o Decreto nº 8.538/2015:

> Art. 4º A comprovação de regularidade fiscal das microempresas e empresas de pequeno porte somente será exigida para efeito de contratação, e não como condição para participação na licitação.

Outrossim, chama-se "empate ficto" a condição descrita pelo §§ 1º e 2º do art. 5º do Decreto nº 8.538/2015:

> Art. 5º Nas licitações, será assegurada, como critério de desempate, preferência de contratação para as microempresas e empresas de pequeno porte.
>
> § 1º Entende-se haver **empate** quando as ofertas apresentadas pelas microempresas e empresas de pequeno porte **sejam iguais ou até dez por cento superiores ao menor preço**, ressalvado o disposto no § 2º.
>
> § 2º Na **modalidade de pregão**, entende-se haver **empate** quando as ofertas apresentadas pelas microempresas e empresas de pequeno **porte sejam iguais ou até cinco por cento superiores ao menor preço**. (destaques do autor)

Logicamente, estando "empatado" o certame, procede-se ao desempate, oferecendo-se à ME ou EPP segunda colocada a possibilidade de efetuar novo lance. Por óbvio, quando a primeira colocada também for ME ou EPP, não há empate, sendo esta declarada vencedora, em consonância com o estatuído pelo decreto em estudo:

> Art. 5º
>
> [...]
>
> § 3º O disposto neste artigo somente se aplicará quando a melhor oferta válida não houver sido apresentada por microempresa ou empresa de pequeno porte.

O parágrafo seguinte do mesmo artigo descreve o rito a ser seguido para proceder ao desempate:

> Art. 5º
>
> [...]
>
> § 4º A preferência de que trata o *caput* será concedida da seguinte forma:
>
> I – ocorrendo o empate, a microempresa ou a empresa de pequeno porte melhor classificada poderá apresentar proposta de preço inferior àquela considerada vencedora do certame, situação em que será adjudicado o objeto em seu favor;
>
> II – não ocorrendo a contratação da microempresa ou empresa de pequeno porte, na forma do inciso I, serão convocadas as remanescentes que porventura se enquadrem na situação de empate, na ordem classificatória, para o exercício do mesmo direito; e
>
> III – no caso de equivalência dos valores apresentados pelas microempresas e empresas de pequeno porte que se encontrem em situação de empate, será realizado sorteio entre elas para que se identifique aquela que primeiro poderá apresentar melhor oferta.

Identifica-se, ainda, preferência a ser conferida a micro e pequenas empresas sediadas **local ou regionalmente**[10]. Contudo, há ligeira dissonância entre o disposto na Lei Complementar nº 123/2006 e no Decreto nº 8.538/2015. Ao passo que no diploma legal há a previsão de se priorizar a contratação de ME e EPP, nessas condições (local / regional), que tenham ofertas até o limite de 10% do melhor preço válido do certame, o decreto não dá margem a contratações de valores superiores ao do menor preço. O que o decreto prevê é que o rito do empate ficto seja oferecido, primeiramente, às MEs e EPPs sediadas local e regionalmente. Não havendo logrado êxito na negociação, parte-se para o rito do empate ficto com as demais micro e pequenas empresas.

3.2. Guias práticos de licitações sustentáveis, com foco ambiental

Um dos principais problemas na implementação das licitações sustentáveis refere-se à gestão de conhecimento sobre a sustentabilidade em si. Em um contexto legal repleto de normas esparsas e fragmentadas[11], em especial no que concerne aos critérios ambientais a serem observados nos objetos licitados, cabe aos próprios órgãos e entidades elaborarem cartilhas ou

---

10 A definição de local ou regional é encontrada no § 2º do Decreto nº 8.538/2015.
11 Nesse bojo, citam-se o emaranhado de leis e decretos, as portarias do INMETRO, as instruções normativas do MMA e do IBAMA e as resolução do CONAMA.

documentos correlatos que mais bem se adequem às suas realidades, provendo um repositório de fácil uso e consulta acerca das exigências inerentes aos produtos e serviços "verdes".

A Câmara dos Deputados, por exemplo, por meio de sua Portaria nº 227, de 16 de junho de 2014[12], dispõe sobre a adoção de critérios socioambientais na aquisição de bens, contratação, execução e fiscalização de serviços e obras por aquele órgão. Trata-se de normativo bastante sintético, não exaustivo, que traz orientações específicas por objeto (pilhas, baterias, lâmpadas, copos e xícaras, papel e produtos derivados etc.). Em que pese o mérito da norma, avalia-se que sua disposição em artigos (e não em um quadro ou em tabela) mitiga o cunho didático e a usabilidade das informações nela dispostas.

Desvelando iniciativa de maior usabilidade, a Advocacia-Geral da União (AGU), por meio de sua Consultoria Jurídica da União no Estado de São Paulo (CJU/SP), compilou um Guia Prático de Licitações Sustentáveis[13], com foco na proteção do meio ambiente, e que atualmente se encontra em sua terceira edição. Trata-se de documento contendo orientações, com viés jurídico, sobre os critérios a serem adotados e as práticas a serem exigidas da contratada, em função do objeto licitado.

Também hospedado no mesmo sítio da AGU na Internet, há ainda o Guia Nacional de Licitações Sustentáveis, elaborado pelo Núcleo Especializado Sustentabilidade, Licitações e Contratos (NESLIC), integrante da estrutura do Departamento de Coordenação e Orientação de Órgãos Jurídicos da Consultoria-Geral da União[14]. Frisa-se que, no escopo deste Guia, há orientações que transcendem a dimensão ambiental. Como exemplo, cita-se a <u>acessibilidade</u> em obras e serviços de engenharia e em locações de imóveis, passando a contemplar as necessidades das pessoas com deficiência e mobilidade reduzida.

3.3. Análise do custo de ciclo de vida do produto

A pertinência da análise do custo de ciclo de vida do produto remonta ainda à década de 1960, quando se eleva o questionamento acerca do processo de tomada de decisão no uso de determinado ativo físico ser baseado tão somente em seus custos de aquisição (BOUSSABAINE; KIRKHAM, 2008). Nas décadas seguintes, passa-se a dispensar maior atenção ao custo de ciclo de vida, passando a ser empregado inicialmente como informação gerencial em contratos de manutenção na Europa e, de forma mais generalizada, nos Estados Unidos há cerca de 20 anos.

---

12 Disponível em: <http://www2.camara.leg.br/legin/int/portar/2014/portaria-227-16-junho-2014-778982-publicacao original-144485-cd-dg.html>.
13 Disponível em: <http://www.agu.gov.br/page/content/detail/id_conteudo/138067>.
14 Este Guia encontra-se atualizado até abril de 2016.

Destarte, guardando relação direta com a tomada de decisão em processos que envolvem a sustentabilidade nas compras e contratações públicas, emerge o conceito de Análise (ou Avaliação) de Custo de Ciclo de Vida (CCV) – *Life Cycle Cost Analysis (LCCA)*[15]. De acordo com Walls III e Smith (1998), tal técnica baseia-se em princípios de análise econômica para avaliar a eficiência econômica global em longo prazo entre alternativas de investimento concorrentes.

Para Reddy, Kurian e Ardakanian (2015), a abordagem do custo de ciclo de vida evoluiu de uma ferramenta de avaliação de projetos a um método abrangente de incorporação do desenvolvimento sustentável em vários setores. O pensamento em ciclo de vida, afirmam esses autores, é a ideia conceitual subjacente ao LCCA, e considera todas as fases requeridas durante a pré-produção, a produção em si e a pós-produção.

Ciclo de vida, conforme lecionam Silva e Kulay (2006, p. 316), é o "conjunto de todas as etapas necessárias para que um produto cumpra a sua função e que vão desde a obtenção dos recursos naturais até sua disposição final após o cumprimento de sua função". Tem início no momento em que os materiais são extraídos da natureza e chega a termo com o *output* final no ambiente, na forma de emissões, resíduos e poluição (ROBLES JUNIOR; BONELLI, 2006), conforme ilustrado na Figura 30.

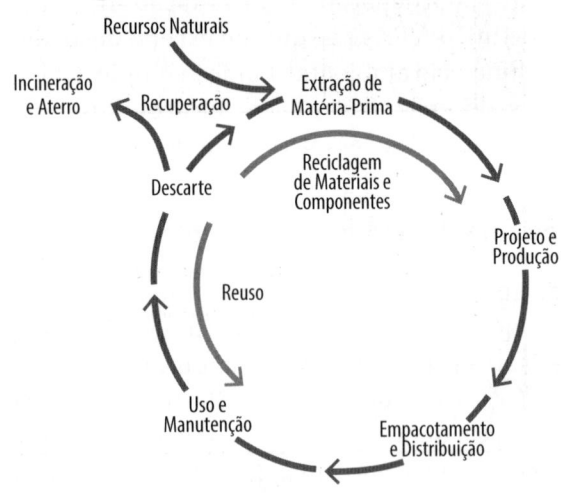

Figura 30. Ciclo de vida do produto

Fonte: UNEP; SETAC (2007).

---

15 De acordo com ICLEI (2015, p. 51) "avaliação de custo de ciclo de vida (CCV) é muitas vezes confundida com a avaliação de ciclo de vida (ACV), muito embora sejam muito diferentes. Enquanto o CCV calcula os custos de um produto ao longo de seu ciclo de vida (que pode incluir custos atribuídos a externalidades ambientais), ACV levanta os impactos ambientais, como emissões de GEE, ao longo do ciclo de vida. Ambos os aspectos são importantes para a implementação de CPS. No entanto, CCV pode ser mais facilmente usado pelos compradores do que o ACV, que requer mais tempo e expertise".

Custo de ciclo de vida, por sua vez, na ótica de Langdon (2007), refere-se à avaliação, expressa em termos monetários, durante o período do ciclo de vida do ativo. Sua análise visa a subsidiar a decisão sobre qual ativo se revela mais atrativo a uma organização, considerando-se custos tais como de construção, operação, manutenção, reabilitação e fim de vida (REAL, 2010).

Em guia elaborado pelo ICLEI – Governos Locais pela Sustentabilidade[16], principal associação mundial de cidades e governos locais dedicados ao desenvolvimento sustentável, na abordagem do custo de ciclo de vida devem ser considerados cinco conjuntos de custos, assim dispostos: (i) custos de aquisição, formados pelo preço de compra (ou de *leasing*) e outros custos específicos, tais como instalação, infraestrutura e treinamento; (ii) custos de operação como, por exemplo, consumo de água, energia, geração de resíduos e despesas fixas; (iii) custos de reparo e manutenção; (iv) custos de disposição final, ou valor remanescente; e (v) externalidades, não ligadas diretamente à organização compradora, mas à sociedade de um modo geral[17].

Nos limites da discussão em tela, o Gráfico 8 enseja *insights* sobre o quanto do custo total de um ativo é considerado quando de sua aquisição por uma organização[18].

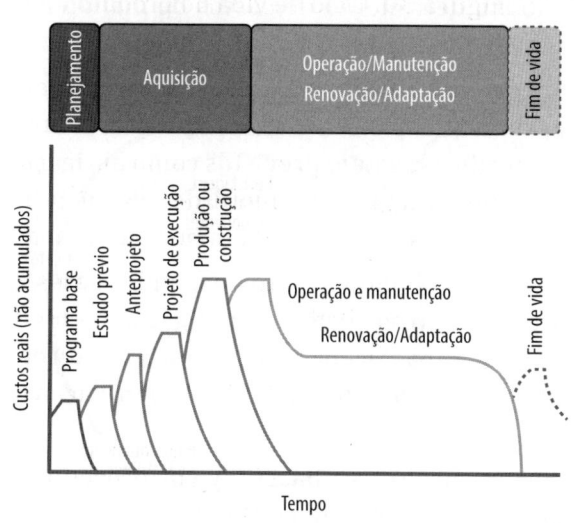

Gráfico 8. Custos por fases do ciclo de vida de um ativo

Fonte: Matos (2016).

---

[16] *International Council for Local Environment Initiatives.*

[17] Tais categorias de custos constam do art. 68 da Diretiva do Setor Público, constante das diretivas de 2014 da União Europeia.

[18] Logicamente, nem todos os contratos incidirão em todos os tipos de custo. Contratações de serviços, por exemplo, não incorrem em custos de fim do ciclo de vida (ICLEI, 2015).

A opção por determinado ativo tangível, em órgãos e entidades públicas brasileiras, fundamenta-se, grosso modo, em seu custo de aquisição. Por conseguinte, não se consideram, para fins de tomada de decisão, os custos de instrução processual, seja em sua fase estrita de planejamento – mormente a confecção de estudos preliminares e de termos de referência / projetos básicos – seja em termos de confecção de minutas de instrumentos convocatórios, tarefas essas que variam em função do objeto pleiteado.

Custos de manutenção, outrossim, acabam por ser, nesse panorama, negligenciados, sendo tocados apenas superficialmente, de modo geral, no contexto da análise processual. Já os custos de operação[19] acabam por ser praticamente obliterados como informação gerencial, quando, na realidade, podem responder por fração significativa do custo total do ativo.

Valendo-se de exemplo específico, de acordo com Matos (2016), no caso de um edifício de escritórios, explorado no interstício de trinta anos, a razão entre os custos de construção, de manutenção e de operação dá-se em 1 : 5 : 200. Já um edifício hospitalar, segundo esse autor, pode consumir o equivalente a seus custos de construção a cada dois ou três anos, continuando a fazê-lo por quarenta anos ou mais. Em adição, os custos operacionais de uma escola, somados a cada quatro anos, equivalem aos seus custos de construção. Eis que se justifica a assertiva de Matos (2016, p. 7) no sentido de que "se o custo inicial for preterido em detrimento de custos de manutenção e de operação mais baixos, é possível gerar ganhos variados a longo prazo".

Os custos de fim de vida, tocantes a descartes, reciclagem e reuso, apenas raramente são apreciados quando das compras e contratações públicas. Apenas em casos específicos restam previstos como obrigações da contratada, por exemplo, o recolhimento e tratamento de resíduos ou a condução de processos de logística reversa, o que acabam por onerar a avença.

Já as externalidades ambientais – por exemplo, gases estufa e emissão de outros poluentes, ou outros custos de mitigação de mudanças climáticas (ICLEI, 2015), por não impactarem ônus financeiros diretos à organização compradora, findam praticamente excluídos como variáveis preditoras da opção de aquisição.

Para fins de ilustração do uso da LCCA em procedimentos licitatórios, valemo-nos do exemplo apresentado no Quadro 24.

---

[19] Em visão ampla, os custos de manutenção podem estar embutidos no custo de operação. Não é a ótica deste parágrafo.

Quadro 24. Exemplo de consideração do CCV na análise de proposta

---

Autoridade: RIK, agência do Ministério da Justiça do Governo da Estônia.

Assunto: estrutura para computadores de uso pessoal e monitores destinados ao uso de nove órgãos públicos.

Abordagem para avaliação de custos reais: critérios visaram à eficiência energética dos equipamentos e facilidade na realização nos sistemas.

Especificações:

Todos os computadores deveriam atender os requisitos da Energy Star 5.0 ou equivalente;

Todos os monitores deveriam atender os requisitos do TCO 5.0 ou equivalente;

A eficiência do consumo de energia deveria ser, no mínimo, de 85% (independentemente da carga);

Os monitores deveriam ser de tela cristal líquido (LCD) com iluminação por trás.

Os computadores deveriam permitir a extensão de RAM.

Critério de adjudicação:

80% para preço;

10% para consumo de energia no modo operação. Computadores e monitores com menores níveis de consumo receberiam maior pontuação;

4% se os aparelhos incluíssem um leitor de cartão inteligente nos teclados;

6% para outros critérios relacionados aos monitores.

Resultados: cinco propostas foram recebidas e estima-se que os computadores adquiridos nessa estrutura elaborada economizaram em torno de 20 a 30% de custos de energia comparados aos disponíveis anteriormente.

Fonte: ICLEI (2015).

Em termos práticos, a análise do custo de ciclo de vida pode tomar lugar em dois momentos de um rito de compra ou contratação: (i) quando da elaboração dos estudos técnicos preliminares (ETP), visando à seleção do objeto de menor CCV, ao cotejá-lo com outras opções disponíveis no mercado; e (ii) na análise das propostas, colacionando custos de ciclo de vida dos distintos objetos oferecidos à Administração, sendo este aspecto pontuado para fins de classificação dos licitantes.

Ao passo que sua aplicação nos ETPs se adequa às normas legais pátrias, o mesmo não ocorre, em geral, com a sua consideração na pontuação de propostas. Destarte, o exemplo consignado no Quadro 24 é estranho ao arcabouço legal brasileiro. No Brasil, o uso do pregão para a aquisição / contratação de bens e serviços comuns vem acompanhado, mandatoriamente, do critério único de menor preço para a seleção das propostas. A conjectura evidente que se esculpe é a de que a legislação deve evoluir nesse sentido, de sorte a ampliar as possibilidades do uso da análise do custo de ciclo de vida como instrumental de interesse à comunidade.

3.4. Exigência de processos de logística reversa

Em termos de orientação do fluxo de materiais em uma cadeia (ou rede) de suprimento, há três classificações possíveis:
- cadeia de suprimentos direta;
- cadeia de suprimentos reversa;
- cadeia de suprimentos de ciclo fechado.

A cadeia de suprimentos direta é a que focaliza o movimento e o gerenciamento de materiais, recursos financeiros e informação desde as matérias-primas até a venda e a entrega ao consumidor final.

A cadeia de suprimentos reversa é a que apresenta sentido oposto à cadeia direta. Seu foco é o movimento e o gerenciamento de materiais, recursos financeiros e informações após a venda e a entrega ao consumidor final. Trata, assim, precipuamente, da chamada **logística reversa**, dessa forma definida por Rogers e Tibben-Lembke (1999, p. 2):

> [**Logística reversa é**] o processo de planejamento, implementação e controle da eficiência e custo efetivo do fluxo de matérias-primas, estoques em processo, produtos acabados e as informações correspondentes **do ponto de consumo para o ponto de origem** com o propósito de recapturar o valor ou destinar à apropriada disposição (destaques deste autor).

Aspectos como reciclagem e reaproveitamento de materiais, logicamente, são intrínsecos à logística reversa.

Quando uma cadeia de suprimentos agrega, ao mesmo tempo, os modelos direto e reverso, dizemos que a **rede de suprimentos é de ciclo fechado, ou** *closed-loop suply chain*.

A cadeia de suprimentos de ciclo fechado contém todo o ciclo de vida de um produto, contemplando não só a produção e o fornecimento ao cliente final, mas também sua coleta pós-uso, seu tratamento e sua reinserção no processo produtivo. Sua representação dá-se na Figura 31.

Figura 31. Representação dos processos logísticos direto e reverso

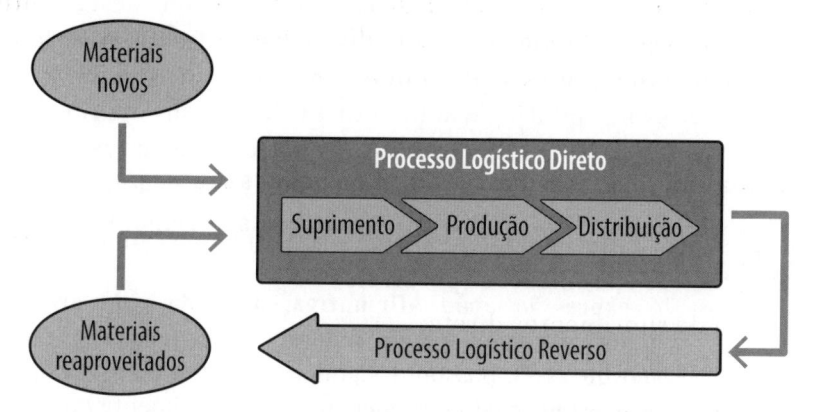

[Diagrama: Materiais novos → Processo Logístico Direto (Suprimento → Produção → Distribuição) → Processo Logístico Reverso → Materiais reaproveitados]

Fonte: Lacerda (2002).

Sensibilizado à temática da logística reversa, o governo passou a prever, em normativos, exigências que bem estruturem tal prática, salientando-se a Lei nº 12.305/2010, que institui a Política Nacional de Resíduos Sólidos. No escopo das compras públicas, arrolam-se, a seguir, principais previsões a constarem de instrumentos convocatórios que bem se harmonizam com os preceitos da logística reversa:

- exigência de indicação, por parte do licitante, de endereço de coleta de pilhas e baterias usadas, bem como de procedimentos de logística reversa para pneus, óleos lubrificantes (incluindo seus resíduos e embalagens) e demais produtos que geram resíduos perigosos (tais como agrotóxicos);
- exigência de que fabricantes ou importadores de pilhas e baterias estejam inscritos no Cadastro Técnico Federal de Atividades Potencialmente Poluidoras e Utilizadoras de Recursos Ambientais (CTF);
- apresentação, nos contratos de concessão administrativa de uso de espaços, plano de manejo de resíduos;
- recolhimento, separação, acondicionamento, transporte, armazenamento e destinação de resíduos decorrentes de serviços de limpeza e conservação;
- recolhimento e destinação a lâmpadas fluorescentes, de vapor de sódio e mercúrio e de luz mista;
- recolhimento e descarte de lixo tecnológico, entendido como produtos ou componentes eletroeletrônicos em desuso e sujeitos à disposição final.

3.5. Ações (sociais) afirmativas no âmbito de contratos administrativos

Ações afirmativas podem ser entendidas como políticas estatais (ou paraestatais) discriminatórias ou, ainda, soluções tomadas pelo segundo setor, que objetivam conferir "tratamento preferencial, favorável àqueles que historicamente foram marginalizados, de sorte a colocá-los em um nível de competição similar daqueles que historicamente se beneficiaram de sua exclusão" (GOMES, 2001, p. 22). O uso da expressão remonta a década de 1960, conforme leciona Rocha (1996):

> A expressão **ação afirmativa**, utilizada pela primeira vez numa ordem executiva federal norte-americana do mesmo ano de 1965, passou a significar, desde então, a exigência de favorecimento de algumas minorias socialmente inferiorizadas, vale dizer, juridicamente desigualadas, por preconceitos arraigados culturalmente e que precisavam ser superados para que se atingisse a eficácia da igualdade preconizada e assegurada constitucionalmente na principiologia dos direitos fundamentais (ROCHA, 1996, p. 85) (destaque do autor).

As ações afirmativas, dessa forma, guardam duas dimensões precípuas – uma reparativa (ou restauradora), na medida em que resgatam dívidas históricas arraigadas institucionalmente, e outra redistributiva, ao passo que visam a proporcionar aos indivíduos de uma sociedade as mesmas opções e benefícios. No Brasil, a noção de ação afirmativa encontra espeque na Constituição Federal de 1988, mormente em seu art. 3º, que confere conceito elástico ao princípio da igualdade:

> Art. 3º Constituem objetivos fundamentais da República Federativa do Brasil:
>
> I – construir uma sociedade livre, justa e solidária;
>
> II – garantir o desenvolvimento nacional;
>
> III – erradicar a pobreza e a marginalização e reduzir as desigualdades sociais e regionais;
>
> IV – promover o bem de todos, sem preconceitos de origem, raça, sexo, cor, idade e quaisquer outras formas de discriminação.

Na *práxis* atual, a política de cotas reveste-se do principal exemplo de ação afirmativa social, tendo por alvo a população negra e parda, mulheres, deficientes físicos, indígenas, entre outros. Em se tratando de certames públicos, tal cenário não é excêntrico aos esforços de aprimoramento da

Lei de Licitações e Contratos, conforme se depreende, a título de ilustração, do Projeto de Lei nº 5.027, de 2016[20], de autoria das deputadas Benedita da Silva, Tia Eron e Rosângela Gomes, que propõe a seguinte alteração precípua, visando à inclusão de ação afirmativa em prol de trabalhadores negros:

> "Art. 27 [...]
>
> VI – qualificação social."
>
> "Art. 30-A. A documentação relativa à qualificação social limitar–se–á:
>
> I – plano de inclusão funcional de trabalhadores negros, com o estabelecimento de metas e cronograma relativos ao ingresso nas diversas carreiras e ao acesso a postos hierárquicos diferenciados;
>
> II – certificado, emitido pelo órgão público competente, de cumprimento das metas e do cronograma fixados no plano referido no inciso I;
>
> III – prova de reserva de percentual de vagas para os trabalhadores negros nos cursos de treinamento, atualização e aperfeiçoamento oferecidos no ano de apresentação da proposta."

Destaca-se, ademais, que a Lei nº 8.666/93 já contempla em sua redação previsão de ações afirmativas sociais em prol das pessoas com deficiência ou de reabilitados pela Previdência Social, seja na preferência a empresas que comprovem o cumprimento de reserva de cargos a indivíduos nessas condições, para fins de critérios de desempate (art. 3º, § 2º, V) e no estabelecimento de margens de preferência (art. 3º, § 5º, II), seja na contratação direta de associação de portadores de deficiência física (art. 24, XX).

No entanto, a possibilidade de previsão de ações afirmativas de cunho social em contratos administrativos prescinde de disposição específica na Lei de Licitações e Contratos, passando a encontrar respaldo em legislação própria à matéria de tratamento diferenciado para grupos vulneráveis. O Quadro 25 arrola exígua amostra de boas práticas em termos de ações afirmativas sociais, a serem contempladas em avenças decorrentes de licitações.

---

20 Encontra-se apensado ao PL-7053/2014, que tramita em regime de prioridade. Consulta realizada em 11 jan. 2018.

Quadro 25. Boas práticas de ações afirmativas em contratos administrativos

Categoria da ação	Exemplo
Cota racial e de gênero	**Pregão Eletrônico nº 55/2015 PGR** **SEÇÃO I – DO OBJETO** **1.1** Contratação de empresa para prestação de serviços de apoio administrativo, transporte de mobiliário e afins, operação de fotocópia, operação de telemarketing, serviço de ascensoria, operação de mesa telefônica, mecânica automotiva e lavagem de veículos oficiais. 7.9 Quanto às ações afirmativas e às condições de trabalho: 7.9.1 Quanto às ações afirmativas, cumprir as cotas raciais e de gênero da seguinte forma: 7.9.1.1 Gênero: manter, no mínimo, 50% de mulheres durante a vigência contratual; 7.9.1.2 Raça: manter o percentual mínimo de 20% de negros;
Cota racial e para mulheres vítimas de violência doméstica e familiar	**Pregão Eletrônico nº 124/2017 Senado Federal** **CAPÍTULO I – DO OBJETO** **1.1** – O presente pregão tem por objeto a contratação de empresa especializada para fornecimento de mão de obra de profissionais e auxiliares, destinada a execução de serviços nas áreas de Editoração Eletrônica, Pré Impressão, Impressão Offset, Serviço de Acabamento, Expedição, Manutenção e Almoxarifado da Secretaria de Editoração e Publicações (SEGRAF) do Senado Federal, durante 12 (doze) meses consecutivos, de acordo com as quantidades, periodicidade, especificações, obrigações e demais condições deste edital e seus anexos. **PARÁGRAFO PRIMEIRO** – No mínimo 20% (vinte por cento) das vagas previstas neste contrato deverão ser preenchidas por trabalhadores afrodescendentes, durante toda a execução contratual, conforme Ato da Comissão Diretora nº 07, de 2014.

Categoria da ação	Exemplo
	PARÁGRAFO SEGUNDO – Reservar no mínimo 2% (dois por cento) das vagas previstas neste contrato para mulheres em situação de vulnerabilidade econômica decorrente de violência doméstica e familiar, atendida a qualificação profissional necessária, conforme Ato da Comissão Diretora nº 4, de 2016, regulamentado pelo Ato da Diretoria-Geral nº 22 de 2016 (Anexo 14 do edital).
Cota racial e para mulheres vítimas de violência doméstica e familiar	Art. 1º Para cumprimento do disposto no Ato da Comissão Diretora nº 4, de 2016, o Senado Federal estabelecerá acordo de cooperação com entidade pública responsável pela política de atenção a mulheres vítimas de violência. Parágrafo único. Incluem-se no conceito de entidade pública, para os fins deste Ato, as pessoas jurídicas de direito privado sem fins lucrativos que sejam qualificadas pelo Poder Público como Organizações da Sociedade Civil de Interesse Público (OSCIP) ou Organizações Sociais (OS). Art. 2º O órgão mencionado no artigo 1º será responsável por elaborar relação nominal de mulheres vítimas de violência doméstica e familiar que atendam aos requisitos profissionais necessários para o exercício da atividade objeto de contrato firmado pelo Senado Federal para prestação de serviços continuados e terceirizados. Art. 3º Após a homologação da licitação, a empresa declarada vencedora do certame deverá entrar em contato com a entidade pública a que se refere o art. 1º deste Ato para obter a relação nominal de mulheres vítimas de violência doméstica e familiar, devendo selecionar, entre as indicadas, o número necessário de trabalhadoras que atenda ao quantitativo previsto no § 1º do art. 1º do Ato da Comissão Diretora nº 4 de 2016.

Fonte: compilado pelo autor.

Uma vez insculpido o desenvolvimento sustentável como objetivo das licitações, consubstanciando-se política pública concernente a benefícios ambientais, econômicos e sociais, as práticas ora apresentadas alinham-se ao interesse do principal (sociedade). Ainda assim, a relação entre governança e sustentabilidade nas compras e contratações públicas permanece débil, moldando conjuntura inconsistente em parcela majoritária de órgãos e entidades públicas brasileiras. Essa realidade impele a que tomemos ciência, previamente, dos facilitadores e das barreiras para a implantação do paradigma da sustentabilidade, para que então, agindo na potencialização das primeiras e na minimização das últimas, os planos de logística sustentáveis desenvolvidos possam ser dotados de maior efetividade. É o que faremos na próxima seção.

4. FACILITADORES E BARREIRAS NA IMPLEMENTAÇÃO DO PARADIGMA DAS LICITAÇÕES SUSTENTÁVEIS

Malgrado os avanços em termos de práticas de gestão, as licitações sustentáveis constituem um paradigma não completamente implementado no Brasil. Com tal assertiva, não se pretende minimizar os avanços obtidos nos últimos anos, conforme arrolados na seção anterior. Visa-se unicamente a aclarar as contradições entre a almejada sustentabilidade fomentada pelas compras públicas e a realidade dos órgãos e entidades brasileiros.

Brammer e Walker (2011), em esforço de pesquisa, estudaram o nível de adesão e as barreiras à adoção das compras públicas sustentáveis em 283 organizações públicas distribuídas em cerca de 25 países. Trata-se do primeiro estudo sistemático em larga escala voltado a práticas de sustentabilidade em compras e contratações públicas. A amostra foi composta por organizações do Reino Unido (37,5% – Inglaterra, Irlanda do Norte, Escócia, País de Gales), Europa Ocidental (17,3% – Áustria, Bélgica, Irlanda, Malta, Holanda, Portugal), Europa Oriental (12,7% – Hungria, Lituânia, Polônia, Eslovênia), Escandinávia (10,2% – Dinamarca, Finlândia e Suécia), América do Norte (18,4% – Estados Unidos e Canadá, apenas) e "Resto do Mundo" (3,9% – Austrália, Brasil, China, Japão e África do Sul).

Para aferir o nível de adesão, esses autores empregaram a escala desenvolvida por Carter e Jennings (2004), adaptada à realidade do setor público. A escala final, validada, valeu-se de todas as cinco dimensões da escala original (ambiente, diversidade, direitos humanos, filantropia e segurança), tendo sido evidenciada a pertinência de se adicionar uma dimensão, alusiva às compras voltadas a empresas pequenas ou locais. Tais dimensões, bem como as variáveis (práticas) a elas associadas, são apresentadas no Quadro 26[21].

---

[21] As dimensões ambiental, econômica e social remanescem: a abordagem conferida na pesquisa apenas discriminou mais detalhadamente as dimensões social e econômica, segregando-as em subdimensões.

Quadro 26. Dimensões e variáveis da escala de adesão à sustentabilidade nas compras públicas[22]

DIMENSÃO	PRÁTICA ASSOCIÁVEL (VARIÁVEL) "Atualmente, nossa função de compra..."
Meio ambiente	1. ... usa análise de ciclo de vida para avaliar a adequação, ao ambiente, de produtos e de embalagens;
	2. ... solicita a fornecedores que se comprometam com metas de redução de geração de resíduos;
	3. ... reduz o uso de embalagens;
	4. ... participa do projeto de produtos para a desmontagem[23];
	5. ... participa do projeto de produtos para o reuso e a reciclagem.
Diversidade	6. ... possui um programa formal de aquisição voltado a empresas cujos proprietários são minorias sociais;
	7. ... compra de empresas de propriedade de minorias.
Segurança	8. ... garante a segurança na entrada do produto nas instalações da organização;
	9. ... garante que as instalações dos fornecedores são operadas em condições de trabalho seguras;
Direitos humanos	10. ... visita as instalações dos fornecedores para garantir que não estão explorando a força de trabalho (condições de salubridade);
	11. ... garante que os fornecedores agem de acordo com a legislação de trabalho infantil;
	12. ... solicita aos fornecedores que paguem um piso salarial maior do que o salário mínimo da região;
Filantropia[24]	13. ... faz doações para organizações filantrópicas;
	14. ... faz voluntariados em ações de caridades locais;
Compras voltadas a empresas pequenas e/ou locais	15. ... compra de pequenos fornecedores (menos de 250 empregados);
	16. ... compra de fornecedores locais.

Fonte: Brammer e Walker (2011)

---

[22] Há aspectos que não se harmonizam integralmente com a legislação brasileira, tal como o critério para a definição de empresa de pequeno porte, ou a exigência, por parte do órgão ou entidade contratante, de determinado piso salarial.

[23] Produtos projetados para fácil desmontagem em partes menores, ou em módulos, facilitam e diminuem custos de reparo (prolongando a sua vida útil), de upgrades, e os tornam mais suscetível ao *reuso*.

[24] De acordo com Carter e Jennings (2004, p. 154), "filantropia e atividades comunitárias podem incluir a ajuda ao desenvolvimento de fornecedores locais, e o leilão ou a doação de bens que podem ser aceitos a fim de favorecer empresas locais em detrimento de estrangeiras".

Uma primeira instrumentalidade advinda do Quadro 26 é oriunda da identificação de práticas – ainda que em rol não exaustivo – associadas às dimensões de sustentabilidade. O Plano de Logística Sustentável tem por nível de análise, justamente, as práticas de gestão, às quais se associam metas longitudinais, sendo acompanhadas por indicadores. Sem que tais práticas sejam vislumbradas pelo gestor, o PLS será pouco efetivo, sendo desprovido de potencial de inovação.

Na pesquisa de Brammer e Walker (2011), a fim de caracterizar o desempenho sustentável das organizações públicas estudadas, respondentes avaliaram as práticas consignadas no Quadro 26 seguindo uma escala Likert de 5 pontos (1 = descordo fortemente / 5 = concordo fortemente). Os achados, apresentados nesta obra para fins de mera erudição, são sintetizados nos Gráficos 9 e 10.

Gráfico 9. Distribuição dos *scores* das dimensões de compras sustentáveis, por região geográfica

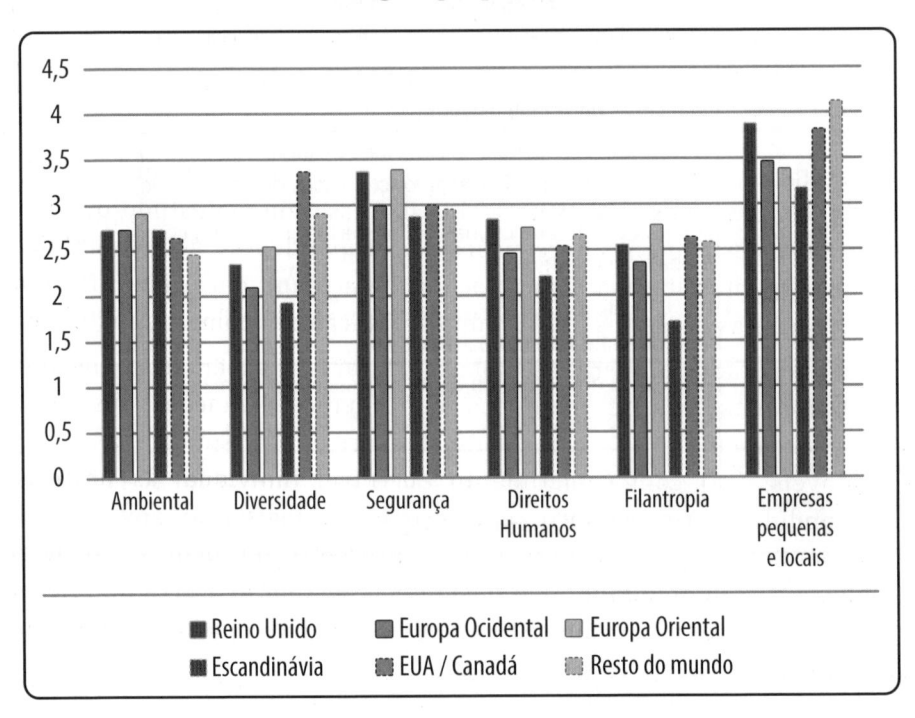

Fonte: elaborado pelo autor, com base em Brammer e Walker (2011).

Gráfico 10. Distribuição dos *scores* das regiões geográficas, por dimensão das compras sustentáveis

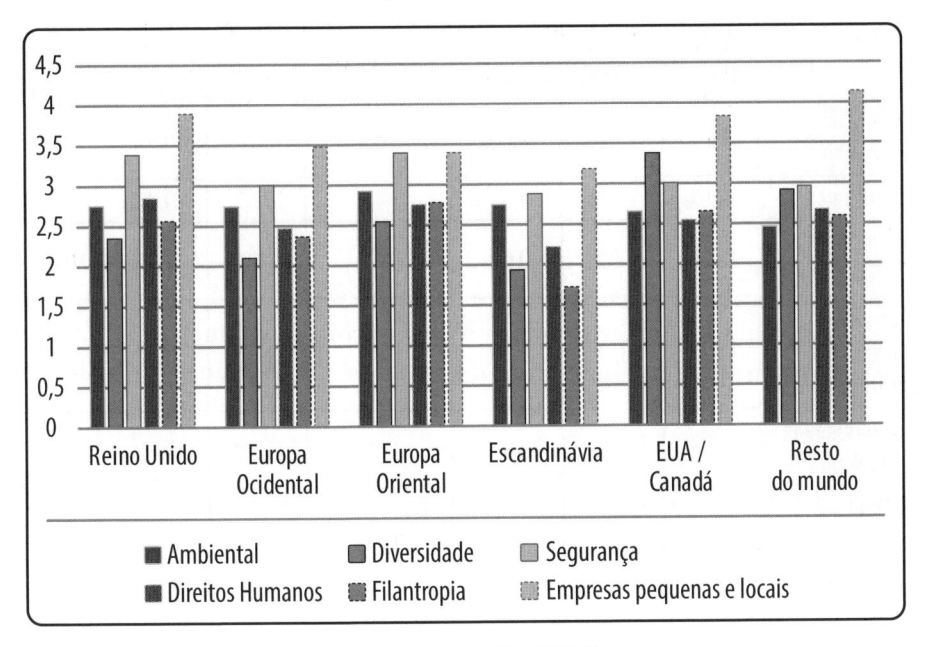

[Gráfico de barras mostrando scores para Reino Unido, Europa Ocidental, Europa Oriental, Escandinávia, EUA/Canadá e Resto do mundo, nas dimensões: Ambiental, Diversidade, Segurança, Direitos Humanos, Filantropia, Empresas pequenas e locais]

Fonte: elaborado pelo autor, com base em Brammer e Walker (2011).

Ao se investigarem os motivos para os *scores* variarem entre as regiões geográficas, Brammer e Walker (2011) ingressaram em estudo qualitativo, uma vez mais esteado nas percepções dos respondentes, agora colhidas por meio de perguntas abertas. O foco recaiu, nessa etapa, em se identificarem os facilitadores e as barreiras para a implementação das compras sustentáveis.

Como facilitadores, vieram à baila seis fatores, a saber: (i) conhecimento e *expertise* dos gestores públicos na temática licitações sustentáveis; (ii) liderança em nível organizacional exercida no suporte às compras sustentáveis; (iii) comprometimento em nível individual às práticas de sustentabilidade; (iv) suporte em termos de legislação governamental; (v) disponibilidade financeira; e (vi) presença de planos estratégicos voltados à sustentabilidade. Não obstante, a percepção acerca da relevância desses facilitadores não foi homogênea entre as regiões consideradas, conforme discriminado na Tabela 1.

Tabela 1. Percepção acerca dos facilitadores das compras sustentáveis, por região geográfica[25]

	Reino Unido	Europa Oriental	Europa Ocidental	Escandinávia	EUA / Canadá	Resto do mundo	Todas as regiões
Conhecimento / *Expertise*	9,4%	6,1%	2,8%	3,4%	3,8%	9,1%	6,4%
Liderança	22,6%	8,2%	2,8%	3,4%	13,5%	0,0%	13,1%
Compromisso pessoal	13,2%	0,0%	0,0%	0,0%	5,8%	0,0%	6,0%
Suporte da legislação governamental	14,2%	16,3%	8,3%	3,4%	11,5%	36,4%	13,1%
Disponibilidade financeira	5,7%	0,0%	2,8%	3,4%	11,5%	0,0%	4,9%
Planos estratégicos de sustentabilidade	17,0%	6,1%	5,6%	3,4%	3,8%	36,4%	10,6%

Fonte: Compilado pelo autor, com base em Brammer e Walker (2011).

Há deduções a serem lavradas, alicerçadas nos dados da Tabela 1. A primeira cuida da inter-relação tácita entre os facilitadores identificados na pesquisa em tela. Presunção plausível é a de que a *expertise* favoreça a elaboração de planos estratégicos tocantes à sustentabilidade. Da mesma sorte, a liderança, enquanto processo de influência interpessoal, pode promover o compromisso individual e conduzir mais facilmente a processos de implementação dos aludidos planos.

Ademais, os **facilitadores** notabilizam-se por serem passíveis de categorização em **três nichos principais**: competências individuais (conhecimento – liderança – compromisso), normas (legislação – planos) e finanças. A governança das aquisições e contratações públicas, no que concerne à relação entre governança e sustentabilidade, deve, nesses lindes, sensibilizar tais categorias. Todavia, há de se bem distinguir os elementos intrínsecos e extrínsecos às fronteiras organizacionais que constituem tais facilitadores.

Elementos ditos extrínsecos ultrapassam o alcance imediato de gestão da organização. Inserem-se em nível de análise ambiental e, no caso, remetem-se

---

[25] Os percentuais são alusivos à fração dos respondentes, de cada região, que mencionaram o facilitador como significativo. Se todos os respondentes da região houvessem mencionado o facilitador, o percentual seria de 100%.

à legislação governamental e ao aspecto financeiro / orçamentário. Os custos de transação para a sua modelagem são elevados, invadindo a seara de negociação, *lobby* e debates sobre a formação de agenda de políticas públicas.

Já os elementos ditos intrínsecos estão sob a tutela do órgão ou da entidade pública que almeja institucionalizar as práticas de compras sustentáveis. Assim, mostram-se, *a priori*, mais suscetíveis à gestão – por vezes discricionária – interna organizacional. O desenvolvimento das competências individuais em comento, bem como a elaboração de um Plano de Logística Sustentável inserem-se nessa esfera, denotando menor custo de transação para suas consecuções.

No que diz respeito às barreiras, a pesquisa realçou sete fatores, a saber: (i) déficit financeiro; (ii) desconhecimento de políticas de sustentabilidade (aspectos informativos); (iii) falta de embasamento legal; (iv) ausência de suporte gerencial e estrutural; (v) aspectos políticos e culturais; (vi) má qualidade de produtos sustentáveis, se cotejados com os tradicionais; e (vii) prioridades conflitantes em termos de menor preço *versus* sustentabilidade, ou de ampla competitividade *versus* limitação de mercado inerente a produtos sustentáveis. A percepção acerca da relevância dessas barreiras também não foi homogênea entre as regiões consideradas, conforme discriminado na Tabela 2.

Tabela 2. Percepção acerca das barreiras das compras sustentáveis, por região geográfica[26]

	Reino Unido	Europa Oriental	Europa Ocidental	Escandinávia	EUA / Canadá	Resto do mundo	Todas as regiões
Déficit financeiro	48,1%	16,3%	11,1%	10,3%	34,6%	18,2%	30,4%
Aspectos informativos	12,3%	12,2%	5,6%	6,9%	7,7%	9,1%	9,9%
Falta de base legal	1,9%	8,2%	2,8%	6,9%	7,7%	0,0%	4,6%
Ausência de suporte gerencial e estrutural	21,7%	8,2%	2,8%	3,4%	5,8%	9,1%	11,7%
Aspectos políticos e culturais	5,7%	8,2%	2,8%	0,0%	5,8%	18,2%	5,7%
Qualidade do produto	5,7%	4,1%	2,8%	0,0%	9,6%	27,3%	6,0%
Conflito de prioridades	8,5%	2,0%	0,0%	0,0%	3,8%	0,0%	4,2%

Fonte: Compilado pelo autor, com base em Brammer; Walker (2011).

26 Os percentuais são alusivos à fração dos respondentes, de cada região, que mencionaram o facilitador como significativo. Se todos os respondentes da região houvessem mencionado o facilitador, o percentual seria de 100%.

A carência de recursos financeiros/orçamentários despontou, na percepção dos respondentes, como o principal obstáculo à sustentabilidade nas compras públicas. Em seguida, aspectos informativos e suporte gerencial / estrutura nas organizações foram salientados como obstáculos relevantes.

Transparecendo debate análogo, Teixeira (2013) identifica cinco grupos de fatores que agem como barreiras para as compras públicas sustentáveis, a saber: aspectos informativos, financeiros, de disponibilidade de mercado, organizacionais, e de legalidade dessa prática. Nas próximas subseções, veremos tais elementos com maiores detalhes.

4.1. Aspectos informativos

Trata-se do desconhecimento que impacta na dificuldade de os especificadores e os compradores públicos definirem o que são produtos ou serviços sustentáveis. Para Erdmenger (2003), se, por um lado, há uma ampla aceitação acerca da inserção de critérios de sustentabilidade nas compras públicas, por outro há dúvidas contundentes sobre como instruir o processo licitatório nesse sentido.

As resoluções e orientações correlatas que trazem normas de sustentabilidade são, usualmente, bastante fragmentadas e com informações difusas. Em contrapartida, os planos de logística sustentável recentemente elaborados, ou demais cartilhas ou documentos do gênero podem ser de grande auxílio para mitigar este óbice.

O que se necessita é de uma ferramenta prática capaz de resgatar e inserir critérios de sustentabilidade no objeto ou no termo de referência. Uma vez mais, a tecnologia da informação e da comunicação (TIC) surge como aliada dessa tarefa, ao possibilitar a gestão célere e objetiva de uma base de dados de editais sustentáveis, ou de informações de sustentabilidade associadas aos itens de material ou de serviço, em seus respectivos catálogos.

4.2. Aspectos legais e principiológicos

Refere-se à legalidade da inclusão de aspectos ambientais, sociais e econômicos nas compras públicas, de forma que não se contraponham, arbitrariamente, à ampla competitividade do certame.

A busca pelo desenvolvimento nacional sustentado deve harmonizar-se com o arcabouço principiológico que rege as licitações, do qual se citam a vinculação ao instrumento convocatório, legalidade, julgamento objetivo, isonomia, impessoalidade e a própria ampla competitividade.

4.3. Aspectos organizacionais (estrutura, suporte gerencial e cultura)

Teixeira (2013), em revisão de literatura, destaca como aspectos organizacionais, que podem servir de barreira às compras públicas sustentáveis, a cultura do órgão ou entidade, o apoio político à prática e a estrutura do sistema de compras.

No que concerne à cultura, caso esta seja resistente à inovação, a adoção de novos processos inerentes às licitações sustentáveis pode servir de contraponto ao êxito da empreitada. Neste caso, deve-se promover o engajamento dos servidores, seja mediante a execução de um adequado plano de comunicação, seja via capacitação direta ou, ainda, através da elaboração de metas e de revisão de processos em conjunto com todos os envolvidos.

A carência de apoio político da cúpula do órgão ou entidade é fator crítico com grande probabilidade de frustrar a implementação das compras públicas sustentáveis. A falta de patrocínio em termos de estabelecimento de requisitos prioritários e obrigatórios de desenvolvimento sustentável, bem como de indicadores e de metas, enfraquece a legitimidade do processo de inovação.

Por fim, a centralização ou a descentralização das compras irão produzir efeitos distintos no que se considera o desenvolvimento sustentável. As compras descentralizadas reduzem o poder de compra do Estado, ao passo que as aquisições centralizadas concentram a distribuição financeira, promovendo menor desenvolvimento social e econômico local[27].

Fato é que a centralização de compras vem galgando espaços, por vezes como bandeira de cunho ideológico. Pautando-se por objetivos que se coadunam, em verdade, com a racionalização do custo de pedido e com a maior transparência do rito, há, em contrapartida, impactos em termos de deformação de mercado que merecem olhar mais detido, em nível de análise estratégico. Nesta década, as compras compartilhadas (computadores, aparelhos de ar condicionado etc.) tiveram por contratados os líderes de mercado. O corolário é que comprar em escala favorece quem pode vender em escala. Em médio ou longo prazo, criam-se ou reforçam-se oligopólios.

4.4. Aspectos orçamentários / financeiros e de disponibilidade de mercado

O âmago da funcionalidade das licitações como indutor do desenvolvimento sustentável reside, como vimos, no poder de compra do Estado, que atua como

---

27 Este problema foi apenas atenuado com a alteração da Lei Complementar nº 123/2006, abordada na seção anterior.

agente transformador das dinâmicas do mercado. De acordo com o Programa das Nações Unidas para o Meio Ambiente (PNUMA, 2011), ao alterar o seu padrão de compra, o Estado sinaliza que haverá demanda de longo prazo para determinado segmento de fornecedores, suscitando que empresas invistam em inovações – de processo, de produto ou organizacionais (formação de redes etc.), de forma a minimizarem seus custos.

No mesmo sentido, Jacoby Fernandes (2008) avalia o poder de compra estatal como capaz de potencializar a economia de determinada região, estimulando empresas locais a melhorar a qualidade de seus bens e serviços, incrementando a competitividade industrial e tecnológica. Ainda assim, cabe uma análise mais acurada de como, de fato, é exercido o aludido poder de compra, a fim de mitigar uma possível falácia acerca da homogeneidade do emprego deste construto.

Em termos de compras e contratações, a Administração Pública age de forma eminentemente descentralizada. A despeito das chamadas compras compartilhadas, ao considerarmos a realidade dos órgãos e entidades que compõem os três Poderes, nas esferas municipal, estatal, distrital e federal, insurge um sem-número de órgãos e entidades que atuam como compradores independentes – com orçamentos distintos.

Na ausência de um normativo com força de lei nos moldes de uma cartilha que exija a aquisição de objetos específicos que causem menores impactos ambientais, os órgãos e entidades ficam sujeitos aos dispostos em seus planos de gestão de logística sustentável[28], quando houver. E, em que pesem as orientações gerais que moldam a elaboração destes planos, seus conteúdos são customizados ao contexto de cada órgão ou entidade. Desse modo, o poder de compra do Estado é exercido de maneira fragmentada: nem todos os órgãos adquirem papel A4 reciclado, sabão em pó biodegradável ou pilhas recicláveis: as práticas diferem por comprador.

Há de se considerar, ainda, as limitações orçamentárias das unidades administrativas. A realidade hodierna é de os produtos ditos sustentáveis apresentarem custos superiores aos seus concorrentes "não sustentáveis". Nessa situação, estaria afastada a busca, pelo setor público, exclusivamente pela vantagem econômica das propostas. Justen Filho (2011) faz uma análise bastante objetiva desse cenário:

> Em outras palavras, passou a ser legislativamente previsto que a Administração Pública poderá ser constrangida a desembolsar

---

[28] A elaboração e a implementação de Planos de Gestão de Logística Sustentável pela Administração Pública federal direta, autárquica e fundacional, bem como pelas empresas estatais dependentes são preconizadas pelo art. 16 do Decreto nº 7.746/2012.

valores superiores aos possíveis para aprovisionar-se dos bens e serviços necessários.

Não se contraponha que a proposta mais satisfatória para a promoção do desenvolvimento nacional configura-se também como aquela economicamente mais vantajosa. Quando assim se passar, não há necessidade de qualquer outra consideração. Aliás, nem seria necessária a alteração da redação do art. 3º, a Lei 12.349 seria inútil e as presentes considerações destituídas de cabimento. Mas assim não se passa.

Uma resma de papel reciclado tem o valor aproximadamente 30% superior à resma de papel sulfite branco, por exemplo. Logicamente, caso todo o setor público brasileiro passasse a adquirir, mandatoriamente, papel reciclado, preferencialmente mediante compras compartilhadas, o mercado iria se adaptar à procura, minimizando o preço praticado. Mas isso é um fenômeno a ocorrer em longo prazo. E a execução financeira para fins de suprimento dá-se no prazo imediato.

Neste ponto, cabe um olhar mais aprofundado sobre esse imbróglio. O desenvolvimento sustentável é uma política pública, a ser desenvolvida, como tal, pelo Estado, em protagonismo isolado ou bipartido com a sociedade. No entanto, os custos da sustentabilidade não são, infere-se, plenamente suportados por um Estado deficitário como o brasileiro. Poder-se-ia invocar o que se chama de **Princípio da Reserva do Possível ou da Reserva de Consistência.**

Com gênese no Direito alemão, esse Princípio tem origem em julgado do Tribunal Constitucional da Alemanha conhecido como *Numerus Clausus I*, em 1972. A demanda judicial fora proposta por estudantes que se viram excluídos das possibilidades de admissão nas escolas de Medicina de Hamburgo e de Munique, em face da limitação de vagas imposta pelo Estado em 1960. O intuito do Estado era evitar concentração desmesurada nos cursos de Medicina, o que poderia vir a desbalancear as necessidades da comunidade. A decisão do Tribunal foi no sentido de que não seria razoável obrigar o governo a disponibilizar o acesso a todos que almejassem o curso em tela, pelo simples fato de que a exigência ultrapassaria um limite social básico. Nas palavras de Sarlet (2001, p. 265):

> (...) a prestação reclamada deve corresponder ao que o indivíduo pode razoavelmente exigir da sociedade, de tal sorte que, mesmo em dispondo o estado de recursos e tendo poder de disposição, não se pode falar em uma obrigação de prestar algo que não se mantenha nos limites do razoável.

Na ótica de Souza (2013), a reserva do possível nasce com fulcro na razoabilidade da pretensão deduzida, e não esteada em limitações orçamentárias do Estado. No entanto, ao ser importado para a realidade brasileira, diz esse autor, o princípio passou a ser interpretado unicamente como Reserva do Financeiramente Possível[29]. A efetivação de direitos sociais, assim, é condicionada às potencialidades financeiras do governo, o que justificaria a tentativa de hierarquizar e compatibilizar o atendimento das demandas comunitárias. Afinal, o erário nacional parece não comportar a ampla oferta de educação, saúde, alimentação, trabalho, moradia, lazer, segurança, previdência social, proteção à maternidade e à infância, assistência aos desemparados[30] – e, ainda, o desenvolvimento sustentável.

Em síntese, a pergunta a ser analisada é: **Como conciliar a restrição orçamentária do setor público – regra em tempos de crise econômica – com a orientação principiológica de se adquirir produtos "sustentáveis" – mais onerosos? Ou, em outros termos, a sustentabilidade está inscrita no mínimo existencial?** Há três respostas possíveis:

(i) na hipótese de restrição orçamentária severa, simplesmente não há conciliação: perpetua-se a aquisição de produtos não sustentáveis;

(ii) na hipótese de restrição moderada, poder-se-ia passar a adquirir alguns produtos sustentáveis, controlando-se o impacto econômico na execução financeira do órgão público;

(iii) independentemente do nível de restrição orçamentária, poder-se-iam estabelecer diretrizes para que a compra de produtos sustentáveis fosse obrigatória (e não meramente preferencial).

A linha de ação apresentada em (iii) coloca em primeiro lugar a política pública de desenvolvimento sustentável. Conjectura-se que seria a opção mais efetiva para a derradeira implementação do paradigma da sustentabilidade nas compras governamentais. Contudo, seu radicalismo oferece riscos à disponibilização de recursos para as atividades do setor público. Será que o suprimento em 30% a menos de papel A4 – mantendo-se o mesmo nível de gasto – é viável? Será que o valor unitário da pilha recarregável AA sendo 300% mais caro que o da convencional, mesmo se considerando a economia ao longo de sua vida útil, é suportável por um setor público que vive uma crise orçamentária?

Ao se analisarem tais questões, elucida-se, ao mesmo tempo, a razão precípua pela qual o paradigma das licitações sustentáveis ainda não foi

---

29 O que se denota, assim, é um desvirtuamento do direito comparado.
30 Direitos sociais insculpidos no art. 6º da Constituição Federal.

plenamente implementado no Brasil. Segundo Justen Filho (2011), a busca pela eficiência econômica, em termos de menores preços contratados, pode ser inadequada a assegurar a realização dos fins indiretos buscados pelo governo. Dessa maneira, "é imperiosa a plena consciência da Administração Pública de que a realização de outras finalidades apresenta um custo econômico, a ser arcado pelos cofres públicos e pela nação".

Apresenta-se, assim, uma contradição paradigmática: a invocação à finalidade de se promover o desenvolvimento nacional sustentável não legitima práticas destituídas de eficiência econômica, bem como não pode conduzir à inviabilização do atendimento de outras necessidades, dotadas de igual relevância (JUSTEN FILHO, 2011). Consolida-se um ciclo que obstaculiza a plena adoção das licitações sustentáveis, conforme ilustrado na Figura 32.

Figura 32. Ciclo impeditivo da implementação das licitações sustentáveis

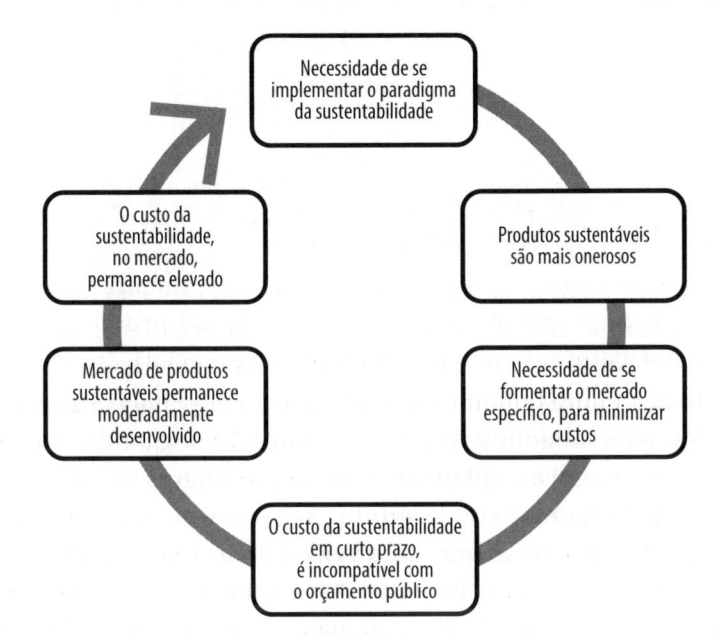

Fonte: elaborado pelo autor.

O rompimento com esse ciclo – ainda que parcialmente – ocorre à medida que os produtos sustentáveis têm o seu custo minimizado. Tal efeito é passível de ser catalisado pelo poder de compra governamental, ampliado pelos seguintes fatores:

(i) por uma política normativa que torne compulsória a aquisição de bens ditos ecológicos;

(ii) por compras compartilhadas desses bens, de forma a incrementar a escala de contratação; e

(iii) pelo exercício desse poder de compra nos moldes descritos em (i) e (ii), exercido ao longo de determinado período, capaz de bem administrar a inércia de adaptação do mercado.

Sem tais medidas, permanecer-se-á estagnado no estágio atual: um patamar de eterna transição, com evoluções e involuções inconsistentes do mercado de produtos sustentáveis, cujos preços não se harmonizam com as limitações orçamentárias.

Por derradeiro, há de se trazer à baila que a atual baixa disponibilidade de produtos sustentáveis no mercado – haja vista ser este um segmento pouco fomentado – possa ferir a busca pela ampla competitividade nos certames. Ademais, quando o item licitado tiver o valor estimado inferior a R$ 80.000,00, a licitação é exclusiva para micro e pequenas empresas, por força da Lei Complementar nº 123/2006. Neste caso, o mercado de produtos verdes pode ser ainda mais restrito, o que aumenta a probabilidade de licitações desertas ou fracassadas.

A aludida lei, no inc. II de seu art. 49, traz a possibilidade de se afastar o tratamento diferenciado conferido às micro e pequenas empresas quando não houver um mínimo de três fornecedores competitivos enquadrados nessas condições sediados local ou regionalmente capazes de cumprir as exigências estabelecidas no instrumento convocatório. Em que pese a intenção do legislador, o fato é que tal limitação de mercado não é algo fácil de se comprovar. Como podemos garantir que, durante a pesquisa de preços, o mercado regional foi completamente vasculhado? Ou, ainda, como podemos afirmar que, após a publicação do instrumento convocatório, novas empresas sejam constituídas nessas condições?

De toda sorte, entende-se que, uma vez evidenciado, durante uma robusta pesquisa de mercado, que não há micro ou pequenas empresas que são capazes de fornecer o bem almejado, o mais eficiente é motivar, no processo, que o certame não será restrito a esse segmento, o que irá incrementar as chances de êxito na contratação.

A discussão acerca dos facilitadores e das barreiras na implementação do paradigma das licitações sustentáveis, conforme efetuada nesta seção, oferece substrato à proposição de modelo cuja variável dependente seja as compras públicas sustentáveis. As variáveis independentes, por sua vez, são as abordadas pelos autores visitados nas páginas anteriores. O modelo proposto é apresentado na Figura 33.

Figura 33. Modelo de compras públicas sustentáveis

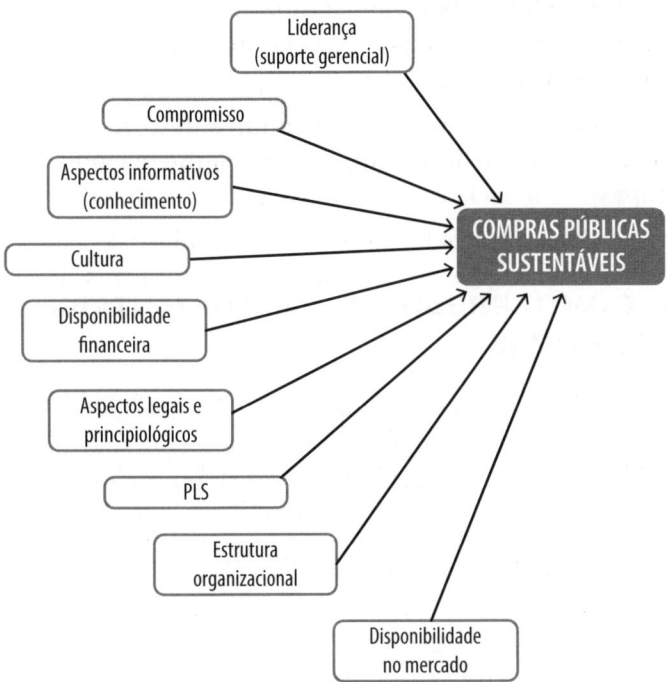

Diagrama com os seguintes elementos apontando para "COMPRAS PÚBLICAS SUSTENTÁVEIS":
- Liderança (suporte gerencial)
- Compromisso
- Aspectos informativos (conhecimento)
- Cultura
- Disponibilidade financeira
- Aspectos legais e principiológicos
- PLS
- Estrutura organizacional
- Disponibilidade no mercado

Fonte: elaborado pelo autor.

A validação do modelo proposto deve compor agenda de pesquisa, que contemple, inclusive, testes de hipóteses acerca da predição entre as variáveis independentes. Ainda que suas implicações acadêmicas careçam de comprovação empírica, seus benefícios gerenciais são diretos, em especial por aclarar dois pontos essenciais alusivos ao Plano de Logística Sustentável.

Em primeiro plano, a elaboração e aprovação de um Plano de Gestão de Logística Sustentável, conforme assentado em corpo de jurisprudência do Tribunal de Contas da União gerado quando da avaliação de práticas de governança e gestão de aquisições adotadas pela Administração Pública federal, apresenta-se como um dos preditores – entre vários – das compras públicas sustentáveis. O Plano não possui, nessa perspectiva, o condão de, *per si*, assegurar o cumprimento dos preceitos da sustentabilidade nas organizações públicas[31]. Um órgão público com PLS vigente, mas desprovido do empreendedorismo em prol da sustentabilidade (liderança) ou de

---

[31] Nesse sentido, relevante notar que um modelo de governança mais efetivo do que aquele apresentado no Capítulo 2 é, na realidade, mais intricado. A segurança do principal no que tange à sustentabilidade, por exemplo, não é assegurada apenas pela vigência de um PLS.

disponibilidade financeira, por exemplo, duvidosamente logrará êxito na institucionalização do paradigma aventado.

O outro ponto diz respeito à estrutura do Plano de Logística. Haja vista sua transversalidade com relação aos demais preditores das compras públicas sustentáveis, seus objetivos, metas e indicadores devem ser determinados de modo a realçar os facilitadores e mitigar as barreiras. Tal é a ótica emprestada na próxima seção.

5. O PLS COMO PREDITOR DA SUSTENTABILIDADE NAS COMPRAS PÚBLICAS

A função compras integra a logística de uma organização. Há outros componentes da logística, tais como a gestão de estoques, de almoxarifados, da distribuição de materiais, da cadeia de suprimentos e de escoamento dos *outputs*, em visão sistêmica, além do fluxo de materiais, de informações e de recursos financeiros ao longo do processo produtivo ou de fornecimento da unidade.

Assim, o Plano de Logística Sustentável, por concepção, possui escopo mais amplo do que as compras públicas. Abarca em seu plano de ação, invariavelmente, além de objetivos diretos alusivos às aquisições e às contratações, o campo da qualidade de vida no trabalho (acessibilidade, ergonomia etc.), a mitigação da geração de resíduos e a coleta seletiva, o aprimoramento de catálogos de materiais e serviços, a redução de itens de acervos de almoxarifados, entre outros.

Já com clara interface afeta às aquisições, o PLS encerra o uso de recursos pelo órgão ou entidade (material de consumo[32], mobiliário, eficiência no uso da água e na demanda energética, gastos em telefonia etc.). Os objetivos, nessa seara, usualmente são de dois tipos: (i) minimização do consumo / dos gastos nesses recursos; e (ii) a mudança de modelo de contratação (por exemplo, saindo da aquisição de impressoras para o *outsourcing* de impressão).

Entre os órgãos que revelam esmero na gestão logística sustentável, destacam-se, nesta obra, o Superior Tribunal de Justiça (STJ) e o Tribunal de Justiça do Distrito Federal e dos Territórios (TJDFT), mormente devido à atuação de profissionais com franca *expertise* e domínio na temática. Esses órgãos apresentam, na atualidade, Planos maduros, com significativa amplitude temática.

---

[32] Em geral, copos descartáveis, papel e cartuchos para impressão.

Vigendo, no STJ, o PLS 2015-2020, o documento dispõe, ainda, de robustas informações acerca da série de consumo e gastos de materiais no interregno 2010-2014, servindo a objetividade na apresentação e a patente racionalidade consignada no Plano de *benchmarking* à Administração Pública. A Figura 34 expõe, para fins de representação, excerto do PLS do citado órgão, contendo série histórica, metas e texto explicativo sobre o painel.

Figura 34. Série histórica, objetivo e metas relativas a consumo e gastos de papel (STJ)

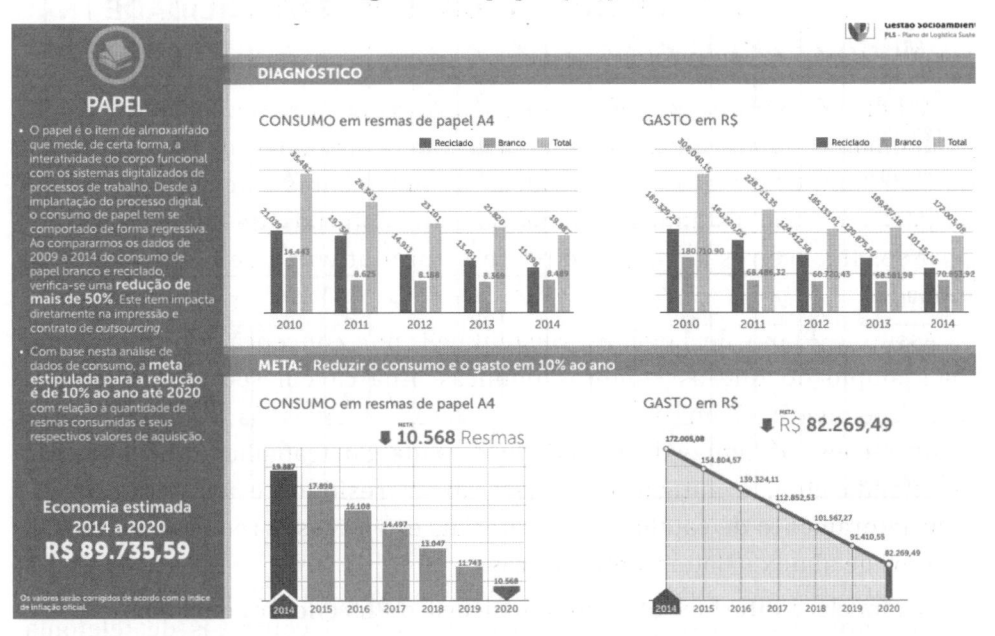

Fonte: BRASIL (2015)[33].

O Quadro 27, por sua vez, colaciona os temas abordados por Planos de Logística Sustentável ora vigentes. A amostra diminuta não exime a sua representatividade, haja vista suas abordagens, em termos de PLS, serem replicadas por um sem-número de outros órgãos e entidades, denotando-se limiares de saturação.

---

33 A Resolução STJ/GP nº 17, de 16 de dezembro de 2015, aprova, nos termos de seu anexo, o Plano de Logística Sustentável 2015-2020 do STJ.

Quadro 27. Temas abordados em PLS

	PAPEL	COPO DESCARTÁVEL	GARRAFA PLÁSTICA	IMPRESSÃO (Serviços, impressoras e insumos)	ENERGIA ELÉTRICA	ÁGUA / ESGOTO	RESÍDUOS (Coleta seletiva)	TELEFONIA	LIMPEZA	VIGILÂNCIA	COMBUSTÍVEIS	OUTROS (TI, apoio administrativo etc.)	VEÍCULOS (Deslocamento de pessoal)	QVT[34]	CAPACITAÇÃO SOCIOAMBIENTAL	SERVIÇOS GRÁFICOS
STJ	✓	✓	✓	✓	✓	✓	✓	✓	✓	✓	✓	✗	✓	✓	✓	✗
Senado Federal	✓	✓	✗	✓	✓	✓	✓	✗	✓	✓	✗	✓	✓	✓	✗	✓
Embrapa Florestas	✓	✓	✗	✗	✓	✓	✓	✗	✓	✓	✗	✗	✗	✓	✗	✗
ANS	✓	✓	✗	✓	✓	✓	✓	✓	✓	✓	✗	✓	✓	✓	✓	✗
ANVISA	✓	✓	✗	✓	✓	✓	✓	✗	✗	✗	✗	✓	✓	✓	✗	✗
TJDFT	✓	✓	✓	✓	✓	✓	✓	✓	✓	✓	✓	✓	✓	✓	✓	✓
TJSP	✓	✓	✓	✓	✓	✓	✓	✓	✓	✓	✓	✗	✓	✓	✓	✗
Ministério da Fazenda	✓	✓	✓	✓	✓	✓	✓	✓	✓	✓	✗	✓	✓	✓	✓	✗

Fonte: compilado pelo autor.

As práticas de sustentabilidade afetas às compras e contratações, usualmente, referem-se à mitigação de gastos em contratos de telefonia, limpeza, vigilância, apoio administrativo, manutenção predial e outros serviços continuados congêneres. Ademais, com relação à limpeza, almeja-se a implementação de cláusulas contratuais que assegurem o uso racional de recursos e a utilização de produtos reciclados e biodegradáveis; com relação à vigilância, visa-se a garantir a segurança do patrimônio, de colaboradores e transeuntes.

---

34 Qualidade de Vida no Trabalho.

Do Quadro 27, depreende-se que há preponderância na incidência de temáticas concernentes à dimensão ambiental da sustentabilidade. As dimensões social e econômica são, de certa forma, perpassadas, sendo apenas tangenciadas por ações quase sempre com efeitos intraorganizacionais.

No quesito Qualidade de Vida no Trabalho – um dos raros temas que se afasta da seara ambiental – as ações voltam-se ao corpo de colaboradores do órgão ou da entidade: ergonomia, estímulo a programas de caronas solidárias, disponibilização de vestiários e bicicletários, exames de saúde periódicos, orientações financeiras, gestão de estresse no trabalho, preparação para a aposentadoria são, por óbvio, iniciativas de cunho social, mas que não atingem a comunidade em sentido amplo, mas apenas um quadro reduzido de indivíduos inscritos nas fronteiras da organização.

Outrossim, há planos de logística que registram como ação o incremento de compras compartilhadas, adotando-se como premissa que se trata de prática em harmonia com a dimensão econômica da sustentabilidade. Tal premissa, contudo, pode se desvelar uma falácia em perspectiva menos rasa: um expedito levantamento dos licitantes vencedores das compras compartilhadas revela que, como regra, são os líderes de mercado que, nessa condição, gozam de condições de produzir em escala, beneficiando-se de menores custos. Assim, nessa ótica, as compras compartilhadas favorecem a formação de oligopólios, indo de encontro às políticas (estas sim sustentáveis) de compras voltadas a empresas pequenas e/ou locais (BRAMMER; WALKER, 2011).

Eis que se ergue lacuna de ações alusivas às dimensões social e econômica nos Planos de Logística Sustentável contemporâneos, menoscabando o efetivo emprego do poder de compra estatal. Ciente desse hiato, quando da elaboração pioneira do PLS da Câmara dos Deputados, houve investida em prol de sua mitigação. Os objetivos, ações, indicadores e metas alusivos às dimensões em comento são apresentados no Quadro 28.

Quadro 28. Objetivos alusivos às dimensões social e econômica de sustentabilidade (PLS)

OBJETIVO	INDICADOR	DESCRIÇÃO DO INDICADOR	FÓRMULA	META	AÇÕES
Aumentar a participação de microempresas (ME), empresas de pequeno porte (EPP) e cooperativas nas compras e contratações.	Execução financeira para ME, EPP e cooperativas.	Percentual de execução financeira de compras e contratações para ME, EPP e cooperativas.	Valor executado para ME + EPP + cooperativas / valor total executado em compras e contratações x 100.	2018: ≥ 7%	• Definir o grau de centralização das compras da CD no Plano de Compras. • Elaborar e distribuir um manual de compras públicas para as empresas e cooperativas.
Aumentar o rol de microempresas (ME), empresas de pequeno porte (EPP) e cooperativas que contratam com a Câmara dos Deputados.	Pulverização dos gastos com ME, EPP e cooperativas.	Percentual da execução apropriada pela ME, EPP ou cooperativa com maior participação nas compras e contratações com relação ao total executado para ME, EPP e cooperativas. Quanto maior o valor do indicador, menor pulverização do gasto.	Participação de cada ME, EPP ou cooperativa / Participação total das ME, EPP e cooperativas x 100.	2018: ≤ 8%	• Elaborar e distribuir um apanhado didático de orientações sobre possibilidades de participação de empresas e cooperativas localizadas em regiões com déficit de desenvolvimento no processo de compras públicas, como fornecedores pontuais ou habituais. • Divulgar relatório contendo a fração da execução financeira de cada ME, EPP e Cooperativa.
Promover ações afirmativas mediante compras e contratações públicas.	Compras e contratações com ações afirmativas.	Percentual de compras e contratações com inserção de ações afirmativas.	Número de compras e contratações com ações afirmativas / Número total de compras e contratações x 100.	2018: ≥ 10%	• Identificar no Plano de Compras os processos que fazem jus às ações afirmativas, definindo-as. • Promover ações de coordenação junto aos supridores dos contratos identificados como passíveis de ações afirmativas. • Implementar o Projeto de Inclusão Social[35].

Fonte: compilado pelo autor, a partir do PLS da Câmara dos Deputados

---

[35] Refere-se à inserção de pessoas com deficiência intelectual e múltipla oriunda da Associação de Pais e Amigos dos Excepcionais (APAE – DF) em contratos de serviços continuados.

Independentemente da dilação de Planos de Logística Sustentável rumo às searas econômica e social, fato é que o paradigma da sustentabilidade nas compras públicas ainda permanece em estágio de construção. Nada obstante, soa passível de catalisação mediante o efetivo uso do poder de compra governamental como ferramenta de execução de políticas públicas.

Para tanto, **o nível de análise deve ascender**: a organização (nível meso) não mais responde pela unidade a ser considerada no amplo espectro dos fins estatais. Uma política pública vem a lidar com um problema prioritariamente social. E é justamente a sociedade que deve ser levada em conta pelo gestor público: a visão sistêmica deve alcançar a comunidade de forma global. Os interesses da organização, na condução do desenvolvimento nacional (sim, é nacional) sustentável são menores do que o da coletividade. E, conjetura-se, chegará o dia em que falaremos em desenvolvimento global sustentável.

Com a devida vênia à doutrina do Direito, aqui abordada com imprecisão elástica, estamos falando da supremacia do interesse público (sociedade) sobre outro menos público (organizacional, sob o prisma orçamentário de curto prazo). E, antes que venha à baila a pergunta "quem assina o cheque do custo da sustentabilidade?", respondo: muitas ações de sustentabilidade visam à economia em médio e longo prazo. O imediatismo, esse sim, é vício incompatível com as benesses estratégicas.

Capítulo 5

O Plano Estratégico de Compras e Contratações Públicas

1. INTRODUÇÃO

Como veremos neste Capítulo, há dupla acepção ao denominado plano estratégico voltado às compras e às contratações públicas. No entanto, comum a ambos os sentidos subjaz o próprio conceito de estratégia, remetido, de forma pacífica, à orientação e ao alcance protagonizados em longo prazo (JOHNSON; SCHOLES; WHITTINGTON, 2011). Eis a celeuma na qual reside a argumentação ora iniciada: como falar em longo prazo quando uma sabida barreira à inovação no setor público brasileiro é justamente o foco no curto prazo (HADJIMANOLIS, 2003)?

Reconhece-se, *a priori*, que raras são as organizações públicas que detêm a maturidade em governança e a capacidade de recursos para se lançar a uma gestão estratégica de suas aquisições. Em um contexto nacional no qual a elaboração de um plano anual de compras e contratações – de cunho tático ou operacional e, portanto, mais palpável – surge como desafio proeminente à cultura imediatista e de falta de programação do setor público, discutir a planificação em nível estratégico soa, quiçá, etéreo.

Não se olvida, contudo, que a perspectiva de curto prazo, se tomada como único horizonte temporal considerado na gestão das compras governamentais, age como rijo limitador ao exercício pleno da governança. À luz da Teoria da Agência[1], a atuação do agente acaba por ser claudicante, cadenciada por um princípio da anualidade orçamentária que, cumprido sem a devida conexão

---
1 Ver Capítulo 1.

com o plano plurianual, coloca o atendimento aos interesses do cidadão (principal) em xeque. Ou, ainda, na outra acepção de plano estratégico, o processo de compras permanece com suas práticas estagnadas, dissociadas de um ambiente mutável e desprovido de visão de futuro. Nessa última condição, analogamente, o principal também acaba desfavorecido na relação de agência.

Dessarte, a boa governança não pode prescindir das benesses descendentes da ótica de longo prazo. Em especial, a análise acerca de um plano estratégico de compras e contratações é justificada pelos seguintes fatores:

(i) aclara um norte para a governança, em medidas de macroinstrumentos de planejamento[2], uma espécie de "estado da arte" a ser buscado pelas organizações. Inequivocamente, o órgão ou a entidade que goza de um efetivo plano estratégico de compras desvela apuro e primazia na regência de suas aquisições;

(ii) em sua primeira acepção, o plano estratégico provê a devida conexão do processo com suas dimensões de desempenho, estabelecendo-se objetivos, indicadores e metas para as aquisições, alinhados à própria estratégia organizacional;

(iii) já em outra acepção, o plano estratégico faz a devida conexão entre os planos de logística sustentável e o plano anual de compras e contratações, conferindo ao primeiro instrumento (PLS) a devida eficácia.

Nas próximas seções, pormenorizam-se tais acepções, esquadrinhando-se suas funcionalidades e características principais.

2. O PLANO ESTRATÉGICO DE COMPRAS E CONTRATAÇÕES COMO INSTRUMENTO DE MELHORIA PROCESSUAL

Neste primeiro sentido, a gênese do plano estratégico de compras e contratações repousa em recomendação exarada pelo Tribunal de Contas da União, já apresentada no Capítulo 2 e aqui reprisada:

> Estabeleça formalmente:
> - Objetivos organizacionais para a gestão das aquisições alinhados às estratégias de negócio;

---

[2] Os assim denominados macroinstrumentos de planejamento são: plano de logística sustentável e os planos estratégico e anual de compras e contratações.

- Pelo menos um indicador para cada objetivo definido na forma acima, preferencialmente em termos de benefícios para o negócio da organização;
- Metas para cada indicador definido na forma acima;
- Mecanismos que a alta administração adotará para acompanhar o desempenho da gestão das aquisições.

Traço salientado anteriormente nesta obra alude à subjetividade intrínseca ao conceito de "desempenho da gestão das aquisições", conforme consignado no último comando do excerto transcrito. Assevera-se que a real identificação e compreensão das dimensões de desempenho das compras e contratações públicas é condição *sine qua non* para que objetivos, metas e indicadores sejam posteriormente estabelecidos. Vale, aqui, o diálogo intensivamente reproduzido entre Alice e o Gato de Chesire, na obra capital de Lewis Carroll[3]:

Um dia, Alice chegou a uma encruzilhada na estrada e viu um gato de Chesire em uma árvore:
"Você poderia me dizer, por favor, que estrada devo tomar?", ela perguntou.
"Isso depende de aonde você quer chegar", respondeu o gato.
"Eu não me importo muito aonde chegarei", esclareceu Alice.
"Então", ele disse, "não importa que caminho tomará".

A imprecisão acerca das aventadas dimensões de desempenho implica uma navegação às cegas para o gestor de compras, sujeito à "síndrome de Alice", qualquer plano estratégico serve, visto não saber aonde quer chegar.

2.1. As dimensões de desempenho das compras e contratações públicas[4]

A regra para a aquisição de bens e a contratação de serviços pelo setor público brasileiro é a observância do rito de licitação pública, previsto na Constituição Federal de 1988 e normatizado pelas Leis nº 8.666/93 (Lei de Licitações e Contratos) e nº 10.520/2002 (Lei do Pregão) e, mais recentemente, pelas Leis nº 12.462/2011, que institui o Regime Diferenciado de Contratações Públicas (RDC) e nº 13.303/2016, que dispõe sobre o estatuto jurídico da empresa pública, da sociedade de economia mista e de suas subsidiárias.

---
[3] Lewis Carroll, na realidade, é o pseudônimo de Charles Lutwige Dodgson, romancista britânico do século XIX.
[4] Esta seção é baseada em Fenili (2016).

A Lei de Licitações e Contratos prevê, em seu art. 3º, que a licitação se destina a garantir a seleção da proposta mais vantajosa para a Administração. Em abordagem estritamente econômica, tal condição é atendida quando a esfera pública desembolsa o menor valor possível para obter determinado objeto, visto que, segundo Justen Filho (2011), isso assegura a possibilidade de desenvolver outras atividades com os recursos orçamentários remanescentes.

Não obstante, em visão mais abrangente, Meirelles (1991) afirma que nem sempre a proposta mais vantajosa será a que apresenta o menor preço. Com o mesmo entendimento posiciona-se Sundfeld (1995), para quem a complexidade da vida negocial é incompatível com a proposição de que a melhor proposta é a que importar menor dispêndio para a Administração.

Para Justen Filho (2011), em se tratando de licitações públicas, a vantagem está caracterizada pela conjugação de dois aspectos: a prestação a cargo do particular contratado, por um lado, e a contraprestação pecuniária a cargo da Administração, do outro. A maior vantagem é apresentada na situação de o contratado realizar a melhor e mais completa prestação, e a esfera pública efetuar a contraprestação menos onerosa: trata-se, assim, de uma relação custo-benefício, congregando-se a qualidade na execução do objeto e o preço praticado.

Nieburh (2008), por sua vez, arrola três variáveis centrais ao desempenho em licitações públicas: preço, qualidade e celeridade. Para esse autor, a Administração deve buscar não assumir compromissos com preços elevados, acima dos usuais de mercado. Ao mesmo tempo, é importante demonstrar cuidados com a seleção do contratante e de sua proposta, em relação à qualidade do objeto contratado. Por fim, o interregno inerente à realização da licitação deve ser o mais breve possível, minimizando-se os custos operacionais e atendendo mais rapidamente à necessidade pública.

Frisa-se que a mitigação dos custos operacionais de um processo de compra e contratação pública é objetivo complexo, a ser atingido por meio de distintas ações, e não somente por sua celeridade. Por óbvio, um rito célere, mas que contou com a dedicação exclusiva de numerosa equipe, seguramente responde por elevado custo de instrução. Nessa perspectiva, justifica-se o custo processual como uma das dimensões de desempenho.

Ademais, e em especial, no que diz respeito ao material adquirido, a qualidade refere-se usualmente aos atributos de durabilidade, economicidade no uso e funcionalidade. Já com relação a serviços, os atributos são difusos, identificáveis em função de cada objeto. Em geral, relacionam-se ao fato de o serviço atender às exigências prescritas objetivamente em instrumento convocatório.

Em 2010, como vimos no Capítulo 4, o art. 3º da Lei de Licitações e Contratos passou a prever a promoção do desenvolvimento nacional sustentável como um dos objetivos gerais das compras e contratações públicas. A associação da sustentabilidade ao desenvolvimento nacional – este já um dos objetivos fundamentais da República Federativa do Brasil, assim assentado na Constituição Federal de 1988 – espelha a inclusão da temática na agenda de políticas públicas do Estado, por intermédio da Agenda Ambiental na Administração Pública (A3P). Por conseguinte, celeridade, preço econômico e qualidade passam a não mais responder pela totalidade das dimensões de desempenho, que, fruto da evolução dos anseios da sociedade, passa a contemplar a sustentabilidade.

Em adição, o § 3º do art. 3º da Lei de Licitações e Contratos preconiza a publicidade e a transparência de todos os atos do procedimento licitatório, sendo a única exceção o sigilo conferido ao conteúdo das propostas dos licitantes, até suas aberturas. A necessidade de se consagrar a transparência nas compras e contratações públicas foi reforçada pela Lei nº 12.527/2011 – Lei de Acesso à Informação, que, em seu art. 7º, registra a mandatoriedade de se conferir acesso à informação sobre licitações e contratos administrativos. A mesma norma, em seu art. 8º, traz ainda mais especificidade à matéria, explicitando o mínimo de informação que deve ser divulgada pela Administração Pública, independentemente de requerimentos:

> Art. 8º É dever dos órgãos e entidades públicas promover, independentemente de requerimentos, a divulgação em local de fácil acesso, no âmbito de suas competências, de informações de interesse coletivo ou geral por eles produzidas ou custodiadas.
>
> § 1º Na divulgação das informações a que se refere o *caput*, deverão constar, no mínimo:
>
> [...]
>
> IV – informações concernentes a procedimentos licitatórios, inclusive os respectivos editais e resultados, bem como a todos os contratos celebrados; (BRASIL, 2011a).

Desse modo, justifica-se a inserção da transparência como uma das dimensões de desempenho do rito de compra e contratação pública.

Outrossim, a qualidade da instrução processual, aqui entendida como a validade da série de seus atos administrativos, não pode ser relegada. Uma compra de objeto sustentável e de ótima qualidade pode ser célere, econômica e transparente, mas pode ter havido direcionamento na escolha do fornecedor. Assim, a retidão e a legitimidade da instrução do rito materializam dimensão da *performance*, por assegurar o atendimento aos preceitos legais e principiológicos.

Assim, identificam-se a qualidade do objeto, o preço, a celeridade, o custo processual, o atendimento a critérios de sustentabilidade e a transparência processual como dimensões de desempenho em processos de aquisição de bens e contratação de serviços pelo setor público. Tais dimensões são ilustradas na Figura 35.

Figura 35. Dimensões de desempenho do processo de compras e contratações públicas.

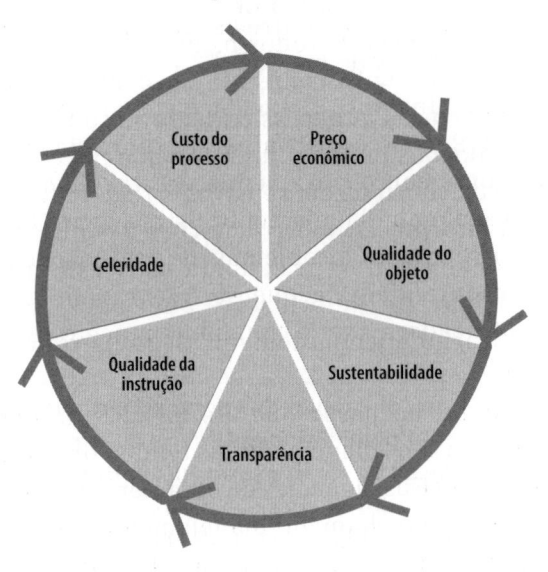

Fonte: elaborado pelo autor.

A multidimensionalidade do desempenho, característica relevante apontada por Richard et al. (2009), é, conforme se depreende, da mesma forma encontrada no estudo dos processos de aquisições e contratações públicas. As dimensões identificadas – preço, qualidade do objeto, celeridade, transparência, atendimento a critérios de sustentabilidade, qualidade da instrução e custo processual – mostram-se por vezes dissonantes, cabendo ao gestor, motivadamente, priorizar aquelas entendidas como mais relevantes à sua organização, em certo momento.

Um objeto de preço econômico pode revelar ser de baixa qualidade, sendo o balanceamento dessas dimensões um dos principais desafios nas licitações públicas. No mesmo sentido, considerando-se a limitação de recursos públicos e a pluralidade de finalidades a serem atendidas pelo Estado, o custo da promoção do desenvolvimento nacional sustentado pode ser incompatível em face da necessidade de execução de outras políticas públicas (JUSTEN FILHO, 2011).

Isto posto, a Alice, de Lewis Carroll, passa a saber aonde quer chegar. Resta a ela familiarizar-se com questões metodológicas, o que faremos em seguida.

2.2. A gestão estratégica aplicada às aquisições públicas: ilustração e interfaces com outros métodos

A administração estratégica, inicialmente concebida para o segundo setor, é definida por Kotler (1992, p. 63) como "o processo gerencial de desenvolver e manter uma adequação razoável entre os objetivos e recursos da empresa e as mudanças e oportunidades de mercado".

Trata-se de método introduzido na década de 1960, por Igor Ansoff, professor do Stanford Research Institute e consultor da McKinsey Consulting Co., que, em 1965, publicou a obra seminal *Estratégia Corporativa*, dando origem à chamada Escola do Planejamento Estratégico. O intuito era atender a empresas que enfrentavam problemas de redução de competitividade e diminuição de produtividade, e que se mostravam insatisfeitas com as técnicas até então utilizadas – como controle financeiro e orçamento a longo prazo (ANSOFF, 1988).

Cronologicamente, se, ao passo que até meados da década de 1950, as organizações conduziam seus planejamentos tendo por horizonte tão somente o curto prazo, refreando-se às vigências de orçamentos anuais, é no final dessa década que se desenvolve o chamado planejamento de longo prazo, no qual prevalece a premissa de que o futuro é mera extrapolação linear do passado. No entanto, o planejamento estratégico vem a quebrar tal axioma, passando a prever a existência de cenários distintos no futuro, em face da complexidade do ambiente corporativo. Já a partir da década de 1990, com o incremento da competitividade, do foco em gestão de desempenho, da imprevisibilidade, bem como com o desenvolvimento do pensamento sistêmico e a integração entre planejamento e controle, há a evolução para o que hoje chamamos de gestão estratégica. Tal é a síntese apresentada por Meirelles (1995):

> Cronologicamente, a Administração Estratégica evoluiu do **planejamento financeiro**, materializado no orçamento, para o **planejamento de longo prazo**, passando desse para o **planejamento estratégico**. Este último foi incorporado pela **Administração Estratégica**, que uniu, em um mesmo processo, planejamento e administração, adicionando-lhes a

preocupação com sua implementação e com o planejamento de potencialidades.

No âmbito da Administração Pública brasileira, com a modernização alvitrada no modelo gerencial, a partir de 1995, a administração estratégica foi inserida nas práticas de gestão da esfera governamental, com vistas à consecução de maiores eficiência e eficácia.

Para Fenili (2017), desde o final do século passado, o Governo brasileiro vem adotando instrumentos de gestão voltados ao longo prazo, especialmente no que diz respeito à busca por resultados em infraestrutura e crescimento econômico. Tais esforços têm sido espelhados nos planos plurianuais (PPAs), verificando-se uma mudança significativa da Administração Pública em termos estratégicos, sendo o empreendedorismo e a gestão por resultados traços característicos dessa evolução.

Somando-se aos esforços gerais do Governo, a partir do início da década de 2000, a maioria das organizações públicas brasileiras iniciou a prática de elaboração de seus planejamentos estratégicos. O intuito era a definição das direções a serem seguidas por estas organizações, com vistas a alcançarem objetivos definidos em longo prazo (FENILI, 2017). Nesse panorama, o que se observa é a adoção da gestão estratégica por parcela considerável de órgãos e entidades públicas brasileiras.

A literatura especializada traz como dogma imanente à gestão estratégica a sua condição de abarcar a organização em sua totalidade, visando ao longo prazo, sendo de tutela da cúpula institucional, e buscando a devida sinergia global das potencialidades presentes. A gestão tática, por sua vez, é caracterizada como restrita ao nível de departamento, voltando-se ao médio prazo, enquanto a operacional, ao nível de uma unidade intradepartamental, reduzindo-se ao curto prazo.

Sem embargo, nada obsta que se estabeleça gestão estratégica própria a um determinado setor (ou processo) organizacional. Preferencialmente, e em raias metodológicas, tal seria uma ramificação da macrogestão estratégica do órgão, derivada, hipoteticamente, para bem impelir um objetivo maior. De toda sorte, ainda que idealizada autonomamente, a fecundidade própria ao ramo da administração permite que se configure a gestão estratégica específica do processo de compras e contratações públicas, como esforço de aperfeiçoamento em extenso decurso.

Não há consenso, entre os diversos autores da área, na consolidação de um processo que congregue as fases a serem observadas na gestão estratégica. Grosso modo, porém, é possível esboçar, na Figura 36, suas principais etapas.

Figura 36. Macroprocesso de gestão estratégica[5]

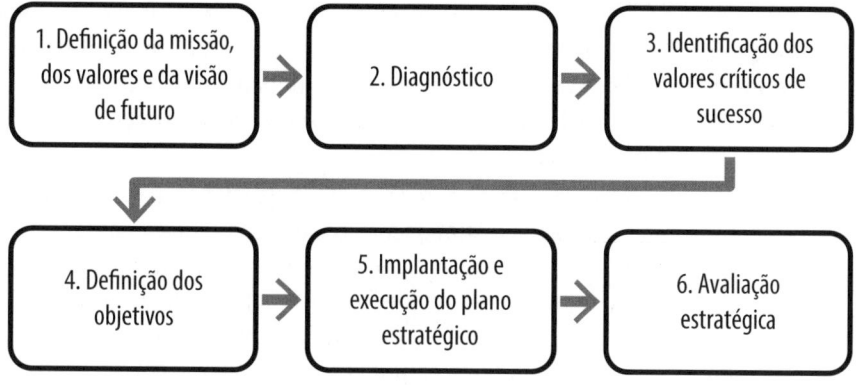

1. Definição da missão, dos valores e da visão de futuro → 2. Diagnóstico → 3. Identificação dos valores críticos de sucesso → 4. Definição dos objetivos → 5. Implantação e execução do plano estratégico → 6. Avaliação estratégica

Fonte: Elaborado pelo autor, com base em Fenili (2017).

O Quadro 29, por sua vez, sumariza a descrição dessas etapas.

Quadro 29. Descrição das etapas do macroprocesso de gestão estratégica

ETAPA	DESCRIÇÃO
Definição (declaração) da missão, dos valores e da visão de futuro da organização	• A **missão** é a própria razão de existir da organização, o seu propósito fundamental, para aonde todas suas ações devem convergir. • Os **valores** são os atributos que estruturam a cultura organizacional, bem como suas práticas. • A **visão de futuro** é um estágio desejado, o qual a organização pretende alcançar ao término de determinado prazo.
Diagnóstico	Trata-se da **análise interna e externa à organização**. Uma das ferramentas passíveis de serem empregadas nesta etapa é a análise SWOT (forças – fraquezas – oportunidades – ameaças). Almeja-se identificar os pontos fortes e fracos da organização, bem como as ameaças e oportunidades apresentadas pelo ambiente. Uma das principais tarefas a serem executadas nesta etapa é a análise dos *stakeholders*, ou seja, dos atores sociais que influenciam ou que são influenciados pelas ações organizacionais.

---

[5] Há autores que invertem as duas fases iniciais. Em tal concepção, por exemplo, é a partir de um diagnóstico que se estatui uma visão de futuro mais precisa.

ETAPA	DESCRIÇÃO
Identificação dos fatores críticos de sucesso	Trata-se de uma etapa intermediária inserida entre o diagnóstico e a formulação dos objetivos, que consiste em evidenciar as questões fundamentais que precisam ser satisfeitas para que haja êxito no cumprimento da missão organizacional.
Definição de objetivos	Nesta etapa, a missão da organização é desdobrada em objetivos estratégicos específicos, que passam a ser perseguidos simultaneamente, muitas vezes obedecendo a critérios de prioridade. Todos os objetivos devem ser <u>concretos</u> e <u>mensuráveis</u>. Assim, a cada objetivo é relacionado um <u>indicador</u>, ou seja, um critério de mensuração. Nesta etapa, produz-se o principal produto do planejamento estratégico: o plano.
Implantação e execução do plano estratégico	Com o plano estabelecido, resta a formulação das estratégias para sua implantação. Nesta etapa, são formulados e conduzidos projetos e programas com vistas à consecução dos objetivos definidos previamente.
Avaliação estratégica	Trata-se de um procedimento de controle, de forma a assegurar que a estratégia elaborada, bem como sua implantação e execução estão convergindo para que a organização atinja sua visão de futuro. O monitoramento é feito, usualmente, mediante **indicadores**. Caso sejam identificados desvios, ações corretivas devem ser tomadas.

Fonte: Adaptado pelo autor a partir de Fenili (2017).

O Quadro 29 apresenta etapas alusivas à gestão estratégica corporativa, tomada em visão sistêmica e englobando a totalidade da organização. Para fins da implantação de uma administração estratégica afeta especificamente ao processo de compras e contratações, deve-se proceder à customização das rotinas. Nesse sentido, no intento de bem ilustrar como se daria essa particularização, robustecendo o aspecto didático deste Capítulo, na próxima seção será arquitetada uma simulação de um planejamento estratégico concernente às aquisições públicas, na acepção em tela.

2.2.1. Concepção do plano estratégico: estudo de caso

Nesta seção, opta-se pelo uso do estudo de caso não como método de pesquisa, mas sim como ferramenta de aprendizagem (GRAHAM, 2010), trazendo abordagem holística e interativa para o ensino (FEAGIN; ORUM;

SJOBERG, 1991). Destarte, o caso descrito, ainda que fictício, supõe-se amoldar à realidade de significativa parcela de órgãos públicos brasileiros. Vamos a ele.

> A Entidade X, autarquia vinculada a ministério do Poder Executivo federal, começa a envidar esforços em prol da melhoria de seu processo de compras e contratações. A publicação da IN nº 05/2017, os ditames jurisprudenciais do Tribunal de Contas da União e a crescente discussão acerca da gestão de riscos moldam ambiente que sensibilizou a cúpula da unidade a demandar estudo que culminasse em um plano estratégico específico do processo em comento.
>
> Historicamente, a carência de planejamento consubstanciou vício permanente nos ritos de aquisição da entidade. A ausência de um plano de compras, bem como o excesso de pleitos emergenciais e repetidos ao longo do exercício financeiro implicam deficiência que incrementa a probabilidade de fracionamento de despesa, além de debilitarem a racionalidade no emprego da força de trabalho dedicada às compras e contratações.
>
> Em sede de gestão de pessoas, há equipe reduzida na área de compras da entidade, marcada pela rotatividade (*turn over*), pela recenticidade no desempenho de suas atribuições e pela desconsideração de boas práticas de gestão de pessoas. Ademais, o contingente escasso traz à baila episódios de inobservância da exigida segregação de funções.
>
> A Entidade X conta com significativos recursos orçamentários. Anualmente, conduz cerca de 250 licitações, em sua maioria na modalidade pregão. Protagoniza não menos do que 400 dispensas de licitação por valor e 100 inexigibilidades de licitação. Ainda assim, vê-se incapaz de executar o seu orçamento de forma satisfatória, havendo acúmulo de ritos licitatórios e de gastos no último trimestre do ano.
>
> A organização, ainda, é suscetível a acentuada interferência política, seja oriunda de forças externas, na nomeação de seus dirigentes, seja de forças internas, na determinação casuística de prioridades, o que fortalece celeumas como o reformismo e o personalismo.
>
> Em face da sinopse descrita, requer-se, pois, diligências em prol de confecção do aludido plano estratégico.

Em aderência às etapas descritas no Quadro 29, as páginas seguintes dedicam-se à elaboração do plano estratégico em compras e contratações para a Entidade X, procedendo-se às customizações eventualmente necessárias.

Definição da visão de futuro

A despeito de a primeira etapa em um plano estratégico constituir-se na declaração de missão, de valores e da visão de futuro da organização, ao restringirmos o escopo a um processo específico, os dois primeiros elementos passam a não ser aplicáveis, por serem alusivos, por concepção, às fronteiras corporativas, em sua completude.

Antecedendo a enunciação da visão de futuro, deve-se estipular o horizonte temporal do plano estratégico. O estágio desejado para o processo de compras após quatro anos, por exemplo, certamente diferirá do estágio almejado findo o decurso de dez anos.

Uma possível visão de futuro da Entidade X, sob o prisma processual, após o interstício de quatro anos (durante o qual será implementado o plano estratégico), é assim consignada:

> Ser reconhecida como referência na governança do processo de compras e contratações públicas, destacando-se nos aspectos de planejamento e aplicação de práticas de sustentabilidade.

Diagnóstico

Há uma extensa gama de ferramentas de gestão que se prestam à realização de diagnóstico. *Brainstorm*, diagrama de Ishikawa, *benchmarking* (interno, funcional ou competitivo), além do uso de folhas de verificação, de cartas de tendência ou de diagramas de dispersão são amostras de técnicas aplicáveis nesta etapa. Um dos instrumentos mais utilizados, contudo, é a chamada análise SWOT ou FOFA[6], dedicada à identificação de aspectos positivos e negativos que regem a posição atual da organização e que podem impactar cenários futuros.

Criada ainda na década de 1960, a análise SWOT foi desenvolvida para ser aplicada em grandes corporações, como forma de tornar a metodologia de construção do processo decisório estratégico mais explícita. Sua concepção – incerta de acordo com a literatura especializada – é atribuída majoritariamente aos professores George Smith Jr., Roland Christensen e Kenneth Andrews, da Harvard Business School, ao passo que corrente minoritária a atribui a Albert Humphrey, da Universidade de Stanford.

As forças e as fraquezas, na análise SWOT, referem-se ao ambiente interno da organização, sobre as quais ela possui maior capacidade de gestão. Já as ameaças e as oportunidades referem-se ao ambiente externo, havendo menor

---

6 A sigla S.W.O.T. é uma abreviação dos termos em inglês *"Strengths"*, *"Weaknesses"*, *"Opportunities"*, *"Threats"* (= Forças, Fraquezas, Oportunidades, Ameaças). Apesar de mais raro, no Brasil, por vezes essa ferramenta é referida como análise F.O.F.A. (forças, oportunidades, fraquezas, ameaças).

grau de controle da organização sobre esses fatores. O estudo dirigido por este instrumento permite a construção de uma matriz 2 x 2, representada na Figura 37.

Figura 37. Representação da matriz produzida na análise SWOT

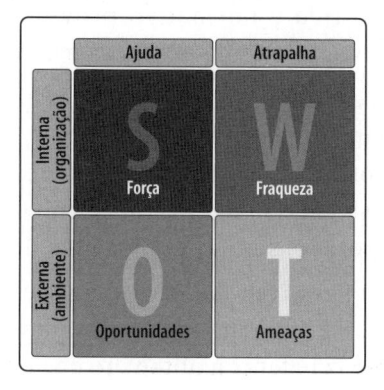

	Ajuda	Atrapalha
Interna (organização)	S — Força	W — Fraqueza
Externa (ambiente)	O — Oportunidades	T — Ameaças

Fonte: Portal Administração[7].

Com base no caso descrito, é possível esboçar uma matriz SWOT correspondente, representada na Figura 38.

Figura 38. Ilustração da matriz SWOT, construída a partir do caso proposto

FORÇA
- Patrocínio da cúpula para a confecção do plano estratégico;
- Disponibilidade de recursos orçamentários.

FRAQUEZA
- Ausência de plano de compras;
- Pedidos emergenciais;
- Equipe reduzida e de baixa maturidade;
- *Turn over*
- Execução orçamentária insatisfatória;
- Interferência política (prioridades).

OPORTUNIDADE
- IN nº 05/2017
- Jurisprudência do TCU
- Discussão, na Administração Pública, sobre gestão de riscos.

AMEAÇA
- Interferência política;
- Reformismo.

Fonte: elaborada pelo autor.

---
7 Disponível em <http://www.portal-administracao.com/2014/01/analise-swot-conceito-e-aplicacao.html>. Acesso em: 05 mar. 2018.

O cartesianismo típico dos modelos e dos instrumentos de gestão de origem estadunidense, contudo, por vezes escondem nuances pouco perceptíveis em análise imediata, tornando problemática sua adoção indiscriminada (D'IRIBARNE, 2005)[8]. Um exemplo é a inserção da IN nº 05/2017 como oportunidade, assim como os acórdãos da Corte Federal de Contas, justificada ante o isomorfismo coercitivo e normativo provido pelos regramentos, em prol do reforço da boa governança em compras e contratações.

Não obstante – e sim, estamos em um mundo real – exigências descabidas das normas, ou que sejam impossíveis de cumprir, podem ser vistas como ameaças. As primeiras, por serem danosas ao bom desempenho processual. As segundas, por serem passíveis de responsabilização dos gestores, ainda que a estes simplesmente não possam ser imputados pelo desatendimento à diretriz.

A análise de *stakeholders*, em adição, compõe tarefa a ser realizada durante o diagnóstico. Para Freeman (1984), designa-se *stakeholder* qualquer indivíduo ou grupo que possa afetar a obtenção dos objetivos organizacionais ou que é afetado pelo processo de busca desses objetivos. A chamada teoria dos *stakeholders*, em sua faceta instrumental, visa a avaliar a satisfação dos atores com os resultados da atuação institucional, mapeando e visualizando seus poderes de influência como fatores primários preditores do sucesso da organização (BOURNE; WALKER, 2005). A lógica reside, conforme lecionam Pfeffer e Salancik (1978), na busca pela efetividade, derivada diretamente das demandas dos grupos de interesse que regem a dinâmica da gestão, e que, assim, devem moldar o processo decisório.

Conforme sumarizado por Gomes e Gomes (2007)[9] a análise de *stakeholders* pode ser realizada mediante o cumprimento do seguinte *check-list*:

- identificação dos *stakeholders*;
- identificação de como os *stakeholders* influenciam o processo;
- identificação do que se necessita de cada *stakeholder*;
- identificação do critério empregado pelo *stakeholder* na avaliação da *performance* processual.

Em adição, na ótica de Savage et al. (1991), aqui particularizada ao contexto em análise, após a identificação dos *stakeholders*-chave, seguem-se duas avaliações, alicerçadas no potencial em ameaçar ou em colaborar com o processo de compras e contratações. Nessa tipologia, os *stakeholders* podem ser classificados em quatro categorias, a saber: (i) de suporte ou dispostos

---
[8] A problemática da adoção de tais modelos e instrumentos é mais bem discutida no Capítulo 7, quando se analisa o paradigma da gestão por competências.
[9] Sumarização feita com base em Bryson (1995) e Joyce (1999).

a apoiar, quando evidenciam alto potencial para a cooperação e baixo para a ameaça; (ii) indispostos a apoiar, com alto potencial para ameaçar e baixo para cooperar; (iii) ambíguos, sendo altamente capazes tanto de cooperar quanto de ameaçar o processo; e (iv) marginais, com baixos potenciais de ameaça e de cooperação.

O Quadro 30, destarte, assenta breve análise dos principais *stakeholders* do processo de compras e contratações alusivo ao caso proposto, seguindo-se o *check-list* citado por Gomes e Gomes (2007).

Quadro 30. Análise de *stakeholders* do processo de compras e contratações públicas, para o caso proposto.

Stakeholder	Como influencia o processo	O que se necessita do *stakeholder*	Como o *stakeholder* avalia o processo
Cliente interno	Ambíguo. Pode atuar como suporte (quando ciente de que sua participação ativa é essencial no êxito na compra e da contração) ou indisposto a apoiar (quando avesso à participação, ao planejamento, mas contumaz nas críticas pouco construtivas).	Diligência na elaboração dos estudos preliminares e dos termos de referência; elaboração e cumprimento do plano anual de compras e contratações; fiscalização na fase de gestão contratual.	A partir da celeridade do rito, da qualidade do objeto e da quantidade e complexidade das tarefas dele demandadas.
Prestador do serviço[10] (pregoeiro, instâncias jurídicas, ordenador de despesas etc.)	Usualmente atuam suportando o processo, com potencial para a cooperação.	Capacidade de análise processual e demais ações em prol de sua instrução.	A partir da celeridade e da conformidade legal (qualidade da instrução).
Cúpula organizacional	Ambíguo. Atua, por um lado (e no presente momento), como patrocinadora da boa governança no processo. Mas protagoniza interferência política danosa ao processo, estabelecendo prioridades casuísticas.	Patrocínio para a implantação de instrumentos de governança em aquisições.	A partir da conformidade legal e do atendimento a setores críticos à Entidade, inclusive sob um viés político.
Agente político externo	Indisposto a apoiar. Atua indicando novos dirigentes, em clara interferência política personalista.	Mitigação da interferência política.	Não avalia o processo em si.

---

[10] Trata-se do serviço de instruir a compra e a contratação.

Stakeholder	Como influencia o processo	O que se necessita do stakeholder	Como o stakeholder avalia o processo
Fornecedor (contratado)	Ambíguo. Pode atuar como parceiro da entidade, cumprindo o desejado nível de serviço logístico. Ou, de outra forma, pode ingressar em práticas desleais, como conluios.	Cumprimento contratual. Interação com a Entidade na fase de planejamento do processo, mantendo conduta ética.	A partir da transparência, e do prazo diminuto para pagamento.
Órgãos de controle (interno e externo)	Usualmente suportam o processo, ditando recomendações em prol da boa governança.	Conhecimento da matéria, para que as recomendações sejam exequíveis e acertadas.	A partir da conformidade legal.
Cidadão	Marginalmente. Baixa potencialidade de ameaça e de cooperação direta.	Exercício de *accountability*.	A partir da transparência e do atendimento aos preceitos legais. Pode avaliar, ainda, através da observância às dimensões da sustentabilidade.

Fonte: elaborado pelo autor.

Identificação de fatores críticos de sucesso

Os fatores críticos de sucesso, no caso, podem ser remetidos à consecução da visão de futuro. Em caráter exemplificativo, teríamos:

- manutenção do patrocínio da cúpula da Entidade X durante a vigência do plano estratégico;
- sensibilização dos clientes internos para fins de envolvimento quando da implantação de instrumentos de governança tais como o plano anual de compras e contratações e o plano de gestão de riscos; e
- capacitação da Entidade em governança nas aquisições públicas.

Definição de objetivos

Para cada objetivo constante do plano, haverá, ao menos, um projeto relacionado. Desse modo, em organizações marcadas pela baixa disponibilidade de recursos de pessoal, é inócuo e inefetivo um plano estratégico que contemple significativa gama de objetivos, que, inevitavelmente, acabarão traduzidos em iniciativas não concretizadas. Linha mais coerente é a elaboração de plano enxuto, mas exequível, pautado por objetivos realizáveis no interregno traçado.

Com fulcro no diagnóstico, exemplo de plano estratégico para a Entidade X é registrado no Quadro 31. Pertinente é a menção de que, nesta etapa, poder-se-ia empregar método específico de determinação e concatenação lógica de objetivos, tal como o *balanced scorecard*.

Quadro 31. Proposta de plano estratégico de compras e contratações da Entidade X

Objetivo	Indicador	Projeto(s) / Medida(s)
Mitigar a incidência de pleitos emergenciais.	Número de pleitos emergenciais (meta = 5% do total de pleitos).	Elaborar plano anual de compras e contratações.
Mitigar o risco de fracionamento de despesas.	Número de compras / contratações distintas, de objetos de mesma natureza (meta = < de 3% das compras). Número de dispensas de licitação, por valor[11] (meta = < 200/ano).	Elaborar plano anual de compras e contratações; Consolidar sistemática de controle para a identificação de objetos de mesma natureza.
Distribuir as licitações de forma homogênea, ao longo do exercício.	Nível de flutuação quantitativa das licitações, ao longo dos meses do ano (meta = < 10% da média mensal de licitações).	Dotar o plano anual de compras e contratações de calendário de submissão dos pleitos, pelos clientes internos.
Embutir práticas de sustentabilidade nas compras e contratações.	Indicadores constantes do PLS.	Elaborar e implementar Plano de Logística Sustentável (PLS).
Capacitar a equipe de compras.	Horas de capacitação por colaborador (meta = mínimo de 30 horas anuais).	Elaborar e implementar plano de capacitação anual específico para a área de aquisições.
Implementar a gestão de riscos no macroprocesso de aquisições.	Indicadores constantes do Plano de Gestão de Riscos.	Elaborar e implementar plano de gestão de riscos.
Promover a devida segregação de funções.	Relatório submetido (1 relatório).	Elaborar estudo de reestruturação do processo de compras e contratações, observando-se a segregação de funções.

Fonte: elaborado pelo autor.

Primando pela exequibilidade dos objetivos, importa esclarecer que, no que tange à segregação de funções, não foi prevista a solução derradeira do vício. O que se propõe, em seu lugar, é a elaboração de um estudo atinente à melhor divisão de responsabilidades e autoridade processual. Isso sim é

---
11 Um elevado número de dispensas de licitação por valor, no mesmo exercício é, por si só, indício de fracionamento de despesas.

possível, no horizonte estratégico. A efetivação da reestruturação depende de variáveis outras que não circunscritas sob o domínio gerencial, mas que invade seio político.

2.2.2. A interface entre a gestão estratégica e outros métodos de aperfeiçoamento processual

A eventual elaboração e implementação de um plano estratégico voltado ao processo de compras e contratações visa, em última instância, a melhoria do desempenho desse rito. Forçoso reconhecer, todavia, que tal não é o único método que se presta a essa finalidade.

Além da gestão estratégica, a gestão por processos e a gestão de riscos aplicada ao macroprocesso de aquisições públicas – entre outras iniciativas – guardam o mesmo intuito, em que pesem suas diferenças conceituais e seus pressupostos metodológicos particulares. A opção mais acertada deve levar em conta os recursos disponíveis na organização pública, bem como sua maturidade em termos do emprego dessas ferramentas / técnicas de administração.

Logicamente, a efetivação de quaisquer desses métodos implica custos ao órgão ou à entidade. Demandam, como regra, expressiva quantidade de homem-hora para suas concretizações, recheada por reuniões recorrentes (e caras!), além de reclamarem, muitas vezes, por investimentos de capacitação à equipe incumbida da tarefa. Isto posto, a(s) escolha(s) metodológica(s) deve(m) ser sopesada(s) à luz da economicidade imposta ao setor público.

Quando a organização pública recorre a apenas um dos aventados métodos, acaba por não incorrer em problemas de nexo entre eles. Notórias, contudo, são as dificuldades de interligação entre os instrumentos na hipótese de suas aplicações concomitantes. Uma ocasional aplicação independente das ferramentas sujeita a organização a esforços em duplicidade, por vezes não harmonizáveis no tempo, engendrando conflitos e uso insensato de recursos.

Ademais, existe a possibilidade de a concatenação metodológica dar-se em duplo sentido. Ilustra-se: uma linha de ação advinda de tratamento específico de risco pode ser a justa elaboração de um plano estratégico relativo ao processo de compras e contratações. Neste caso, a gestão de riscos enseja a gestão estratégica. Em curso inverso, um plano estratégico pode ter como objetivo a elaboração de um plano de gestão de riscos do macroprocesso.

Em perspectiva mais aprofundada, o que se entrevê é que tanto os objetivos estratégicos quando os tratamentos de riscos germinam projetos. Consubstanciam, pois, fatos geradores de empreitadas temporárias, que visam a entregar produtos inéditos em prol do aprimoramento do processo. A falta de integração entre tais sistemáticas impinge as celeumas já aqui relatadas.

Em especial, normas e manuais no âmbito do setor público brasileiro apontam de modo superficial essa necessidade de integração. Os enunciados, genéricos em si, são do tipo: "a gestão de riscos deverá estar integrada aos processos de planejamento estratégico, tático e operacional"[12] ou "a gestão de riscos passa a apoiar a geração de valor e a estratégia organizacional"[13]. Tendem a apontar a gestão de riscos como subsidiária à gestão estratégica, conforme salientado no seguinte excerto:

> A gestão de riscos (identificação e avaliação de riscos e definição de respostas, dentre elas controles) interage com o Planejamento Estratégico, na medida em que a organização, ao identificar e tratar os riscos e implementar controles internos focados nesses riscos, estará aumentando a probabilidade de alcance dos objetivos definidos [...] (BRASIL, 2017a, p. 11).

A devida administração de riscos é sabida tarefa inerente à gestão de projetos (PMI, 2013): destarte, fato é que alicerçam, ainda que indiretamente, as diligências próprias ao alcance dos objetivos estratégicos. No entanto, esclarece-se que, neste caso, fala-se dos riscos dos projetos, e não dos riscos do macroprocesso de aquisições.

A curva de aprendizagem, percorrida com esteio na evolução de rotinas de governança lograda na Câmara dos Deputados, permite consignar, em seguida, breve compêndio de boas práticas. Nada obstante, há de se sinalizar o aspecto prescritivo deste conteúdo, recomendando-se, sempre, o resguardo de enfoque crítico.

- Tanto a gestão estratégica quanto a gestão de riscos, ambas aplicadas ao macroprocesso de compras e contratações públicas, visam ao aperfeiçoamento desse rito. São, pois, métodos de aprimoramento processual.
- Em órgãos e entidades que gozam de recursos e estrutura, a aplicação de mais de um método de melhoria do processo de compras e contratações é possível. No entanto, nesse caso, a interligação lógica entre tais iniciativas é aspecto crítico a ser considerado.
- Em órgãos e entidades que não gozam de tais recursos, ou que ainda não espelham maturidade em governança das aquisições, a adoção de apenas um método denota caminho racional e mais exequível.

---

12 Portaria nº 915/2017, do Ministério da Transparência, Fiscalização e Controladoria-Geral da União.
13 De acordo com o manual *Gestão Integrada de Riscos no Banco Central do Brasil*, disponível em: <https://www.bcb.gov.br/htms/getriscos/Gestao-Integrada-de-Riscos.pdf>. Acesso em: 10 mar. 2018.

- Riscos devem ser considerados no âmbito dos projetos originados a partir dos objetivos estratégicos.
- A gestão de riscos do macroprocesso de aquisições deve contemplar tratamentos em níveis operacional, tático e estratégico.

3. O PLANO ESTRATÉGICO COMO CRONOGRAMA DE COMPRAS E CONTRATAÇÕES EM LONGO PRAZO

Neste segundo sentido, o plano traduz-se em instrumento de gestão relativa à previsibilidade das compras e contratações com intenção de serem conduzidas em horizonte estratégico.

A premissa básica que reveste a delimitação temporal do plano estratégico de compras e contratações, nessa acepção, bem como o plano anual, é que suas harmonizações com o ciclo orçamentário proveem maior racionalidade às aquisições públicas. Nesse ponto de vista, o processo orçamentário é instrumental às compras. Deve, assim, ser regido e, ao mesmo tempo, reger as demandas licitatórias governamentais. Propugna-se, destarte, que o plano estratégico de compras e contratações (PECC) tenha horizonte coincidente com o do plano plurianual (PPA).

Para a confecção do PECC, as seguintes questões devem ser abordadas:

- **Quais compras e contratações irão se repetir nos próximos anos?**

Há pleitos que se repetem todos os anos, de forma idêntica. São, destarte, de elevada previsibilidade, sendo inseridos no PECC conforme ilustrado no Quadro 32.

Quadro 32. Exemplos de compras e contratações repetidas anualmente, inseridas no PECC

2020	2021	2022	2023[14]
Assinatura de periódico	Assinatura de periódico	Assinatura de periódico	Assinatura de periódico
Serviço de manutenção de elevadores	Serviço de manutenção de elevadores	Serviço de manutenção de elevadores	Serviço de manutenção de elevadores

Fonte: elaborado pelo autor.

---

14 O interregno de 2020 a 2023 é inerente ao próximo PPA da União.

- **Os modelos de compra e contratação irão permanecer os mesmos?**

Ao se pensar em longo prazo, oportuniza-se a revisão de modelos de compra e contratação.

Em especial, inovações contemporâneas próprias à economia compartilhada / colaborativa, na qual há a substituição da posse dos bens pelo seu usufruto, são tendência na Administração Pública. Da mesma sorte, pode-se pensar em alterações em contratos, passando a focar em novas métricas de resultados. Tais situações são ilustradas no Quadro 33.

Quadro 33. Exemplos de inovações em modelos de compras e contratações, inseridas no PECC

2020	2021	2022	2023
Manutenção de equipamentos laboratoriais (há a posse dos equipamentos)	Manutenção de equipamentos laboratoriais	Fim da vida útil dos equipamentos. Alienação e alteração do modelo contratual para *outsourcing*.	Contrato de *outsourcing* relativo a equipamentos laboratoriais (disponibilização de equipamentos + fornecimento de insumos)
Manutenção de veículos (há a posse)	Manutenção de veículos	Manutenção de veículos	Locação de veículos (deixa de haver a posse)
Serviços continuados de limpeza (postos de trabalho)	Serviços continuados de limpeza (base em instrumento de medição de resultado)	Serviços continuados de limpeza (base em instrumento de medição de resultado)	Serviços continuados de limpeza (base em instrumento de medição de resultado)

Fonte: elaborado pelo autor.

- **Há projetos estratégicos que implicam aquisições / contratações nos próximos exercícios?**

Na confecção do PECC, pleitos inerentes a projetos estratégicos (usualmente corporativos) também devem ser considerados. Usualmente são demandas específicas e singulares, críticas à execução do projeto, confundindo-se com o seu resultado final ou compondo insumo essencial à sua boa condução. Exemplos são apresentados no Quadro 34.

Quadro 34. Exemplos de demandas inerentes a projetos estratégicos, inseridas no PECC

Projeto	2020	2021	2022	2023
Revitalização do portal institucional do órgão, na internet	-	Realização de concurso para a seleção de *layout* e arquitetura do portal	Contratação de empresa para a implantação do *layout* e da arquitetura	-
Ampliação do edifício sede	-	-	Contratação de empresa para a realização de obra de ampliação do edifício sede	-

Fonte: elaborado pelo autor.

- **Existe a possibilidade de proposição de um cronograma de renovação paulatina de equipamentos?**

Em virtude da usual restrição de recursos orçamentários, a renovação de extenso parque de equipamentos, em um mesmo exercício, pode não ser viável. Boa prática, no intuito de mitigar esse risco, é a consideração de um cronograma de renovação, de sorte que, ao final do horizonte estratégico, tenha havido a substituição da integralidade dos bens, consoante exemplificado no Quadro 35.

Quadro 35. Exemplo de renovação de parque de equipamentos, constante no PECC

2020	2021	2022	2023
Aquisição de frigobares (renovação de 25% do total)	Aquisição de frigobares (renovação de 25% do total)	Aquisição de frigobares (renovação de 25% do total)	Aquisição de frigobares (renovação de 25% do total)
-	Aquisição de computadores (renovação de 60% do total)	-	Aquisição de computadores (renovação de 40% do total)

Fonte: elaborado pelo autor.

- **Como serão implementadas as metas do Plano de Logística Sustentável relativas às compras e contratações?**

Importante papel desempenhado pelo PECC é servir de conexão entre o plano de logística sustentável e o plano anual de compras e contratações (PACC), usualmente no que concerne à minimização de índices de consumo.

Tomemos por exemplo um hipotético contrato referente a serviço de coleta de resíduos sólidos. Nos estudos preliminares, tomou-se por base a série histórica de demanda de coleta, medida em kg/semana, representada no Gráfico 11.

Gráfico 11. Série histórica de demanda por coleta de resíduos sólidos

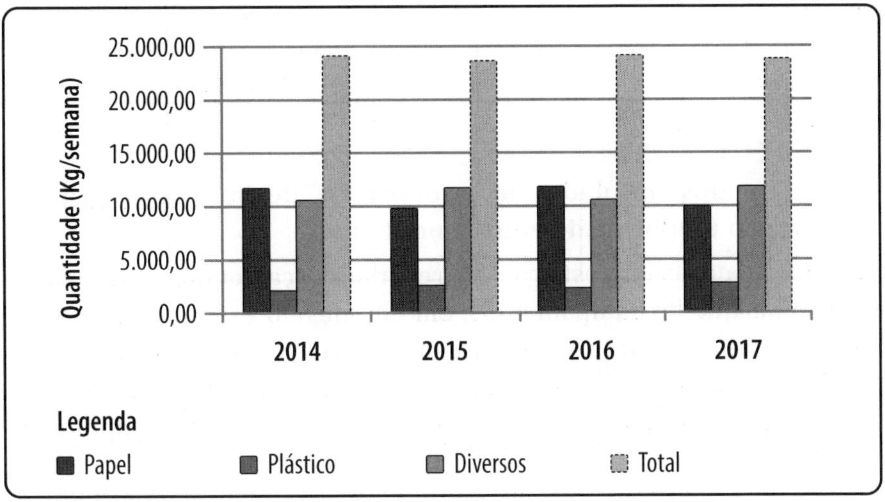

Fonte: elaborado pelo autor.

Os quantitativos totais, alusivos à série histórica, são registrados na Tabela 3.

Tabela 3. Quantitativos totais de resíduos coletados

2015	2016	2017	2018
24.200 kg	23.800 kg	24.180 kg	23.935 kg

Fonte: elaborado pelo autor.

Ao se estimar a demanda para os anos subsequentes, caso se opte por critério meramente projetivo, opção usual seria tomar por base a média aritmética dos quantitativos de anos anteriores, acrescendo-se, ainda, 10%, relativos a eventuais variações. Assim, por exemplo, para 2019, o novo contrato passaria a prever uma coleta total de 26.430 kg.

No entanto, o plano de logística sustentável poderia, no caso, prever metas decrescentes para os exercícios vindouros (por exemplo, a minimização anual de 1.500 kg de resíduos a serem coletados). O PECC, nesses lindes, atua fazendo a ponte entre o insculpido no PLS e o planejado ano a ano, conforme exemplificado na Tabela 4.

Tabela 4. PECC como *link* entre PLS e PACC

	Série Histórica (kg)				PECC (kg)			
	2015	2016	2017	2018	2019	2020	2021	2022
PECC sem vínculo com PLS (A)	24.200	23.800	24.180	23.935	26.430	26.960	27.410	27.801
PECC baseado no PLS (B)	24.200	23.800	24.180	23.935	22.000	20.500	19.000	17.500
Diferença (A – B)	-	-	-	-	4.430	6.460	8.410	10.301

Fonte: elaborado pelo autor

O uso do PECC como *link* entre o PLS e o PACC, no exemplo constante da Tabela 4, traz maior consciência na ótica de longo prazo, evitando o automatismo das técnicas matemáticas puramente intrínsecas de previsão de demanda.

Análise derradeira diz respeito à ordem de precedência na elaboração de instrumentos de governança. Qual plano deve ser concebido preliminarmente: o estratégico ou o anual de compras e contratações?

A resposta conceitualmente mais acurada baseia-se na característica de um plano tático-operacional ser um desdobramento do estratégico. Eis que o PECC antecederia o PACC. Contudo, inconteste o fato de que maior grau de maturidade é exigido para fins de confecção do plano estratégico. Exigir de uma organização que se lance à confecção de um plano estratégico de compras sem ter percorrido a curva de aprendizagem inerente aos planos anuais pode se revelar inócuo. Natural, pois, que, inicialmente, o PACC venha antes do PECC.

Com uma crescente maturidade em governança, fomentada pela gestão longitudinal dos planos anuais, entende-se que um estágio de equilíbrio pode ser alcançado em médio ou longo prazo, fazendo com que os planos anuais precedam os estratégicos, sendo elaborados à luz destes.

Capítulo 6

O Plano Anual de Compras e Contratações Públicas

1. INTRODUÇÃO

Se a elaboração de um plano estratégico de compras e contratações públicas (PECC), enquanto cronograma de aquisições em longo prazo, é tarefa ainda não harmonizável com o grau de maturidade em governança da maioria dos órgãos e das entidades públicas brasileiras, fato é que o caminho para tanto passa, necessariamente, pelo desenvolvimento e implementação de um **plano anual de compras e contratações (PACC)**[1].

O PACC responde por ser uma das principais inovações disruptivas no amplo escopo do planejamento das contratações. Se bem concebido e executado, detém a capacidade de mitigar riscos significativos do rito de compras, tais como o fracionamento de despesas, compras repetidas do mesmo objeto (incrementando o custo de pedido), execução financeira insatisfatória, falta de padronização e uso pouco racional da força de trabalho atuante no processo de licitações.

Não menos importante é a sua atuação acessória à comunicação organizacional, seja com o segundo setor – informando previamente as demandas do órgão / entidade que serão compradas / contratadas no exercício, propiciando ao mercado que se prepare antecipadamente para os certames; seja com a própria Administração Pública, favorecendo, por exemplo, as iniciativas de compras compartilhadas.

---

1 A nomenclatura adotada na Instrução Normativa nº 01/2018 MPDG faz referência a apenas "plano anual de contratações". Nesta obra, a fim de se bem ampliar o conceito, alude-se a "plano anual de **compras** e contratações".

Não se olvida, ainda, que o PACC cumpra o papel de propiciar *accountability*, em especial na dimensão de *answerability* (informação / transparência), haja vista a recomendação de sua publicação na internet. Enseja, pois, a *accountability* horizontal (frente a órgãos de controle), vertical (junto a cidadãos) e societal (protagonizada por grupos organizados da sociedade civil).

Inexiste, reconhece-se, um padrão único de plano anual de compras. Esse mecanismo de gestão pode assumir contornos distintos, estendendo-se desde um mero calendário de aquisições a um instrumento mais complexo, com a totalidade das demandas mapeadas *a priori*, compondo insumo ao projeto de lei orçamentária anual (PLOA).

Neste Capítulo, conduz-se discussão acerca da elaboração e execução do PACC, desvelando-se suas nuances, premissas, bem como variáveis a serem contempladas na formalização de método para a sua construção. Discute-se, ainda, os avanços e as fragilidades da Instrução Normativa MPDG nº 01, de 29 de março de 2018, que dispõe sobre a elaboração do plano em tela.

2. TIPOS DE PLANO ANUAL DE COMPRAS E CONTRATAÇÕES E UM BREVE DEBATE À LUZ DA ENTROPIA

A tipologia dos planos anuais de compras e contratações ora dissertada refere-se à sua segmentação de acordo com o nível de funcionalidade como instrumento subsidiário ao processo de compras e contratações. O Quadro 36 apresenta dez níveis de funcionalidade, discriminados de acordo com a quantidade de artefatos de gestão inscritos no PACC. Ao se abandonar postura meramente reativa em face dos clientes, avança-se nos citados níveis. Nesses lindes, o nível X representa o maior grau de proatividade do setor de compras da organização, no que concerne ao planejamento das compras.

Quadro 36. Tipologia do PACC, de acordo com o nível de funcionalidade

Nível de funcionalidade	Calendário de compras	Todas as demandas mapeadas a *priori*	Insumo ao PLOA	Institui o papel de supridor, na organização	Demandas distribuídas de forma homogênea no exercício	Montantes empenhados de forma homogênea no exercício	Distribuição homogênea de carga de trabalho por supridor	Definição da data de entrada de cada processo no setor de compras	Definição do grau adequado de centralização	Adequação à dinâmica do mercado
I	✓	X	X	X	X	X	X	X	X	X
II	✓	✓	X	X	X	X	X	X	X	X
III	✓	✓	✓	X	X	X	X	X	X	X
IV	✓	✓	✓	✓	X	X	X	X	X	X
V	✓	✓	✓	✓	✓	X	X	X	X	X
VI	✓	✓	✓	✓	✓	✓	X	X	X	X
VII	✓	✓	✓	✓	✓	✓	✓	X	X	X
VIII	✓	✓	✓	✓	✓	✓	✓	✓	X	X
IX	✓	✓	✓	✓	✓	✓	✓	✓	✓	X
X	✓	✓	✓	✓	✓	✓	✓	✓	✓	✓

Fonte: elaborado pelo autor.

A taxonomia apresentada no Quadro 36, bem como o nível referido no parágrafo anterior desvelam, como dito, uma escala crescente de proatividade do setor de compras. O Quadro 37, por sua vez, sumariza as principais funcionalidades inerentes aos nove níveis.

Quadro 37. Descrição das funcionalidades, por nível de maturidade do PACC

Nível	Funcionalidade	Descrição
I	Calendário de Compras	Nesta sistemática, estipulam-se datas limites, ao longo do exercício, a fim de consolidar a demanda de objetos de mesma natureza. Assim, por exemplo, os clientes internos que desejarem adquirir material elétrico devem enviar suas demandas para o setor de compras no mês de março. A próxima janela de captação de demandas desse tipo de material será no mês de agosto.
II	Demandas do PACC mapeadas *a priori*	Diferentemente do Nível I, neste nível, todas as demandas a serem processadas no exercício são mapeadas *a priori*, ou seja, identificadas no ano anterior.
III	Insumo ao PLOA	As demandas são mapeadas no primeiro trimestre do ano anterior. Destarte, compõem parcela do projeto de lei orçamentária anual, no que concerne às aquisições e contratações. Há maior complexidade nesta sistemática, ante o lapso entre previsão e execução: uma demanda mapeada em fevereiro de um ano, por exemplo, pode ser processada apenas em novembro ou dezembro do ano seguinte.
IV	Instituição do papel de supridor, na organização	Nesta sistemática, as demandas não são encaminhadas diretamente ao setor de compras, mas, ao invés, são filtradas por uma instância intraorganizacional de maior expertise nos objetos – os supridores (a caracterização do papel de supridor é efetuada na próxima seção).
V	Demandas distribuídas de forma homogênea no exercício	Neste nível, agrega-se a preocupação com a carga de trabalho global inerente ao processo de compras e contratações. A intenção é primar pela homogeneidade de processos ao longo dos meses do exercício, evitando-se tanto picos elevados quanto períodos de ociosidade.
VI	Montantes empenhados de forma homogênea no exercício	Prima-se, neste nível, para, além das funcionalidades anteriores, a emissão de empenhos de forma homogênea no exercício, de sorte a evitar acúmulo de recursos orçamentários não empenhados no último trimestre do ano.

Nível	Funcionalidade	Descrição
VII	Distribuição homogênea de carga de trabalho por supridor	Neste nível, consideram-se não só a carga de trabalho global do processo (como visto no nível V), mas também a carga de trabalho por supridor. O que se almeja é evitar, por exemplo, que todos os processos que demandem expertise em TI sejam processados em um único mês, o que geraria, por óbvio, sobrecarga da equipe de informática do órgão ou entidade.
VIII	Definição da data de entrada de cada processo no setor de compras	Tomando-se por base a data almejada de finalização do processo de compra ou contratação (emissão da nota de empenho / assinatura do contrato ou da ata de registro de preços), é possível definir data anterior na qual os autos devem dar entrada no setor de compras, de sorte que o prazo seja cumprido.
IX	Definição do grau adequado de centralização	O grau de centralização das compras e contratações é pensado de forma proativa, de maneira a balancear traços como custo processual, sustentabilidade econômica / social e estímulo à inovação do mercado.
X	Adequação à dinâmica do mercado	Neste último nível de maturidade, a dinâmica do mercado é considerada, em especial a variação dos preços durante o exercício (previsão de inflação / deflação / sazonalidades e tendências). Almeja-se, com o PACC, definir o melhor momento de compra e contratação, de forma a garantir

Fonte: elaborado pelo autor.

Em face do amplo repertório de tipos de planos anuais de compras e contratações, a opção pelo que mais bem se adeque à organização constitui-se tarefa crítica e basilar ao êxito de sua implementação. O PACC, conjetura-se, importa uma das principais mudanças nas práticas da dinâmica processual, assumindo, pois, o papel de elemento transformador de cultura. Quanto mais avessa à inovação e inerte for a cultura latente ao rito de aquisições, maiores serão as barreiras à apropriação do plano.

No bojo de um diagnóstico cultural, elementos tais como a evolução em termos de maturidade em governança, o apoio da cúpula organizacional à implantação do PACC e o grau de centralização da estrutura devem ser considerados. A hipótese trazida à baila é a de que quanto mais pronunciadas positivamente tais variáveis[2], maior aptidão haverá na implementação de plano de compras com níveis mais elevados de funcionalidade, consoante classificação consignada no Quadro 36.

---

2 Com uma intensa descentralização organizacional – por vezes inclusive em termos geográficos, com unidades subordinadas dispersas em outros Estados do País – passa a haver sensível custo de transação a fim de implantar PACC mais complexo, que congrega diversas funcionalidades.

Uma melhor compreensão sistêmica da inserção de um plano anual de compras e contratações em uma organização dá-se ao se valer do conceito de entropia. Ainda que concernente à termodinâmica, o construto *entropia* é usualmente transposto aos estudos organizacionais como medida da desordem de um sistema. Quanto maior a entropia, mais desorganizado ou mais caótico é determinada conformação. Idealiza-se, desse modo, que a mitigação entrópica é objetivo perene na realidade das organizações.

A segunda Lei da Termodinâmica enuncia que, para sistemas fechados, a entropia jamais decresce: há, sim, uma direção preferencial e espontânea da natureza, revelada em incremento da desordem rumo ao caos. Ademais, à medida que o sistema passa a contemplar múltiplos arranjos possíveis, proporcional à sua complexidade, cresce a sua entropia. A negentropia (entropia negativa) passa a ser possível em sistemas abertos[3], mediante a atuação de elemento externo que sobreponha energia sob o prisma de ordenação.

O plano anual de compras e contratações é, justamente, um desses elementos externos que visa a mitigar a entropia, escapando ao caos no rito de compras. Quanto menos tendente à desordem for o seu substrato, mais fácil a sua assimilação. O apoio das instâncias decisórias do órgão ou da entidade, bem como uma cultura mais amigável ao planejamento consolidam base menos entrópica, por assim dizer, favorecendo o enraizamento do PACC.

Em breve digressão, note que todos os instrumentos de governança do processo de aquisições públicas se traduzem em diligências que aspiram à ordenação do rito, de sorte que bem atenda aos anseios do principal. São, destarte, medidas negentrópicas, bem como são, em sua acepção original, as leis, as normas infralegais e a jurisprudência correlata[4].

Importa reconhecer, outrossim, que todos os sistemas existentes são, na realidade, abertos (exceção seria o universo). Nesse sentido, mostra-se constante a troca de energia entre suas fronteiras externas. No caso do processo de compras e contratações públicas, uma vez mais podem-se aplicar as bases da teoria em comento: há sempre forças (energias) que tendem a talhá-lo de acordo com interesses específicos, a depender das aspirações dos *stakeholders*. Mercado e agentes governamentais com inclinações pouco republicanas protagonizam fontes de desvirtuamento do processo, em investidas de "organizá-lo" de acordo com suas vontades. A governança, uma vez mais, é a medida negentrópica por essência, visto ordenar o rito de compras de acordo com as dimensões de desempenho que mais bem se coadunam com os anseios do cidadão.

---

3 Em visão estrita, não existiria entropia negativa, mas sim uma redução da intensidade da entropia em si.
4 Logicamente, a multiplicidade de leis que regulamentam a mesma matéria, bem como acórdãos dissonantes sobre um mesmo objeto não favorecem a ordenação do sistema.

A concepção do plano anual de compras e contratações tem sua gênese, em termos jurisprudenciais, esteada em recomendação lavrada pela Corte Federal de Contas, conforme já apresentado no Capítulo 2 e ora reprisada:

> Execute processo de planejamento das aquisições, contemplando, pelo menos:
> - Elaboração, com participação de representantes dos diversos setores da organização, de um documento que materialize o Plano de Aquisições, contemplando, para cada contratação pretendida, informações como: descrição do objeto, quantidade estimada para a contratação, valor estimado, identificação do requisitante, justificativa da necessidade, período estimado para aquisição (e.g., mês), programa/ação suportado(a) pela aquisição, e objetivo(s) estratégico(s) apoiado(s) pela aquisição;
> - Aprovação, pela mais alta autoridade da organização, do plano de aquisições;
> - Divulgação do plano de aquisições na internet;
> - Acompanhamento periódico da execução do plano, para correção de desvios.

O Projeto de Lei nº 6.814, da Câmara dos Deputados, em vias de se tornar a nova Lei de Licitações e Contratos brasileira, traz em seu texto o seguinte dispositivo:

> Art. 10. No processo licitatório, observar-se-á o seguinte:
> [...]
> VII – os órgãos responsáveis pelo planejamento de cada ente público deverão elaborar planos de compras anuais, com o objetivo de racionalizar as compras públicas entre os diferentes órgãos e entidades sob sua competência

A elaboração e, principalmente, a execução satisfatória de um plano anual de compras é desafio que esconde complexidades expressivas. Vem de encontro a traços culturais pátrios, defronta espaços de poder ocupados por atores outros que não o setor de compras nas organizações, coloca à prova a escassez de estrutura e a capacidade operacional alusiva ao rito licitatório, e traz à tona as imperfeições de um ciclo orçamentário defeituosamente cumprido pelos órgãos e entidades públicas.

Em face desses onipresentes vetores, o pilar metodológico alusivo à elaboração do plano anual de compras e contratações deve ser sobremaneira sólido. Fragilidades, nesse quesito, acabarão por se traduzir, em momento ulterior, em indefinição de papéis, em premissas equivocadas, e em rotinas inexequíveis. A próxima seção, por conseguinte, destina-se a bem discutir a via procedimental subjacente à construção do PACC.

3. ASPECTOS METODOLÓGICOS SUBJACENTES À ELABORAÇÃO DO PLANO ANUAL DE COMPRAS E CONTRATAÇÕES

Para fins de ilustração metodológica, considerar-se-á a elaboração de um plano anual de compras e contratações com nível otimizado de maturidade, do qual constem todos os artefatos de gestão consignados no Quadro 36 – ou seja, o nível X em termos de funcionalidade. Essa opção justifica-se por prover a abordagem mais completa em termos didáticos, consubstanciando norte a quem se lança à composição ou ao aprimoramento do instrumento. Frisa-se, por oportuno, que a metodologia visitada neste Capítulo não se contrapõe aos ditames da Instrução Normativa nº 01/2018, do MPDG; ao contrário, é aderente e complementar à norma, robustecendo suas lacunas e aclarando artefatos de gestão necessários à sua operacionalização.

A Figura 39 ilustra as etapas tocantes à elaboração do PACC, sobre as quais se discorre em seguida. Há de se esclarecer, de antemão, que se trata da proposição de um modelo, cuja aderência à realidade dos diversos órgãos e entidades deve ser sopesada, e, se necessárias, efetuadas as devidas customizações.

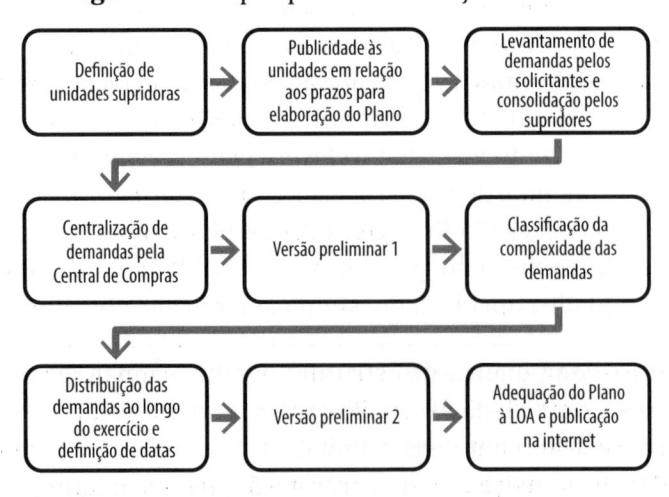

Figura 39. Etapas para a elaboração do PACC

```
Definição de          →  Publicidade às          →  Levantamento de
unidades supridoras      unidades em relação        demandas pelos
                         aos prazos para            solicitantes e
                         elaboração do Plano        consolidação pelos
                                                    supridores
                                                         ↓
Centralização de      →  Versão preliminar 1     →  Classificação da
demandas pela                                        complexidade das
Central de Compras                                   demandas
                                                         ↓
Distribuição das      →  Versão preliminar 2     →  Adequação do Plano
demandas ao longo                                    à LOA e publicação
do exercício e                                       na internet
definição de datas
```

Fonte: elaborado pelo autor.

3.1. Definição de unidades supridoras

Uma primeira definição relativa aos papéis atuantes na dinâmica do PACC refere-se ao de **solicitante**. Define-se por solicitante a unidade na qual é originada a demanda. É o cliente, em sua essência.

Isto posto, vem à baila a primeira pergunta estruturante do plano: para a sua confecção, **as demandas devem ser encaminhadas diretamente dos solicitantes à área de compras?**

A resposta a esta questão repousa na primeira premissa metodológica, assim redigida:

> **Premissa 1:** a descentralização do planejamento e do controle da execução financeira afeta à aquisição de bens e à contratação de serviços promove e eficiência e a eficácia da gestão.

O que se vislumbra é que o setor de compras, como regra, não detém a expertise necessária ao crivo técnico relativo a toda sorte de demandas dos solicitantes. E, não raramente, as nuances técnicas dos objetos são estranhas, também, aos próprios solicitantes. É o caso, por exemplo, de um simples usuário, desconhecedor dos meandros de informática ou audiovisuais, demandar um computador, ou um projetor... Como saber o modelo, ou as demais especificações que mais bem se adequam às suas necessidades? Ademais, em outras situações, pode haver soluções alternativas que implicarão a aquisição de objeto diverso ou, até mesmo, a constatação de que a compra não é adequada.

A criação de uma instância intermediária entre o solicitante e o setor de compras, que não somente constitui filtro às demandas, mas sim agrega valor ao rito em termos de padronização e orientação ao cliente, evidencia-se promissora. A essa instância – a unidade supridora – é possível atribuir postura ainda mais proativa, conferindo a ela as tarefas de planejamento do suprimento de bens e serviços que guardem correlação com o seu *core business*, além do efetivo controle da execução financeira concernente a esses itens (papel este próximo ao de centro de custo, próprio à contabilidade). Eis que se apresenta o conceito de unidade supridora ou, simplesmente, de supridor:

> **Supridor** é o componente da estrutura organizacional, responsável pelo planejamento e controle da execução orçamentária de materiais e serviços que guardem relação com suas atividades, bem como pela centralização das demandas de aquisição ou de contratação desses objetos.

Em que pesem os benefícios dessa estrutura, há de se considerar os custos diretos e indiretos da descentralização. Para que assumam tais atribuições, preliminarmente devem ser definidas formalmente as unidades supridoras. Tal ação demanda estudo acerca do modo mais racional de se proceder à segmentação dos núcleos de especialização, bem como a interlocução junto às unidades a fim de arrolar os bens e serviços que estarão sob as suas tutelas. Por vezes, ante a indefinição acerca de quem será o responsável por determinado objeto, deve-se proceder à arbitragem, diligenciada por nível hierárquico superior. Na Câmara dos Deputados, a definição dos supridores é efetuada por portaria (Portaria nº 192, de 16/09/2016), cujo intuito é consignado em seu art. 1º:

> Art. 1º Esta Portaria define e identifica os órgãos supridores da Câmara dos Deputados, para fins de operacionalização do Plano Anual de Compras e Contratações da Câmara dos Deputados, com vistas à racionalização do processo de aquisição de bens e de contratação de serviços, com ganhos de economia de escala e redução de custos administrativos.

O anexo único da norma traz o rol de supridores e seus objetos correlatos, sendo seu conteúdo atualizado periodicamente, em face de novas acomodações entre as unidades, de novos objetos vislumbrados e de novos ajustes eventualmente necessários[5]. Um excerto deste anexo é apresentado no Quadro 38.

Quadro 38. Exemplos de supridor e objetos relacionados[6]

SUPRIDOR	MATERIAL / SERVIÇO
Centro de Formação, Treinamento e Aperfeiçoamento (CEFOR)	• Treinamentos. • Cursos. • Participações em congressos e seminários. • Serviços de alimentação e hospedagem para estágio-visita. • Contratações de docentes para bancas de especialização, mestrado e doutorado. • Alocação de espaços e infraestrutura para realização de eventos de capacitação. • Soluções de TI para uso de plataformas de educação à distância e para publicações acadêmicas. • Serviços de tradução (para fins educacionais).

---

5 Desde a sua publicação inicial, a citada portaria já foi atualizada duas vezes, por intermédio das Portarias DIRAD nºs 13/2017 e 7/2018.

6 De acordo com a sistemática da portaria em tela, o rol não é exaustivo, sendo que materiais e serviços análogos ao arrolados são atribuídos ao supridor correspondente.

SUPRIDOR	MATERIAL / SERVIÇO
Centro de Informática	• **Equipamentos de informática:** – *Storage*, máquina servidora, equipamentos de rede de dados, microcomputador, notebook, *all in one*, *tablet*, leitor biométrico. • ***Appliances:*** – Soluções integradas de hardware e software. • **Licenças/Subscrições de Software:** – Sistemas operacionais, suítes de escritórios de uso comum e de informações gerenciais, servidores de aplicação, sistema gerenciador de banco de dados, virtualizadores, ferramentas de desenvolvimento de software, ferramentas de monitoramento, ferramentas de inventário. • **Serviços de Informática:** – Impressão A4, suporte técnico/garantia de software/hardware de TI, desenvolvimento/ manutenção/ sustentação externa de aplicações de TI, serviço de conexão à Internet e outras interconexões de rede de dados, serviços em nuvem, certificação digital. • **Suprimentos e Insumos de informática:** – Cabos e componentes de interconexão de rede de dados, periféricos, mídias de armazenamento, componentes de hardware, ribbons e cartões inteligentes para uso por aproximação. • **Prestação de Serviços Terceirizados de TI.**
Coordenação de Almoxarifados	• **Materiais de expediente em geral:** – Agenda, caderno, livro de ponto e de ocorrência, carimbo, almofada e tinta para carimbo, cola, bobina para fac-símile e máquina de calcular, tesoura, grampeador, perfurador para papéis, fichário, extrator de grampo, apontador de lápis, clipe, porta-clipe, portalápis, lápis, caneta, lapiseira, grafite, pincel atômico, marca-texto, giz, borracha, papel, pasta, capa, carteira, impressos em geral. • **Materiais de limpeza e conservação;** • **Gêneros alimentícios:** – Café, chá, açúcar, adoçante, biscoitos. • **Materiais relacionados ao suprimento de impressoras especiais (*plotters*):** – Tintas de cores preta, amarela, azul, magenta; cartuchos; entre outros. • **Mobiliário;** • **Eletrodomésticos.**

Fonte: Anexo da Portaria DG nº 192/2016, da Câmara dos Deputados.

Indispensável trazer à baila o fato de que a dinâmica proposta pela IN nº 01/2018 do MPDG não contempla o papel de supridor. O fluxo intraorganizacional de informações, de acordo com a citada norma, é representado na Figura 40.

Figura 40. Fluxo informacional proposto pela IN nº 01/2018

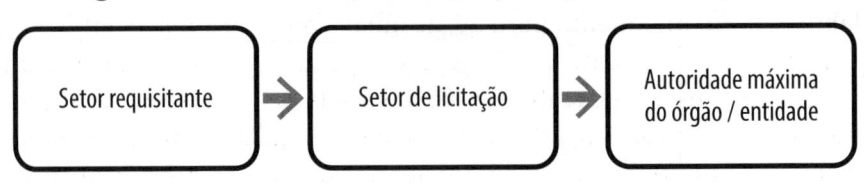

Setor requisitante → Setor de licitação → Autoridade máxima do órgão / entidade

Fonte: elaborado pelo autor.

Mister registrar que a reportada norma possui nível de análise interorganizacional, regendo rede composta pelas UASGs[7] e pelo Ministério do Planejamento, que age como centralizador das demandas da Administração Pública federal direta, autárquica e fundacional. A IN em foco não detém ótica micro. Normatizar o papel de supridor seria, salvo melhor juízo, invadir ainda mais a gestão interna de órgãos e entidades, por vezes desprovidos da estrutura para tanto. Ainda assim, nada obsta que, por decisão interna de cada organização, seja criada instância intermediária ora nominada supridor, a fim de alçar qualitativamente as informações oriundas dos setores requisitantes.

Aos custos de transação para a nominação dos supridores, somam-se os custos relativos à devida capacitação, bem como os indiretos relativos aos esforços de infundir uma cultura de planejamento sistêmica na organização, por vezes acompanhados de conflitos decorrentes do descompasso entre a atuação esperada do supridor e a, com efeito, realizada.

3.2. Publicidade às unidades (supridoras e solicitantes) em relação aos prazos para a elaboração do PACC

Uma vez definidas as unidades supridoras, inicia-se a empreitada que irá culminar na consolidação do plano anual de compras e contratações. Para tanto, cabe a definição de um cronograma, tarefa essa escorada na segunda premissa metodológica:

> **Premissa 2:** A adequação temporal entre a elaboração e vigência do plano anual de compras e contratações e o ciclo orçamentário oportuniza maior racionalidade e serventia à despesa pública.

---

[7] UASG = Unidade Administrativa de Serviços Gerais.

No âmbito da União, há a proposição de se adiantar o início do processo de elaboração do orçamento para 17 de abril, como forma de conferir maior prazo para aprimoramento da discussão alocativa e das políticas públicas em um contexto de vigência do teto de despesas primárias (EC nº 95). Nesse cenário, haveria reuniões informativas com órgãos setoriais, conduzidas pela Secretaria de Orçamento Federal, no período de 24 a 27 de abril, com a divulgação dos pré-limites no dia 28 do mesmo mês[8].

Considerando-se que (i) o plano anual de compras e contratações arrola demandas que servem de base à programação de execução financeira do ano subsequente, e (ii) eventuais flutuações de datas de início das discussões acerca das elaborações das leis orçamentárias anuais, no escopo discricionário das próprias unidades orçamentárias – mesmo entre diferentes esferas federativas – são pontuais, usualmente situando-as entre meados de abril e início de maio do ano civil, <u>entende-se por adequado que a primeira versão do PACC esteja devidamente constituída no início de abril</u>. Nessa visão, o PACC consolida-se como insumo necessário ao prelúdio do planejamento orçamentário governamental.

A fim de obedecer à alvitrada data limite, há de se executar um plano de comunicação com o fito de sensibilizar solicitantes e supridores a levantarem e tratarem qualitativamente as demandas de bens e serviços que irão compor o PACC. O que se almeja é a divulgação de cronograma a ser cumprido pela organização. A depender do porte do órgão e da entidade, bem como da diversidade de objetos que compõem o portfólio usual de compras e contratações, esse cronograma e o início da execução do plano de comunicação deverão ser antecipados[9]. Na Câmara dos Deputados, por exemplo, o plano de comunicação[10] passa a ser cumprido a partir de fevereiro. Exemplo de divulgação materializada no âmbito daquela Casa legislativa é apresentada na Figura 41.

---

8 Conforme consta em: <https://www1.siop.planejamento.gov.br/siopdoc/lib/exe/fetch.php/ploa:apresentacoes:2017.02.17-apresentacao_setoriais_processo_ploa_2018_.pdf>. Acesso em: 05 abr. 2018.
9 Na sistemática propugnada pelo Ministério do Planejamento, Desenvolvimento e Gestão, as demandas inseridas no PACC deverão vir acompanhadas, desde o nascedouro, dos estudos técnicos preliminares correspondentes, bem como da gestão de riscos e da nomeação das equipes de planejamento. Ante tal ingente esforço, a antecipação dos esforços provavelmente deverá ser ainda mais acentuada.
10 O plano de comunicação pode conter diversos canais: e-mails, fundos de tela em computadores, cartazes, *workshops* etc.

Figura 41. Divulgação de cronograma para a elaboração da primeira versão do PACC

Fonte: Plano de comunicação alusivo ao PACC, na Câmara dos Deputados.

De acordo com a IN nº 01/2018, do MPDG, a primeira versão do plano anual de contratações dá-se mediante a observância de um período de elaboração, compreendido entre 1º de janeiro e 15 de abril, seguindo-se um de aprovação e envio ao mencionado Ministério, até 30 de abril. Há, ainda duas janelas para a atualização do plano – o mês de setembro e a segunda quinzena de novembro do ano de sua elaboração – a fim de adequá-lo à proposta orçamentária do órgão ou da entidade. Os prazos, em observância a essa norma, são dispostos conforme a Figura 42.

Figura 42. Cronograma para a elaboração do plano anual de contratações, conforme a IN nº 01/2018

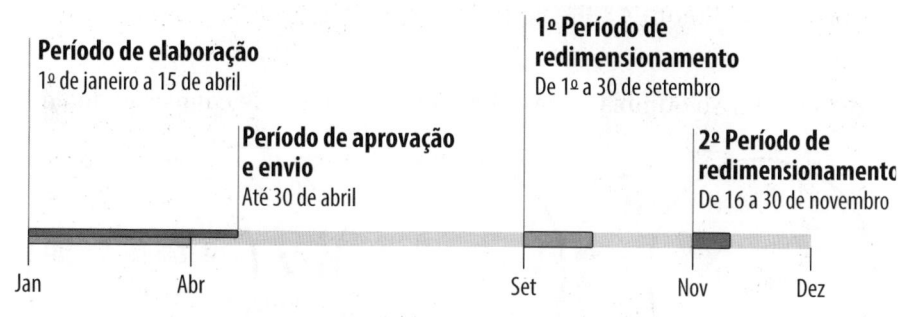

Período de elaboração
1º de janeiro a 15 de abril

Período de aprovação e envio
Até 30 de abril

1º Período de redimensionamento
De 1º a 30 de setembro

2º Período de redimensionamento
De 16 a 30 de novembro

Jan   Abr   Set   Nov   Dez

Fonte: Disponível em: <https://www.comprasgovernamentais.gov.br/index.php/pacepgc-faq>. Acesso em: 02 abr. 18.

3.3. Levantamento das demandas pelos solicitantes e consolidação pelos supridores

Esta é a etapa central na elaboração do PACC. A identificação das demandas consubstancia o cerne do plano: pleitos em demasia ou insuficientes irão impactar negativamente o plano, enfraquecendo o seu potencial como instrumento de gestão.

Cada necessidade é formalizada, pelos solicitantes[11], em um documento próprio, usualmente denominado Documento de Oficialização de Demanda (DOD) ou Documento de Formalização da Demanda (DFD). Em geral, um DOD contém os seguintes campos:

- Objeto;
- Justificativa da aquisição / contratação;
- Quantidade;
- Justificativa do quantitativo.
- Valor estimado;
- Data desejada para a compra / contratação[12];
- Indicação se o DOD guarda relação com o planejamento estratégico do órgão ou da entidade.

As demandas, uma vez insculpidas em DODs, são encaminhadas aos supridores correspondentes. Nesta sistemática, adotada na Câmara dos

---

11 Frisa-se que solicitante e supridor são papéis. Assim, um órgão supridor de equipamentos de TIC, ao necessitar de um serviço de plotagem, ou de um treinamento, passa a ser solicitante desses objetos.

12 Trata-se da data de emissão da nota de empenho de despesa (quando esta puder substituir o contrato administrativo) ou, de outra sorte, da assinatura do contrato ou da ata de registro de preços.

Deputados, os solicitantes jamais encaminham os pleitos diretamente à unidade de compras (Central de Compras), mas, ao invés, seguem o fluxo representado na Figura 43.

Figura 43. Fluxo otimizado das demandas, para fins de confecção do PACC

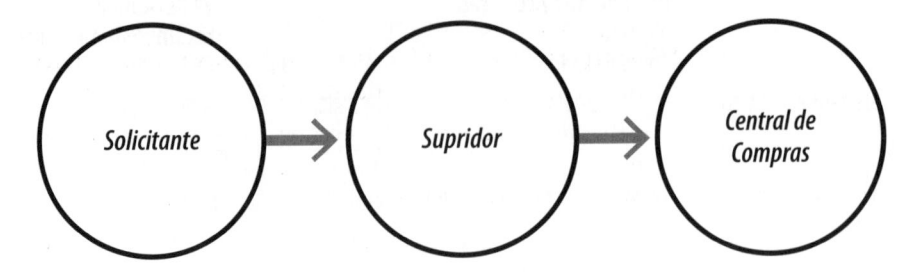

```
Solicitante  →  Supridor  →  Central de Compras
```

Fonte: elaborado pelo autor.

Os supridores, já de posse dos DODs encaminhados pelos solicitantes, passam a tratar as necessidades. Agrega-se, nessa etapa, o crivo qualitativo necessário: (i) DODs que não se traduzem em pleitos efetivamente necessários (por haver soluções alternativas, por exemplo), são rejeitados; e (ii) DODs que cuidam de objetos com naturezas análogas são agregados, compondo um item do PACC (evitando-se, assim, o fracionamento da despesa, promovendo a economia processual e incrementando as chances de ganho de escala). Demandas originadas de ofício pelos próprios supridores (independentemente da ação de solicitantes) também são somadas nessa fase. Ultimadas as ações, a relação de necessidades é encaminhada, pelos diversos supridores, ao setor de compras do órgão ou entidade.

A IN nº 01/2018, do MPDG, arrola, em seu art. 5º, o conteúdo de dados que deve conter um item do plano anual de contratações:

> Art. 5º Ao incluir um item no respectivo Plano Anual de Contratações, a UASG deverá informar, conforme o caso:
>
> I – o tipo de item, o respectivo código, a descrição e seu detalhamento, de acordo com os Sistemas de Catalogação de Material ou de Serviços;
>
> II – a unidade de fornecimento do item;
>
> III – a quantidade total estimada da contratação;
>
> IV – o valor unitário e total estimado, utilizando-se, preferencialmente, o Painel de Preços disponibilizado pela Secretaria de Gestão do Ministério do Planejamento,

Desenvolvimento e Gestão, observados os parâmetros da Instrução Normativa nº 5, de 27 de junho de 2014;

V – as informações orçamentárias da contratação, se disponíveis;

VI – o grau de prioridade da contratação e a data estimada para a necessidade do item;

VII – se há enquadramento da aquisição como dispensa ou contratação emergencial, na forma dos incisos I, II, IV e XI do art. 24 da Lei nº 8.666, de 21 de junho de 1993;

VIII – se há pretensão de renovar no exercício subsequente, na forma do art. 57 da Lei nº 8.666, de 1993;

IX – se há necessidade de capacitação dos servidores para atuarem no processo de contratação ou de fiscalização da execução do contrato, identificada nos Estudos preliminares;

X – a unidade administrativa requisitante da contratação;

XI – se há vinculação ou dependência com a contratação de outro item para sua execução, visando determinar a sequência em que os respectivos procedimentos licitatórios serão realizados; e

XII – os Estudos preliminares e o Gerenciamento de riscos da contratação do item (destaque deste autor).

3.4. Centralização das demandas pelo setor de compras / contratações

Ao setor de compras (ou de licitações), nesta fase, cabe a análise qualitativa das justificativas da necessidade da aquisição / contratação e do quantitativo pleiteado. Cabe, ainda, verificar se há alguma lacuna sobre valores estimados ou datas almejadas para a finalização do processo de compra. No caso da IN nº 01/2018, o setor de licitações é incumbido do registro das demandas no Sistema de Planejamento e Gerenciamento de Contratações (PGC), enviando-as para a autorização da autoridade máxima do órgão ou entidade (ou a quem esta delegar).

Não menos importante, nesse estágio, é o esforço embrionário da área de compras em adequar a quantidade de itens que irão compor o PACC à capacidade operacional alusiva do rito de compras e contratações. Objetivamente: em nada adianta um plano de compras que contemple 450 aquisições e contratações, sendo que a organização só consegue processar 300 ritos por ano. A desarmonia entre o vulto do PACC e a capacidade de escoamento de seu conteúdo implica não só o seu enfraquecimento como ferramenta de governança, mas também danos secundários em termos do retesamento na relação entre setores do órgão ou entidade[13].

Uma das medidas, nesse sentido, concerne à junção de itens de natureza semelhante, indo além de medida semelhante já tomada anteriormente pelos supridores em relação aos solicitantes. Outra medida diz respeito à negociação entre o setor de compras e os supridores, para fins de enxugamento da lista de demandas. Fato é que, quanto maior for a aproximação entre a extensão do PACC e a capacidade em tela, menores serão as imposições de ajustes posteriores.

Após tais feitos, chega-se à primeira versão do PACC, que ainda será aperfeiçoada nos meses seguintes. O Quadro 39 traz ilustração desta versão, que serve de insumo ao PLOA.

Quadro 39. Exemplo de primeira versão do PACC[14]

Número	Supridor	Solicitante	DODs	Objeto	Justificativa da Aquisição	Quant.	Justificativa da Quantidade	Valor Estimado (R$)
2018001	DETEC[15]	CEQUI[16]	124	Aquisição de extintores de incêndio portáteis	Os extintores atuais têm data de validade até o mês de julho de 2018 e necessitam obrigatoriamente ser substituídos para atendimento das normas de segurança do Corpo de Bombeiros Militar do DF.	1250	Os quantitativos são baseados na área construída das edificações e nas distâncias máximas a serem percorridas até um extintor.	500.000,00

---

13 No primeiro ano de instituição da Câmara dos Deputados, cometeu-se o equívoco de não se considerar a capacidade operacional daquela Casa Legislativa em efetivamente finalizar os seus processos de compras e contratações. As consequências desse lapso foram bastante adversas: (i) o superdimensionado PACC teve cerca de 35% de seu conteúdo não executado, que remanesceram como passivo para o exercício subsequente; (ii) a Central de Compras permaneceu cobrando todas as unidades envolvidas à luz do devido cumprimento de prazos constantes do plano, estressando o sistema de forma inefetiva, e desgastando sua atuação interna.
14 Note que um item do PACC (ou seja, uma linha do quadro) pode conter um ou mais DODs.
15 DETEC = Departamento Técnico.
16 CEQUI = Coordenação de Equipamentos.

Número	Supridor	Solicitante	DODs	Objeto	Justificativa da Aquisição	Quant.	Justificativa da Quantidade	Valor Estimado (R$)
2018002	DETEC	CEQUI	128; 539	Fornecimento e instalação de sistema de detecção e alarme de incêndio	Dotar os edifícios de sistemas de detecção e alarme, conforme determinação das normas do Corpo de Bombeiros Militar do DF.	1	O sistema é projetado de acordo com as normas da ABNT pertinentes a projetos de sistemas de detecção e alarme.	2.000.000,00
2018003	DETEC	CEQUI	152	Manutenção de *plotters* ou locação com fornecimento de suprimentos	Manter os 18 equipamentos de plotagem usados principalmente pelo DETEC e pela CGRAF[17] em boas condições de operação, a fim de atender as demandas de projetos.	1	O serviço é contratado para todo o parque de equipamentos instalados.	250.000,00

Fonte: elaborado pelo autor, com base no PACC da Câmara dos Deputados.

3.5. Classificação da complexidade das demandas

Concluída a primeira versão do PACC, os esforços sequentes dão-se no sentido de prover a melhor alocação de datas para a prontificação dos processos, no exercício seguinte. Neste ponto, consigna-se a terceira premissa metodológica:

> **Premissa 3:** A celeridade desejada em um processo de compras e contratações não deve contrapor-se ao interregno necessário à maturidade e às rotinas de verificação do rito.

Corolário dessa premissa é a compreensão de que o suprimento, no momento aspirado, é mais importante do que a busca desenfreada pela brevidade dos trâmites[18]. Assim, o norte é a observância da data limite informada pelo

---

17 CGRAF = Coordenação de Serviços Gráficos.
18 Um órgão ou entidade que realiza um pregão em um mês, por exemplo, a contar da identificação da demanda, pode nem sempre ser o mais eficiente em suas ações. O rito, ante a evidente celeridade, provavelmente não é submetido às checagens adequadas, denotando rotinas mais frágeis em sua fase interna.

supridor para a conclusão do rito: a partir dessa data, estabelecem-se datas pregressas outras que servem de marcos para a instrução processual, de sorte a bem cumprir o *deadline*. A pergunta que se sobressai, nessa lógica é: **Quando o processo deve dar entrada no setor de licitações, a fim de que seja finalizado no prazo desejado pelo supridor?**

Para respondê-la, um primeiro passo é a classificação das demandas em termos de sua complexidade, a fim de bem estipular o interstício necessário à conclusão das fases internas das licitações. Em adição, ao fazê-lo, colhe-se o benefício de se evitar, por exemplo, que, em um mesmo mês, haja uma concentração desmedida de demandas ditas complexas, sobrecarregando a força de trabalho disponível.

A citada segmentação pode ser dada em diversas categorias. Uma das taxonomias mais básicas é a divisão dos itens do PACC em complexidade alta, média e baixa, passível de delimitação em função de quatro critérios, a saber: (i) número de itens de material ou serviço que compõem a demanda; (ii) criticidade para o órgão ou entidade; (iii) valor do objeto; (iv) dificuldades em termos de instrução e análise do pleito.

Itens do plano que guardem maior complexidade devem, nessa lógica, ingressar no setor de compras com maior antecedência do que itens mais simples. Na Câmara dos Deputados, adotaram-se os prazos constantes do Quadro 40, sendo que a entrada do processo na Central de Compras já ocorre após o objeto ter sido especificado e o termo de referência, preenchido.

Quadro 40. Relação entre complexidade do item do PACC e prazo para a sua instrução

Complexidade	Prazo para entrada do processo na Central de Compras
BAIXA	**4 meses** de antecedência com relação à data final de compra / contratação
MÉDIA	**5 meses** de antecedência com relação à data final de compra / contratação
ALTA	**6 meses** de antecedência com relação à data final de compra / contratação

Fonte: relatório executivo do PACC 2017 da Câmara dos Deputados.

A implantação de um plano anual de compras e contratações que considere essa organização proporciona maior sensatez e coerência à distribuição anual das demandas. Afasta-se, assim, da anarquia retratada no Gráfico 12, para assumir conformação mais homogênea, próxima ao simbolizado no Gráfico 13[19].

Gráfico 12. Distribuição anual de demandas por complexidade, sem a implantação do PACC

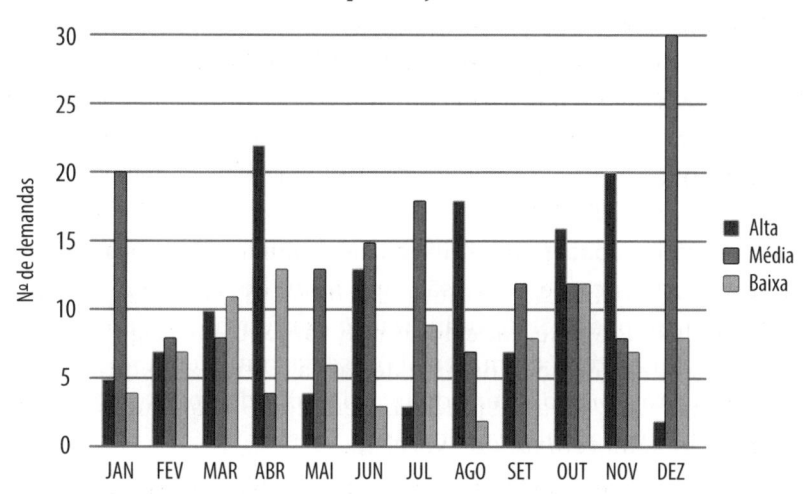

Fonte: elaborado pelo autor.

Gráfico 13. Distribuição anual de demandas por complexidade, após a implantação do PACC

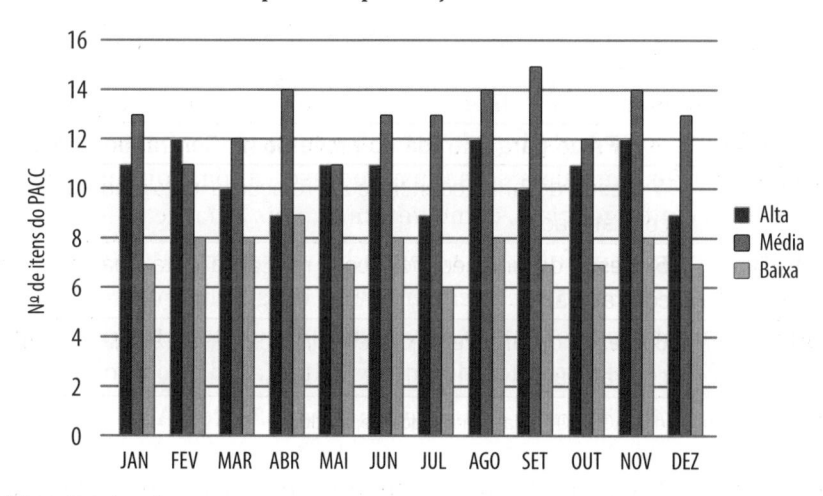

Fonte: elaborado pelo autor.

---

19 Ambos os gráficos (12 e 13) retratam situação com idêntica carga de trabalho anual.

3.6. Distribuição das demandas ao longo do exercício e definição de datas

Distribuir temporalmente os ritos de compras e contratações ao longo do exercício é, na realidade, um jogo de xadrez, no qual devem ser equacionadas e equilibradas distintas variáveis. Não obstante, a discricionariedade nessa tarefa é limitada por aspectos conjunturais, citando-se: (i) impossibilidade de se alterarem datas em caso de renovação de contratos de serviços ou de fornecimento de bens de natureza continuada[20]; (ii) exigência de se garantir que haverá novas atas de registro de preços vigentes quando do término da vigência das atuais[21]; (iii) eventuais demandas relacionadas à realização de eventos, para os quais já há data fixada; e (iv) a pertinência de se respeitarem, o máximo possível, as datas solicitadas inicialmente pelos supridores.

Ainda assim, a distribuição temporal das demandas deve se pautar, sempre que possível, pela homogeneidade do comportamento das seguintes variáveis, de sorte a bem evitar períodos de pico de carga de trabalho intercalados com ociosidade da mão de obra disponível, bem como o acúmulo de valores a serem empenhados no remate do exercício.

- A complexidade das demandas (conforme discutido na seção anterior).
- Número mensal de demandas.
- Carga mensal de demandas por supridor.
- Taxa de despesa empenhada.

Além desses elementos, sempre que possível, há de se guiar pelo grau adequado de centralização das demandas, bem como pelas sazonalidades favoráveis de mercado, consoante discutido previamente neste Capítulo. Distribuídas as demandas, na sistemática em comento, o PACC passa a reger as datas de ingresso dos pleitos no setor de compras. Sabe-se, assim, quais processos chegarão, em quais semanas. Pode-se, ainda, computar atrasos e adotar medidas contingenciais, como veremos mais adiante.

Importante consignar que esta segunda versão do PACC tem de ser prontificada em meados do exercício anterior. Uma demanda complexa a ser finalizada em janeiro, por exemplo, deve dar entrada no setor de compras, já com termo de referência preenchido, meses antes, ainda no ano anterior.

O Quadro 41 ilustra excerto dessa segunda versão do PACC.

---

20 Ao se falar de fornecimento de bens de natureza continuada, refere-se a, por exemplo, o suprimento de água mineral, café, papel etc., sem olvidar eventuais controvérsias acerca da impossibilidade de prorrogação das avenças. Ademais, por renovação, depreende-se uma nova licitação.

21 Caso, por óbvio, mantenha-se a necessidade que as originou, bem como se opte por não alterar a sua sistemática para a de contratos administrativos.

Quadro 41. Exemplo da segunda versão do PACC

Número	Supridor	Solicitante	Objeto	Justificativa da Aquisição	Valor Estimado (R$)	Complexidade	Prazo Final	Entrada do processo no setor de compras
2018001	DETEC	CEQUI	Aquisição de extintores de incêndio portáteis.	Os extintores atuais têm data de validade até o mês de julho de 2018 e necessitam obrigatoriamente ser substituídos para atendimento das normas de segurança do Corpo de Bombeiros Militar do DF.	500.000,00	Média	10/07/2018	10/01/2018
2018002	DETEC	CEQUI	Fornecimento e instalação de sistema de detecção e alarme de incêndio.	Dotar os edifícios de sistemas de detecção e alarme, conforme determinação das normas do Corpo de Bombeiros Militar do DF.	2.000.000,00	Alta	30/08/2018	30/02/2018
2018003	DETEC	CEQUI	Manutenção de *plotters* ou locação com fornecimento de suprimentos.	Manter os 18 equipamentos de plotagem usados principalmente pelo DETEC e pela CGRAF em boas condições de operação, a fim de atender as demandas de projetos.	250.000,00	Baixa	05/05/2018	05/01/2018

Fonte: elaborado pelo autor, com base no PACC da Câmara dos Deputados.

3.7. Adequação do PACC à LOA e publicação na internet

A segunda versão do PACC, com excerto espelhado no Quadro 41, ainda não é a definitiva, haja vista carecer de adaptação em face da publicação da Lei Orçamentária Anual (LOA), o que ocorre apenas no início do ano de sua derradeira execução.

Como regra, o montante alusivo ao PACC, em suas versões preliminares, é superior ao orçamento posteriormente conferido ao órgão ou à entidade. Destarte, quando da publicação da LOA, o PACC sofrerá um recorte, a ser definido mediante parâmetros qualitativos que minimizem malefícios circunstanciais à organização[22]. Nesses lindes, consubstancia boa prática que os supridores priorizem, previamente, suas demandas[23], facilitando o filtro vindouro.

Um item não priorizado, ou seja, que não caiba, de antemão, no orçamento anual, poderá vir a ser comprado ou contratado. Nesta hipótese, os recursos podem ser oriundos, por exemplo, da diferença entre valores estimados e adjudicados, ou da desistência de outra demanda. Dessarte, é bastante oportuna a existência de uma "fila priorizada" de pleitos que aguardem orçamento – quando os recursos estiverem disponíveis, já se saberá qual o gasto que mais bem se adequa ao interesse público.

Adequado o PACC à LOA, cabe sua autorização definitiva pela cúpula organizacional, seguindo-se, em atendimento à recomendação da Corte Federal de Contas, publicá-lo na internet. Finda-se, assim, a etapa de elaboração do plano.

A execução do PACC, em seu turno, demanda acompanhamento acurado, modificações de seus itens e intensos esforços relacionais, a fim de bem moldar a cultura da organização. É o que abordaremos na seção 4 deste Capítulo. Precedendo esse exame, contudo, cabe dissertar, ainda que de maneira fugaz, sobre o teor da IN nº 01/2018.

3.8. Breve análise da IN nº 01/2018 MPDG enquanto método de elaboração do plano anual de contratações

No dia 02 de abril e 2018, foi publicada pela Secretaria de Gestão do MPDG, em Diário Oficial da União, a Instrução Normativa nº 1, de 29 de

---

[22] De acordo com o Novo Regime Fiscal, instituído pela Emenda Constitucional nº 95, de 15 de dezembro de 2016, os limites para as despesas primárias serão atualizados com base nos valores dos limites referentes ao exercício imediatamente anterior, corrigido pelo Índice Nacional de Preços ao Consumidor Amplo (IPCA), para o período de doze meses encerrado em junho do exercício anterior a que se refere a LOA. Assim, com significativa antecedência, é possível prever com bastante exatidão o valor orçamentário para o exercício subsequente.

[23] A priorização pode ser realizada mediante o emprego de escala ordinal afeta aos itens (por exemplo, de 1 a 5, sendo 5 a maior relevância qualitativa).

março do mesmo ano. O intuito era dispor sobre o Sistema de Planejamento e Gerenciamento de Contratações (PGC) e sobre a elaboração do plano anual de contratações públicas de bens, serviços, obras e soluções de tecnologia da informação e comunicações no âmbito da Administração Pública federal.

A despeito de a norma entrar em vigor na própria data de sua publicação, a elaboração do plano é obrigatória apenas em 2019, referindo-se a uma execução financeira que será levada a cabo em 2020.

Como primeiro aspecto a ser realçado, destaca-se que a IN nº 01/2018 se volta à <u>elaboração</u> do plano de contratações, e não à sua <u>execução</u>, conforme bem esclarece a sua ementa. Para os olhares mais atenciosos, isso diz muito. Inequivocamente, elaborar um plano é tarefa mais rudimentar do que executá-lo. Enquanto a elaboração reside no espectro etéreo das ambições e das aspirações, a execução habita o mundo real. Exige acompanhamento, cobranças acerca de prazos e compatibilização com a disponibilidade de recursos orçamentários e de pessoal. Faz, além disso, irromper as imperfeições da etapa pretérita.

Inexiste, na norma, vinculação entre o planejado e a sua execução. O avanço – proeminente e meritório – está, ao que se depreende, em empregar o plano anual de contratações como um insumo ao projeto de lei orçamentária anual. Malgrado esse procedimento, nada obsta que o orçamento seja executado para outros fins, desde que se respeitem seus limites concernentes a despesas correntes e a investimentos. Caso adotado esse caminho, os dados gerados pelo plano anual permanecem fictícios.

Três são os avanços centrais almejados pela IN em estudo. O primeiro deles é o fomento à cultura de planejamento. O segundo, a possibilidade de a Administração Pública federal capitanear, com maior pujança, iniciativas de compras e contratações compartilhadas. Já o terceiro tange à transparência, com avanços em termos de *answerability* à sociedade civil e de sensibilização do mercado, que pode se adequar com antecedência às demandas governamentais. Em contrapartida, todos os avanços são fundamentados na frágil premissa de que o planejado será executado, ao menos em parcela majoritária. Sem a normatização de controles concomitantes e posteriores para tal, inclusive mediante a integração dos sistemas de planejamento e de realização das licitações[24], o axioma aproxima-se de suposição.

Até o dia 1º de abril, preconiza o art. 10 da IN em análise, os setores requisitantes devem encaminhar ao setor de licitações a listagem de itens

---

24 A integração do Sistema PGC com o SIASG e o SIOP dá-se, atualmente, para fins de importação dos contratos continuados e de municiamento de informações orçamentárias a cabo da SOF, mas não para fins de vinculação entre a execução ulterior com o planejado.

que pretendem contratar no ano subsequente. Dessa lista, forçoso constarem todos os estudos técnicos preliminares (simplificados) e a completude do gerenciamento de riscos das compras e contratações. O art. 9º, no que lhe diz respeito, exige que, por ocasião do envio da lista, seja indicado ao setor de licitações o(s) servidor(es) que irá(ão) compor a equipe de planejamento da contratação. Tais comandos, claros por essência e já constantes da IN nº 05/2017 MPDG, atinentes à fase de instrução processual, parecem ser justificados ao intento de se corporificar filtro às demandas, de feitio que apenas as que possuíssem o devido embasamento compusessem o plano.

Sem embargo, o panorama que se desenha é o de desmesurada carga de trabalho. Comprime-se ofício a ser desenvolvido ao longo de todo o exercício – confecção de ETPs e gestão de riscos – ao interregno de apenas três meses. Em um contexto pátrio de ampla diversidade de condições nos órgãos e entidades públicas, no qual prepondera, conjetura-se, a falta de estrutura e o menoscabo à segregação de funções, sendo crescente a escassez de pessoal, assume-se o risco de a prescrição normativa não se amoldar ao mundo real. Incrementa-se a probabilidade de que se sacrifique a qualidade das informações subjacentes a tais documentos[25].

Em adição, a IN nº 01/2018 prevê duas janelas para a revisão e o redimensionamento dos itens do plano, no mesmo ano de sua confecção – 1º a 30 de setembro e 16 a 30 de novembro. Nesses períodos, pode haver a inclusão, exclusão ou a readequação quantitativa de itens do plano, a fim de bem se adequarem às propostas orçamentárias. Fora dessas janelas, a norma apenas prevê o que se chama de "inclusão extemporânea" de itens. Não se vislumbram, assim, as faculdades de exclusão e redimensionamento, minorando a flexibilidade do plano de contratações. Descuida-se, pois, da necessidade de adaptação do plano à aprovação do orçamento (geralmente compondo recursos em valores menores do que a proposta orçamentária), no início do exercício de sua execução.

Desconsiderou-se, ainda, o passivo de processos de compra e contratação que, por falhas no intuito original, não se encontram finalizados em um exercício, mas, já em franca instrução, passam a ocupar a força operacional atuante no processo, no ano subsequente. Não raramente, a inserção deste passivo acarreta a necessidade de supressão de parcela do inicialmente constante do PACC, por falta tanto de orçamento quanto de capacidade operacional para lidar com número significativo de demandas.

---

[25] A previsão da norma no sentido de que os ETPs e a gestão de riscos devam ser atualizados e complementados pela equipe de planejamento em momento posterior não exime a sobrecarga em comento, mas apenas mitiga a probabilidade de que vícios e lapsos iniciais sejam perpetuados até o momento da licitação.

Do exposto, infere-se que há riscos metodológicos assumidos pela instrução normativa – cujo texto, diga-se, não foi aberto à consulta pública para fins de contribuições. Grosso modo, denota-se presumível resultado derivado de sua prática, já aqui esposados. Avalia-se, contudo, que evolução da norma, hábil em mitigar os hiatos e em sanear os vícios apontados, culminará em preceitos coerentes, exequíveis e mais aderentes à conjuntura dos diversos "Brasis" que aqui coexistem.

4. ASPECTOS METODOLÓGICOS (E POLÍTICOS!) SUBJACENTES À EXECUÇÃO DO PLANO ANUAL DE COMPRAS E CONTRATAÇÕES

Relações de poder, afirma Bourdieu (2009), constituem elemento central à estruturação e ao funcionamento do mundo social. Fazem-se presentes, ainda, segundo o citado autor, em arenas de conflito estruturadas ao qual denomina campo, que conecta aspectos culturais[26] aos estratos de dominação. Essa abordagem sociológica é especialmente profícua quando se fala da execução do plano anual de compras e contratações, tendo em vista o desafio enfrentado em face dos vetores políticos vigentes na organização.

4.1. Um pouco de microssociologia do poder e o PACC

O PACC, nos moldes do retratado neste Capítulo, avança em um espaço antes ocupado por rotinas próprias dos diversos setores do órgão ou entidade. Sua inserção temporal no ciclo orçamentário exige elevada capacidade de previsão das demandas, impelindo que as áreas antecipem seus planejamentos ou, em alguns casos extremos de desordem, que ao menos façam um planejamento. Outrossim, traz novo prisma às gestões orçamentária e financeira, que, em parte, acabam por serem regidas pelo plano de compras.

Na tentativa de minimizar a entropia atinente às compras e contratações, passa-se a caminhar por solo não amigável. O PACC, dogmaticamente, vai de encontro a traços culturais brasileiros, impondo valores e práticas de planejamento, e, em especial, ditando uma lógica contratualista bastante avessa ao reduto personalista incrustado em nossos costumes. Uma vez publicado o PACC, há prazos para o encaminhamento das demandas, bem como regras claras para a distribuição dos recursos orçamentários: enfraquecem-se, assim,

---

[26] Referente aos aspectos culturais, seja em nível individual ou de grupo, Bourdieu dá gênese ao conceito de *habitus*.

as habitualidades dos favores e dos jeitinhos. Em síntese: o PACC normatiza como e quando deve ser realizado o planejamento, e atribui transparência ao seu produto final – é um instrumento de governança por excelência, mas que vem acompanhado, até o seu terminante enraizamento, de um embate político com solicitantes e supridores.

Sintoma natural dessa arena de conflito é a adoção de discursos, por parte de quem se vê invadido pela lógica do plano de compras, para deslegitimá-lo. "Aqui é um órgão / entidade político, não tem como se planejar...", "fizemos um planejamento fictício, apenas para constar...", "depois nós mudamos tudo... vocês sabem que é impossível prever o próximo ano". Ou, com consequências mais gravosas, sucede-se o descumprimento do prazo de entrada do processo no setor de compras, criando-se gargalos posteriores e desencadeando atrasos generalizados no atendimento às demandas.

O roteiro de conflito, contudo, não é de todo imprevisível. Espaços sociais, tais como as organizações, só podem ser compreendidos pela identificação da "estrutura de distribuição de formas de poder (tipos de capital), eficientes no universo social considerado" (MISOCZKY, 2003, p. 13), sendo que, em cada momento, a definição dessa estrutura é dada pelo "estado das relações de força entre os jogadores" desses campos (BOURDIEU; WACQUANT, 1992, p. 99). O conceito de campo, para Bourdieu (2009), refere-se a um estado específico de relações de poder, com regras explícitas e específicas, com espaço e tempo definidos. Um órgão ou entidade, nesses lindes, sob o prisma dos grupos que se associam ou que ingressam em disputa, engendrando jogos e interesses específicos, "irredutíveis a jogos e interesses" de outras organizações (PECI, 2003, p. 43) constitui campo, na ótica em tela.

Nessa visão, leciona Bourdieu (1996, p. 50), uma organização pode ser remetida, ao mesmo tempo, a um campo de forças, com regras que se impõem a seus participantes, e a um campo de lutas, "no interior do qual os agentes se enfrentam, com meios e fins diferenciados conforme sua posição na estrutura [...] contribuindo assim para a conservação ou transformação da estrutura". Cada organização, é, dessa maneira, composta por um conjunto de relações históricas ancoradas em formas de poder, na qual os que gozam de autoridade e da prerrogativa de influência "trabalham, constantemente para se diferenciar dos seus rivais mais próximos, para reduzir a competição e estabelecer um monopólio sobre um subsetor particular do campo" (MISOCZKY, 2003; BOURDIEU; WACQUANT, 1992).

O poder carece de legitimação. Para Misoczky (2003, p. 15), "nenhum poder pode satisfazer-se simplesmente com existir enquanto poder, isto é, como força bruta inteiramente despida de justificação, é preciso justificar a sua existência ou, pelo menos, assegurar que a sua natureza arbitrária não seja reconhecida". A reprodução das bases legítimas de dominação dá-se em determinado campo, com regras de jogo específicas e delimitadas no tempo. A manutenção do *status quo* é realizada quando os agentes se esforçam em aumentar ou conservar o seu poder, em conformidade com as regras tácitas desse jogo.

No entanto, em medida diversa, pode-se alterar as regras imanentes do jogo, parcial ou completamente. A transformação, desse modo, vem de encontro à acumulação almejada pelos detentores do poder. O embate resultante insurge, em ambientes dito civilizados, na forma de discursos antagônicos que tentam legitimar seus vetores. É nesse contexto microssociológico que se subsume o plano de compras e contratações.

O PACC (em especial a fase de sua execução) vem a ser elemento transformador das regras do jogo do campo organizacional. Altera papéis, retira arbitrariedades e estatui novas rotinas. Vem esteado em comando jurisprudencial e em princípios de administração pública. Mas sua institucionalização esbarra na mudança das bases de dominação. O resultado é a adoção de discursos antagônicos, cada qual legitimando suas práticas e deslegitimando as do outro modelo. O inevitável confronto trará resultante que culminará em nova distribuição de capital (poder) internamente na organização.

4.2. Execução do PACC: acompanhamento e exceções

O acompanhamento da execução do PACC é condição *sine qua non* para que se usufrua de seus benefícios. O essencial, nessa etapa, é o cumprimento dos prazos, seja o de encaminhamento do processo ao setor de compras, seja o dos subprocessos que completam o rito. Para tanto, prazos médios de cada fase, de acordo com a complexidade do objeto, devem ser estipulados, servindo de insumo básico ao controle dos marcos de instrução. Exemplo dessa segmentação temporal é exibido na Figura 44.

Figura 44. Prazos dos subprocessos inerentes à aquisição / contratação complexa[27,28]

36 dias	**4 dias**	**32 dias**	
Entrada do Processo no setor de licitações → Verificação do ETP e do TR, saneamento e estimativa de despesa → Reserva Orçamentária → Minuta de edital			

| **17 dias** | **30 dias** | **35 dias** | **4 dias** |
| Minuta do contrato → Análise Jurídica e Autorização → Licitação → Homologação da Licitação | | | |

2 dias — Empenho → **20 dias** — Contratação

Complexidade alta: 180 dias

Fonte: elaborado pelo autor.

O PACC, conforme representado no Quadro 41, define a data de entrada do processo no setor de licitações. Imaginemos, por exemplo, que a data estipulada para esse ingresso era o dia 02 de maio, referente a uma contratação pretendida para 02 de novembro. Caso o efetivo ingresso ocorra apenas no dia 04 de maio, saberemos, com seis meses de antecedência, que o processo está com dois dias de atraso e a nova previsão de assinatura do contrato é dia 04/11. O mesmo raciocínio pode ser aplicado nas seguintes do rito, possibilitando a criação de um painel de acompanhamento dos processos em andamento, com seus atrasos ou antecipações.

Na Câmara dos Deputados, criou-se painel de acompanhamento dos processos de aquisição / contratação, atualizado diariamente, cujo acesso é franqueado a todos, via intranet[29]. Instituiu-se, ainda, rotina semanal na

---
27 Veja o Quadro 40.
28 Logicamente, a depender de como o rito é estruturado no órgão / entidade, os subprocessos podem diferir qualitativamente. Como exemplo, cita-se a possibilidade de descentralização da estimativa de despesas às unidades requisitantes. Da mesma forma, os interregnos de cada fase devem ser definidos para cada organização.
29 Empregou-se o Qlik Sense para a construção do painel.

qual a Central de Compras alertava os supridores, via e-mail (remetido às sextas-feiras), sobre os processos que deveriam ser enviados na próxima semana, bem como salientando aqueles que, por ainda não terem sido remetidos (mesmo após ultrapassado o *deadline* consignado no PACC), encontravam-se em atraso.

Em adição, a fim de se prover a desejada flexibilidade ao plano de compras, sua contínua atualização deve ser possível, contemplando três hipóteses:

- acréscimo de item, não previsto inicialmente;
- supressão (total ou parcial) de item[30];
- alteração de data.

O pedido de modificação deve ser submetido formalmente (na Câmara dos Deputados, emprega-se um formulário denominado "DOD de exceção", de preenchimento do supridor). Em que pese a prerrogativa de modificação do PACC, mecanismos de governança devem ser estabelecidos para bem regularem tais episódios, visando-se a que a exceção não vire regra. A inclusão de itens com valores significativos, por exemplo, pode ser condicionada à aprovação de comitê formado por membros da cúpula do órgão ou da entidade.

Pausa para o mundo real. Como dizem, o papel aceita tudo. Mas toda a lógica e o modelo inerente ao PACC ruem se não houver o encaminhamento do processo ao setor de licitações, na data acordada. Sem a devida parceria entre requisitantes, supridores e compradores, conhecedores de suas responsabilidades ao longo do processo, um PACC perfeito não sairá do plano das ideias. No âmago, é sempre sobre pessoas, cultura e poder.

O início da implantação do PACC na Câmara dos Deputados (elaboração em 2016 e execução em 2017) evidenciou-se problemático. Houve sensível letargia dos supridores, que não encaminhavam à Central de Compras os processos. Esta, por sua vez, apenas adentrava a curva de aprendizagem de gestão do plano anual de compras e contratações, e se via incapaz de bem administrar a ebulição de reações dos diversos atores da organização. O painel de acompanhamento e as cobranças intensivas acirraram a arena de conflito. A fim de saírem da situação desconfortável do atraso, a solução vislumbrada pelos supridores foi a de submeterem quantidade maciça de DODs de exceção, reivindicando a postergação da data almejada para seus pleitos.

Perdeu-se, nesse panorama, a racionalidade do PACC. A já discutida homogeneidade na distribuição temporal da carga de trabalho e da emissão

---

30 Aclara-se que um item do PACC é uma de suas linhas, correspondendo a uma de suas demandas, compostas por um ou mais DODs.

de empenhos foi dissipada. Conviveu-se, assim, com um senso de atraso generalizado, gerando-se massa de processos que só foram finalizados no primeiro semestre do exercício seguinte. Somente em 2018 é que, já tendo avançado em expertise, pôde-se traçar cenário mais realista, aproximando-se dos supridores que, por si, já se mostravam capazes de entreverem as benesses do planejamento nas aquisições. O modelo foi robustecido, considerando-se novas variáveis, outrora negligenciadas. O futuro, em médio prazo, soa promissor.

Capítulo 7

DIRETRIZES PARA GESTÃO POR COMPETÊNCIAS EM AQUISIÇÕES: UM POUCO DE LUZ SOBRE A TEMÁTICA[1]

1. INTRODUÇÃO

Em que pese a discussão crescente sobre gestão de riscos, ou sobre os planos anuais de compras e contratações – variáveis independentes do modelo de governança em aquisições públicas – fato é que outras variáveis tais como a gestão por competências e a estrutura da área de compras remanescem como assuntos natimortos, quiçá por resvalarem em aspectos políticos e pecuniários da realidade do setor público brasileiro.

Neste Capítulo, almeja-se avançar em assunto pouco familiar à matéria de licitações e contratos – e que, paradoxalmente, assume contornos de principal óbice à dinâmica das compras públicas: a gestão de pessoas. O intuito desta análise **é não só apresentar** a recente jurisprudência da Corte de Contas sobre a temática, mas também trazer à baila a base teórica da gestão por competências, discutir sua aplicabilidade sob os contornos de traços culturais brasileiros, apresentar metodologia de confecção de um plano de capacitação e, ao final, discorrer acerca da certificação de agentes de compras, boa prática que passa a estar sob os holofotes em cenário nacional.

2. AS RECOMENDAÇÕES DO TRIBUNAL DE CONTAS DA UNIÃO E O MODELO DE GESTÃO POR COMPETÊNCIAS

Consoante já tangenciado no Capítulo 2, o Tribunal de Contas da União, em setembro de 2015, apresentou relatório de consolidação de auditorias,

---

[1] Este Capítulo toma por base dois artigos publicados na revista *Governança Pública*, em 2017, escritos por este autor em conjunto com Fabiane Aragão Dourado, chefe da Seção de Governança em Aquisições da Câmara dos Deputados.

realizadas na forma de Fiscalização de Orientação Centralizada (FOC) em anos anteriores, sobre governança e gestão de aquisições. Valendo-se de uma amostra de 20 (vinte) órgãos e entidades da Administração Pública Federal, a Corte de Contas, entre outros achados, constatou deficiência no mapeamento de competências necessárias à área de aquisições e, em especial, na capacitação dos servidores / empregados dessa área.

O relatório de consolidação das auditorias, formalizado pelo Acórdão nº 2.238/2015 – TCU – Plenário, traz como corolário que: *"as principais consequências desse cenário são (potenciais): desconhecimento acerca das competências necessárias ao desempenho adequado das atividades realizadas pela área de aquisições; e execução inadequada de atividades críticas da área de aquisições por servidor não capacitado".*

No levantamento de 2017, o quadro evidenciou-se, do mesmo modo, alarmante e vulnerável. As principais consequências são assim consignadas pelo Acórdão nº 508/2018 – Plenário TCU:

- desconhecimento acerca das competências necessárias ao desempenho adequado das atividades realizadas pela área de gestão de contratações;
- alocação e movimentação de pessoal para a área de gestão de contratações sem qualificação técnica necessária;
- designação de gestor não capacitado adequadamente para exercer atividades críticas atinentes à gestão de contratações; e
- prejuízo ao alcance das metas definidas para a área de gestão de contratações, por falta de pessoal capacitado.

Fato é que pessoas, em análise da Corte de Contas, materializam a variável de maior fragilidade no que concerne à governança, situação esta perene desde meados desta década.

Desde então, passou-se a produzir jurisprudência maciça voltada à temática da gestão de competências aplicada à governança nas aquisições[2]. Invariavelmente, as reiteradas recomendações daquele Tribunal são assim exaradas[3]:

> Estabeleça um modelo de competências para os ocupantes das funções--chave da área de aquisição, em especial daqueles que desempenham papéis ligados à governança e à gestão das aquisições;

---

2 Em rol não exaustivo: Acórdãos nºs 1.414/2016, 1.545/2016, 2.352/2016, 2.328/2015, 2.622/2015, 2.743/2015, 2.749/2015, 2.831/2015, 1.414/2016, 2.352/2016, 2.453/2016, todos Plenário – TCU.
3 Tais recomendações já foram apresentadas no Capítulo 2. Aqui, são reprisadas a fim de bem introduzir a análise a ser desenvolvida.

> Expeça orientações no sentido de que, quando pertinente, a escolha dos ocupantes de funções-chave, funções de confiança ou cargos em comissão na área de aquisições seja fundamentada nos perfis de competências definidos no modelo e sempre pautada pelos princípios da transparência, da motivação, da eficiência e do interesse público;
>
> Elabore Plano Anual de Capacitação para a organização;
>
> Quando elaborar o Plano Anual de Capacitação, contemple ações de capacitação voltadas para a governança e gestão das aquisições;
>
> Capacite os gestores da área de aquisições em gestão de riscos;
>
> Adote mecanismos para acompanhar a execução do Plano Anual de Capacitação.

Tais recomendações suscitam a exigência da prática da gestão por competências, modelo pouco institucionalizado no setor público, seja pelo baixo grau de maturidade administrativa, ou pelo traço personalista da cultura brasileira (FREITAS, 1997). Destaca-se, nesse contexto, que a escolha de ocupantes de funções-chave na área de aquisições com base única em perfis de competências objetivamente definidos não se coaduna com traços sociais fortemente baseados em relações pessoais, em trocas de favores e no usual paternalismo no qual os domínios moral e econômico se fazem vivos.

No segundo setor, desde o final do século passado, o conceito de competência foi retomado com grande ênfase na gestão de organizações. Nesse contexto, o termo "competência" pode referir-se tanto ao indivíduo quanto à organização em si (as *core competences*[4]).

O termo **competência** provém do vocábulo latino *competentia*, significando "proporção", "justa relação", remetendo-se à faculdade que determinada pessoa ou entidade detém para apreciar ou lidar com determinado assunto. Historicamente, surge no século XV, empregado para designar a faculdade que tribunais possuíam para analisar fatos ou pronunciar julgados. Apenas no século XVIII, observa-se a ampliação do significado original, passando a ser aplicado ao nível individual, "designando a capacidade devida ao saber e à experiência" (DIAS, 2010, p. 74).

Diversos são os autores (FLEURY; FLEURY, 2001; LANA; FERREIRA, 2007, entre outros) que avaliam o artigo *Testing for Competence rather than for Intelligence*[5], de David McClelland, publicado em 1973, como o marco inicial do debate sobre competência entre psicólogos e administradores nos Estados

---

[4] São as competências centrais da organização.
[5] Uma tradução livre seria: "Testando-se para Competência ao invés de para Inteligência".

Unidos. Nas décadas subsequentes, este construto foi trabalhado por uma série de autores, com visões que caminhavam de uma ótica comportamental (típica da linha de pesquisa estadunidense) a uma visão de aprendizado frente às demandas organizacionais (inerente à linha francesa).

O Quadro 42 traz um apanhado de definições do conceito de competência, salientando-se distintas óticas sobre sua operacionalidade:

Quadro 42. Compilação de conceitos de competência

AUTOR (ES)	DEFINIÇÃO
Boyatzis (1982)	Aspecto verdadeiro ligado à natureza humana. São **comportamentos observáveis** que determinam, em grande parte, o retorno da organização.
Le Boterf (1997)	Competência é **assumir responsabilidades** frente a **situações de trabalho** complexas buscando lidar com eventos inéditos, surpreendentes, de natureza singular. É um **saber agir** responsável e que é reconhecido pelos outros. Implica saber como mobilizar, integrar e transferir os conhecimentos, recursos e habilidades, num contexto profissional determinado.
Zarifian (1999)	Inteligência **prática** para situações que se apoiam sobre os **conhecimentos adquiridos**.
Fleury e Fleury (2001)	A noção de competência associa-se a verbos como: saber agir, mobilizar recursos, integrar saberes múltiplos e complexos, saber aprender, saber engajar-se, assumir responsabilidades, ter visão estratégica. As competências devem agregar **valor econômico à organização e valor social ao indivíduo**.

Fonte: elaborado pelo autor com base em Holanda et al. (2008).

De modo geral, as definições convergem nos seguintes aspectos:

- as competências são observadas em um **contexto profissional**;
- o resultado é a **ação** frente a determinada situação exposta pelo contexto da organização. quanto mais desafiadora a situação (inédita, complexa), mais desenvolvidas deverão ser as competências em jogo;
- o **retorno financeiro** de uma organização é dado (também) **em função das competências das quais dispõe**.

A despeito das diversidades conceituais afetas ao construto em análise, são recorrentes os registros, na literatura especializada, de que competências podem ser entendidas como conjuntos de capacidades humanas, dispostas em três categorias ou dimensões interdependentes, conforme disposto no Quadro 43:

Quadro 43. Dimensões do construto *competência*

DIMENSÃO	DEFINIÇÃO
Conhecimentos	Refere-se ao **saber em si**. Serve de fundamento para o bom exercício das competências. Fundamenta-se na formação acadêmica em demais capacitações e vivências.
Habilidades	É o **saber como fazer**. Trata-se da capacidade de realizar determinada tarefa com base em conhecimentos prévios. Quanto maior a experiência, usualmente maior é a habilidade.
Atitudes	É o **querer fazer**. Refere-se a atributos como iniciativa, determinação, proatividade. A atitude traduz-se em um determinado comportamento, na predisposição em adotá-lo.

Fonte: elaborado pelo autor, com base em revisão de literatura.

Fleury e Fleury (2001), ao analisarem a obra de Le Boterf (1995), registram que esse autor situa a competência individual como formada por três eixos, assim discriminados:

- **pessoa**: trata-se da biografia, do histórico de socialização, da cultura, personalidade do indivíduo. Poder-se-ia correlacionar estes traços com a **atitude** que irá moldar a competência individual;
- **formação educacional**: refere-se à aprendizagem acadêmica obtida, culminando em determinado grau de conhecimento teórico específico e de desenvolvimento intelectual. Irá compor os **conhecimentos**, nas competências do indivíduo;
- **experiência profissional**: trata-se do conhecimento prático gerado a partir do histórico de trabalho do indivíduo. Denota maior relação com as **habilidades** do ator social e, em segundo plano, com seus **conhecimentos**.

A competência individual emerge, segundo Roldão (2003), quando, perante uma situação, o ator social mostra-se capaz de mobilizar adequadamente diversos conhecimentos prévios, selecionando-os e integrando-os de forma adequada à situação-problema em questão. À vista do exposto, pode-se adotar, para os fins deste Capítulo, a seguinte definição constitutiva acerca de competência individual:

> **Competência do indivíduo** é o conjunto de conhecimentos, habilidades e atitudes de que determinado ator organizacional dispõe e que é empregado para a consecução dos objetivos organizacionais.

Pertinente é, ainda, a menção do seguinte conceito, que alia as competências do indivíduo e o seu desempenho profissional:

> **Competências [individuais]** representam combinações sinergéticas de conhecimentos, habilidades e atitudes, expressas pelo desempenho profissional, dentro de determinado contexto organizacional, que agregam valor às pessoas e organizações (CARBONE, 2006, p. 76).

Ao extrapolarmos o conceito de competência individual para o nível organizacional, tratamos de gerir o nexo entre os comportamentos dos colaboradores e os objetivos estratégicos compartilhados.

Nesta ótica, sendo a organização composta por um conjunto de indivíduos unidos para a realização de tarefas, onde as características dos colaboradores devem ser combinadas da forma mais eficiente possível, "introduz-se a noção da empresa como uma carteira de competências" (FLEURY; FLEURY, 2001, p. 189).

Dentre as competências organizacionais, sobressai-se a seguinte taxonomia (MILLS et al., 2002; NISEMBAUM, 2000):

- **competências básicas:** referem-se às competências necessárias ao funcionamento ordinário da organização, mas que não a distingue com relação aos concorrentes;
- **competências essenciais:** são as competências centrais e mais relevantes à organização, fundamentais para a consecução dos objetivos estratégicos. São também conhecidas por *core competencies*;
- **competências distintivas:** são as competências que são percebidas pelos clientes como o diferencial positivo da organização. Estas competências, no setor privado, proveem vantagem competitiva.

Partindo-se do pressuposto de que determinadas competências podem implicar o atingimento de metas estratégicas, ou a obtenção de vantagens competitivas, a **gestão por competências** passa a se revestir das características de um **modelo de gestão organizacional**. O modelo de gestão que dá forma à gestão por competências é, na realidade, um processo contínuo, destinado à captação e ao desenvolvimento de competências necessárias à consecução dos objetivos organizacionais (BRUNO-FARIA; BRANDÃO, 2003, p. 38).

Um típico modelo de gestão por competências é retratado por Bruno-Faria e Brandão (2003), e pode ser sintetizado na observância das seguintes etapas:

- formulação da estratégia da organização, bem como definição da missão, da visão de futuro e dos seus macro-objetivos;
- identificação das competências organizacionais necessárias à consecução dos objetivos estratégicos;
- definição de indicadores de desempenho corporativo;
- realização de diagnóstico das competências profissionais existentes, identificando-se uma eventual lacuna (ou *gap*) entre as competências organizacionais necessárias à consecução dos objetivos estratégicos e aquelas disponíveis na atualidade;
- o diagnóstico realizado na etapa anterior subsidia as decisões em termos de captação (recrutamento externo) ou desenvolvimento (treinamento e capacitação) de competências;
- por fim, formulam-se planos operacionais e de gestão e definem-se os respectivos indicadores de desempenho e de remuneração dos indivíduos e das equipes.

O modelo organizacional acima descrito é representado na Figura 45.

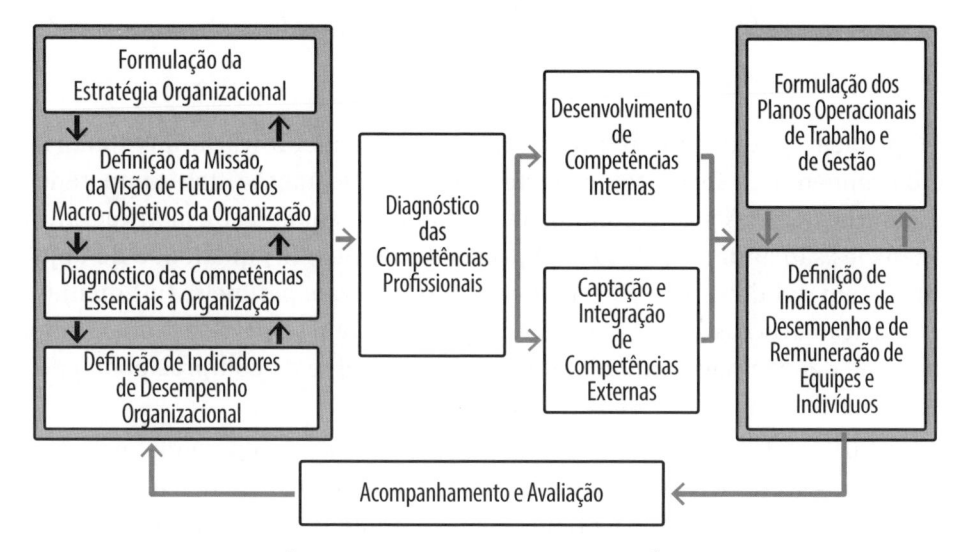

Figura 45. Modelo geral de gestão por competências

Fonte: BRUNO-FARIA; BRANDÃO (2003, p. 38) (adaptado de GUIMARÃES et al., 2001).

3. DESENVOLVIMENTO DE UM PLANO DE CAPACITAÇÃO EM AQUISIÇÕES COM BASE NA GESTÃO POR COMPETÊNCIAS

Visando ao desenvolvimento de um plano de capacitação em aquisições, tomando-se por base a gestão por competências, o modelo apresentado na Figura 45 é passível de adaptação, de sorte a customizá-lo à realidade processual do setor público. Nesse caso, o desafio é prover a capacitação sob a ótica processual, a despeito da estrutura funcional segmentada típica da Administração Pública. A opção, em se falando de capacitação, é o desenvolvimento de competências internas, e não o recrutamento externo. O modelo simplificado é apresentado na Figura 46.

Figura 46. Simplificação do modelo de gestão por competências

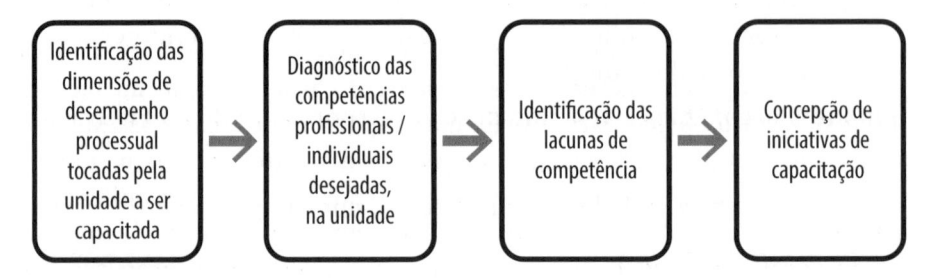

Identificação das dimensões de desempenho processual tocadas pela unidade a ser capacitada → Diagnóstico das competências profissionais / individuais desejadas, na unidade → Identificação das lacunas de competência → Concepção de iniciativas de capacitação

Fonte: elaborado pelo autor.

O primeiro passo do modelo ora representado – a identificação das dimensões de desempenho – serve como norte para o mapeamento das competências necessárias, ação esta a ser conduzida na etapa subsequente. De modo geral, tais dimensões são assim arroladas: (i) preço econômico; (ii) qualidade do objeto; (iii) sustentabilidade; (iv) celeridade do rito; (v) transparência; (vi) qualidade da instrução processual; e (vii) custo do processo (em termos de homem-hora). A ação de determinada unidade que atua no processo de compras pode não se relacionar diretamente a todas essas dimensões.

A atuação de uma unidade solicitante, por exemplo, pode não tocar diretamente as dimensões de transparência e de celeridade do rito, haja vista tais atributos serem afetos a etapas mais adiantadas do rito de compras.

Efetuado o diagnóstico das competências individuais necessárias, o próximo passo é o mapeamento das competências existentes. De modo geral, tal ação é conduzida mediante observação participativa dos gestores da equipe de compras. O intuito desta fase é a identificação da lacuna de competências, consoante ilustrado na Figura 47.

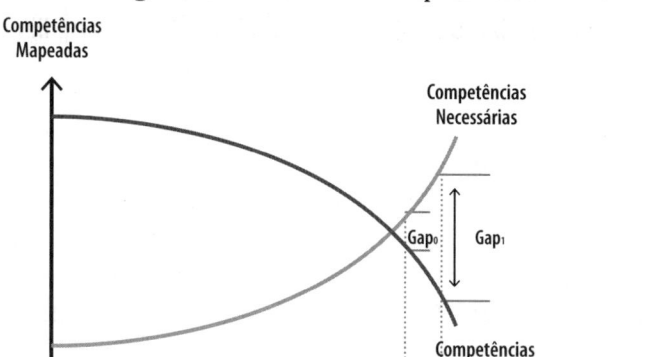

Figura 47. Lacuna de competências

Competências Mapeadas

Competências Necessárias

Gap_0 Gap_1

Competências Atuais

T_0 T_1 → Tempo

Fonte: BRUNO-FARIA; BRANDÃO (2003, p. 39) (adaptado de IENAGA, 1998).

Um plano de capacitação em aquisições, nesses moldes, visa a mitigar a lacuna de competências aventada. A correta caracterização da lacuna é, assim, o substrato básico para a próxima etapa: a concepção das iniciativas de capacitação. Considera-se, ainda, que os discentes almejam, em uma capacitação, que as competências desenvolvidas possam ser aplicadas de forma objetiva e realista no cotidiano de trabalho. O público a ser capacitado, de modo geral, é composto por servidores que executam o processo – são pregoeiros, pesquisadores de preço, membros das instâncias jurídicas etc.

Em uma conjuntura marcada por restrições orçamentárias, os gestores de compras são compelidos a adotar medidas alternativas de capacitação, aliadas ao treinamento externo, e que tragam a melhor relação custo-benefício[6]. A criatividade e o conhecimento acerca das nuances do processo de ensino-aprendizagem são, por sua vez, competências necessárias aos que se lançam à elaboração do plano de capacitação. Em rol exemplificativo, o Quadro 44 arrola distintos tipos de esforços de capacitação.

Quadro 44. Tipos de iniciativas de capacitação

TIPO	DESCRIÇÃO
Capacitação externa presencial	O colaborador é capacitado em curso / seminário / congresso promovido por empresa ou outro órgão público, realizado externamente ao seu órgão de origem. Demanda gastos que podem ser consideráveis (no caso de capacitação junto ao segundo setor), mas tem a vantagem de suscitar intercâmbio com outros colaboradores, de distintos órgãos públicos, ampliando a rede de contatos e promovendo o compartilhamento de boas práticas.

---

[6] A própria lógica de prover capacitação tão somente voltada à mitigação do *gap* de competência, ao conferir a devida racionalidade ao processo de treinamento e desenvolvimento de pessoal, é ponto chave à consecução da satisfatória relação custo-benefício dos gastos públicos nesse vetor.

TIPO	DESCRIÇÃO
Cursos *in company*	O colaborador é capacitado em curso promovido por empresa, realizado em seu próprio órgão / entidade de lotação. No caso, a empresa é contratada para organizar treinamento específico às demandas do contratante. A vantagem é a customização do curso, e o usual menor custo *per capita* dos discentes. A desvantagem é a falta de intercâmbio com outros órgãos e entidades públicos.
Seminários e entrevistas *on-line*	Trata-se de prática levada a cabo, por exemplo, pela Escola Nacional de Administração Pública, que disponibiliza a transmissão, gratuita, de seminários e entrevistas por ela organizados, mediante o endereço na internet <http://assiste.enap.gov.br/>. Ainda, há uma série de seminários passados disponíveis no canal da ENAP, no *YouTube*.
Cursos internos	O colaborador é capacitado em curso / seminário / congresso promovido por seu próprio órgão de lotação, com os docentes sendo próprios servidores do órgão. Trata-se de iniciativa de menor custo, mas que demanda a existência de docentes capacitados.
Eventos promovidos pelo órgão de lotação do discente	Assemelha-se à iniciativa anterior, mas passa a deter maior formalismo (passa a haver um *workshop*, um congresso, uma jornada, ou uma semana de capacitação), com docentes de distintos órgãos públicos e/ou de empresas privadas. A vantagem dessa iniciativa é que o órgão promotor do evento pode reservar um significativo número de vagas de capacitação para seus próprios servidores, diluindo, assim, o custo total da organização.
Disponibilização de jurisprudência / artigos e demais materiais didáticos aos membros da equipe de compras	Trata-se de iniciativa que demanda proatividade dos gestores de compras, e maior conhecimento técnico da matéria sob sua competência. Refere-se à disponibilização – usualmente via e-mail, de materiais didáticos ou jurisprudenciais sobre a macrotemática compras públicas. Idealmente, há uma reunião *a posteriori*, se julgada conveniente, para discussão e eventuais orientações adicionais acerca do material distribuído. Nesse contexto, há *sites* especializados que catalisam a agregação de valor, pelo gestor (p. ex.: O Licitante, Portal L&C, *Sollicita* etc.).
Revezamento de servidores entre as unidades da área de compras e contratações	Trata-se de medida a ser conduzida com cautela pelo gestor de compras, consubstanciada na troca – ainda que temporária – de servidores entre distintas unidades que trabalham o rito de compras. Por um lado, em curto prazo, impacta negativamente o processo de compras, haja vista que os servidores eventualmente em novas atribuições passam a estar no início da curva de aprendizagem. Em médio e longo prazos, no entanto, os benefícios são significativos: incremento de visão sistêmica, ampliação das competências individuais dos servidores e, consequentemente, maior capacidade de adaptação da equipe envolvida.
Formação de grupos de estudo	Servidores se reúnem em torno de um problema específico (um acordão recém-publicado pelo TCU, por exemplo) e se põem a estudá-lo para, após uma análise, propor soluções e maneiras para viabilizá-las. A vantagem é que cada integrante pode contribuir com novos conhecimentos e interpretações próprias, o que permite que os demais membros do grupo se beneficiem das informações compartilhadas. O óbice é a usual indisponibilidade de tempo para tal iniciativa, haja vista a rotina não raramente atribulada da área de compras.

Fonte: elaborado pelo autor.

Na Administração Pública federal, o valor a ser pago a servidor público ativo que atue como docente, coordenador pedagógico ou na elaboração de material didático em cursos de capacitação para a própria Administração é regulamentado pelo art. 76-A da Lei nº 8.112, de 11 de dezembro de 1990. O pagamento por Gratificação por Encargo de Curso ou Concurso (GECC) é ainda normatizado pelo Decreto nº 6.114, de 15 de maio de 2007. Seus valores são, como regra, menores do que os praticados pelo setor privado, o que torna menos dispendioso ao setor governamental.

Na seleção de um docente, recomendável se faz aquilatar a sua experiência, de sorte a verificar se esta se harmoniza com o *gap* de competência a ser suprido. O cenário atual dos cursos oferecidos pelo setor privado é tipificado por docentes que, por vezes, não vivenciaram, em suas carreiras, a parte executória do processo de compras e contratações. Não raramente, ainda, não são servidores públicos. A resultante se dá em oficinas menos práticas, e em palestras e seminários pouco instrumentais, limitadas a aspectos principiológicos em termos de eficiência nas aquisições, ou a meras facetas teóricas e legais, por exemplo. Na análise de Fenili (2017)[7]:

> Como falar de gestão de riscos, por exemplo, se o docente jamais implantou a gestão de riscos em um órgão público? Como falar de plano de compras se o docente não vivenciou as celeumas em termos de disputas por espaço de poder dentro da organização ao se implementar tal rotina?
>
> Começo a ver um público já impaciente com esforços de capacitação que trazem comandos irreais. Falar de governança *per si*, ou das recomendações por vezes utópicas dos "100 principais acórdãos do TCU" não traz efetividade. Há de se contextualizar, de prover a empatia necessária com relação ao discente. O desafio do docente é, por exemplo, orientar a implantação de instrumentos de governança, ou o atendimento a recomendações jurisprudenciais em equipes de compras que, por não gozarem de patrocínio da cúpula, são reduzidíssimas, sobrecarregadas e marcadas por intensa rotatividade. Aí a capacitação começa a ser efetiva.

O plano anual de capacitação, em decorrência de habitualmente implicar o dispêndio de recursos públicos na contratação de empresas privadas, é um dos insumos para a confecção do plano anual de compras e contratações. Assim, atendo-se à boa prática de casar instrumentos de governança com o ciclo orçamentário, o plano anual de capacitação, ainda que de forma mais genérica – sem identificar as datas e os nomes dos cursos, haja vista não haver tal informação com tamanha antecedência – deve ser delineado até o mês de abril, para execução no ano subsequente.

Tal linha de ação implica a necessidade de adaptação do plano de capacitação ao longo do tempo, moldando-se à dinâmica da lacuna de competências,

---
7 Entrevista concedida à Escola Nacional de Administração Pública, em 23 de maio de 2017. Disponível em: <https://comunidades.enap.gov.br/mod/forum/discuss.php?d=88>. Acesso em: 12 abr. 2018.

passível de alteração em função de rotatividade de pessoal, de mudança nas atribuições da equipe e do avanço na curva de aprendizagem dos servidores.

Um exemplo de fragmento de plano de capacitação em aquisições segue no Quadro 45. No caso, trata-se de plano atinente à unidade responsável pela instrução de compras diretas (dispensa e inexigibilidade de licitação), além da confecção de planilhas estimativas de despesas.

Quadro 45. Exemplo de fragmento de plano de capacitação em aquisições

SEÇÃO DE AQUISIÇÕES			
Dimensões do desempenho processual relacionadas	Competências individuais necessárias	Gap	Capacitação planejada
• Celeridade. • Qualidade da instrução. • Preço. • Qualidade do objeto. • Transparência.	• Refletir sobre o processo, com visão sistêmica. • Redigir despachos e cartas. • Possuir sólido conhecimento em licitações e contratos, em especial no que concerne às hipóteses de contratação direta. • Elaborar e revisar planilhas estimativas de despesa. • Possuir noções de governança em compras públicas.	• Visão sistêmica insatisfatória. • Necessidade de atualização em jurisprudência do TCU sobre dispensa e inexigibilidade de licitação. • Necessidade de aprimoramento na confecção de planilhas estimativas de despesa. • Necessidade de robustecer o conhecimento sobre governança em compras.	• Capacitação interna à área de compras, com foco na visão sistêmica do processo. • Curso interno sobre licitações e contratos (noções gerais). • Curso externo sobre dispensa e inexigibilidade de licitação (conhecimentos intermediários – participação de dois servidores). • Curso externo de elaboração de planilhas estimativas de despesa, inclusive de mão de obra terceirizada (participação de um servidor). • Participação em congressos que confiram visão ampla sobre governança e compras públicas (dois servidores). • Participação em seminários, em escolas de governo (p. ex. ENAP), que versem sobre governança nas aquisições, ou sobre acórdãos do TCU. • Organização de evento de capacitação, promovido pelo órgão (Semana de Boas Práticas em Compras e Contratações Públicas).

Fonte: adaptado pelo autor, a partir do plano de capacitação da Central de Compras da Câmara dos Deputados.

4. O PREGOEIRO PODE SER UM ROBÔ? COMPETÊNCIAS EM UM HORIZONTE ESTRATÉGICO

O foco longitudinal no desenvolvimento de competências demanda maior capacidade de abstração do gestor, de sorte a bem vislumbrar quais conhecimentos, habilidades e atitudes serão necessárias em longo prazo. O panorama das compras públicas, reconhece-se, está sendo alterado com relativa agilidade. Há dez anos, pouco se falava em termo de referência. Não havia o debate acerca de governança, estudos técnicos preliminares, planos anuais de compras, gestão de riscos, Lei de Acesso à Informação... As competências do agente imerso hoje no processo de aquisições públicas diferem significativamente daquelas necessárias há uma década. E os cenários projetivos ou prospectivos convergem no aspecto de que elas permanecerão em evolução.

Fato é que as relações trabalhistas e as atribuições profissionais estão assumindo novas conformações. A obsolescência das profissões é tópico recorrente em artigos publicados por consultorias de renome, como a Ernst & Young, tendo por origem paradigmas inéditos como a economia compartilhada, o mundo digital e a cibernética. A eliminação de empregos e o crescimento de lacunas de competências, em face das novas exigências, são alertadas em previsões como as retratadas na Figura 48.

Figura 48. Previsões em face do crescente paradigma digital

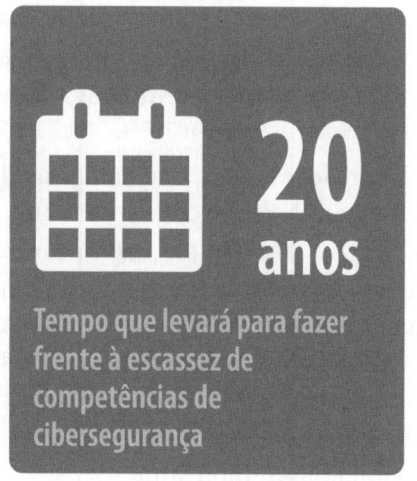

2 bilhões
Número de empregos eliminados até 2030 como resultado do uso da tecnologia

20 anos
Tempo que levará para fazer frente à escassez de competências de cibersegurança

Fonte: Sítio da Ernst & Young na internet. Disponível em: <http://www.ey.com/br/pt/issues>. Acesso em: 12 abr. 2018.

Um estudo da *think tank* britânica Reform, datado de 2017, prevê que, até 2030, cerca de 250 mil funcionários do setor público do Reino Unido podem perder os seus empregos para robôs. A automação, a inteligência artificial e a demanda crescente da população pela oferta de melhores serviços, aliadas a um contingente mais escasso de servidores, são elementos que favorecem a mudança em comento.

Para Hitchcock, Laycock e Sundorph (2017, p. 7), até mesmo os mais complexos papéis podem ser automatizados, ainda que parcialmente. Esses autores analisam que "vinte por cento dos trabalhadores do setor público desempenham papéis estratégicos e 'cognitivos'" – assim, eles "usarão o *data analytics*[8] a fim de identificar padrões, melhorando a tomada de decisão e a alocação / admissão de trabalhadores". A lógica é que o recrutamento externo e o desenvolvimento de competências se deem com foco em processos críticos, de forma a agregarem valor estratégico à organização. Para tanto, há a dependência de atuação da liderança no órgão / entidade, bem como a conveniência de se desenvolverem novas aptidões, que transcendem as usuais em equipes meramente de cunho operacional:

> O setor público deve garantir que seus papéis são preenchidos com as habilidades necessárias para explorar a tecnologia e preencher as lacunas de longa data nas [...] aquisições. Não menos importante, os serviços públicos devem procurar desenvolver habilidades não tradicionais, como criatividade, aprendizagem a partir de erros e autoaperfeiçoamento.
>
> Isso requer líderes fortes [...] para mudar a cultura organizacional. Espaços compartilhados e quadros de *feedback*, por exemplo, permitem interações espontâneas que apoiarão uma nova cultura de inovação no setor público (HITCHCOCK; LAYCOCK; SUNDORPH, 2017, p. 7).

A automação e o uso de artefatos de inteligência artificial têm o potencial de mudar em larga escala o desenho de cargos no setor público. Atividades repetitivas e previsíveis mostram-se, em diversos aspectos, passíveis de serem automatizadas no futuro. A expansão de serviços *on-line*, com ênfase em iniciativas de transparência ativa, e a integração de serviços de *back-office* são exemplos de práticas que facilitam esse prognóstico. A Figura 49, extraída uma vez mais do estudo de Hitchcock, Laycock e Sundorph (2017), ilustra o efeito potencial da automação em cargos públicos de cunho administrativo / operacional no Reino Unido.

---

8 *Data analytics* é o termo empregado para a prática de se coletar dados brutos relativos aos temas de interesse da organização, analisá-los e identificar padrões ocultos de sorte a fazer predições. Com o passar do tempo, o termo *data analytics* vem sendo substituído por *big data analytics*, ou apenas *big data*.

Figura 49. O efeito potencial da automação em cargos administrativos / operacionais do Reino Unido[9]

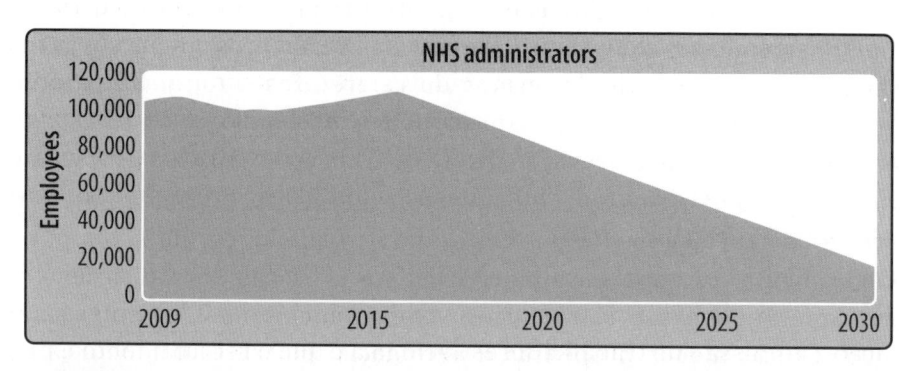

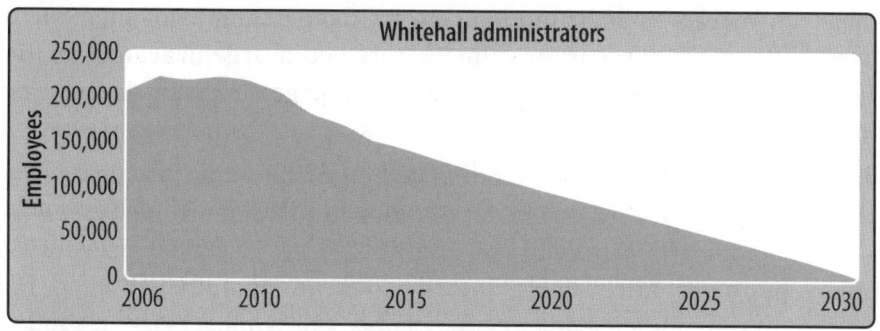

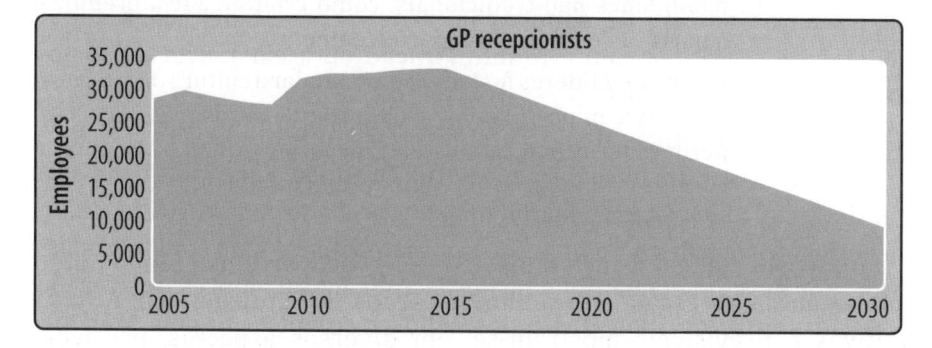

Fonte: HITCHCOCK; LAYCOCK; SUNDORPH (2017, p. 37-38).

No processo de compras e contratações públicas, há uma série de tarefas artesanais. A confecção de minutas de editais e de contratos administrativos, a pesquisa de preços de objetos comuns, a obtenção *on-line* de certidões de

---

9 NHS (*National Health* System) é o serviço nacional de saúde do Reino Unido. *Whitehall*, por sua vez, é uma rua na qual se situa o centro administrativo daquele Estado, e, dessa maneira, é conhecida como a sede do governo britânico. *GP* (*general practicioner*) *receptionists* são funcionários responsáveis, em atendimentos de saúde, pelo primeiro contato com o paciente, procedendo à triagem inicial.

regularidade fiscal e trabalhista, o processamento de pedidos relativos a atas de registro de preços vigentes ... os exemplos são vastos. A cognição exigida, nesses casos, prova-se suscetível de substituição por algoritmos e *workflows*. A *priori*, instrumentos convocatórios e minutas de avenças podem ser gerados automaticamente a partir de termos de referências[10]. Automações podem ser empregadas para buscas jurisprudenciais. A tecnologia de *blockchain* é capaz de ser utilizada na execução direta de transações através de "contratos inteligentes", que disparam funções se condições pré-definidas forem satisfeitas (HITCHCOCK, 2016).

Logicamente, há papéis – minoritários, no processo de aquisições – que demandam pensamento estratégico e competências mais complexas. Tais atribuições são menos propensas à automação em curto ou médio prazo. Ainda assim, ferramentas de inteligência artificial podem vir a subsidiar suas execuções, traçando diagnósticos adequados, conduzindo previsões analíticas e otimizando o tempo dos agentes, que se veem menos consumidos com ações operacionais.

Desde fevereiro de 2017, o Tribunal de Contas da União se vale da **An**álise de **Li**citações e **E**ditais, ou, em seu acrônimo, da **Alice**, um robô desenvolvido pela Controladoria-Geral da União que auxilia na avaliação preventiva de certames públicos. Alice coleta informações do Comprasnet e do Diário Oficial, apontando indícios de irregularidades, tais como a exigência indevida de documentos na fase de habilitação, vencedoras de licitações que estão impedidas de contratar com a Administração ou a existência de sócios em comum entre concorrentes.

Em conjunto com Alice, atua o **S**istema de **O**rientação sobre **F**atos e **I**ndícios para o **A**uditor – ou, em abreviação, a **Sofia**. Trata-se de um robô que atua em editor de texto, identificando metadados em peças técnicas (CNPJs, CPFs etc.) e trazendo informações adicionais que possam não ter sido consideradas pelo auditor, por desconhecimento (sanções já aplicadas a empresas, situações de seus sócios, entre outras). O trio dos robôs é completado pela **Mônica**, um painel eletrônico de compras e contratações públicas.

Alice, Sofia e Mônica são, na realidade, funcionalidades e interfaces de um sistema integrado denominado Laboratório de Informações de Controle, ou LabContas, que reúne quase uma centena de bases de dados, e que permanece à disposição de organizações brasileiras voltadas ao controle. O resultado de seu uso é, em apertada síntese, a dilatação da capacidade de o agente exercer suas atribuições. Amplia-se o espectro potencial de se bem auditar, ao mesmo tempo em que se economiza tempo.

---

10 Em 2010, *benchmarking* realizado junto aos Correios revelou que já era adotada essa prática.

Nada obsta a criação de Alices, Sofias ou Mônicas voltadas à execução do processo de compras, e não apenas a seu controle. Aos agentes, reserva-se, quando pertinente, o cunho intelectual afeto a tarefas mais complexas – até que se chegue a um nível em que algoritmos sejam considerados aptos a tanto. Ergue-se, contudo, paradoxo tocante à gestão por competências.

As competências mapeadas (ver Figura 47) são habitualmente alusivas a um processo corrente. No contexto das compras e contratações públicas, esse processo é entendido, em regra, como ineficiente (seja pela morosidade, pelo excesso de trâmites, pelas rotinas que não agregam valor) e ineficaz (em especial por culminar em objetos de qualidade duvidosa a preços mais elevados do que os praticados no mercado). Em consequência, o *gap* de competências – e as necessidades de treinamento e desenvolvimento de pessoal mostram-se definidas em função de um rito com vícios. As capacitações, por conseguinte, dão-se norteadas por práticas que não se traduzem no melhor interesse do principal (cidadão).

Investe-se, nesse caso, na disfuncionalidade. E, quanto mais o faz, mais se obtém uma *expertise* como ativo específico, dispendioso à organização, tornando o processo menos flexível. Afinal, alterá-lo exige o reconhecimento de que o *know-how* construído é, ao menos parcialmente, desnecessário. Valendo-se de paralelo com relação à teoria do processo decisório, poder-se-ia afirmar que se incorre em armadilha de custos irrecuperável, devotando-se à causa perdida.

O desafio é enorme. Exige-se do gestor três tarefas hercúleas: desenvolver competências em sua equipe em face do atual processo de compras e contratações (afinal, o fluxo diário de trabalho exige isso), vislumbrar e implementar inovações e desenvolver competências que deem suporte a um processo inovador. Há, pois, a necessidade de se preencherem as competências de dois desenhos de cargos: os de hoje e os próprios à visão de futuro. Isso impinge, reconhece-se, elevada capacidade de abstração do gestor, bem como uma estrutura por vezes não compatível com a conjuntura dos órgãos e das entidades públicas nacionais.

Voltemos, destarte, à provocação que nominou a presente seção: *o pregoeiro pode ser um robô?* Por óbvio, o foco não era discutir as atribuições de um pregoeiro, mas sim trazer à baila o debate acerca da evolução de competências ao longo do processo de compras públicas. Ainda assim, forçoso reconhecer a existência de sistemas automatizados de leilões via internet, bem como o avanço nas pesquisas de negociações automatizadas, como *core* do comércio eletrônico (CAO; CHI; LIU, 2009). A perspectiva de tendência que insurge, repisa-se, é aquela que reserva incumbências de maior erudição ao agente, que, por sua vez, passa a assumir conformações metafóricas de um *cyborg* analítico, gozando de perícia estendida. A resposta aventada, assim, é afirmativa. No entanto, supõe-se, quando um robô puder executar satisfatoriamente os encargos atuais de um pregoeiro, este mesmo pregoeiro poderá se dedicar a lides intelectivas outras que agregarão maior qualidade ao processo.

5. QUANDO, NA PRÁTICA, A TEORIA É OUTRA: TRAÇOS CULTURAIS BRASILEIROS

Até aqui, neste Capítulo, foi possível avançar em assunto usualmente estranho à arena de estudos e discussões típica das licitações e contratações públicas. Apresentou-se a jurisprudência da Corte Federal de Contas sobre a gestão por competências em aquisições, bem como foi trazida à baila a base teórica sobre a temática, apresentando-se, ainda, proposta de metodologia para fins de confecção de um plano de capacitação.

Nada obstante, a vida real, por vezes, nos força a sair da utopia das teorias, para então facearmos os imbróglios que se esforçam em resistir a comandos etéreos jurisprudenciais. A vida como ela é. Rotatividade de pessoal, falta de segregação de funções, aspectos políticos na escolha de dirigentes na área de aquisições, carência de incentivos e de estrutura. Traços reais, mas que se tornam polêmicos haja vista a rarefacência de suas inclusões em uma agenda de debate.

É nesse escopo que esta seção se insere. Visa-se a suplantar lacuna afeta à abordagem direta de uma das variáveis independentes do modelo de governança em aquisições proposto pelo Tribunal de Contas da União, dissecando-se em um contexto pragmático e concreto.

5.1. A importância da cultura como substrato da análise organizacional

Cultura, propugna-se, insurge como um dos aspectos basilares a serem considerados na gestão de pessoas, em especial quando há a tentativa de se implantar determinado modelo de administração, migrando-se da teoria para a prática.

O ferramental provido aos agentes organizacionais ao tomarem ciência das realidades culturais pujantes nas organizações e entidades públicas vem a mitigar aquilo a que Miroshnick (2002) se refere como a "cegueira cultural" dos gestores, usualmente incapazes de reconhecer a diversidade de contextos. Para essa autora, quando a realidade cultural não é reconhecida, os vários atores passam a ser "projeções de si mesmos", limitando suas habilidades de gestão (MIROSHNICK, 2002, p. 527).

A premissa em pauta é a que, a partir da cultura, os atores e os grupos sociais obtêm esquemas de interpretação capazes de influenciar suas percepções e orientações práticas, suscitando a capacidade de comunicação e de cooperação (GIDDENS, 2005), bem como de dar sentido às relações de poder entre atores ou grupos sociais (BOURDIEU, 2001).

Cultura, conforme assinalam Maznevski et al. (2002), é um fenômeno inerente ao nível de grupo, a despeito de influenciar percepções e comportamentos individuais. Destarte, trata-se de um conceito multinível, referente à "programação coletiva da mente que distingue os membros de um grupo ou categoria de pessoas em face de outro" (HOFSTEDE, 2003, p. 19). É moldada ao longo da história do indivíduo, sendo que suas primeiras experiências têm peso maior na conformação de sua cultura.

Nesse sentido, podemos falar de distintos níveis de homogeneidade cultural em uma sociedade, em consonância com o que asseveram Erez e Gati (2004). Temos a cultura em nível individual, em nível de grupo (por exemplo, uma subcultura própria dos agentes de compras e contratações), em nível organizacional (a cultura de um órgão ou entidade específico), a cultura em nível setorial (cultura do setor público) e a cultura nacional (brasileira, no caso). Tomar consciência da dinâmica entre essas múltiplas camadas mostra-se indispensável à acurada gestão de pessoas ao longo do processo de compras e contratações públicas.

Antes de ingressarmos na análise dessas camadas, discutiremos, em seguida, a problemática do transplante de modelos de gestão estadunidenses – como é o de gestão por competências – em realidades culturais dissonantes ao contexto de sua origem.

5.2. A conflituosa adoção universal de modelos e de práticas de gestão estadunidenses

O conceito de competência, de acordo com Chung e Wu (2011), foi primeiramente utilizado por Selznick (1957), a fim de descrever vantagens corporativas oriundas de atividades de valor. Entretanto, a obra do professor de psicologia em Harvard David McClelland (1973) – *Testing for Competency rather than for Intelligence"* – é citada entre pesquisadores como a seminal ao modelo de administração baseada em competências.

Já o uso em si do termo "competência" e sua ascensão ao vocabulário do mundo dos negócios é atribuída à obra *The Competent Manager,* do teórico organizacional e professor norte-americano Richard Boyatzis (1982). A disseminação de métodos de gestão por competências na área de recursos humanos é creditada, por sua vez, ao trabalho dos consultores estadunidenses Lyle e Signe Spencer (1993), no livro *Competence Work:* Model for Superior Performance.

Depreende-se, assim, que a teoria que subjaz a gestão por competências tem o seu nascedouro nos Estados Unidos, sendo esta uma característica comum a ramo majoritário das teorias organizacionais. Desde a Administração Científica de Taylor e Ford, passando pela Escola de Relações Humanas de Elton Mayo, a Teoria Geral dos Sistemas de Bertallanfy ou a Neoclássica de Peter Drucker (esses dois últimos austríacos radicados nos EUA), a literatura daquele país é dominante na abordagem acadêmica da administração moderna. Injusto seria não citar, ainda, Herbert Simon (Teoria Comportamental), Leland Bradford (Teoria do Desenvolvimento Organizacional), Paul DiMaggio e Walter Powell (neoinstitucionalismo), entre outros. Fato é que a gestão estadunidense, talvez por uma "questão de controle ou de marketing, foi estabelecida e ensinada em escolas de negócio ao redor do mundo" (D'IRIBARNE, 2005, p. 2), legitimando suas práticas, que passaram a ser empregadas por culturas diversas.

A premissa esposada é a de que "ambientes culturais diversos requerem comportamentos gerenciais diversos" (MIROSHNICK, 2001, p. 524). Assim, de acordo com Sherman, Bohlander e Snell (1995), estratégias, estruturas e tecnologias que são adequadas em um aparato cultural podem conduzir à falência em um outro. No entanto, os gestores apenas raramente consideram o aparato cultural como variável que afeta a dinâmica organizacional. Miroshnick (2001) esclarece que não se trata de julgar diferenças culturais – o que poderia levar a condutas racistas, sexistas ou etnocêntricas – mas sim de reconhecê-las. Nas palavras dessa autora:

> Assim, a cegueira cultural é tanto perceptiva quanto conceitual: gestores nem veem e nem querem ver diferenças culturais [...] Escolher não enxergar a diversidade cultural limita nossa habilidade de geri-la. Ademais, a moderna e efetiva gestão global deve ser transcultural: qualquer forma de gestão transcultural deve começar com esforços em se reconhecer a diversidade cultural sem julgá-la – enxergar a diferença onde essa diferença existe (MIROSHNICK, 2001, p. 527).

D'Iribarne (2003), no mesmo sentido, esclarece que modelos de gestão só são eficazes ao adquirirem sentido nas leituras marcadas pelas visões particulares que cada cultura oferece. E, explica esse antropólogo, eis a razão de a adoção universal de práticas de gestão estadunidenses poder vir a ser conturbada. Naquele país, as rotinas próprias à divisão de responsabilidades são condicionadas mais em função do modo como se dá a relação entre o indivíduo e a sociedade (ou seja, a tradição política) do que pelas simples considerações de eficiência (D'IRIBARNE, 2005).

Nos Estados Unidos, leciona esse autor, prevalece o que se chama de lógica do contrato, marcada pela manutenção da estrita conformidade das regras relacionais entre gestores e empregados, tais como respeito à cadeia de comando, clara definição de tarefas e disseminação de objetivos e avaliação com base em metas quantificáveis, de sorte que todos possam cumprir seus contratos com um espírito de honestidade e transparência. A noção de liberdade é oriunda da aberta regulação legal, afastando-se da arbitrariedade das chefias. Essa lógica apresenta patente contraste se cotejada com a brasileira. A abordagem que se avulta pertinente, assim, é se o modelo de gestão por competências, concebido e construído em uma lógica contratual, é aderente à amálgama nacional.

Efetuada a presente digressão, identificaremos, nas próximas subseções, traços da cultura brasileira e do setor público para fins de uma análise organizacional[11].

5.3. Cultura nacional e do setor público brasileiro

A Figura 50 propõe um esquema de camadas culturais a serem consideradas na análise da gestão de pessoas afeta ao processo em estudo.

Figura 50. Camadas culturais para a análise organizacional no setor público

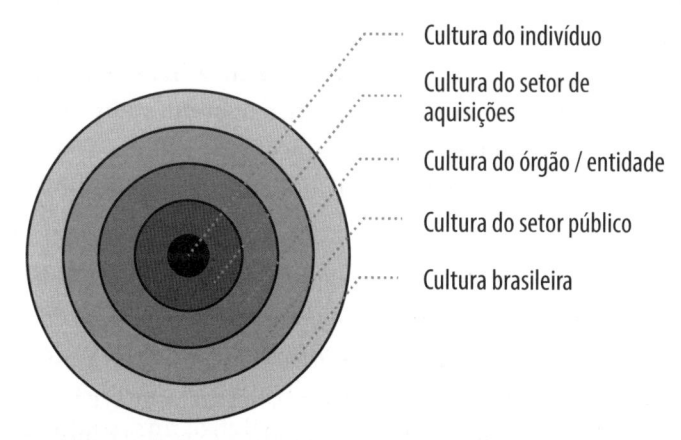

- Cultura do indivíduo
- Cultura do setor de aquisições
- Cultura do órgão / entidade
- Cultura do setor público
- Cultura brasileira

Fonte: elaborado pelo autor, com base em Erez e Gati (2004).

---

11 As próximas seções foram baseadas em FENILI, R. R. *Desempenho em processos de compras e contratações públicas:* um estudo a partir da inovação e das práticas organizacionais. Tese de doutorado. Universidade de Brasília, 340 p., 2016.

Nas páginas seguintes, abordar-se-ão as camadas mais externas representadas na Figura 50.

5.3.1. Traços da cultura brasileira para a análise organizacional

No que concerne à cultura nacional brasileira, em que pese a multiplicidade de raízes etnológicas formadoras, bem como a combinação desigual, no território brasileiro, das matrizes indígenas sul-americanas, portuguesas e da África negra (tripartição dominante) – sem contar as influências de imigrantes europeus (não portugueses) e orientais (japoneses e árabes), observada em especial a partir de meados do século XIX, diversos autores lançaram-se ao desafio de traçar os principais traços culturais do Brasil (DAMATTA, 1986; PRADO JÚNIOR, 1994; HOLANDA, 1995; BARROS; PRATES, 1996; FREITAS, 1997, entre outros).

Holanda (1995) ressalta que a matriz portuguesa foi preponderante no triângulo racial, à qual foram incorporados traços culturais dos demais elementos. Dessa forma, conforme salienta esse autor, é necessário um olhar mais detido sobre os elementos sociais e culturais advindos do período colonial que, apesar de corresponder a três dos cinco séculos desde a chegada dos portugueses ao Brasil, representou um momento histórico ímpar na formação das instituições de base da sociedade brasileira e cuja herança social, cultural e econômica perpetuou-se nos séculos subsequentes.

No período colonial, a adoção do modelo da grande lavoura, em um primeiro momento, suscitou a institucionalização de uma série de atributos nas relações sociais que se incrustaram à cultura brasileira. Em geral, há a dicotomização, inerente ao núcleo da natureza semifeudal dos engenhos de cana-de-açúcar, entre a família patriarcal, centralizadora do poder na figura do senhor de engenho, e o escravo, marginalizado e oprimido socialmente.

As relações sociais no Brasil, avalia Freitas (1997, p. 46), "surgem com base na força de trabalho escravo, ordenado e reprimido, separado e calado, gerando uma estratificação social e rígida hierarquização de seus atores, estabelecendo uma distância quase infinita entre senhores e escravos". Esse autor identifica cinco traços culturais principais a serem considerados em uma análise organizacional no contexto brasileiro, apresentados no Quadro 46 a seguir.

Quadro 46. Traços culturais brasileiros a serem considerados em uma análise organizacional

Categoria	Definição
Hierarquia	• Tendência à centralização do poder nos grupos sociais. • Distanciamento nas relações entre diferentes grupos sociais. • Passividade e aceitação por parte dos grupos inferiores.
Personalismo	• Sociedade baseada em relações pessoais. • Busca de proximidade e afeto nas relações sociais. • Paternalismo: domínio moral e econômico.
Malandragem	• Flexibilidade e adaptabilidade como meio de navegação social. • "Jeitinho".
Sensualismo	• Gosto pelo sensual e pelo exótico nas relações sociais.
Aventureiro	• Atores sociais demonstram comportamento mais sonhador do que disciplinado. • Tendência à aversão ao trabalho manual ou metódico.

Fonte: Adaptado de Freitas (1997).

O modelo aristocrático da família patriarcal, que caracteriza a cultura brasileira com uma significativa desigualdade de acesso ao poder, perpetua-se mesmo após o declínio da grande lavoura e a ascensão dos centros urbanos, ao longo do século XIX. A partir dessa época, os senhores de engenho viram-se obrigados a buscar novas ocupações, passando a tomar parte do Estado, impingindo à vida política brasileira o reflexo das relações patriarcais de outrora.

A família patriarcal fornece, assim, "o grande modelo por onde se hão de calcar, na vida política, as relações entre governantes e governados, entre monarcas e súditos" (HOLANDA, 1995, p. 85), e que impõem à cultura brasileira uma significativa **desigualdade de acesso ao poder**. O modelo da "casa grande e senzala", além da distância de poder e da centralização na figura do senhor de engenho, traz a subordinação e a obediência como facetas marcantes, presentes na cultura brasileira como axiomas morais.

Em complemento à distância do poder, há o **personalismo** nas relações sociais, decorrente da expansão do modelo do quadro familiar patriarcal. O grupo, em uma visão personalista, torna-se uma extensão da família, sendo que o comportamento interpessoal, segundo Holanda (1995, p. 147), passa a se constituir de "expressões legítimas de um fundo emotivo extremamente rico e transbordante".

Ao se associarem o personalismo e a concentração de poder, surge o que se nomina **paternalismo** (BARROS; PRATES, 1996), da seguinte maneira sintetizado por DaMatta (1986, p. 22):

> [...] No nosso sistema tão fortemente marcado pelo trabalho escravo, as relações entre patrões e empregados ficaram definitivamente confundidas. [...] O patrão, num sistema escravocrata, é mais que um explorador do trabalho, sendo dono e até mesmo responsável moral pelo escravo. [...] isso embebeu de tal modo as nossas concepções de trabalho e suas relações que até hoje misturamos uma relação puramente econômica com laços pessoais de simpatia e amizade [...]

As relações pessoais, de acordo com Freitas (1997), são ainda marcadas pela **afetividade e pela sensualidade**, implicando valorização à proximidade e pelo gosto do exótico nas interações sociais. Tal se deve a um passado de miscigenação intensa, do qual fazem parte a poligamia indígena, a libertinagem sexual dos colonizadores, a experiência erótica multirracial, além de manifestações culturais, tais como festas, com forte apelo sexual. Eis que um sensualismo afetivo, muitas vezes não relacionado ao apelo sexual direto, constitui-se em meio de navegação social, expressado pela proximidade física em conversas, por toques e falas carinhosas.

A flexibilidade, a adaptabilidade e a criatividade como modos de navegação social são características de abordagem recorrente na literatura cultural brasileira. Trata-se de vertente da inadequação da prática social às regras universais, um artifício suavizador das normas impessoais que regem as relações entre atores, um conciliador entre o legalismo e o personalismo, que constitui o traço cultural da malandragem. O **"jeitinho"**, assim referido por DaMatta (1986), atua como mecanismo de controle social, por suscitar o não questionamento da ordem estrita estabelecida, visto que encontra modos de não a observar.

Para DaMatta (1986), é a malandragem que provê uma saída intermediária entre o impessoal e o pessoal, um caminho que se apela quando o indivíduo se depara com leis ou situações universais e homogêneas que ignoram sua personalidade. O malandro, segundo Freitas (1997), possui sensibilidade para se relacionar, captando com relativa precisão o perfil psicológico das pessoas e a conjuntura das diversas situações.

A atração pelos ganhos de curto prazo, aliada à falta de planejamento e de esforços metódicos, diz respeito ao traço cultural **aventureiro**, também com raízes coloniais. Holanda (1995) avalia que os ibéricos apresentam, de modo geral, características do ideal de vida aventureiro, em detrimento do semeador, ou seja, valoriza-se o resultado ao invés do processo de sua consecução, os grandes projetos, a audácia.

O traço aventureiro, ao impingir a busca pela extração do máximo de benefícios com o mínimo de contrapartidas, regeu as atividades econômicas do período colonial, com impactos na exploração impiedosa da terra (HOLANDA, 1995), no esgotamento de garimpos e no saque e captura típicos dos bandeirantes paulistas (PRADO JÚNIOR, 1994). Há, concomitantemente, a desvalorização do trabalho manual e metódico, que passa a ser relegado à classe escrava, formando-se uma classe dominante que empreende com pouco esforço físico. Essa tendência de divisão do trabalho vem a ser consolidada no capitalismo industrial, com a cisão entre quem empreende de modo aventureiro e quem executa as tarefas operacionais.

5.3.2. Traços da cultura do setor público brasileiro para a análise organizacional

A recenticidade da história da Administração Pública no Brasil, se comparada com a de outros países, não impede que tenha *modus operandi* próprio (PIRES; MACÊDO, 2006). Ademais, a despeito dos cinco séculos de existência, foi apenas a partir da década de 1930 que houve a primeira reforma administrativa no setor público brasileiro, que visou à substituição do modelo de gestão patrimonialista pelo paradigma burocrático.

A reforma burocrática na administração estatal brasileira inicia-se, de fato, em 1936, no governo de Getúlio Vargas. Naquele ano, criou-se o Conselho Federal do Serviço Público Civil, consolidado, dois anos depois, no Departamento Administrativo do Serviço Público (DASP). O intuito era se lançar a um projeto desenvolvimentista, baseado, de acordo com Lima Júnior (1998), em duas vertentes principais, a saber: (i) estabelecimento de mecanismos de controle da crise econômica, resultante dos efeitos da Grande Depressão de 1929, promovendo a alavancagem industrial, e (ii) racionalização burocrática do serviço público, por meio da padronização, normatização e implantação de mecanismos de controle.

Após a deposição de Getúlio Vargas, em 1945, a reforma administrativa passou a ser conduzida como "uma ação governamental rotineira e sem importância, enquanto práticas clientelistas ganhavam novo alento dentro do Estado brasileiro" (BRESSER-PEREIRA, 2001, p. 13). Mesmo após o seu retorno, em 1951, a retomada do ímpeto inicial da reforma burocrática viu-se sem êxito, não chegando a ter impacto efetivo para a Administração Pública, segundo Bresser-Pereira (2001). Os motivos para tanto reúnem não só o patrimonialismo sempre presente, mas também o fato de que as forças desenvolvimentistas passaram a se opor ao excesso de formalismo burocrático.

Uma primeira tentativa de superação da rigidez burocrática é materializada pelo Decreto-Lei nº 200, de 1967, que inaugurou práticas gerencialistas, nas quais se ressalta a descentralização para a administração indireta. Contudo, é apenas em 1995, com a criação do Ministério da Administração e Reforma do Estado (MARE) que toma forma o modelo gerencial de administração pública, sob influência de reformas ocorridas na Inglaterra e Estados Unidos. Há, nesse modelo, a priorização da eficiência na atuação administrativa, a orientação para a obtenção de resultados, a descentralização administrativa e o foco no cidadão, entre outras características.

Essa breve síntese histórica serve de base à identificação de traços culturais presentes no setor público contemporâneo. Para Andriolo (2006), pesquisadores têm observado que a Administração Pública brasileira foi se expandindo por camadas, sendo que um modelo de gestão subsequente se sobrepõe ao anterior, não ocorrendo sua efetiva substituição. Lessa (2003), por sua vez, observa que não se trata tão somente de sobreposição de camadas, mas sim de articulação e de desenvolvimento combinado entre os modelos.

Bresser-Pereira (2000) reconhece que a reforma administrativa de 1995 não alcançou sucesso pleno em sua dimensão cultural. Afirma que a cultura patrimonialista persiste nos dias atuais, "presente hoje sob a forma de clientelismo ou de fisiologismo" (BRESSER-PEREIRA, 2000, p. 66).

Dessa sorte, ao se analisar os traços culturais presentes no setor público brasileiro, é importante considerar a coexistência de práticas inerentes aos modelos patrimonialista, burocrático e gerencial. Nesse contexto, Pires e Macêdo (2006, p. 96) avaliam que as organizações públicas mantêm as mesmas características básicas das demais organizações, acrescidas, entretanto, de algumas especificidades, como: "apego às regras e rotinas, supervalorização da hierarquia, paternalismo nas relações, apego ao poder, entre outras". Para esses autores, tais aspectos necessitam ser considerados na definição dos processos internos, na formulação de políticas de recursos humanos e na relação com a inovação na gestão.

Carbone (2000), tomando por base traços culturais brasileiros, procura identificar seus efeitos para a gestão pública. A análise desse autor é sintetizada no Quadro 47.

Quadro 47. Traços culturais brasileiros e seus efeitos no setor público

Traço	Efeito na administração pública
Burocratismo	Excessivo controle de procedimentos, gerando uma administração engessada, complicada e desfocada das necessidades do país e do contribuinte.
Autoritarismo / centralização	Excessiva verticalização da estrutura hierárquica e centralização do processo decisório.
Aversão aos empreendedores	Ausência de comportamento empreendedor para modificar e se opor ao modelo de produção vigente.
Paternalismo	Alto controle da movimentação de pessoal e da distribuição de empregos, cargos e comissões, dentro da lógica dos interesses políticos dominantes.
Levar vantagem	Sentimento de vingança em relação ao opressor, tirando vantagem da coisa pública. Desconsideração do bom senso. Ética dúbia, nepotismo, fisiologismo, apadrinhamento e intermediação generalizada de favores e serviços.
Reformismo	Desconsideração dos avanços conquistados, descontinuidade administrativa, perda de tecnologia e desconfiança generalizada. Corporativismo como obstáculo à mudança e mecanismo de proteção à tecnocracia.
Flexibilidade / mobilidade / criatividade	Facilidade de conviver num cenário de permanente mudança e ambiguidade nas relações sociais. "Jeitinho" extraordinário para solucionar problemas complexos e de difícil encaminhamento.
Boa convivência intercultural	Facilidade para gerenciar grupos raciais e étnicos. Boas perspectivas de convivência num cenário globalizado.
Alegria / simpatia / festividade	Relacionamento e sistemas de apoio informais, baseados na afinidade e complementaridade. Desenvolvimento de lideranças e grupos informais, tecendo redes de influência. Clima de trabalho cooperativo, alegre, criativo e favorável.

Fonte: Adaptado de Carbone (2000).

Não se olvida, ainda, que, no contexto da administração pública – da mesma forma que na gestão privada, há subculturas inerentes ao exercício profissional dos indivíduos que apresentam peculiaridades. Nessa lógica, conjetura-se que a cultura própria ao setor de compras e contratações distingue-se, por exemplo, da cultura do setor de informática, dentro de um mesmo órgão público, principalmente devido ao exercício de práticas específicas, que destoam em termos de apego à rotinização do trabalho e da orientação à inovação, por exemplo (FENILI, 2015).

6. A PRÁTICA IMPERFEITA DA GESTÃO POR COMPETÊNCIAS AO LONGO DO PROCESSO DE COMPRAS E CONTRATAÇÕES PÚBLICAS

O modelo de gestão por competências apresentado previamente neste Capítulo é, por óbvio, um modelo. Como tal, por definição, trata-se de uma abstração simplificada da realidade, que passa a enfocar determinadas variáveis em detrimento de outras – por vezes não identificáveis *a priori*.

O intuito desta seção é desmistificar a gestão por competências ao longo do processo de aquisições públicas, em análise capitaneada à luz dos traços culturais discutidos previamente.

6.1. Hierarquia, autoritarismo e distância do poder *versus* gestão por competências

A verticalização da estrutura hierárquica e a centralização do processo decisório, não raramente, fazem-se presentes ao longo do processo de compras e contratações públicas. Tal fato, aliado à passividade e à aceitação dos subordinados com relação a esse distanciamento do poder suscita a alienação dos colaboradores em relação à atuação discricionária ao longo do processo, visto que tal atribuição remanesce não delegada.

O desenvolvimento de competências, nesses moldes, passa a ser de cunho mais operacional, abarcando o incremento de conhecimentos procedimentais de cunho jurisprudencial, habilidades de redação de despachos e, por vezes, atitudes quando do preenchimento de *checklists*. A manutenção desse *status* pode implicar, após a curva de aprendizagem inicial, desmotivação aos agentes.

Como boa prática de gestão, visando a bem lidar com os traços culturais em pauta, vislumbra-se que a delegação de tarefas de cunho tático possa servir de estratégia de *empowerment* à equipe. O que se almeja, assim, é a majoração do senso de dever e de responsabilidade dos atores, que passam a atuar de maneira ativa em face dos desafios processuais, modificando o seu ambiente. A gestão de instrumentos de governança, com esteio em facetas discricionárias administrativas, consubstancia exemplo de objeto de delegação: a atualização do plano anual de compras, a geração de relatórios de indicadores de desempenho, o acompanhamento do cumprimento de planos de logística sustentável etc.

O *empowerment*, nesses lindes, vem a suavizar o patriarcalismo do aludido modelo da "casa grande e senzala", mitigando tal axioma moral ao passo que se constrói uma estrutura horizontal na distribuição de responsabilidades.

6.2. Personalismo e paternalismo *versus* gestão por competências

Parcela das recomendações exaradas pelo Tribunal de Contas da União, no que concerne ao mote deste estudo, são assim retratadas: *(i) estabelecer um modelo de competências para os ocupantes das funções-chave da área de aquisição, em especial daqueles que desempenham papeis ligados à governança e à gestão das aquisições, e (ii) escolher os ocupantes das funções-chave na área de aquisições com base em perfis de competências definidos no modelo anterior.*

Há de se considerar, contudo, o choque desses comandos com os traços culturais de personalismo e paternalismo, segundo os quais prepondera a flexibilidade na navegação social, afastando-se a lógica contratual formal em favor de uma sociedade baseada em relações pessoais. A escolha de ocupantes de funções-chave na área de aquisições dá-se, como toda regra que comporta exceções, contaminada por elementos de poder e por laços afetivos. O trinômio eficiência – eficácia – efetividade acaba sendo sobrepujado por elementos ainda mais subjetivos, que se afastam do melhor interesse da coletividade.

A indicação para uma chefia traduz-se, como simbolismo, em um presente. Significa incremento de poder e de *status* e, usualmente, adicionais pecuniários. Os "amigos do rei" são escolhidos, sob um discurso de justificativa repleto de atributos como experiência, confiança, vivência.... mas que, em olhar detido, vai de encontro com a meritocracia burocrática.

Há, ainda, o personalismo, a flexibilização das normas, em âmbito externo à organização, para fins de consecução de vantagens indevidas em momento ulterior. *"Como uma prefeitura de um município pequeno irá aplicar sanções a fornecedores, se são esses mesmos fornecedores que garantem a (re)eleição do prefeito?"*, hipotetiza-se. Sim, isso é cultura – ainda que viciada, contaminada, mas é cultura.

A recomendação jurisprudencial, assim, não se coaduna com o paradigma cultural vigente. É etérea para parcela majoritária de órgãos e entidades públicos brasileiros. O que fazer? Em algum momento esse vespeiro terá de ser visitado e estabelecidos critérios transparentes de seleção dos ocupantes de tais funções-chave. Aliás, estabelecimento de critérios e diretrizes formais é, em si, o cerne da governança.

Nos Estados Unidos, há mais de cinquenta anos, adota-se a prática de **certificação** dos agentes de compras, como pilar da gestão por competências. O Instituto Nacional de Compras Governamentais daquele país (NIGP – National Institute of Governmental Purchasing), fundado em 1944, foi a entidade precursora da prática de certificação, tendo criado, em 1964, um programa intitulado Certified Public Purchasing Officer (CPPO).

Em 1978, o NIGP, em conjunto com a National Association of State Procurement Officials (NASPO), criaram o Conselho Universal de Certificação em Compras Públicas (UPPCC – Universal Public Purchasing Certification Council). As atribuições desse Conselho são assim arroladas[12]:

- estabelecer, monitorar e rever requisitos para a certificação;
- envidar esforços de pesquisa relativos à certificação de compradores públicos;
- coordenar programas em conjunto com a NIGP e a NASPO com vistas a promover a certificação; e
- promover e assegurar a profissionalização nas compras públicas.

A lógica da certificação repousa na busca pela padronização de competências do agente que atua no processo de aquisições públicas. Como regra, nos Estados Unidos, o agente de compras é quem ordena a despesa e, a depender do seu nível de certificação (outorgado mediante o desempenho em uma prova aplicada por entidade reconhecida), varia a alçada orçamentária limítrofe à sua autorização de gastos. Da mesma sorte, quanto mais elevado o nível de certificação[13], maiores os seus vencimentos.

Existem, frisa-se, outras certificações de renome, inclusive em âmbitos mais amplos. O Banco Mundial, por exemplo, oferece o CPPP – *Certificate Program in Public Procurement*. A Organização das Nações Unidas, bem como o Banco Interamericano de Desenvolvimento (BID) adotam a prática de certificação, conferida não só a seu *staff*, mas também a organizações não governamentais, instituições de fomento do desenvolvimento e a governos. Outros países, do mesmo modo, vêm adotando o modelo, destacando-se a atuação da organização britânica Chartered Institute of Procurement & Supply (CIPS).

A certificação voltada a agentes que atuam no processo de compras e contratações seria, no Brasil, inovação disruptiva que proveria o substrato necessário à mitigação dos riscos referentes a personalismos e apadrinhamentos. Ainda, traria maior homogeneidade de atuação aos

---

[12] De acordo com informações constantes do sítio da UPPCC na internet. Disponível em: <https://www.uppcc.org/About/UPPCC>. Acesso em: 19 abr. 2018.

[13] Existe a necessidade de se proceder à recertificação periódica. Para a UPPCC, a recertificação é exigida a cada cinco anos.

profissionais, engendrando esboço de uma carreira própria. A questão que se lança é direta: a certificação, esteada em lógica cultural contratualista, é prática coalescente à cultura brasileira? Uma resposta negativa no presente, acautela-se, não é motivo suficiente para abandonar a proposta. Cultura detém inércia, mas não é imutável, podendo moldar-se em função de rotinas recursivas.

6.3. Reformismo e rotatividade de pessoal *versus* gestão por competências

"Rei morto, rei posto". Mais do que um ditado popular da língua portuguesa[14], essa é a realidade de todos os sistemas de poder em organizações. O óbice repousa quando tal dinâmica dá-se em frequência acima do desejável, com o novo "rei" não dando continuidade aos avanços da gestão anterior.

Trata-se do reformismo, arraigado na Administração Pública brasileira, e uma das principais causas da descontinuidade administrativa do processo de compras e contratações públicas. Novos gestores são nomeados não com base em suas competências, mas sim por indicação política, implicando estagnação e perda de rumo ao processo conduzido.

A gestão por competências, enquanto carro chefe da gestão de pessoas, carece de considerável interregno para gerar resultados concretos. A curva de aprendizagem, na área de aquisições públicas, é, conjetura-se, morosa. O reformismo traz consigo malogros passíveis de serem arrolados, em lista não exaustiva, a saber: (i) perda de patrocínio para as evoluções em curso; (ii) necessidade de reinício da capacitação dos dirigentes, pouco familiarizados na temática de compras públicas; (iii) geração de desconfiança da equipe, que passa a não investir em mudanças que serão descartadas em futuro próximo, quando de nova troca de dirigentes.

Aliada ao reformismo, traz-se à baila a rotatividade de pessoal da área de compras. Um alto *turnover* traz consigo as celeumas da perda do investimento na capacitação do pessoal. Em contrapartida, o estabelecimento de mecanismos para cercear a rotatividade, quando impositivos (por exemplo, políticas de retenção mandatória do servidor por determinado número de anos, na mesma lotação), podem implicar desmotivação e o fomento de um clima organizacional desfavorável.

De concreto, assevera-se que tanto a rotatividade de pessoal quanto o reformismo implicam minoração das competências da equipe que se dedica às compras públicas. E não se pode olvidar que o nível de capacitação – e a

---

14 Há quem diga que o correto seja: *"Rei morto é rei deposto"*.

qualificação do pessoal – é inversamente proporcional ao custo processual, haja vista a ação de um servidor mais bem preparado suscitar menos retrabalho.

Consigna-se, nessa seara, que a gestão de competências não possa prescindir dos benefícios de bons processos de recrutamento e seleção de pessoal. Do nascedouro, o pessoal a ser alocado no processo em comento deve ser definido com base em *expertises* próprias. A criação de cargos específicos para a atuação na logística pública, com vantagens proporcionais às responsabilidades dos agentes, poderia vir a mitigar o *turnover*. Já o reformismo, traço cultural que é, possui origens mais imbricadas e difíceis de expurgar. A implantação de carreiras em Y, com a valorização técnica dos agentes de compra, evidencia-se com potencial de, ao menos, suavizar os danos desse fenômeno, favorecendo a criação de um núcleo duro no direcionamento dos avanços administrativos.

6.4. Espírito aventureiro *versus* gestão por competências

O processo de compras e contratações públicas prima por ser rotineiro e metódico. As atividades neles circunscritas estão longe do esplendor da condução de projetos estratégicos revolucionários, ou dos holofotes próprios das áreas finalísticas dos órgãos e entidades públicas.

Há, sim, despachos repetitivos, dignos de trabalhos manuais. A elaboração de editais e de minutas de contrato são artesanais, na maioria das organizações. A interface com os fornecedores e com as demais áreas internas que atuam no processo são repetitivas e desgastantes. Tais predicados entram em desarmonia com o traço cultural do espírito aventureiro, em especial no que diz respeito aos agentes que visam a atuar em outra área na organização.

E, nesse ponto, chegamos a uma questão crítica: Como fazer gestão por competências com um servidor que não quer atuar no processo? Que almeja mudar de área? Que demonstra aversão ao trabalho repetitivo do rito de compras? Que está desmotivado?

A desmotivação pode ser entendida como um *gap* de competência, com impacto direto no vetor atitudinal. A suplantação dessa lacuna é tarefa árdua e, algumas vezes, inexequível. Não é cartesiana, haja vista lidar com elementos da *psique* individual. O *empowerment*, como já dito, pode lograr êxito. O incentivo a um ambiente inovativo e aberto ao diálogo também. Mas – e essa é uma realidade a ser faceada – a gestão por competências pode constituir modelo não aplicável a uma equipe desmotivada. Sim, a vida como ela é.

6.5. Aversão aos empreendedores e burocratismo *versus* gestão por competências

O traço de aversão aos empreendedores, aliado ao burocratismo implica a estagnação das competências profissionais desejadas, em face de um processo engessado e pouco eficiente. Nesse contexto, fazer gestão por competências é exequível, mas o que se faz, em verdade, é investir recursos em um rito antieconômico e alheio aos melhores interesses da sociedade.

Empreender e inovar significa desafiar o *status quo*. Significa sair da zona de conforto, impingindo aos colaboradores a necessidade de se aperfeiçoarem. Mas nem todos estão dispostos a isso.

Novos ritos, novos métodos, instrumentos de governança inéditos. Quem os domina, quem possui familiaridade com as tecnologias que os esteiam detém poder. A fonte do poder está, como vimos, na capacidade de se gerar o conhecimento[15]. E é justamente essa dinâmica política volúvel, indesejada a quem, em determinado momento, ocupa a direção, que dá base à aversão ao empreendedorismo.

A lógica ora defendida, no entanto, é a de que o modelo de gestão por competências carece de um ambiente inovativo e, em relação mútua, deve favorecer a inovação processual. Caso contrário, será, ao longo do tempo, mais uma causa do burocratismo, visto reforçar os mesmos conhecimentos, habilidades e atitudes que culminam na falta de flexibilidade e no descuido à efetividade do rito de compra e contratação.

7. CONCLUSÃO

O modelo de gestão por competências, enquanto arcabouço teórico, desconsidera os traços culturais próprios do setor público brasileiro. Avulta-se não aderente se defrontado com o paternalismo, o reformismo, o significativo *turnover*, o espírito aventureiro e a aversão ao empreendedorismo.

Lidar com esses aspectos de cultura implica minimizar as barreiras ao êxito do modelo em tela. A governança, em si, estatui-se com menores custos de transação em uma sociedade contratualista, atributo estranho aos resquícios patrimonialistas tão presentes no Brasil. Eis que o desafio de 1936, quando da reforma daspiana no governo Getúlio Vargas, faz-se atual. A tentativa de outrora é a mesma de hoje: impingir racionalidade e transparência à gestão pública, com fulcro em mérito e profissionalização, drenando a dominância de práticas personalistas.

---

15 No Capítulo 2, tocamos tal acepção, que encontra base em Foucault (1972).

Há, todavia, um ingrediente adicional: a gestão por competências deve se coadunar com o fomento de um ambiente inovativo. Deve ser adaptativa, aprimorável em curto prazo. Eis que o modelo gerencial de administração pública se faz presente, com foco em resultados para o cidadão-cliente.

Na conjuntura atual, talhada por insuficiência de pessoal nas equipes de compras e contratações, pela falta de segregação de funções, por insipiência de valorização dos agentes de logística pública, entre outros vícios institucionais, a gestão por competências permanecerá sendo levada a cabo por algumas poucas ilhas de excelência. A inércia cultural há de ser considerada. Há mudanças estruturais a serem efetuadas antes. A ferramenta há de se moldar à cultura, abrandando suas deformações.

Capítulo 8
Diretrizes para sanções administrativas em compras e contratações públicas[1]

1. INTRODUÇÃO

As premissas que dão arrimo a este Capítulo, parcialmente oriundas de observação participante deste autor junto a órgãos e entidades municipais[2], estaduais e federais, são da seguinte forma declaradas:

> **Premissa 1:** parcela significativa de órgãos e entidades públicos brasileiros não instrui processos de sanções administrativas alusivas a licitações e contratos, ainda que haja, *a priori*, culpa ou dolo do particular.
>
> **Premissa 2:** o processo administrativo sancionatório, no bojo das licitações e contratos, quando instruído, é feito de maneira heterogênea na Administração Pública brasileira.

A baixa maturidade na instrução de sanções, as interferências políticas nos casos concretos e a falta de padronização dão margem a um quadro de frágil governança aplicada a essa temática.

Os processos inerentes às aquisições e às contratações públicas não chegam a termo com a assinatura do contrato, ou com a emissão da nota de empenho. De fato, o interesse do solicitante está na execução do objeto, e não na homologação do certame, com a subsequente formalização do instrumento

---
[1] Capítulo adaptado e expandido a partir de conteúdo da obra FENILI, R. R. *Boas Práticas Administrativas em Compras e Contratações Públicas*. 1ª ed. Rio de Janeiro: Impetus, 2015.
[2] Peço escusas ao purismo metodológico: uma premissa, por óbvio, não pode ser oriunda de observação. O mais adequado seria consolidar-se uma hipótese, a partir da observação participante.

contratual. Com esse foco, a liquidação da despesa – etapa que antecede a aprovação do pagamento – apresenta-se como rotina de realce, haja vista sua finalidade de verificar o correto cumprimento das obrigações pelo contratado, instruindo-se a aplicação de sanções em caso de óbices na execução do objeto. Em adição, a boa governança impinge olhar detido à conduta de licitantes que, mesmo não logrando êxito em certames, desvirtuam o processo competitivo.

A instrução de processos que cuidam de sanções administrativas ocupa lugar de destaque nas compras públicas por três motivos principais, sobre os quais se discorre a seguir:

(i) **Recorrência de situações que ensejam sanções**

O Portal da Transparência, mantido pela Controladoria-Geral da União, lista mais de doze mil registros de sanções aplicadas a pessoas físicas e jurídicas, das quais decorre como efeito restrição ao direito de participar em licitações ou de celebrar contratos com a Administração Pública[3]. As tipologias de sanções mais recorrentes, bem como seus percentuais com relação ao total[4], são representadas no Gráfico 14.

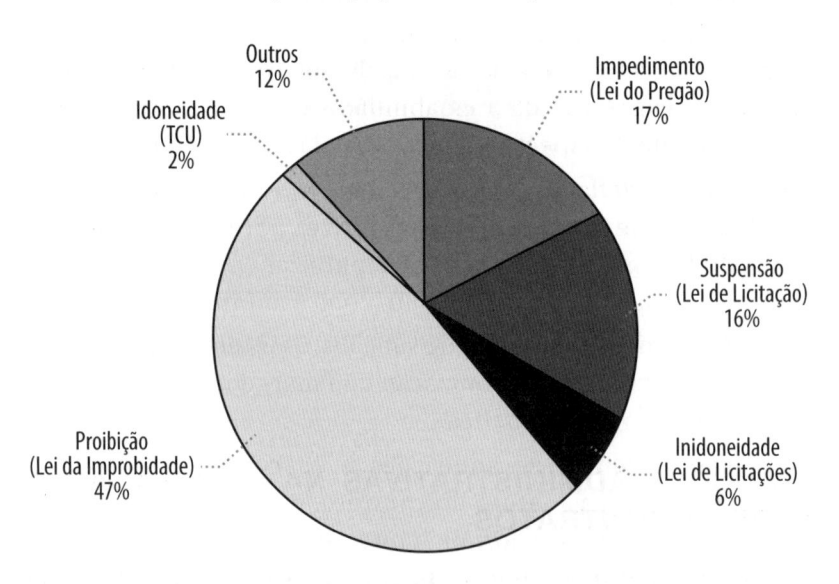

Gráfico 14. Distribuição de sanções com efeito restritivo à participação em licitações

- Outros: 12%
- Idoneidade (TCU): 2%
- Impedimento (Lei do Pregão): 17%
- Suspensão (Lei de Licitação): 16%
- Inidoneidade (Lei de Licitações): 6%
- Proibição (Lei da Improbidade): 47%

Fonte: elaborado pelo autor, com base nos dados do Portal da Transparência (CGU).

---

3 Não estão inseridas nesse quantitativo as sanções de advertência ou as multas, que, salvo melhor juízo, abrangem um universo bem mais amplo de apenados.

4 Total correspondente a 12.490 sanções, conforme consulta realizada em 19 abr. 2018, no sítio <http://www.portaltransparencia.gov.br/ceis>.

Não se olvida que a realidade espelhada no Gráfico 14 reflete apenas um percentual diminuto das sanções aplicadas, haja vista que, salvo melhor juízo, as multas correspondem ao maior universo de penas imputadas[5].

(ii) Complexidade da análise

A apreciação das situações passíveis de ensejar sanções administrativas em contextos de processos de aquisição / contratação pública é casuística, tomando contornos e formas distintas a depender da falha em pauta, bem como do contexto em que ocorreu. Tal fato demanda do agente público uma grande capacidade analítica, de forma a remeter uma ampla variedade de conjunturas às condutas ensejadoras de sanções, conforme previsão no arcabouço legal brasileiro.

(iii) Impactos da sanção

A depender da sanção aplicada, o impacto no apenado pode ser significativo, chegando a comprometer a sobrevivência da empresa no mercado. A sanção, conforme o ordenamento jurídico vigente, pode estender-se de uma singela advertência até o impedimento de licitar e de contratar com toda a Administração Pública, por período indeterminado. Tal fato impinge notável responsabilidade ao gestor público, cuja atuação – por vezes discricionária, em especial no que concerne à determinação da dosimetria da sanção – deve pautar-se pelos princípios da razoabilidade e da proporcionalidade, não raramente associados a aspectos marcados pela subjetividade.

Essa conjuntura deflagra a necessidade, já realçada pelo Tribunal de Contas da União, de se bem definirem diretrizes para a aplicação de sanções em processos de compras e contratações públicas. A discussão capitaneada nas próximas páginas vem a contribuir com a minimização dessa lacuna. A presente análise será restrita às sanções previstas nas Leis n°s 8.666/1993 e 10.520/2002[6].

2. AS SANÇÕES ADMINISTRATIVAS NA LEGISLAÇÃO SOBRE LICITAÇÕES E CONTRATOS

Em termos de finalidade da sanção administrativa, entende-se que pode ser de três tipos principais, a saber:

---

[5] Não há dados estatísticos relativos a multas, no Portal da Transparência mantido pela Controladoria-Geral da União.
[6] Associam-se a esta lei as sanções previstas no Decreto nº 5.450/2005.

```
Finalidade ──► Educativa / Preventiva
          ──► Repressiva
          ──► Reparação de danos
```

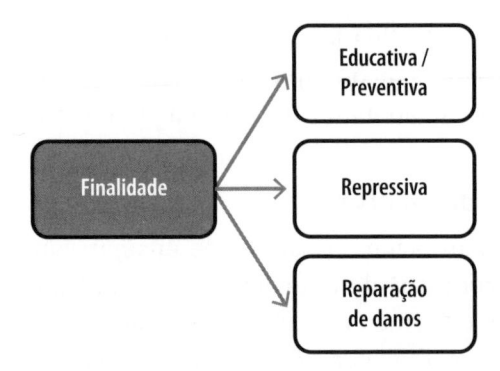

- educativa / preventiva: a penalidade reveste-se de caráter pedagógico, alertando o contratado sobre as eventuais consequências do descumprimento da avença firmada com o setor público. A sanção de advertência, salvo melhor juízo, possui significativo viés educativo;
- repressiva: o caráter de repressão traduz-se na possibilidade de impedir ou suspender o contratado por tempo suficiente para que, no mínimo, nova licitação seja devidamente instruída, restando a Administração resguardada de uma eventual participação do inadimplente em novo certame para o mesmo objeto;
- de reparação de danos: o intuito é o ressarcimento, à Administração, de prejuízos gerados a partir do descumprimento contratual. É o caso, por exemplo, das multas compensatórias.

As penalidades administrativas, consoante entendimento doutrinário vigente, apresentam configuração similar às de natureza penal. Desta feita, é mister a observância dos princípios inerentes ao Direito Penal, destacando-se a legalidade, a culpabilidade e a proporcionalidade (JUSTEN FILHO, 2012). Assim, não há de se falar em sanção administrativa caso não seja evidenciada a reprovabilidade da conduta do particular:

> A configuração de infrações pressupõe **a reprovabilidade da conduta do particular**. Isso significa que a infração se caracterizará pelo descumprimento aos deveres legais ou contratuais, que configure materialização de um posicionamento subjetivo reprovável.
>
> Como decorrência, a imposição de qualquer sanção administrativa pressupõe o **elemento subjetivo da culpabilidade** (JUSTEN FILHO, 2012, p. 1.012) (destaques deste autor).

As sanções administrativas previstas na Lei de Licitações e Contratos constam de seus artigos 86 e 87:

> Art. 86. O atraso injustificado na execução do contrato sujeitará o contratado à **multa de mora**, na forma prevista no instrumento convocatório ou no contrato. [...]
>
> Art. 87. Pela inexecução total ou parcial do contrato a Administração poderá, garantida a prévia defesa, aplicar ao contratado as seguintes sanções:
>
> I – **advertência**;
>
> II – **multa**, na forma prevista no instrumento convocatório ou no contrato;
>
> III – **suspensão** temporária de participação em licitação e impedimento de contratar com a Administração, por prazo não superior a 2 (dois) anos;
>
> IV – **declaração de inidoneidade para licitar ou contratar com a Administração Pública** enquanto perdurarem os motivos determinantes da punição ou até que seja promovida a reabilitação perante a própria autoridade que aplicou a penalidade, que será concedida sempre que o contratado ressarcir a Administração pelos prejuízos resultantes e após decorrido o prazo da sanção aplicada com base no inciso anterior. (destaques deste autor)

Já o art. 7º da Lei nº 10.520/2002 traz a seguinte previsão, alusiva à modalidade pregão:

> Art. 7º Quem, convocado dentro do prazo de validade da sua proposta, não celebrar o contrato, deixar de entregar ou apresentar documentação falsa exigida para o certame, ensejar o retardamento da execução de seu objeto, não mantiver a proposta, falhar ou fraudar na execução do contrato, comportar-se de modo inidôneo ou cometer fraude fiscal, ficará **impedido de licitar e contratar com a União, Estados, Distrito Federal ou Municípios** e, será descredenciado no Sicaf, ou nos sistemas de cadastramento de fornecedores a que se refere o inciso XIV do art. 4o desta Lei, pelo prazo de até 5 (cinco) anos, sem prejuízo das multas previstas em edital e no contrato e das demais cominações legais. (destaque deste autor)

Nossa abordagem ater-se-á às espécies de sanções destacadas anteriormente.

2.1. Advertência

Trata-se da sanção[7] de menor gravidade, refletindo tão somente uma censura moral ao contratado. Deve ser aplicada nos casos de falhas contratuais menos significativas, com o intuito de alertar o particular. É o que prevê Justen Filho (2008, p. 821):

> [...] a advertência corresponde a uma sanção de menor gravidade. Supõe-se sua aplicação para condutas de inexecução parcial de deveres de diminuta monta. A advertência pode ser acumulada com a multa, mas não com as demais espécies sancionatórias.

Em termos práticos, é ainda capaz de embasar uma sanção mais severa subsequente, caso haja a perpetuação ou a reincidência na conduta viciada da empresa. A advertência é passível de aplicação durante a vigência contratual.

Na comunicação própria do processo administrativo que culmina em sanção de advertência, pode-se fazer constar, entre outros:

- prazo para sanar a situação indevida;
- aviso de que sanção mais severa será aplicada em caso de reincidência ou de perpetuação do descumprimento.

2.2. Multa

Trata-se de sanção pecuniária, podendo ser de natureza **moratória** (decorrente de atrasos injustificados na execução do objeto e/ou de obrigações acessórias) ou **compensatória** (decorrente de inadimplemento consolidado, sendo traduzida em um montante prefixado a título indenizatório).

Os dispositivos da Lei de Licitações e Contratos que se referem às aludidas naturezas de multas são os citados no Quadro 48.

Quadro 48. Tipos de multa previstas na Lei nº 8.666/93[8]

NATUREZA	DISPOSITIVO (Lei nº 8.666/93)
Moratória	Art. 86. O **atraso injustificado** na execução do contrato sujeitará o contratado à multa de mora, na forma prevista no instrumento convocatório ou no contrato.
Compensatória	Art. 87. Pela **inexecução total ou parcial do contrato** a Administração poderá, garantida a prévia defesa, aplicar ao contratado as seguintes sanções: [...] II – multa, na forma prevista no instrumento convocatório ou no contrato;

Fonte: elaborado pelo autor, com base na Lei nº 8.666/93.

---

[7] A advertência é uma sanção, a ser aplicada após o devido processo administrativo. Há usual confusão entre "advertir" o particular e "notificá-lo". No primeiro caso, há a sanção. No segundo, há apenas uma comunicação, alertando para o início do processo administrativo e relatando a pendência.

[8] Há também a previsão de multa no art. 7º da Lei nº 10.520/2002.

Pertinente é o esclarecimento do ilustre doutrinador Jessé Torres Pereira Junior, acerca da distinção própria à tipologia de multas em contratos administrativos:

> O que se conclui é que entre a multa prevista no art. 86 e aquela referida no art. 87 há diferença correlacionada com a distinção que a teoria geral das obrigações formula entre mora e inadimplemento absoluto. Existe a primeira quando a obrigação, embora não cumprida, ainda pode vir a sê-lo proveitosamente para o credor; consuma-se o segundo quando a obrigação não foi cumprida, nem poderá mais vir a sê-lo com proveito para o credor, tornando-se definitivo o descumprimento.
>
> [...]
>
> A multa do art. 87 vincula-se à inexecução do contrato, ou seja, inadimplemento absoluto, que deixará sem execução, em definitivo, todo o objeto (a prestação a cargo do devedor) ou parte dele. Tal multa não é moratória. É penal, daí acrescer-se a sanção mais severa se houver elementos subjetivos que agravem a conduta do contratado (PEREIRA JUNIOR, 2009, p. 853-854).

A multa pode ser aplicada em conjunto com as demais sanções administrativas, conforme dispõe o art. 87, § 2º, da Lei nº 8.666/93:

> Art. 87.
>
> [...]
>
> § 2º As sanções previstas nos incisos I, III e IV[9] deste artigo poderão ser aplicadas juntamente com a do inciso II, facultada a defesa prévia do interessado, no respectivo processo, no prazo de 5 (cinco) dias úteis.

Ressalta-se que **os valores das multas devem ser explícitos nas avenças**, consubstanciando, por força do inc. VII do art. 55 da Lei de Licitações e Contratos, cláusula necessária dos contratos administrativos. Destarte, **vedada está a aplicação de multas cujos montantes não sejam previstos no ajuste com a Administração**. Tal fato impinge a necessidade de, usualmente, apensar-se ao instrumento convocatório uma tabela de multas, discriminando-se os valores a serem reclamados pela Administração de acordo com as condutas do particular.

Ademais, não constitui boa prática a previsão, no instrumento convocatório, de valores incertos, em técnica redacional assim exemplificada:

> "Multa de **até** 0,2% do valor integral do contrato, por ocorrência."

---

9 Trata-se de advertência, suspensão temporária de participação em licitação e impedimento de contratar com a Administração e declaração de inidoneidade, respectivamente.

Tal previsão enseja situação de incerteza ao contratado e traz consigo um grau de subjetividade indesejado na aplicação da sanção em comento.

Desafio proeminente à Administração refere-se à observância das devidas proporcionalidade e razoabilidade na determinação dos índices de multas. Nesse contexto, entende-se que **a multa deve ser calculada, salvo exceções identificadas casuisticamente, com base na parcela do objeto afetada pelo descumprimento**, <u>de sorte a evitar a desproporcionalidade do valor cobrado frente à falta cometida</u>. Arrolam-se, a seguir, exemplos usuais de previsões em instrumentos convocatórios, que culminam em multas de montantes desproporcionais:

- multas de mora por atrasos na prestação da garantia contratual, com percentuais incidentes sobre o valor integral da avença (ao invés do valor da própria garantia). Nessa hipótese, a multa pode chegar a ultrapassar o próprio valor da garantia;
- multas por atraso no pagamento de obrigações acessórias em contratos de prestação de serviço de mão de obra terceirizada (tal como vale-transporte ou vale-alimentação), com índices atrelados à parcela mensal integral a ser paga pela Administração. Nesse caso, a multa não raramente vai além do montante acessório inadimplido.

Outrossim, em termos de **cobrança das multas**, a regra insculpida no § 2º do art. 86 da Lei nº 8.666/93 exige que a primeira opção seja a execução da garantia:

> Art. 86.
> [...]
> § 2º A multa, aplicada após regular processo administrativo, **será descontada da garantia do respectivo contratado** (destaque deste autor).

Não obstante, há casos nos quais o valor da multa ultrapassa o montante da garantia contratual. Ou, ainda, não há sequer garantia que tenha sido prestada pelo particular. Nessas hipóteses, a opção que se segue é a glosa (= desconto dos pagamentos devidos pela Administração). É o que prevê o § 3º do citado artigo:

> Art. 86.
> [...]
> § 3º Se a multa for de valor superior ao valor da garantia prestada, além da perda desta, responderá o contratado pela sua diferença, **a qual será descontada dos pagamentos eventualmente devidos pela Administração** ou ainda, quando for o caso, cobrada judicialmente (destaque deste autor).

Quando não houver valor a ser glosado (ou quando o valor disponível para a glosa for insuficiente), segue-se a cobrança administrativa e, caso não seja exitosa, a judicial. A sequência de opções para as cobranças das multas é representada na Figura 51.

Figura 51. Sequência de opções para a cobrança do valor da multa

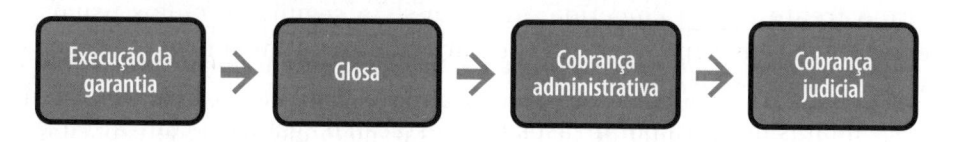

Execução da garantia → Glosa → Cobrança administrativa → Cobrança judicial

Fonte: elaborado pelo autor.

A execução de garantias, no Brasil, mostra-se tarefa de difícil concretização. As exigências das seguradoras – haja vista a opção mais recorrente ser o seguro-garantia – são inúmeras, indo desde os avisos de expectativa de sinistro até o derradeiro trânsito em julgado de decisão favorável ao detentor dos créditos, em contendas trabalhistas. Destarte, há menos liquidez na execução da garantia do que na glosa, de sorte que, inadvertidamente, a práxis usual do setor público é inverter as duas opções iniciais da Figura 51. Se, por um lado, tal medida não encontra amparo legal, o paradigma atual também não se traduz em boa governança pública, visto fragilizar a supremacia estatal em face das seguradoras.

2.3. Suspensão de participação em licitação e impedimento de contratar com a Administração

Trata-se de sanção administrativa prevista no inc. III do art. 87 da Lei de Licitações e Contratos, cujo interstício é limitado a 2 (dois) anos.

Cumpre ressaltar que a redação do citado dispositivo emprega o termo "Administração", ao delimitar o âmbito de aplicação da sanção. Nesses lindes, recorre-se ao conceito provido pela própria Lei de Licitações e Contratos:

> Art. 6º Para os fins desta Lei, considera-se:
> [...]
> XII – **Administração** – órgão, entidade ou unidade administrativa pela qual a Administração Pública opera e atua concretamente;

Destarte, a Corte Federal de Contas tem pacificado sua jurisprudência no sentido de que a sanção prevista no art. 87, inc. III, da Lei 8.666/93 **produz efeitos apenas em relação ao órgão ou entidade sancionador** (Acórdão nº 2.242/2013 – Plenário TCU[10])[11]. Tal delimitação deve ser explicitada no instrumento convocatório, sob o risco de ocorrer a suspensão cautelar do procedimento licitatório:

> As sanções de suspensão temporária de participação em licitação e impedimento de contratar com a Administração, previstas no art. 87, inciso III, da Lei 8.666/93, alcançam apenas o órgão ou a entidade que as aplicaram. A falta de precisão em cláusula de edital de licitação, de tal modo que deixe de explicitar tal limite, justifica a suspensão cautelar do respectivo certame (Comunicação de cautelar, TC 006.675/2013-1 TCU).

A aludida precisão na cláusula editalícia deve dar-se mediante a efetiva menção de que a sanção em pauta tem efeitos com o órgão que conduz a licitação. Não é suficiente, pois, que a redação seja semelhante à do texto legal (empregando-se o termo "Administração"), visto que pode suscitar dúvida aos licitantes:

> Representação sobre pregão eletrônico promovido pelo Ministério do Desenvolvimento Social e Combate à Fome (MDS) para contratação de empresa especializada em gestão da informação apontou suposta irregularidade em item do edital que, após alteração na sua redação original, estabelecera a vedação de participação na licitação de "pessoas jurídicas declaradas suspensas de participar de licitações e impedidas de contratar com a Administração, de acordo com a legislação vigente". [...] o relator [...] registrou que "**mesmo com a nova redação, muito embora esta seja semelhante ao texto legal, ainda há margem para interpretações variadas**". Nesse sentido, propôs recomendação ao MDS para que, nos próximos editais, **faça constar "expressa referência ao Ministério do Desenvolvimento Social e Combate à Fome, ao invés do vocábulo 'Administração'**. Tal recomendação tem o intuito de dar a interpretação adequada ao dispositivo legal, bem como informar ao licitante o alcance da sanção em questão" (Acórdão 2.556/2013-Plenário TCU) (destaques deste autor).

---

10 No mesmo sentido, tem-se a Comunicação de Cautelar TC 046.782/2012-5; Acórdão nº 3.439/2012 – Plenário; Acórdão nº 3.243/2012 – Plenário, entre outros).

11 O Superior Tribunal de Justiça tem entendimento divergente: para aquela Corte, a suspensão temporária impediria o particular de licitar e de contratar com toda a Administração Pública (ver REsp 151.567/RJ Segunda Turma – STJ). Esse entendimento, contudo, é minoritário na práxis dos órgãos e das entidades públicas.

Há de se consignar, ainda, que, haja vista a sanção em tela produzir efeitos apenas entre o órgão / entidade sancionador e a contratada, uma autarquia ou fundação pública não sofreria os efeitos de uma suspensão imposta pelo órgão a que estão vinculadas.

2.4. Declaração de Inidoneidade

A declaração de inidoneidade, prevista no inc. IV do art. 87 da Lei nº 8.666/93, é a sanção mais severa preconizada naquela norma, a ser aplicada em casos de fraude advinda de conduta dolosa do licitante.

De forma distinta à sanção prevista no inciso III do mesmo dispositivo (suspensão), os efeitos da declaração de inidoneidade dão-se com a "Administração Pública", cujo conceito é assim apresentado pela Lei de Licitações e Contratos:

> Art. 6º Para os fins desta Lei, considera-se:
> [...]
> XI – **Administração Pública** – a administração direta e indireta da União, dos Estados, do Distrito Federal e dos Municípios, abrangendo inclusive as entidades com personalidade jurídica de direito privado sob controle do poder público e das fundações por ele instituídas ou mantidas;

Assim, uma empresa declarada inidônea com fulcro na Lei de Licitações e Contratos estará impedida de licitar e de contratar com todos os órgãos e entidades públicas (administração direta e indireta), em todas as esferas da Federação.

A competência para a aplicação dessa sanção é exclusiva de Ministro de Estado, Secretário Estadual, Municipal, ou autoridade de hierarquia análoga, em outros Poderes. Ademais, trata-se de penalidade que não possui restrição temporal, perdurando enquanto permanecerem os motivos pelo qual foi aplicada. A declaração de inidoneidade só pode ser revista após:

- a reabilitação do particular perante o órgão / entidade sancionador, mediante o ressarcimento pelos prejuízos sofridos pela Administração Pública ante sua conduta ilícita;
- haver decorrido no mínimo 2 (dois) anos da aplicação da sanção.

O Quadro 49 traz à baila, em esforço exemplificativo, condutas tipicamente inidôneas por parte de licitantes.

Quadro 49. Condutas inidôneas recorrentes em licitações e contratações públicas

Conduta	Descrição
Entrega de material falsificado à Administração	A entrega de material falsificado é mais recorrente nos itens para os quais há indicação de marca. Nesse caso, a contratada falsifica a marca do produto entregue, fato que é descoberto após diligências por parte da Administração.
Indícios coincidentes em licitações	"A existência de indícios vários e concordantes faz prova de fraude à licitação e conduz à declaração de inidoneidade das empresas que participaram do ato ilícito. Em processo de Auditoria, o Tribunal promoveu a oitiva de duas empresas acerca de evidências de participação em fraude praticada em pregão presencial, para o registro de preços, conduzido no âmbito da Prefeitura Municipal de Fortaleza [...]. Dentre os indícios de fraude ao certame, o relator destacou **os idênticos endereços de funcionamento de ambas as empresas e a apresentação de propostas de preços com valores unitários iguais para todos os itens cotados.** [...] Assim, diante da ocorrência de indícios vários e coincidentes, os quais, na visão do relator, fazem prova de fraude ao certame licitatório, votou por que fosse declarada a inidoneidade das empresas envolvidas, para impedi-las de participar de licitações federais por três anos, o que foi aprovado pelo Plenário" (Acórdão nº 1.107/2014 – Plenário TCU).
Conluio do tipo combinação de preços	Refere-se à situação na qual licitantes combinam previamente os preços a serem ofertados à Administração, em licitações.
Conluio do tipo "herança"	Trata-se de prática usualmente referida como "**coelho**". Dois licitantes agem em combinação em certame na modalidade pregão, sendo que um deles – o "coelho" – oferece preço significativamente reduzido (mas não inexequível), de sorte a garantir a primeira colocação. O outro licitante oferece preço superior, de modo a garantir a segunda colocação. Os demais licitantes, em decorrência do lance reduzido do primeiro colocado, desistem de ofertar lances subsequentes. Instado a apresentar os documentos, o primeiro colocado acaba por ser premeditadamente inabilitado, e o segundo "herda" a licitação.

Conduta	Descrição
Conluio do tipo auto-inabilitação	Após a fase de lances em um pregão, com os licitantes já identificados, o segundo colocado faz contato com o primeiro, e oferece algum tipo de vantagem (usualmente pecuniária) para que apresente documentação com algum tipo de vício. Com a inabilitação do primeiro colocado, a adjudicação passa para o que teve a iniciativa ilícita.
Falsa declaração para se enquadrar como ME ou EPP	"A obtenção de tratamento favorável dispensado a empresas de pequeno porte ou a microempresas em licitação, *por meio de falsa declaração de faturamento anual inferior ao efetivamente auferido*, justifica a declaração de inidoneidade para participar de licitação da empresa que se beneficiou indevidamente" (Acórdão nº 206/2013 – Plenário TCU).
Demais documentos falsos entregues à Administração	Refere-se a documentos de falso teor, entregues por licitantes à Administração para fins de habilitação. Usualmente, a falsidade recai sobre atestados de capacidade técnica.
Participação indevida como ME ou EPP	"Sujeita-se à declaração de inidoneidade (art. 46 da Lei 8.443/92[12]) a empresa que participa de licitação na condição de empresa de pequeno porte, embora seja coligada ou integrante de fato de grupo econômico de empresa de maior porte, ainda que não haja coincidência de sócios, proporcionando a esta o usufruto indireto dos benefícios previstos na LC 123/2006" (Acórdão nº 2.992/16 – Plenário TCU).

Fonte: elaborado pelo autor.

Atinente, em especial, aos diversos tipos de conluio, é aplicável a sanção penal prevista no art. 90 da Lei de Licitações e Contratos:

> Art. 90. Frustrar ou fraudar, mediante ajuste, combinação ou qualquer outro expediente, o caráter competitivo do procedimento licitatório, com o intuito de obter, para si ou para outrem, vantagem decorrente da adjudicação do objeto da licitação:
>
> Pena – detenção, de 2 (dois) a 4 (quatro) anos, e multa.

Importa salientar, à luz do Acórdão nº 48/2014 – Plenário TCU, que a caracterização de fraude à licitação *não está associada ao seu resultado, ou seja, ao sucesso da empreitada*. É suficiente, conforme explana a Corte de

---

[12] "Art. 46. Verificada a ocorrência de fraude comprovada à licitação, o Tribunal declarará a inidoneidade do licitante fraudador para participar, por até cinco anos, de licitação na Administração Pública Federal".

Contas, a mera demonstração de o fraudador ter praticado simulação para conferir vantagem para si ou para outrem.

Outro aspecto de destaque foi considerado no escopo do Acórdão nº 2.958/2012 – Plenário TCU, segundo o qual *a declaração de inidoneidade de determinada empresa só pode ser estendida a outra de propriedade dos mesmos sócios quando restar demonstrada ter sido essa última constituída com o propósito deliberado de burlar a referida sanção*. De modo geral, nesses casos há o chamado **abuso da personalidade jurídica** da empresa sancionada, evidenciado mediante os seguintes fatores:

- identidade entre os sócios da empresa sancionada e da sucessora[13];
- atuação das duas empresas no mesmo ramo de atividade, e
- transferência da *expertise* e do acervo técnico para a empresa sucessora.

Em adição, impende registrar que os efeitos da declaração de inidoneidade não afetam, de imediato, os contratos celebrados em momento anterior à aplicação da penalidade. É o que se depreende do Acórdão nº 432/2014 – Plenário TCU[14]:

> A sanção de declaração de inidoneidade, prevista no art. 46 da Lei 8.443/92, produz efeitos *ex-nunc*, não afetando, automaticamente, contratos em andamento celebrados antes da aplicação da penalidade.
>
> Pedido de Reexame interposto por sociedade empresária requereu a reforma do acórdão que a declarou inidônea para participar de licitação na Administração Pública Federal por seis meses, por ter apresentado declaração inverídica de que atendia às condições para usufruir das vantagens previstas na Lei Complementar 123/2006, beneficiando-se indevidamente do tratamento diferenciado destinado a microempresas e empresas de pequeno porte. O relator não conheceu do Pedido de Reexame, em razão de sua intempestividade e da ausência de apresentação de fatos novos. Contudo, teceu considerações acerca do argumento da recorrente de que "*a administração pública poderá sofrer as consequências da sanção aplicada à*

---

13 Não existe vedação legal à participação, no mesmo certame licitatório, de empresas do mesmo grupo econômico ou com sócios em relação de parentesco, embora tal situação possa acarretar quebra de isonomia ente as licitantes. *A demonstração de fraude à licitação exige a evidenciação do nexo causal entre a conduta das empresas com sócios em comum ou em relação de parentesco e a frustração dos princípios e dos objetivos da licitação* (Acórdão nº 2.803/2016 – Plenário TCU).

14 Sendo a declaração de inidoneidade a mais gravosa das sanções administrativas previstas na Lei nº 8.666/93, bem como mais severa do que as sanções preconizada no art. 7º da Lei nº 10.520/2002, a jurisprudência entende que, por analogia, as sanções de suspensão (Lei de Licitações e Contratos) e de impedimento (Lei do Pregão) também produzem efeitos *ex-nunc*.

empresa, 'uma vez que poderá haver interrupções no fornecimento de produtos e serviços', considerando que ela tem vários contratos administrativos em andamento". Sobre a questão, destacou o relator que "*a jurisprudência do TCU é clara, com base em julgados do Supremo Tribunal Federal, de que a sanção de declaração de inidoneidade produz efeitos* ex-nunc, *não afetando, automaticamente, contratos em andamento celebrados antes da aplicação da sanção (Acórdãos 3.002/2010, 1.340/2011 e 1.782/2012, todos do Plenário)*". O Tribunal, ao acolher o voto do relator, decidiu não conhecer do Pedido de Reexame. *Acórdão 432/2014-Plenário, TC 028.979/2012-5, relator Ministro Aroldo Cedraz, 26/2/2014.*

Não obstante, se, por um lado, a declaração de inidoneidade não implica a rescisão automática dos contratos em execução, por outro, nada impede que, em iniciativa específica, norteada por princípios tais como a moralidade, instrua-se processo administrativo específico que possa acarretar a rescisão. A única rescisão que se afigura como, de imediato, mandatória, é a do próprio contrato administrativo inadimplido e com relação ao qual fosse evidenciada a má-fé do particular.

Por derradeiro, a Lei de Licitações e Contratos, em suas cominações penais, prevê a pena de detenção, de 6 (seis) meses a 2 (dois) anos, além de multa, caso se admita à licitação ou se celebre contrato com empresa ou profissional declarado inidôneo. A mesma pena incide sobre o particular que tenha incorrido na sanção em análise, e venha a licitar ou a contratar com a Administração.

2.5. Impedimento de licitar e de contratar com a esfera federativa e descredenciamento no SICAF ou sistemas semelhantes

Prevista no art. 7º da Lei nº 10.520/2002, a sanção de impedimento de licitar e de contratar com a esfera federativa do órgão sancionador, bem como o descredenciamento no SICAF (ou sistema de cadastramento semelhante) por até cinco anos, é passível de aplicação no âmbito da modalidade pregão, quando o licitante / adjudicatário incorrer em pelo menos uma das seguintes condutas:

- não celebrar contrato, uma vez convocado dentro do prazo de validade de sua proposta;
- deixar de entregar ou apresentar documentação falsa, para fins de habilitação;

- ensejar o retardamento da execução do objeto da licitação;
- não mantiver a proposta apresentada no pregão;
- falhar ou fraudar na execução da avença;
- comportar-se de modo inidôneo; ou
- cometer fraude fiscal.

Do amplo espectro de condutas arroladas acima, bem como da generalidade de alguns dos termos empregados, infere-se que muito dificilmente um óbice causado por um adjudicatário / contratado, decorrente de um pregão, poderá passar ao largo de ser tipificado no artigo em comento. Salvo melhor juízo, as previsões de "falhar" ou "fraudar" na execução do contrato abrangem, *per si*, a parcela majoritária das situações que possam ensejar sanção.

Diferentemente da sanção preconizada no inc. III do art. 87 da Lei nº 8.666/93 (suspensão), a penalidade em análise produz efeitos em toda a esfera do ente federativo ao qual o órgão / entidade sancionador pertence. É o que prevê o Acórdão nº 2.081/2014 TCU – Plenário:

> **A sanção de impedimento de licitar e contratar pautada no art. 7º da Lei 10.520/2002 (Lei do Pregão) produz efeitos não apenas no âmbito do órgão/entidade aplicador da penalidade, mas em toda a esfera do respectivo ente federativo (União ou Estado ou Município ou Distrito Federal).**
>
> [...] Em juízo de mérito, relembrou o relator que, segundo a jurisprudência predominante no TCU, *"quando se aplica a punição baseada no art. 87, inciso III, da Lei de Licitações, a proibição de contratar adstringe-se à entidade sancionadora".* Nesse sentido, o que *"o embargante pleiteia é justamente o paralelismo de entendimento relativo à aplicação do sobredito art. 87 da Lei 8.666/93 e do art. 7º da Lei 10.520/2002".* O relator anotou que o caso requeria uma avaliação específica da interpretação conferida ao art. 7º da Lei 10.520/2002 [...]. Sobre o assunto, relembrou que **o posicionamento doutrinário majoritário é que a punição pautada na Lei do Pregão aplica-se para todo o ente federativo aplicador da sanção**. Assim, a aplicação da referida pena *"torna o licitante ou o contratado impedido de licitar e contratar com a União, o que quer dizer: impedido de licitar e contratar com todos os seus órgãos respectivamente subordinados, bem como com as entidades vinculadas, nomeadamente, autarquias, fundações públicas, empresas públicas e sociedades de economia mista, além do descredenciamento do licitante ou do contratado no Sistema*

de Cadastramento Unificado de Fornecedores (SICAF). O licitante ou contratado impedido, nessas condições, não estará proibido de participar de licitações e contratar com órgãos e entidades da Administração Pública estadual, municipal ou do Distrito Federal.
[...] Acórdão 2081/2014-Plenário, TC 030.147/2013-1, relator Ministro-Substituto Augusto Sherman Cavalcanti, 6/8/2014.

De grande relevância, traz-se à baila a discussão acerca dos momentos, no decorrer de determinada contratação pública, nos quais é possível a aplicação da sanção em comento. Em especial, aborda-se a possibilidade de apenar eventuais licitantes que ajam conforme as condutas tipificadas no art. 7º da Lei nº 10.520/2002 ainda durante o procedimento licitatório, e sem que tais licitantes venham se sagrar vencedores do certame. Tal esclarecimento é essencial ante a recorrência de condutas tais como o conluio por herança (usualmente referido como "coelho").

Em auditoria capitaneada pelo Tribunal de Contas da União na então Secretaria de Logística e Tecnologia da Informação do Ministério do Planejamento, Orçamento e Gestão (SLTI / MPOG), tendo por objeto pregões realizados entre 2009 e 2012, restou evidenciado um elevado número de ocorrências tipificadas no art. 7º da Lei do Pregão, sem que se tivesse autuado o processo administrativo sancionatório correspondente. Em geral, as condutas eram referentes a empresas com sócios em comum que apresentavam propostas para um mesmo item na licitação, ou a ações típicas do conluio por herança.

A justificativa para tal omissão, por parte da mencionada Secretaria, deu-se com esteio na suposição de que na grande maioria das ocorrências, ocorrera a desistência do licitante, a não apresentação de documentos ou a inabilitação, fugindo, pois, de sanção que seria aplicável tão somente ao adjudicatário após a homologação do certame.

Não obstante, o entendimento da Corte de Contas mostra-se diverso, sendo formalizado por meio do Acórdão nº 754/2015 – Plenário TCU:

> A relatora, contudo, pontuou que **"a interpretação de que as sanções previstas no art. 7º aplicam-se em qualquer fase do certame é a que melhor se coaduna com a jurisprudência deste Tribunal. Ademais, a leitura mais restritiva desse dispositivo não coibiria práticas perniciosas frequentemente observadas nos pregões eletrônicos, tais como a denominada 'coelho'** [...] Face ao que expôs a relatoria, o Plenário, além de declarar a inidoneidade de duas empresas para participar de licitações na esfera federal, expediu, dentre outros comandos, determinação a unidades da Administração

Pública Federal dos três Poderes para que (i) "**9.5.1. orientem os gestores das áreas responsáveis por conduzir licitações, inclusive os dos órgãos sob seu controle de atuação administrativa e financeira, para que autuem processo administrativo com vistas à apenação das empresas que praticarem, injustificadamente, ato ilegal tipificado no art. 7º da Lei 10.520/2002 e alertem-nos de que tal dispositivo tem caráter abrangente e abarca condutas relacionadas não apenas à contratação em si, mas também ao procedimento licitatório e à execução da avença;**" e (ii) "9.5.2. divulguem que estão sujeitos a sanções os responsáveis por licitações que não observarem a orientação do item 9.5.1 deste acórdão" (destaques deste autor).

Desta feita, entende-se que as sanções previstas na Lei do Pregão – e por analogia, as previstas na própria Lei de Licitações e Contratos – são aplicáveis a licitantes, independentemente de suas condições como adjudicatários.

Uma dúvida do gestor público, seguramente, irá recair sobre o seguinte ponto: Quando uma inabilitação, em pregão, ou uma não apresentação de proposta, pode ensejar a instauração de um processo administrativo passível de culminar em sanção? A resposta não é imediata. Entende-se que o exame deve ser feito casuisticamente. Deve-se, nesta hipótese, pesquisar o histórico de conduta da empresa – em termos de inabilitação, o SICAF apresenta as ocorrências passadas. Caso haja recorrência, de sorte a consubstanciar indícios de que haja de fato conduta inidônea, há motivo suficiente para o processo administrativo.

No que tange ao descredenciamento do SICAF, importa consignar que o sistema não permite tal ação. O que existe é tão somente a possibilidade de inativação do cadastro do fornecedor, que só pode ocorrer mediante pedido deste. Outrossim, a exclusão do cadastro, prevista em instrução normativa, é passível de ocorrer apenas a pedido do particular, ou por intermédio de decisão judicial. A aplicação da sanção de impedimento de licitar e contratar com a esfera federativa já satisfaz a exigência de se obstar a participação de pessoa física ou jurídica nos processos de compras e contratações públicas, de sorte que já há uma inativação equiparada de cadastro, tornando o comando legal de descredenciamento inócuo.

O Quadro 50 traça um cotejamento entre as sanções de suspensão, declaração de inidoneidade (incs. III e IV do art. 87 da Lei nº 8.666/93 e impedimento (Lei nº 10.520/2002):

Quadro 50. Cotejamento entre as sanções de suspensão, impedimento e declaração de inidoneidade

	Suspensão	Impedimento	Declaração de Inidoneidade
Modalidades aplicáveis	Leilão, Concurso, Convite, Tomada de Preços e Concorrência	Pregão	Leilão, Concurso, Convite, Tomada de Preços e Concorrência
Abrangência	Apenas com relação ao órgão sancionador	Esfera federativa do órgão sancionador	Toda a Administração Pública
Efeitos	Não retroagem (*ex nunc*)	Não retroagem (*ex nunc*)	Não retroagem (*ex nunc*)
Prazo	Até 2 (dois) anos	Até 5 (cinco) anos	Indeterminado, podendo o sancionado pleitear a revisão da penalidade após, no mínimo, 2 (dois) anos de sua aplicação

Fonte: elaborado pelo autor.

3. QUESTÕES PRÁTICAS (E CONTROVERSAS) SOBRE SANÇÕES ADMINISTRATIVAS

Nas próximas páginas, discorrer-se-á sobre algumas das principais questões controversas que permeiam o tópico sanções administrativas aplicáveis em licitações e contratos administrativos.

3.1. Há discricionariedade por parte do gestor público na aplicação das sanções?

Recorrendo-se aos preceitos do Direito Administrativo, nos atos discricionários, os requisitos motivo e objeto não são vinculados, podendo o agente decidir sobre os seguintes aspectos:

- é oportuno considerar determinado fato gerador como um motivo para certo ato administrativo? (= julgamento da oportunidade do ato, relacionada ao requisito motivo);
- é conveniente o resultado do ato para a situação concreta? (= julgamento da conveniência do ato, relacionada ao requisito objeto).

Dessa maneira, cabe ao agente público, nos atos administrativos discricionários, seguir estritamente o estabelecido pela lei no que diz respeito aos requisitos competência, finalidade e forma, mas cabe o seu julgamento sobre o motivo e o objeto, sempre em consonância com a moral administrativa. A ponderação sobre o motivo e o objeto, nesses casos, é chamada de **mérito administrativo**.

No escopo das licitações e dos contratos, avalia-se que há duas ocasiões, temporalmente distintas, em que o agente público deve ponderar sobre as sanções. Vejamos:

a) 1º momento: a elaboração do instrumento convocatório

Trata-se de tarefa crítica em termos de previsão das sanções administrativas, de modo que culminem razoáveis e proporcionais. Neste ponto, em especial, a elaboração de tabelas de multas deve ser alvo de análise acurada. A discricionariedade recai sobre o arrolamento das condutas passíveis de penalidade, bem como dos índices pecuniários que consubstanciarão as multas.

b) 2º momento: execução contratual

Durante a execução contratual, o agente público encontra-se vinculado ao instrumento convocatório. Desta forma, caso a empresa incorra em conduta reprovável expressamente prevista em edital ou em carta-convite, à qual se associa determinada sanção, não cabe ao agente ponderar se a penalidade deve ou não ser imposta. Seu dever, de ofício, é instaurar processo administrativo, ao fim do qual poderá ser aplicada a sanção prevista.

Não obstante, em que pese a predominância de atos vinculados durante a execução contratual, a discricionariedade é observada, predominantemente, nas seguintes situações:

- na decisão acerca da aplicação da sanção de advertência: de modo geral, as condutas que fazem jus à advertência não são exaustivamente tipificadas em instrumentos convocatórios, cabendo a análise casuística do gestor público sobre a conveniência e oportunidade de sua proposição;

- na determinação da dosimetria das sanções de suspensão (art. 87, inc. III, Lei nº 8.666/93) e de impedimento (art. 7º, Lei nº 10.520/2002): malgrado a discricionariedade nesta ação, a moldagem da dosimetria deve ser devidamente motivada. Ao final deste Capítulo, analisam-se com maior profundidade variáveis que devem tomar parte de um modelo para a estipulação dos prazos das penas em tela. Não se olvida, ainda, que há uma tendência, ainda que pouco proeminente, de órgãos e entidades publicarem normas que fixem a dosimetria, em função da tipicidade da conduta do particular. Vantagens e desvantagens dessa linha de ação, da mesma sorte, serão discutidas posteriormente.

3.2. Um histórico negativo de uma empresa, em termos de sanções, pode ser considerado para fins de inabilitação em licitação?

O histórico de sanções sofridas pela licitante não deve interferir no julgamento da habilitação, que deve ser feito de forma objetiva e com base nos critérios previstos na lei e no edital[15].

Nessa seara, eis o que dispõe o Acórdão nº 8.636/2013 – Plenário TCU:

> *Ora, a lei não prevê, entre as hipóteses de inabilitação, o fato de a licitante ter sofrido sanções anteriores [...] em seu relacionamento comercial com a Administração Pública, de modo que* **o conhecimento do recorrente quanto à vida pregressa da licitante em nada poderia interferir no julgamento da habilitação***, que deve ser feito de forma objetiva e com base nos critérios previstos na lei e no edital.*

Em que pese tal comando, lógico *per si*, óbice maior remanesce, e que pode ser tangenciado mediante a seguinte questão:

> O histórico negativo de uma empresa, em termos de sanções, pode ser considerado para fins de eventual majoração da dosimetria de penalidades no âmbito das licitações e contratos administrativos?

A resposta não é pacífica. Parte da doutrina afirma que sim, sendo tal prática, inclusive, absorvida em regramentos tais como a Norma Operacional nº 02/Dirad, do MPDG, que preconiza o agravamento do prazo de impedimento, decorrente de aplicação da Lei do Pregão, em até 50% caso restar comprovado que o licitante ou contratado tenha sofrido registro de 3 (três) ou mais penalidades no SICAF nos 24 (vinte e quatro) meses que antecederam o fato em decorrência do qual será aplicada a penalidade.

De outro lado, corrente diversa entende que tal majoração fere o princípio do *non bis in idem* (não repetir sobre o mesmo), oriundo do Direito Penal e Processual Penal. Não se poderia, nessa diretriz, apenar um particular mais de uma vez pelo mesmo fato gerador.

---

15 Logicamente, caso as sanções previstas nos incs. III e IV do art. 87 da Lei de Licitações e Contratos ou no art. 7º da Lei do Pregão estejam vigentes, são suficientes para a inabilitação do licitante. O que se aborda, nesse tópico, é o histórico de advertências, multas ou de sanções cujos efeitos já expiraram.

O imbróglio, a bem da verdade, repousa em questão mais abrangente, assim delineada:

> Como considerar a reputação de uma empresa nas licitações e nos contratos administrativos?

O modelo legal atual não permite um equacionamento satisfatório dessa variável. A reputação – conceito mercadológico de relevância nas transações comerciais típicas do segundo setor – acaba por ser olvidada nas compras públicas. Interessante mencionar, por oportuno, que o PL nº 6.814, pretende avançar nesse quesito, mediante o seguinte dispositivo:

> § 4º No caso de licitação que envolva o fornecimento de bens, a Administração poderá excepcionalmente:
>
> [...]
>
> III – vedar a contratação de marca ou produto, quando, mediante processo administrativo, restar comprovado que produtos adquiridos e utilizados anteriormente pela Administração não atendem a requisitos indispensáveis ao pleno adimplemento da obrigação contratual.

Ainda que não se trate propriamente de sanções, o inciso ora transcrito visa a justamente trazer para o mundo da objetividade o construto *reputação*, motivando a recusa de marca ou produto mediante processo administrativo motivador.

3.3. É possível prorrogar, a pedido da contratada, um prazo de entrega que já se exauriu?

Segundo Silva (1989, p. 1246 – 1247), a prorrogação pode ser conceituada nos seguintes termos:

> [O vocábulo prorrogação advém do] latim *prorrogatio*, de *prorogare* (alongar, dilatar, adiar, ampliar), exprime, originariamente, o aumento de tempo, a ampliação do prazo, o espaçamento do tempo, prestes a extinguir, para que certas coisas possam continuar, em seguimento, sem solução de continuidade. Nessa razão, **a prorrogação pressupõe prazo ou espaço de tempo, que não se extinguiu nem se finou, e que é ampliado, dilatado, aumentado, antes que se acabe...**
> A prorrogação, portanto, tem por objeto precípuo não admitir interrupção nem promover uma solução de entre o espaço de

tempo, que foi insignificante para cumprimento de certo fato, e o outro, que se concedeu ou veio aumentar o passado.

À luz da definição acima, infere-se que não há de se falar em prorrogação quando o prazo de entrega já se exauriu. Trata-se, pois, de pleito dito intempestivo, por parte da contratada.

Uma hipótese a ser aventada seria o de estipulação de novo prazo de entrega, por parte da Administração, independentemente de haver pleito tempestivo por parte do particular. Essa linha de ação, salvo melhor juízo, não se coaduna com as boas práticas de gestão pública. Confere privilégio à pessoa do contratado, fugindo do estipulado em instrumento convocatório e em sua proposta original. É, assim, afronta ao princípio da impessoalidade.

Ademais, admitir prorrogação contratual sem previsão legal ou do instrumento convocatório é crime previsto no art. 92 da Lei de Licitações e Contratos:

> Art. 92. **Admitir, possibilitar ou dar causa a qualquer modificação ou vantagem, inclusive prorrogação contratual, em favor do adjudicatário**[16], durante a execução dos contratos celebrados com o Poder Público, sem autorização em lei, no ato convocatório da licitação ou nos respectivos instrumentos contratuais, ou, ainda, pagar fatura com preterição da ordem cronológica de sua exigibilidade [...]
>
> Pena – detenção, de dois a quatro anos, e multa (destaque do autor).

Deve-se, assim, alertar o contratado sobre a impossibilidade de prorrogação, eximindo-se de estipular novo prazo de entrega, e salientando-se que a Administração espera a execução do objeto com a devida celeridade, cujo atraso está impingindo multa de mora a ser cobrada oportunamente.

3.4. Os contratos administrativos das empresas apenadas com suspensão, impedimento ou inidoneidade podem ser prorrogados?

Haja vista as penalidades em pauta consubstanciarem impeditivos para a celebração de novas avenças com a Administração, o entendimento é que a prorrogação contratual, com fulcro nos incs. I a V do art. 57 da Lei nº 8.666/93 é vedada.

---

16 Uma melhor técnica legislativa empregaria o termo "contratado" ao invés de "adjudicatário".

Contudo, a prorrogação alusiva ao cronograma de execução ("*prazos de início de etapas de execução, de conclusão e de entrega*"), cujos motivos são previstos no § 1º do mesmo artigo e no § 5º do art. 79 da Lei de Licitações e Contratos, é admitida, haja vista o objeto original da contratação não ter se exaurido.

Em síntese, quando a prorrogação exige a presença do elemento volitivo de ambas as partes, a prorrogação é vedada.

3.5. As sanções de suspensão, declaração de inidoneidade (Lei nº 8.666/93) e impedimento (Lei nº 10.520/2002) devem ensejar o cancelamento de ata de registro de preços vigente?

De antemão, há de se ater ao fato de que a ata de registro de preços possui natureza distinta do contrato administrativo. Trata-se tão somente de um compromisso assumido pelo particular frente à Administração, na hipótese de haver uma futura contratação – ou seja, não confere ao particular o direito subjetivo à contratação. Tal fato é assim abordado pelo Acórdão nº 3.273/2010 – 2ª Câmara TCU:

> Na verdade, a ata firma compromissos para futura contratação, ou seja, caso venha a ser concretizado o contrato, há que se obedecer às condições previstas na ata. Ademais, a ata de registro de preços impõe compromissos, basicamente, ao fornecedor (e não à Administração Pública), sobretudo em relação aos preços e às condições de entrega. Já o contrato estabelece deveres e direitos tanto ao contratado quanto ao contratante, numa relação de bilateralidade e comutatividade típicas do instituto.

Desse modo, a cada vez que se emite uma requisição de material ou uma ordem de serviço com esteio em uma ata de registro de preços vigente, procede-se a uma nova formalização de um contrato administrativo – ainda que, de modo recorrente, o termo de contrato possa ser substituído por esses documentos combinados com uma nota de empenho de despesa.

As sanções em comento impedem que os apenados celebrem novas avenças com Administração (art. 87, inc. III, Lei nº 8.666/93), com a esfera federativa do órgão sancionador (art. 7º, Lei nº 10.520/2002) ou com toda a Administração Pública (art. 87, inc. III, Lei nº 8.666/93). Destarte, (apenas) <u>nos casos de essas penas abarcarem a relação entre o órgão / entidade e a signatária de determinada ata de registro de preços</u>, novas contratações originárias dessas atas não poderiam ser firmadas.

O Decreto nº 7.892/2013, que regulamenta o Sistema de Registro de Preços no âmbito da União, traz a seguinte previsão em seu art. 20:

> Art. 20. O registro do fornecedor será cancelado quando:
> [...]
> IV – sofrer sanção prevista nos incisos III ou IV do *caput* do art. 87 da Lei nº 8.666, de 1993, ou no art. 7º da Lei nº 10.520, de 2002.

A interpretação literal desse dispositivo traz, salvo melhor juízo, óbices significativos à seara pública. A fim de bem ilustrar este argumento, analisemos as seguintes situações hipotéticas.

a) Determinada empresa é sancionada, pelo Ministério da Saúde, com a pena prevista no inc. III do art. 87 da Lei nº 8.666/93, pelo período de 1 (um) ano. Apesar de a pena produzir efeitos apenas para com aquele Ministério, a aplicação inflexível do art. 20 do Decreto nº 7.892/2013 exige que uma ata de registro de preços firmada entre tal empresa e o Ministério da Previdência Social, por exemplo, seja cancelada.

b) Determinada empresa é sancionada pela Assembleia Legislativa de Minas Gerais, com a pena prevista no art. 7º da Lei nº 10.520/2002. Em que pese a sanção produzir efeitos apenas no âmbito do Estado de Minas Gerais, a literalidade do disposto no decreto em análise demanda que uma ata de registro de preços firmada junto a órgão federal seja cancelada.

c) Determinada empresa é sancionada, pela Câmara dos Deputados, com a sanção prevista no art. 7º da Lei nº 10.520/2002, pelo período de 2 (dois) meses. Uma ata de registro de preços firmada pela mesma empresa com o Senado Federal, com vigência remanescente de 10 (dez) meses, por exemplo, teria de ser cancelada, malgrado o fato de, quando a pena expirasse, haveria ainda o interstício de 8 (oito) meses de validade da ata.

d) A mesma empresa é sancionada, pela Câmara dos Deputados, com a sanção prevista no art. 7º da Lei nº 10.520/2002, pelo período de 3 (três) anos. No entanto, por algum motivo (seja via judicial, ou pelo efetivo cumprimento tardio da avença, em instante pós-sanção), a pena é suspensa ou revertida. Nesse caso, as atas de registro de preços eventualmente canceladas não poderão ser retomadas.

e) Talvez a maior incongruência na interpretação literal do art. 20 do Decreto nº 7.892 resida no seguinte exemplo: determinada empresa foi sancionada com suspensão (art. 87, inc. III, da Lei nº 8.666/93), pelo período de 2 (dois) anos, pelo Senado Federal. Nesse ínterim, a Câmara dos Deputados fará um pregão, para registro de preços, visando ao fornecimento de medicamentos. A citada empresa não encontra óbices em termos de participação no certame, dado que, como sabemos, a sanção produz efeitos tão somente no âmbito do órgão sancionador. No entanto, uma vez sagrando-se vencedora, não poderia assinar a ata, haja vista enquadrar-se na previsão do citado dispositivo que regulamenta o Registro de Preços na esfera federal.

O fato é que a inadimplência de contratados é situação frequente em contextos de crise econômica. Na presente conjuntura, ante a recorrência de aplicação de sanções, a intelecção inflexível do inc. IV do art. 20 do Decreto nº 7.892/2013 implica a perda de credibilidade da ata de registro de preços frente aos contratos administrativos, por suscitar sua maior fragilidade em termos de sua perpetuação[17].

Entende-se que a linha de ação adequada é a interpretação extensiva do disposto no decreto. O cancelamento da ata de registro de preços é a opção a ser adotada quando a sanção abranger o órgão ou a entidade. Ainda, deve haver cadastro de reserva[18] e/ou o prazo da sanção superar o interregno remanescente de vigência da ata.

3.6. Cabem as sanções da Lei nº 8.666/93 no caso de Pregão?

Esta é, seguramente, uma das questões mais controversas sobre a temática.

Primeiramente, não se olvida que a Lei nº 8.666/93 possui aplicação subsidiária à modalidade Pregão, conforme preconiza o art. 9º da Lei nº 10.520/2002:

> Art. 9º Aplicam-se subsidiariamente, para a modalidade de pregão, as normas da Lei nº 8.666, de 21 de junho de 1993.

Tal lógica implica que, apenas nas situações nas quais a Lei nº 10.520/2002 for omissa, pode-se (e deve-se) recorrer à Lei nº 8.666/93. Sendo a Lei do Pregão norma especial, afasta a aplicação da Lei Geral de Licitações e Contratos

---

17 Tal fragilidade é apenas minimizada pela formação de cadastros de reserva.
18 Nesse ensejo, importante consignar que o componente do cadastro de reserva que, quando convocado, afirmar não haver mais interesse em assumir o remanescente da ata de registro de preços, sujeita-se às sanções previstas no art. 7º da Lei do Pregão.

nas matérias que disciplina. E, no caso de sanções, a tipificação das condutas da Lei do Pregão é significativamente mais rica do que a da Lei de Licitações.

No que tange às sanções administrativas, o art. 7º da Lei do Pregão prevê explicitamente como conduta passível de impedimento de licitar e de contratar com a esfera federativa do órgão / entidade sancionador o comportamento inidôneo. Assim, de modo objetivo, <u>resta afastada a hipótese de se aplicar o inc. IV do art. 87 da Lei de Licitações e Contratos (declaração de inidoneidade)</u>.

A sanção de suspensão (inc. III do art. 87 da Lei nº 8.666/93) é passível de aplicação nos casos de inexecução total ou parcial do contrato. Tal conduta é análoga à que a Lei nº 10.520/2002 refere-se como "falhar na execução do contrato". Assim, com a mesma linha de raciocínio conduzida no parágrafo anterior, <u>resta afastada a hipótese de se aplicar o inc. III do art. 87 da Lei de Licitações e Contratos</u>.

As multas – sejam elas de mora ou compensatórias – já estão previstas no art. 7º da Lei do Pregão. Assim, <u>o art. 86 e o inc. II do art. 87 da Lei de Licitações e Contratos não se aplicam no caso de Pregão.</u>

Por fim, cabe a análise acerca da sanção de advertência (inc. I do art. 87 da Lei nº 8.666/93). Trata-se de penalidade revestida de discricionariedade por parte do agente público, que a aplica para fins pedagógicos e de alerta. Um atraso minoritário na execução do objeto, uma inadimplência pontual em obrigação acessória ou um lapso temporal diminuto na perpetuação da regularidade fiscal da contratada podem ensejar, além de eventuais multas previstas, a sanção de advertência. A aplicação de outras sanções seria desproporcional.

Destarte, entende-se que a sanção de advertência é a única preconizada na Lei nº 8.666/93 que pode ser aplicada, de forma subsidiária, a descumprimentos menores em avenças oriundas de pregões.

Tal perspectiva foi a adotada pela Corte Federal de Contas, consoante insculpido, por exemplo, nos Acórdãos nº 3.171/2011 e 114/2007 – Plenário TCU. Neste último, constou no voto do relator o seguinte excerto:

> Não se afigura cabível, portanto, defender a aplicabilidade da Lei nº 8.666/93, uma vez que esta norma somente é aplicável aos pregões de forma subsidiária e que, em relação a este tópico, a norma específica possui disciplinamento próprio, o que afasta a Lei de Licitações e Contratos.

Nada obstante, entendimento mais atual torna elástica a aplicação das sanções. O Acórdão nº 2.530/2015, também do Plenário do TCU, consigna que, na ótica de seu relator, "a Lei 10.520/2002 criou mais uma penalidade que pode integrar-se às sanções previstas na Lei 8.666/93, não havendo antinomia entre elas". Por conseguinte, a despeito do melhor entendimento jurídico, não consubstanciaria imprecisão do agente a aplicação de uma sanção de suspensão no caso de pregão.

A nova Lei de Licitações e Contratos, pelo simples fato de unificar os diplomas legais afetos às compras e contratações públicas, avançará ao suavizar incoerências próprios ao atual arcabouço. Com o quadro normativo atual, ilustra-se, uma empresa que não entregue material no valor de R$ 80.000,00, adquirido via convite, poderá ser apenada apenas com suspensão. Já a mesma empresa, caso incorra na mesma conduta em um pregão de R$ 8.000,00, sofrerá dano mais gravoso, sendo impedida nos lindes de sua esfera federativa. Não há, pois, proporcionalidade da sanção com relação ao vulto pecuniário do compromisso assumido.

3.7. A retenção de pagamentos é sanção passível de ser aplicada?

Ainda é corriqueira, no Brasil, a prática de a Administração Pública reter pagamentos como forma de sancionar particulares, no âmbito de licitações e contratos. Tal prática não encontra respaldo legal, conforme bem esclarece o Acórdão nº 3.301/2015 – Plenário TCU:

> A retenção de pagamentos não integra as hipóteses contidas no referido preceito legal exatamente por não se caracterizar uma sanção administrativa.

3.8. Um agente público que for omisso na abertura de processo que possa culminar em sanção administrativa pode ser responsabilizado?

A prerrogativa de apuração de conduta culposa ou dolosa de particulares, no âmbito de licitações e contratos, não se traduz em mera faculdade, mas sim em poder-dever[19]. Nesses termos, a resposta é afirmativa.

O Acórdão nº 981/2017 – Plenário TCU, por exemplo, aplicou multa a ex-dirigentes da Petrobras por omissão na aplicação de sanções diante de atraso de obra de construção das tubovias da Comperj. A instauração de processo administrativo para a aplicação de penalidades contratuais, esclarece a Corte de Contas, é ato administrativo vinculado.

---

[19] Nesse sentido, cita-se os Acórdãos nºs 2.077/2017 e 2.345/2017 – Plenário TCU.

4. DIRETRIZES NA INSTRUÇÃO DO PROCESSO ADMINISTRATIVO DE SANÇÃO: ESTUDOS DE CASO

Com vistas à melhor eficiência didática, a abordagem acerca da adequada instrução do processo administrativo passível de culminar em sanção será esteada em sucintos estudos de caso.

De antemão, contudo, faz-se breve digressão acerca da estrutura necessária para a devida instrução processual. Um grosseiro panorama do cenário brasileiro, no que tange à prática e à disponibilidade de recursos inerentes a esse rito, é ilustrado na Figura 52.

Figura 52. Panorama, no Brasil, da estrutura inerente à instrução de sanções

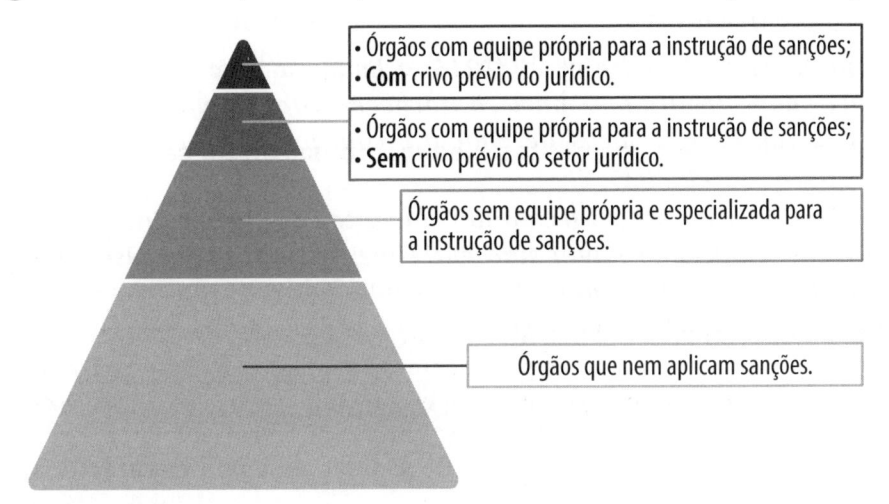

- Órgãos com equipe própria para a instrução de sanções;
- **Com** crivo prévio do jurídico.

- Órgãos com equipe própria para a instrução de sanções;
- **Sem** crivo prévio do setor jurídico.

- Órgãos sem equipe própria e especializada para a instrução de sanções.

- Órgãos que nem aplicam sanções.

Fonte: elaborado pelo autor.

A patente falta de estrutura contrasta com a criticidade do processo, sujeito a desvirtuamentos em decorrência do poder nele inscrito. O poder de se retirar uma empresa do mercado dá uma autoridade desmedida ao agente público. Isso é porta aberta para a corrupção – seja ela ativa ou passiva. Analogamente, a não aplicação de sanções é, por vezes, demonstração de influência e de conexões viciadas: um agente político pode querer não penalizar um segundo setor responsável, em última instância, por sua eleição[20]. Essa realidade acende alerta aos gestores, que usualmente devotam maiores esforços na elaboração de um instrumento convocatório do que na elucidação de diretrizes para as sanções.

---

20 Há narrativas que aclaram tal realidade, especialmente em Municípios de dimensões reduzidas, na qual a dispersão de empresas fornecedoras é reduzida.

Ainda em sede de diretrizes, a boa governança em sanções vem sempre acompanhada da possibilidade de realimentação do procedimento licitatório. A instauração de procedimento sancionatório é sinal que algo deu errado. Restringir-se a cuidar do erro *in casu* é adotar postura limitada: ao fazê-lo, nada impede que o problema volte a ocorrer. O *feedback* pode suscitar o aperfeiçoamento das especificações (garantia de fábrica, características técnicas), a melhoria de procedimentos de estimativa de despesa, elaboração de novos critérios de aferição para a habilitação, o aprimoramento da relação de obrigações de contratada e de tabelas de multa etc.

A discussão vindoura, como dito, será alicerçada por estudos de casos.

ESTUDO DE CASO 1: Instrução do processo administrativo

SITUAÇÃO INICIAL

Vencedora do Convite nº 20/2015, a Empresa X foi contratada, pela Câmara dos Deputados, para o fornecimento integral, em caráter emergencial, de mil sacos de cimento, com prazo de entrega máximo fixado para 20/04/2015.

A despeito da obrigação assumida, constatou-se que, no dia 28/04/2015, o material ainda não havia sido entregue, sem que houvesse nenhuma manifestação da Contratada.

Qual a ação devida à Administração?

PASSO 1: NOTIFICAÇÃO À CONTRATADA

A notificação original à contratada deve deter as seguintes características:

- teor: alertar sobre a inadimplência; solicitar a imediata solução da pendência; avisar sobre as sanções administrativas as quais a empresa estará sujeita;

- prazo conferido ao particular, para manifestação: o prazo é de 5 (cinco) dias úteis, estipulado com base no art. 87, § 2º, da Lei nº 8.666/93, ou, de modo mais amplo, na Lei nº 9.784/99[21];

- modo de envio da notificação: o modo de envio deve ser o que propicia maior segurança em termos de confirmação de recebimento e de leitura pela contratada. De maneira geral, o Aviso de Recebimento (AR), dos Correios, é um serviço que se mostra adequado a este propósito[22]. O uso do AR, segundo o sítio dos Correios, dá-se ante

---

21 Regula o processo administrativo no âmbito da Administração Pública Federal.
22 Na hipótese de o AR retornar por não haver localizado a empresa (endereço inexistente, ou outro estabelecimento em exercício no local informado, por exemplo), sem que haja a ciência da contratada, deve-se proceder à publicação de Edital de Convocação, na imprensa oficial.

a "validade jurídica para demonstração do recebimento do objeto postal ao qual se vincula".

Para fins de ilustração, segue exemplo da notificação inicial:

Prezados Senhores,

Comunicanos a V.Sas. que, até a presente data, essa empresa não forneceu o objeto da Nota de Empenho nº 2015NEXXXX, cujo prazo de entrega expirou em 22/04/2015.

Assim, solicitamos a imediata solução da pendência, lembrando que essa empresa já está incorrendo em multa, por dia de atraso, conforme previsto no item XX do Anexo nº XX (Tabela de Multas) da Carta Convite nº 20/2015. Em caso de descumprimento da obrigação, essa empresa poderá ser suspensa de participar de licitações e de contratar com a Câmara dos Deputados, por até 2 (dois) anos.

Essa empresa tem o prazo máximo de 5 (cinco) dias úteis, a contar do recebimento desta, para se manifestar sobre o assunto.

Para mais esclarecimentos, favor contatar a Seção de Liquidação, fone (61) XXXX-XXXX.

Caso haja a manutenção do óbice na execução contratual, fato usualmente associado ao silêncio do particular em face da comunicação acima, é recomendável expedir-se nova comunicação, reiterando os termos da anterior.

No caso em análise, dentro do prazo conferido para a manutenção da Empresa X, a Câmara dos Deputados recebeu a seguinte resposta:

Prezados Senhores,

Em atenção à Carta a nós remetida pela Câmara dos Deputados, temos a informar que, em virtude da grande quantidade de pedidos, nosso fornecedor pediu um prazo maior para nos entregar o material. Assim, solicitamos que o prazo de entrega seja prorrogado até 15/05.

Certos de não termos culpa do ocorrido, e de ser levado em consideração nosso histórico exemplar de fornecimento a essa Casa.

Respeitosamente,

Empresa X

PASSO 2: ANÁLISE DA RESPOSTA DA EMPRESA E RÉPLICA DA ADMINISTRAÇÃO

No que tange à resposta da empresa, três aspectos principais merecem a análise da Administração:

- A alegação da empresa é suficiente?

A mera alegação da empresa de que a culpa pelo atraso é de seu fornecedor não é suficiente. Há de se comprovar tal alegação, mediante provas documentais.

- O suposto histórico favorável de relações com a Câmara dos Deputados deve ser considerado?

O histórico "exemplar" de fornecimento, no escopo de outras avenças, **não deve ser considerado.** A atuação do agente público é, majoritariamente, vinculada. Da mesma forma, um histórico desfavorável, em outros contratos, também não deve, sob o risco de se incorrer em *bis in idem*. O correto é analisar tão somente a realidade do contrato inadimplente.

Tal entendimento, contudo, não é pacífico e homogêneo na Administração Pública.

- *É* possível autorizar a prorrogação?

O pleito da empresa foi intempestivo – o prazo para a entrega já havia expirado. Desta forma, conferir novo prazo seria incorrer na conduta reprovável prevista no art. 92 da Lei de Licitações e Contratos.

Ante as análises acima, a Administração deve redigir réplica à Empresa X, com o seguinte conteúdo:

> Prezados Senhores,
>
> Em atenção à sua correspondência anterior, solicitamos o envio de comprovante referente às tratativas efetuadas com o seu fornecedor, a fim de que o assunto possa ser mais bem analisado por esta Casa.
>
> Ademais, em resposta à solicitação de prorrogação do prazo de entrega do objeto do certame, comunicamos não ser possível a análide do pleito, tendo em vista sua intempestividade – o prazo de entrega expirou em 22/04/2015.
>
> Ante o exposto, esperamos que V.Sas. envidem todos os esforços para que o material nos seja fornecido com a maior brevidade possível, uma vez que o prazo de entrega encontra-se vencido.
>
> Para maiores esclarecimentos, favor contatar a Seção de Liquidação, fone (61) XXXX-XXXX.

Infelizmente, a empresa não possuía comprovantes das tratativas com seu fornecedor, de modo que não respondeu à carta.

Nesse ponto, passam a existir duas hipóteses:

a) a empresa não entrega o material, ou

b) a empresa entrega o material, com atraso.

Em ambos os casos, deve-se proceder à nova comunicação à empresa. A comunicação emitida, nesse momento, ao particular, visa a informá-lo sobre a efetiva proposição de sanção que será submetida às instâncias decisórias, de modo a reforçar o exercício do contraditório e da ampla defesa. Como exemplo, nesse momento não só se cientifica que o contratado está sujeito à multa pelo atraso na execução do objeto (caso o objeto tenha sido realmente entregue com atraso), mas informa-se o valor exato da multa, que será posteriormente apreciado pelos níveis hierárquicos superiores do órgão / entidade da Administração.

Trata-se, pois, de comunicação mais contundente, que conta com maior probabilidade de motivar o contratado a justificar sua falha e/ou a cumprir a avença a contento.

Vejamos o procedimento nessas situações.

PASSO 3 (a): A EMPRESA NÃO ENTREGOU O OBJETO

Nessa hipótese, deve-se remeter nova carta à contratada, com previsões mais concretas em termos de penalidades. É a segunda chance conferida para fins de contraditório e ampla defesa.

Prezados Senhores,

Comunicamos a V.Sas. que, até a presente data, apesar dos esforços desta Casa, essa empresa não forneceu o objeto da Carta Convite nº 20/2015.

Diante disso, será proposta à autoridade superior desta Casa a aplicação das seguintes medidas:

- multa de R$ 2.500,00 (dois mil e quinhentos reais), correspondente a 10% do valor do produto não entregue, conforme previsão do item 10 do Anexo nº 3 da Carta Convite nº 20/2015;

- suspensão do direito de licitar e contratar com a Câmara dos Deputados pelo período de até 2 (dois) anos, com fulcro no subitem 4.1, alínea "c" do Anexo nº 3 da Carta Convite.

Essa empresa tem o prazo máximo de 5 (cinco) dias úteis, a contar do recebimento desta, para se manifestar sobre o assunto. Esgotado o prazo sem que haja manifestação ou não sendo julgada procedente a justificativa apresentada, será dado imediato andamento ao processo, para efeito de aplicação das penalidades.

PASSO 3 (b): A EMPRESA ENTREGOU COM ATRASO

Nessa hipótese, deve-se, da mesma forma, remeter nova carta à contratada, com previsões mais concretas em termos de penalidades. Uma vez tenha sido adimplida a obrigação, não há de se falar na sanção de suspensão (art. 87, inciso III, da Lei nº 8.666/93). É, nos moldes da situação anterior, a segunda chance conferida para fins de contraditório e ampla defesa.

> Prezados Senhores,
>
> Comunicamos a V.Sas. que, tendo em vista o atraso de 23 dias na entrega do material descrito na Nota Fiscal nº 1.761, será proposta à autoridade superior desta Casa a aplicação de multa de R$ 2.000,00 (dois mil reais), conforme previsto na Carta Convite nº 20/2015.
>
> Essa empresa tem o prazo máximo de 5 (cinco) dias úteis, a contar do recebimento desta comunicação, para se manifestar sobre o assunto. Caso não haja manifestação dentro do prazo estipulado, ou não seja julgada procedente a justificativa para a irregularidade, será dado imediato andamento ao processo para efeito de aplicação da multa.

PASSO 4: ANÁLISE DE UMA NOVA RESPOSTA DA EMPRESA (se houver)

Caso a Empresa X responda as cartas inerentes ao passo 3, cabe à Administração analisar o teor das manifestações. Apenas no caso de sobrevirem fatos relevantes e inéditos é que se mostra pertinente manter novas comunicações com a contratada. O intuito precípuo não é prolongar as tratativas, mas sim fazer com que a empresa entregue o objeto à Câmara dos Deputados.

No caso de se depreender que a contratada usa de expedientes pouco claros, com vistas a apenas delongar uma eventual aplicação de sanção, o melhor é fazer com que o processo administrativo chegue a termo (sempre se observando o contraditório e a ampla defesa).

Relevante salientar que, a despeito de tais comunicações preliminares efetivamente comporem o processo administrativo passível de culminar em uma sanção, o intuito a nortear a Administração, nesta etapa, é a consecução da execução do objeto, pelo contratado.

Apenas na hipótese de tais comunicações preliminares não lograrem êxito, ou seja, perpetuar-se o descumprimento da obrigação contratual, o processo administrativo progride para a análise da reprovabilidade da conduta do particular.

PASSO 5: ELABORAR A INSTRUÇÃO PROCESSUAL QUE MOTIVARÁ A DECISÃO QUANTO À SANÇÃO

A instrução processual que motiva a decisão quanto à sanção deve apresentar, de maneira inequívoca, duas partes, assim, discriminadas:

- parte 1: análise da reprovabilidade da conduta, e
- parte 2: subsídios e determinação da dosimetria da pena (no caso das sanções advindas do inc. III do art. 87 da Lei nº 8.666/93 ou do art. 7º da Lei nº 10.520/2002).

Logicamente, caso seja evidenciada a inexistência de reprovabilidade da conduta, não há de se falar em sanções – neste caso, a instrução não conterá a parte 2 acima mencionada.

Vejamos com maiores detalhes as segmentações da instrução:

Parte 1: Análise da reprovabilidade da conduta

A simples ocorrência de falha na execução contratual não é condição suficiente, *per si*, para estear a aplicação de sanção administrativa. É o que dispõe Justen Filho (2012, p. 241):

> A configuração de infrações pressupõe a **reprovabilidade da conduta do particular**. Isso significa que a infração se caracterizará [sic] pelo descumprimento aos deveres legais ou contratuais, que configure materialização de um posicionamento reprovável.
>
> Como decorrência, **a imposição de qualquer sanção administrativa pressupõe o elemento subjetivo da culpabilidade**. No direito penal democrático não há responsabilidade penal objetiva. Mas é essencial e indispensável verificar a existência de uma conduta interna reprovável. **Não se pune alguém em virtude de mera ocorrência de um evento material indesejável**. Mas se lhe impõe uma sanção porque atuou de modo reprovável.
>
> Quando se produz lesão a um bem jurídico sem que tal se configure como resultado de uma ação ou uma omissão reprovável de um sujeito, tratar-se-á de **"uma desgraça, mas não de um injusto"**. Em outras palavras, o tipo penal é integrado não apenas pela descrição de eventos materiais, mas também, por uma conduta subjetiva reprovável. (destaques deste autor)

Há, destarte, no segmento inicial da instrução, que se descreverem os fatos, de modo a restar patente se houve culpa (ou dolo) na conduta do contratado. Não se pode olvidar que um inadimplemento ou um atraso na entrega do material ou na prestação do serviço pode se dar em função de caso fortuito ou de força maior, hipóteses que, de antemão, afastariam a aplicabilidade de sanções administrativas.

Uma sugestão de redação, atinente ao caso em estudo, da parte preliminar da instrução, segue abaixo:

> Trata-se do Convite nº 20/2015, cujo objeto é a aquisição emergencial de cimento para a Câmara dos Deputados.
>
> Sagrando-se vencedora do certame, a Empresa X foi contratada para o fornecimento do objeto, cujo prazo de entrega original expirou em 22/04/2015.
>
> A despeito da obrigação assumida, e frente ao inadimplemento da citada empresa, este órgão remeteu a Carta nº XX/2015, em 28 de abril do corrente ano, alertando a contratada sobre a pendência em tela, sobre as sanções a que estaria sujeita e conferindo prazo para sua manifestação.
>
> Em resposta, a Empresa X atribuiu o atraso a seu fornecedor, que, frente a uma suposta grande quantidade de pedidos, havia demandado a dilação do prazo para o fornecimento do material. Solicitou, ainda, a prorrogação intempestiva do prazo de entrega, o que foi negado por esta Administração.
>
> Este órgão remeteu nova carta à empresa, solicitando o envio de comprovantes das trativas efetuadas com o fornecedor, capazes de prover o necessário esteio ao seu argumento.
>
> Esgotado o prazo concedido sem que houvesse nova manifestação da contratada, não se apresentam elementos capazes de isentar a Empresa X de ser enquadrada em situação de conduta reprovável, aspecto basilar para ensejar a aplicação de sanção administrativa.

Parte 2: Dosimetria das sanções (inc. III do art. 87 da Lei nº 8.666/93 ou do art. 7º da Lei nº 10.520/2002)

Entre outras condutas, na hipótese de determinada contratada não haver cumprido sua obrigação principal, passa a estar sujeita às sanções previstas no inc. III do art. 87 da Lei nº 8.666/93 (suspensão) ou no art. 7º da Lei nº 10.520/2002 (impedimento).

No caso em estudo, por se tratar da modalidade convite, a penalidade passível de aplicação é a suspensão, com fulcro na Lei de Licitações e Contratos, com prazo legal previsto para "até dois anos".

Desafio proeminente ao gestor público é o estabelecimento de um modelo capaz de bem motivar a dosimetria dos prazos de suspensão ou impedimento. De fato, a ausência de critérios claros e aplicados a todos os processos administrativos que culminem na proposição dessas sanções torna a ação **arbitrária** e **pouco transparente**.

Não há um único modelo capaz de fazer frente às diversas peculiaridades das situações que se apresentam à Administração. Malgrado tal fato, há fatores que, de modo geral, podem (e devem) ser levados em consideração na estipulação da dosimetria em tela. Nesse bojo, após um acurado estudo efetuado em 2014, a Câmara dos Deputados concebeu um modelo que leva em consideração 5 (cinco) critérios básicos, que proveem o subsídio necessário à determinação do interstício da sanção.

A seguir, discorrer-se-á sobre cada um desses critérios.

- Prazo estimado para uma nova contratação: este é o interstício-base da sanção a ser aplicada pela Câmara dos Deputados. Parte-se da premissa de que, ao impedir ou suspender o contratado por este prazo, resguarda-se a Administração de fazer nova contratação com a pessoa que acabou por frustrar a eficácia do certame. Nesse sentido, há indícios na Lei de Licitações e Contratos de que o prazo esperado para a realização de um procedimento licitatório, some, em sua totalidade, 180 (cento e oitenta) dias[23]. Não se pode esquecer, contudo que a modalidade convite é mais célere que as demais. Destarte, naquele órgão, os prazos estimados para novas contratações, com relação aos ritos de compra podem ser assim arrolados (Quadro 51):

Quadro 51. Relação entre rito de compra e prazo estimado para contratação

Rito / modalidade	Prazo estimado
Dispensa de Licitação (art. 24, I e II, da Lei nº 8.666/93)	1 mês
Convite	2 meses
Pregão	6 meses

Fonte: elaborado pelo autor.

---

[23] Veja, por exemplo, o inc. IV do art. 24 da Lei nº 8.666/93.

Dessa maneira, no caso de pregão, por exemplo, a análise acerca da dosimetria da sanção de impedimento parte do prazo de 6 (seis) meses. Com base nos demais critérios, tal interstício pode ser flexibilizado.

Tal regra geral, contudo, não é aplicável aos processos administrativos que cuidam de penalidades passíveis de serem aplicadas por óbices ocorridos durante o procedimento licitatório, em que o particular não se sagrou vencedor. É o caso, por exemplo, do coelho, ou do licitante que, simplesmente, não manteve sua proposta. Nesses casos, há de se conceber modelo próprio para a análise da situação, considerando-se como critério chave a existência ou não de dolo na conduta do licitante.

- Prorrogações concedidas pela Administração: trata-se de prorrogações de prazos de cumprimento do objeto contratual, solicitadas pela empresa contratada, ao final das quais se perpetuou a condição de inadimplemento. Neste caso, entende-se que a(s) prorrogação(ões), concedidas pela Administração, com base em evidências apresentadas pela contratada, trazem uma expectativa temporal em termos de execução satisfatória da avença. Caso não houvesse a dilação do prazo, alternativas diversas poderiam ter sido tomadas, de forma antecipada, pelo órgão / entidade pública com vistas à execução do objeto: rescisão contratual e contratação do remanescente, outra licitação, compra emergencial, entre outros. Neste diapasão, os prazos estendidos são "devolvidos" ao particular, sendo somados ao interstício-base citado no item anterior.

- Valor do objeto: em ótica econômica / quantitativa, pressupõe-se que a falha da execução de um contrato de baixo vulto traz menores implicações do que em outro de significativo montante. Assim, a depender da faixa de valor da obrigação inadimplida, flexibiliza-se o interstício da sanção, para mais ou para menos.

- Gravidade e criticidade da inexecução contratual: refere-se à análise qualitativa dos impactos do inadimplemento. A título de ilustração, citam-se:
    - a falta de entrega de determinado material de manutenção de bens imóveis (adesivo para piso vinílico, por exemplo), pode implicar a impossibilidade de terminar a reforma de unidades administrativas ou de apartamentos funcionais, culminando em oferta de instalações físicas inadequadas a agentes públicos;
    - a inexecução contratual de pessoa física contratada para ministrar uma palestra, ou de pessoa jurídica para realizar tradução

simultânea pode acarretar danos inclusive à imagem institucional do órgão / entidade contratante.

Em situações análogas às ilustradas, de acordo com a gravidade da inexecução contratual, é possível acrescer-se prazo para a sanção administrativa.

A gradação do prejuízo é tarefa de cunho eminentemente subjetivo. Não obstante, frisa-se que a dilação do prazo de sanção por conta de prejuízo identificado deve ser motivada no processo, buscando-se, ainda, a proporcionalidade devida.

- Idoneidade: nos casos das modalidades licitatórias previstas na Lei nº 8.666/93, na hipótese de haver indícios de inidoneidade, o processo administrativo irá cuidar, *a priori*, da proposição da sanção prevista no inc. IV do seu art. 87 (declaração de inidoneidade) que, como vimos, possui efeitos mais severos do que a mera suspensão (art. 87, inc. III), ao impedir a licitação e a contratação com toda a Administração Pública. No entanto, em se tratando de pregão, não há uma sanção específica para os casos de inidoneidade. Destarte, entende-se que a maior severidade da sanção inerente a tal conduta é obtida mediante uma maior dosimetria do prazo de impedimento.

Os subsídios para a análise da gravidade e criticidade da inexecução e da idoneidade da contratada devem ser providos pela área técnica / demandante do objeto. De modo geral, o órgão que instrui a sanção administrativa não terá, por si, as informações afetas a prejuízos causados e à conduta do particular durante as tratativas com a Administração.

Mister analisar se os critérios para fins de dosimetria devem ou não ser divulgados previamente ao segundo setor. Em ótica pessoal, a transparência ativa, nesse caso, não se traduz na melhor governança. Ao se proceder a essa divulgação, confere-se ao particular a possibilidade de ponderar o custo x benefício de se cumprir a obrigação assumida. Quatro meses de impedimento, por exemplo, pode ser sanção suportável, em certas ocasiões. Perde-se o poder dissuasório almejado. Não se defende, aclara-se, a arbitrariedade na delimitação das penalidades. Melhor prática, vislumbra-se, é a construção de modelo que dê o suporte metodológico à dosimetria e que motive os autos.

Retomando o estudo do caso proposto, uma sugestão de redação, agora atinente à parte final da instrução, tomando-se a hipótese de a empresa efetivamente não haver entregue o objeto, segue abaixo:

> Ante o descumprimento total da obrigação assumida, incide o preconizado no item 10 do Anexo nº 3 da Carta Convite nº 20/2015, sendo aplicável multa no valor de R$ 2.500,00 (dois mil e quinhentos reais), correspondentes a 10% do valor do produto não entregue.
>
> No que concerne à proposição da dosimetria da penalidade de suspensão temporária do direito de licitar e impedimento de contratar com a Câmara dos Deputados (art. 87, inc. III, Lei nº 8.666/93), conforme práxis vigente na Casa, o prazo-base para a sanção equivale ao interstício estimado para que se possa ter acesso ao bem, mediante novo processo licitatório, em modalidade idêntica à atual. No caso, em se tratando de convite, estima-se o prazo de 2 (dois) meses para sua conclusão.
>
> Não obstante, consoante manifestação do Departamento Técnico, a falta de cimento implicou a paralisação das reformas nos calçamentos de acesso à Câmara dos Deputados, acarretando prejuízo em termos de postergação de cronograma de tarefas e de ociosidade no emprego de pessoal. Com espeque nesse fato, propõe-se, no presente expediente, que o prazo supramencionado seja acrescido de 4 (quatro) meses.
>
> Ante o exposto, a proposição da sanção de suspensão consubstancia 6 (seis) meses, a qual é submetida à apreciação superior.

PASSO 6: COMUNICAÇÃO FINAL À EMPRESA

Uma vez sendo efetivado o ato administrativo que aplica a sanção à empresa – consubstanciado, usualmente, por portaria – deve-se cientificar o particular, de preferência em momento anterior à derradeira publicação na imprensa oficial para que, caso, neste momento, sejam apresentados fatos novos ou circunstâncias relevantes suscetíveis de justificar a inadequação da sanção aplicada, possa o processo administrativo ser revisto antes que os efeitos da penalidade sejam tornados eficazes.

Exemplo de comunicação à empresa, nesses moldes, é assim apresentado:

> Prezados Senhores:
>
> Comunicamos a V.Sas. que, em virtude do não fornecimento de material objeto da Carta Convite nº 20/2015, foram aplicadas as seguintes penalidades, conforme as Portarias nºs X e Y/2015 (cópias anexas):
>
> - Multa de R$ 2.500,00 (dois mil e quinhentos reais), correspondente a 10% do valor empenhado, conforme previsão do item 10 do Anexo nº 3 da Carta Convite, e
>
> - Suspensão do direito de licitar e impedimento de contratar com a Câmara dos Deputados, pelo período de 6 (seis) meses, de acordo com o item 4 do mesmo anexo.
>
> Informamos que o valor será oportunamente cobrado dessa empresa.

ESTUDO DE CASO 2: Grandes *players* e o papel social

Vencedora do Pregão nº 67/2015, a empresa Y foi formalmente convocada, em 10/02/2015, para assinatura de contrato, cujo objeto era o fornecimento de gás oxigênio medicinal para determinado hospital público, no valor global anual de R$ 9.000,00. Em decorrência de sua falta de manifestação, houve seguidas reiterações da convocação, sem que se lograsse êxito na assinatura.

Ante a urgência no fornecimento, o objeto passou a ser adjudicado à segunda colocada no certame, que assinou o contrato com a Administração em 10/05/2015.

Remeteu-se carta à empresa Y, alertando-a da intenção preliminar da Administração em:

- *aplicar a multa de R$ 900,00 (10% do valor da avença), e*
- *impedi-la de licitar e contratar com a União, por até 5 (cinco) anos.*

A empresa protocolizou defesa prévia, alegando que:

- *as convocações formais foram recebidas por um funcionário que não deu o devido prosseguimento interno e, por conta disso, fora demitido no dia anterior;*

- *a organização é, hoje, a maior fornecedora de oxigênio medicinal para hospitais públicos da região norte – não raramente a única fornecedora disponível, de modo que o impedimento irá implicar danos sociais significativos, ao obstaculizar as prorrogações contratuais e as novas avenças.*

O presente caso tem o intuito, tão somente, de fomentar a análise acerca da consideração – ou não, na instrução de processos que cuidam de sanções administrativas, da relevância social que o particular detém.

Ao se restringir a análise aos fatores circunscritos pelas fronteiras do contrato, o fato de a empresa, convocada dentro do prazo de validade de sua proposta, não haver celebrado contrato tem grandes probabilidades de culminar na sanção de impedimento, haja vista ser essa conduta especificamente prevista no art. 7º da Lei nº 10.520/2002.

Não obstante, um olhar mais abrangente irá abarcar os impactos sociais decorrentes da aplicação da sanção. Um eventual impedimento irá obstaculizar prorrogações contratuais e participações em licitações da empresa contratada, podendo suscitar crise no fornecimento de oxigênio medicinal na região norte do País. A inquietude repousa sobre o fato de esse fator, alheio ao contrato em si, dever ser considerado pelo agente público na instrução do processo administrativo que cuida da sanção.

De maneira inequívoca, há argumentos passíveis de embasar ambas as óticas. De um lado, poder-se-ia argumentar que, ao se considerarem fatores extracontrato, estar-se-ia agindo de encontro ao princípio da impessoalidade, conferindo-se tratamento privilegiado em virtude do vulto e do alcance das atividades conduzidas pelo particular. De outro lado, aventar-se-ia que os efeitos de determinada sanção não devem culminar em malefício para a sociedade – e para a própria Administração Pública.

A linha mestre em termos de instrução deve primar, nesse caso, pelo equilíbrio em relação a efeitos, zelando-se pela observância do princípio da legalidade ao mesmo tempo em que se busca a melhor solução para a sociedade e para a Administração. Conjetura-se que a sanção, por fim, deva ser aplicada, considerando-se o impacto social em termos de dosimetria do prazo. Há de se frisar, por óbvio, que uma eventual instrução que sugira afastar a incidência da sanção de impedimento deve ser devidamente motivada, tendo por norte a consecução do bem público.

Complementarmente, tal conduta acaba por privilegiar os grandes *players* do mercado. Trata-se de uma situação de "isonomia às avessas": se fosse uma microempresa, não haveria complicações adicionais na decisão alusiva à sanção.

ESTUDO DE CASO 3: Determinação da dosimetria da sanção

A empresa ABC foi contratada por determinado órgão público para o fornecimento de tomógrafos, mediante o Pregão Eletrônico nº 01/2015. A nota de empenho de despesa foi recebida pela empresa em 20/01/2015, sendo que o prazo de entrega se estendia até 20/02 do mesmo ano.

Em 18 de fevereiro, a referida empresa ingressou com pleito de prorrogação de prazo por 30 dias, alegando que seu fornecedor teve problemas na prontificação do material. Anexou ao pedido declaração do fornecedor, sendo o pedido acatado pelo órgão público.

A três dias de vencer o novo prazo de entrega, a empresa ABC ingressou com novo pedido de prorrogação, por mais 60 dias, alegando que o material, importado, estava retido na alfândega, conforme alertado por seu fornecedor. Juntou ao pleito comprovante emitido pela Receita Federal do Brasil, atestando a veracidade do fato. Uma vez mais, o pleito foi acatado pelo órgão público.

Vencido o prazo final, a empresa não entregou o material. A despeito das mais diversas tentativas de contato, não se obteve quaisquer manifestações posteriores da contratada sobre o fato.

Desta feita, deu-se continuidade ao processo administrativo acerca da sanção cabível, sendo colhidas as seguintes informações na instrução preliminar:

- a contratação foi decorrente de pregão;
- o não fornecimento do material acarretou prejuízo ao órgão, que não pode prontificar a atualização técnica de seu setor de saúde, implicando a perpetuação da baixa eficácia do setor de imagens;
- o valor total dos tomógrafos perfazia o montante de 3 (três) milhões de reais;
- a empresa estava suspensa, por 2 anos, com outro órgão da mesma esfera federativa;
- o histórico da empresa revelava uma multa por atraso, em outro processo, junto ao órgão contratante.

O intuito do presente estudo de caso é a prática da proposição de prazo para a vigência da sanção.

Uma vez sendo a modalidade licitatória o pregão, a sanção a ser aplicada – independentemente de multa – é o impedimento (art. 7º da Lei nº 10.520/2002).

Consoante modelo proposto neste Capítulo, o **prazo-base** para a proposição da sanção equivale ao da repetição do certame pela Administração. No caso do pregão, estima-se que tal interstício se aproxime de 180 (cento e oitenta) dias.

Depreende-se, do cenário apresentado, que foram ainda concedidos 90 (noventa) dias de **prorrogação** à empresa, sem que se lograsse êxito na entrega, ao final. Durante este intervalo, perpetuou-se uma expectativa, pela Administração, de cumprimento do objeto. Caso não houvesse a prorrogação, o órgão público teria antecipado sua iniciativa com vistas à aquisição dos tomógrafos por caminho alternativo: convocação dos demais licitantes, ou até mesmo outro procedimento licitatório. Destarte, uma vez mais guiado pelo modelo proposto, "devolve-se" esse prazo ao particular, somando-se ao prazo-base.

O **valor do objeto** – três milhões de reais – é passível de ser considerado de elevado vulto. Poder-se-ia, a depender de critérios previamente definidos pelo órgão que estabelecessem uma correlação entre valores dos objetos e prazos adicionais de vigência de sanção, acrescer o interstício da penalidade. No caso em pauta, julga-se como razoável o acréscimo de 90 dias.

Pela inexecução, o órgão sofreu **prejuízo** afeto à impossibilidade de prontificação da atualização técnica de seu setor de saúde, implicando a perpetuação da baixa eficácia do setor de imagens. Tal fato deve, seguramente, acrescer prazo à vigência da sanção. Não obstante, o quanto de prazo acrescer não pode prescindir de juízo qualitativo (subjetivo). Motivando tal correlação – de preferência categorizando o prejuízo em leve, moderado ou grave – faz-se a devida proposição. No caso em análise, sugere-se (sim, é sempre uma sugestão), o prazo adicional de 120 dias.

A inidoneidade da empresa, *a priori*, não restou comprovada. Ademais, o histórico de sanções pretéritas não deve ser levado em consideração para fins de majoração da penalidade, haja vista que implicaria a empresa ser sancionada mais de uma vez pela mesma conduta. Por conseguinte, a sugestão de prazo para o impedimento, devidamente motivado, somaria 480 dias (ou 16 meses).

ESTUDO DE CASO 4: Eu só peço a Deus um pouco de malandragem

A Empresa XYZ sagrou-se vencedora do Pregão para registro de preços nº 04/2016, promovido pelo Ministério do Planejamento. O objeto era o fornecimento de notebooks e monitores, com garantia de funcionamento por 36 meses. O certame foi resultado de compra conjunta, tendo participado mais de duas dezenas de órgãos.

Convocada para a celebração da ata de registro de preços, dentro da validade de sua proposta, a Empresa quedou-se silente, não respondendo as convocações.

Mesmo após a convocação em diário oficial, a empresa não se manifestou à Administração. Apenas o fez quando da abertura do contraditório, no âmbito do processo administrativo de apuração de sua conduta.

O MPDG não logrou êxito em convocação de outras licitantes, tendo, assim, fracassado o Pregão.

Tendo sido concluído o processo administrativo sancionatório, aplicou--se a penalidade prevista no art. 4º da Norma Operacional nº 02/Dirad MP:

> Art. 4º Não celebrar o contrato ou a ata de registro de preços, quando convocado dentro do prazo de validade de sua proposta.
>
> Pena – impedimento do direito de licitar e contratar com a União e descredenciamento do SICAF pelo período de 4 (quatro) meses.

A partir do ocorrido, aquele Ministério, com a urgência devida, esforçou-se em instruir novo pregão, com o mesmo objeto. Ante a complexidade do pleito, que careceu de novos ajustes (houve novos participantes da compra conjunta), a sessão pública ocorreu apenas quatro meses após a anterior.

A vencedora do novo certame? A Empresa XYZ.

Uma vez mais, o presente caso é meramente uma provocação. A transparência ativa, conjetura-se, pode não se traduzir na melhor governança, em especial quando municia o particular em suas estratégias capazes de fragilizar a Administração Pública.

Capítulo 9

Em busca da perenidade da inovação nas aquisições públicas

1. INTRODUÇÃO

Valendo-se da prerrogativa de maior fluidez e liberdade de escrita inerente aos capítulos finais, o remate desta obra é iniciado por uma provocação objetiva, mas de respostas por vezes entrelaçadas e problemáticas.

A governança nas aquisições e nas contratações públicas, conforme exposição prévia, consolida-se por práticas de inovação *top down*, sendo o principal empreendedor – ou o agente de mudança, no caso, a Corte Federal de Contas. A referência proposta pelo TCU, no entanto, deve ser complementada pelo fluxo *bottom up* oriundo da gestão executiva, por vezes via consolidação de novos instrumentos mais afetos à realidade de cada órgão ou entidade pública. De toda sorte, o axioma rudimentar é o de que a inovação vai ao encontro (por vezes sendo elemento constitutivo) da governança.

A inovação é fenômeno sensível ao tempo. Além do crivo *ex post* à mudança em si, a fim de verificar se houve a necessária agregação de valor, o ineditismo das combinações de elementos é, por assim dizer, perecível temporalmente. O que é hoje inovação deixará de ser em momento subsequente, quando de sua absorção por paradigma já modificado, por sua difusão mimética e pela exaustão de sua capacidade em termos de diferencial competitivo. Por conseguinte, a trajetória organizacional passa a ser marcada por inovações, que, à sua época, promoveram avanços, longitudinalmente incorporados em regime permanente, ou desprestigiados por não mais fazerem sentido em virtude de alterações conjunturais.

A ilação é a de que a inovação, enquanto episódio isolado, não é bastante. O que se propugna é o assentamento da busca pelo atendimento do melhor interesse do principal (cidadão), mediante um esforço perpétuo de se inovar. Nesses lindes, apresenta-se a aludida provocação, já perceptível: **Como manter a perenidade da inovação nas compras e contratações públicas?**

Discorrer sobre tal incitação exige abordar os meandros da mudança institucional. Institucionalizar a inovação enquanto esforço contínuo exige, sobretudo, a alteração de paradigma cultural, amalgamado pelo misto de traços de cultura brasileira, do setor público e da própria subcultura inerente aos profissionais da área de compras e contratações. Não se olvida que, mais do que um jogo de palavras, institucionalizar a inovação é, em si, uma inovação organizacional – quiçá a mais disruptiva aqui discutida.

Nas próximas páginas, será apresentada uma síntese do arcabouço teórico que alicerça a mudança institucional, bem como, em desprendida narrativa, historiada a trajetória da Câmara dos Deputados – com seus desafios, retrocessos e avanços – culminando na estruturação do (ao que se tem conhecimento) primeiro Laboratório de Compras e Contratações Públicas do Brasil.

2. TEORIA INSTITUCIONAL, CULTURA E INOVAÇÃO

A teoria institucional é responsável por oferecer uma visão alternativa ao pensamento racional que sugere que mudanças organizacionais ocorrem periodicamente, no intuito de agregar melhor *performance* substantiva. Para aquela corrente, as organizações adaptam suas características internas às expectativas dos principais *stakeholders* em seu ambiente (ASHWORTH; BOYNE; DELBRIDGE, 2007). *In casu*, o que se analisa é a introdução de arquétipo de inovação em processo organizacional marcado pela aversão ao risco, pelo legalismo e pelo foco na rotina.

As normas que regem as licitações e os contratos administrativos repousam em nível denominado campo organizacional, central à teoria institucional. Para Scott (1994, 1995), esse nível é intermediário à organização e à comunidade, e arroga pela instrumentalidade dos processos pelos quais práticas e expectativas socialmente construídas são disseminadas e reproduzidas. As diretrizes legais e infralegais regem aspecto da ordem social, que passa a ser vivenciada no âmbito da Administração Pública. A interpretação das normas, o compartilhamento dessa interpretação (tipificação) e a ação padronizada dos atores suscita a categorização do comportamento no contexto do rito de compras, em lógica que obedece ao processo de criação da realidade concebido por Berger e Luckman (1967).

A institucionalização ocorre, conforme lecionam Berger e Luckman (1967, p. 54), "quando há uma tipificação recíproca de ações habituais por determinados tipos de atores". Esclarecem esses autores que uma instituição pressupõe que ações do tipo X serão realizadas por atores do tipo X, em procedimento moldado sempre historicamente, controlando a conduta humana ante a definição de padrões de atuação esperados. Nessa perspectiva, há práticas institucionalizadas no processo de aquisições públicas, que cabem a atores preestabelecidos. O pregoeiro, por exemplo, deve conduzir a sessão pública do certame em consonância com a lei. O solicitante, em conjunto com eventuais outros membros de uma equipe de planejamento, deve elaborar o estudo preliminar e preencher o termo de referência, seguindo-se modelos aceitos e reconhecidos como válidos pelos outros indivíduos ocupantes dos demais papéis no processo.

De acordo com os citados autores, a institucionalização envolve três fases ou momentos: exteriorização, objetivação e internalização. Na exteriorização, as regras e os padrões de conduta são criados, passando a ser de amplo conhecimento ao grupo. Em seguida, por meio da atividade humana, tais regras / padrões são objetivados, ou seja, empregados de forma instrumental, tornados objeto em prol da consecução de determinado propósito. Por fim, esse mundo objetivado passa a determinar as estruturas subjetivas da consciência, promovendo a socialização. O paradoxo criado é que "o homem é capaz de produzir um mundo que, então, ele experimenta como algo que não um produto do homem" (BERGER; LUCKMAN, 1967, p. 61).

Destarte, a conjuntura normativa e historicamente construída que rege as práticas inerentes ao processo de compras e contratações é vista como existente de *per si*, não conectada a um ou mais atores sociais que a produziu. Sem poder remeter as regras a um fundador, prepondera a percepção de que inovar é tarefa sem alicerce. A realidade processual é dada: a metáfora aqui empregada é a das leis da natureza – vigentes desde sempre, permanentes e sobre as quais cabe tão somente a compreensão, mas não o esforço de mutação. Afinal, mudar uma lei, no caso concreto, é algo tido como inalcançável. Isto posto, o que se observa é a estagnação das rotinas processuais (de modo geral, não compondo exceção o processo em foco) na Administração Pública.

Nesse ponto, substancial ampliar nosso escopo de análise. O referido mundo produzido pelo homem é, em enfoque adequado, o seu **ambiente cultural**. As normas – tácitas ou explícitas – são manifestações da cultura, expressões de práticas sociais, sendo estas definidas por Schatzki et al. (2001) como *clusters* de atividades humanas recorrentes instruídas por significados institucionalmente compartilhados. O caráter de regência, a natureza institucionalizada e a perpetuação dessas práticas são realçadas por Oliveira e Segatto (2009, p. 7):

As práticas sociais e o conhecimento mútuo dessas práticas são concebidos como uma série de regras e normas de conduta utilizadas na reprodução da regularidade da *práxis* social, pressupondo então um conjunto de propriedades estruturais que, por serem características estruturadas de sistemas sociais, estendem-se ao longo do tempo e do espaço dada sua natureza institucionalizada.

Se, por um lado, as características acima mencionadas reportam-se a um fenômeno estático por natureza, é a sua faculdade de inovação que detém relevância para este Capítulo. Souza et al. (2013, p. 143) veem a possibilidade de as práticas sociais poderem mudar ou inovarem-se como "vinculada à condição de serem transferidas, construídas e reconstruídas por atores sociais de distintos contextos, distintas subculturas, por meio de inter-relações de significações".

Processos de mudança, na ótica institucional, são atribuídos às variáveis presentes no ambiente da organização. Fachin e Mendonça (2003) apontam que Selznick, tido como precursor da abordagem institucional nos estudos organizacionais, defende que a ação da organização é condicionada pelas forças ambientais, associando a institucionalização à necessidade de sobrevivência, de reconhecimento social e de adaptação a interesses ambientais. Selznick (1996), ao analisar os *insights* provenientes do neoinstitucionalismo, observa o foco na legitimação como uma força condutora entre os atores organizacionais. Para este autor, legitimação é vista como um imperativo organizacional, fonte de inércia e regulador de formas particulares e de práticas.

O resultado é a ocorrência do isomorfismo institucional, no qual a mudança ocorre em direção à consecução de práticas mais estáveis e legitimadas, através de um processo de conformidade mimética, coercitiva ou normativa (DIMAGGIO; POWELL, 1991). Os mesmos DiMaggio e Powell (1983) argumentam que a transformação das organizações deriva de processos que as tornam mais similares, sem a necessidade de aumentarem sua eficiência.

No processo de aquisições públicas, a hipótese alçada é a de que, predominantemente, as inovações se dão circunstancialmente, com elevado custo de transação, mediante isomorfismo coercitivo. As ferramentas para tanto são as alterações (infra)legais, a produção de jurisprudência original e a edição de instruções normativas, com destaque, em nível federal, para as de autoria do Ministério do Planejamento, Desenvolvimento e Gestão (MPDG). <u>Não se delineia cultura inovativa</u>, mas sim uma ampla exogenia esporádica de mudanças – lembrando que nem toda mudança é inovação!

Ainda assim, nas últimas décadas a busca pela inovação, seja como forma de consecução de desenvolvimento, de progresso tecnológico, de solução de problemas ou de se angariar vantagem competitiva tem sido adotada como estandarte nas organizações (FENILI, 2016). No setor público, a inovação passa a ser peça central do chamado *New Public Management* (ou Nova Gestão Pública), movimento que serviu de base a diversas reformas administrativas ocorridas, em nível mundial, no final do século passado, e que, no âmbito do Brasil, proveu fundamento à Reforma Gerencial de 1995. Em especial, a obra de Osbourne e Gaebler (1992), marco teórico principal do governo empreendedor (SECCHI, 2009), recomenda que os governos passem a se orientar para o mercado, de forma descentralizada e visando ao cidadão, fazendo uso da inovação como forma de se desvencilhar de práticas disfuncionalmente burocráticas e de atingir resultados. Não obstante, o mecanismo pelo qual se dá a inovação, enquanto iniciativa alheia ao isomorfismo, carece de aprofundamento.

Delbridge e Edwards (2008) asseveram que pouca atenção foi dispensada aos estudos de mudanças que são não isomórficas por natureza e como estes efeitos não isomórficos surgem. Percepção semelhante é compartilhada por Greenwood, Suddaby e Hinings (2002, p. 58), segundo os quais raros são os estudos sobre a dinâmica do campo organizacional – "nível intermediário entre organização e sociedade" – acarretando um desconhecimento sobre como e por que "práticas institucionalizadas dentro de um campo atrofiam ou mudam".

Greenwood, Suddaby e Hinings (2002, p. 60) propõem um modelo, composto por seis fases, para mudanças institucionais não isomórficas. O primeiro estágio é constituído por "solavancos", responsáveis por desestabilizar as práticas estabelecidas. Tais "solavancos" poderiam ser originários de "convulsões sociais, rupturas tecnológicas, descontinuidades competitivas ou mudança regulatória". Estes elementos dão margem ao segundo estágio (desinstitucionalização), no qual há a emergência de novos jogadores, a ascendência de atores já inseridos na organização, ou, ainda, o empreendedorismo local. O distúrbio proporcionado nesta fase não só introduz novas ideias, como também guia em direção à próxima fase: a preinstitucionalização, na qual "organizações inovam independentemente, na busca de soluções viáveis para a solução de problemas locais".

As fases seguintes, consoante esquema dos autores acima, constituem-se em teorização – especificação de uma rotina que constitui um problema à organização e justificação de uma solução plausível; difusão – na busca de uma objetivação e legitimação crescente e, finalmente, a reinstitucionalização, na qual a nova prática é assumida como natural e apropriada. O modelo é representado na Figura 53:

Figura 53. Estágios da mudança institucional

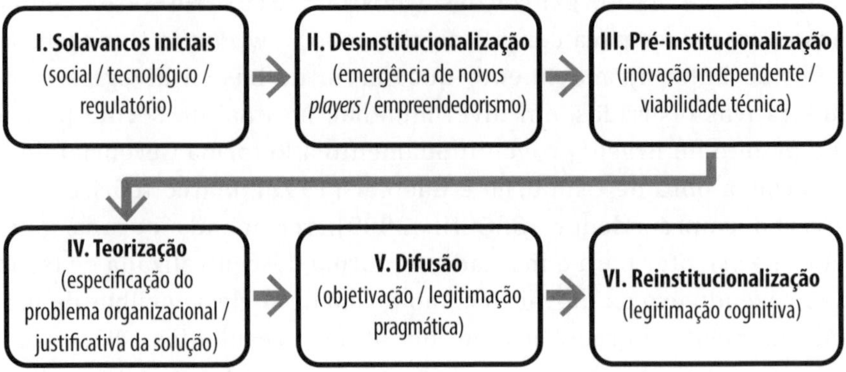

```
I. Solavancos iniciais          II. Desinstitucionalização      III. Pré-institucionalização
(social / tecnológico /      →  (emergência de novos         →  (inovação independente /
regulatório)                    players / empreendedorismo)      viabilidade técnica)

                                          ↓

IV. Teorização                  V. Difusão
(especificação do            →  (objetivação / legitimação   →  VI. Reinstitucionalização
problema organizacional /       pragmática)                     (legitimação cognitiva)
justificativa da solução)
```

Fonte: Greenwood, Suddaby, Hinings (2002).

Conforme ressaltam Delbridge e Edwards (2008), os esforços de Greenwood, Suddaby e Hinings (2002) são concentrados em explorar e explicar as etapas de teorização e difusão, explorando os mecanismos pelo qual se dá o chamado contágio de legitimidade. Neste quadro, a pesquisa sobre a desestabilização de práticas já legitimadas fica relegada a segundo plano. De certo modo, as críticas de Delbridge e Edwards (2008) são atinentes aos pesos e papéis conferidos ao binômio agência-estrutura, bem como à abordagem temporal atribuída à mudança.

Para esses pesquisadores, há um excesso de simplificação no estudo da dinâmica dos processos institucionais ao interpretar mudanças como momentos de turbulência dispersos em períodos de estabilidade, situados em uma estrutura atemporal. Tal prisma é ilustrado por Koreh e Shalev (2009) ao utilizarem a metáfora de um mar congelado, sendo a mudança representada por um perfurador de gelo que violentamente irrompe sua superfície. De fato, reconhece-se que a incorporação mais usual do exercício da agência na análise institucional da mudança é através de empreendedores poderosos – uma "imagem heróica" (DELBRIDGE; EDWARDS, 2008, p. 302), o que acaba, uma vez mais, por negligenciar a dinâmica da inovação.

A argumentação até aqui exposta nesta seção nos leva a um ponto inquietante. O cenário desenhado é da seguinte forma abreviado:

- as normas inerentes às licitações e contratos são percebidas como realidade posta, inabalável pela ação tática e operacional do gestor;
- a inovação no processo de compras e contratações é sobremaneira exógena, esporádica e demanda elevados custos de transação;

- a subcultura que permeia o processo de aquisições públicas não se volta à inovação, mas sim à rotina; e
- mudanças não isomórficas são usualmente remetidas a empreendedores notáveis e destemidos, que respondem por inovações radicais.

Valendo-se do único corolário conceitual de que a inovação é benéfica ao processo em tela, depreende-se que o quadro revelado não se coaduna com os bons preceitos da governança pública. Uma subcultura com foco na manutenção do *status quo*, submissa a um sacro arcabouço regulatório irá primar sempre por se limitar à conformidade e à *compliance*.

Em apertada síntese, assenta-se que ao passo que integridade e *compliance* amoldam-se à desejada burocracia funcional, tão necessária à nossa amálgama cultural, tais medidas podem não se traduzir na desejada maturidade em governança. **A relação de agência só é maximizada por intermédio da inovação.**

O que se propugna não é, por óbvio, o afastamento com relação a esses atributos – tão caros à ordem institucional da sociedade, mas sim a dilação da postura da direção executiva, mesclando a reatividade e o estoicismo da conformação legal com a proatividade na busca de avanços na expressiva álea em que vige a autonomia da gestão organizacional.

Clarifica-se que a advogada proatividade não pode ser confundida com o heroísmo de indivíduos iluminados e corajosos – os empreendedores. Confiar a governança pública, traduzida nos mecanismos que asseguram o melhor atendimento dos anseios dos cidadãos, a características pessoais de indivíduos é gerir com casuísmo. Ainda que se valha de tal competência em poucas afortunadas organizações, essa realidade muito remotamente pode ser generalizada. A proatividade, sim, deve passar a compor prática arraigada na cultura do setor de compras e contratações.

Eis que a discussão nos conduz a dilema que defronta uma profusão de organizações nas últimas décadas: Como gerenciar a cultura organizacional? A resposta, ainda que complexa e merecedora de extenso desenvolvimento (por vezes de cunho intensivamente subjetivo), deve servir de norte instrumental ao órgão ou entidade pública. Nesses termos, traz-se à baila juízo pragmático de Dupuis (1996), para quem o conceito de cultura não se evidencia completo ao ignorar o bojo das práticas. Nessa acepção, é importante considerar a recursividade entre a cultura organizacional e suas práticas de gestão, sendo estas as manifestações da primeira (D'IRIBARNE, 2009) e que, nesse papel, possibilitam o estudo e a formação da cultura.

Na ótica em pauta, determinada prática de gestão reproduzida invariavelmente ao longo do tempo é capaz de moldar e/ou reforçar traço da cultura da organização. A remodelação desse traço, nesse ângulo, exige que nova(s) prática(s) de gestão seja(m) levada(s) a cabo longitudinalmente, institucionalizando e legitimando no grupo a variação da estrutura de significados socialmente estabelecidos – as "teias de significado", conforme leciona Geertz (2011, p. 4).

Se, no início do Capítulo, a provocação era "como manter a perenidade da inovação nas compras e contratações públicas?", a dissertada linha de raciocínio permite que, agora, a pergunta tome composição mais apropriada: **Como alterar a cultura organizacional do setor de compras, de sorte a garantir a inovatividade como prática de gestão institucionalizada?** Para bem responder essa instigação, imprescindível é a compreensão do conceito de inovatividade.

Inovatividade refere-se, preliminarmente, à capacidade e à predisposição a se inovar. Para Kamaruddeen, Yusof e Said (2010, p. 71), esse construto "reflete a tendência de uma organização de se engajar com e de dar apoio a novas ideias, experimentação e processos criativos que podem resultar em novos produtos, serviços, ou procedimentos tecnológicos". Reflete traço organizacional duradouro (SUBRAMANIAN; NILAKANTA, 1996) e que, em perspectiva comportamental, reflete o grau de "abertura a novas ideias como um aspecto da cultura, [...] uma medida da orientação cultural em direção à inovação" (HURLEY; HULT, 1998, p. 43).

Em adição, uma unidade administrativa é tão mais inovativa não só quanto mais cedo adota uma inovação, mas também quanto maior a taxa temporal de implementação de inovações (ROGERS, 2003; KNOWLES et al., 2008). Denota-se, assim, relação de predição mútua entre inovação e inovatividade: ao passo que a última reflete uma propensão à consecução da primeira, a intensidade com a qual a inovação, de fato, ocorre, é também antecedente da inovatividade. As relações são dispostas na Figura 54.

Figura 54. Relações entre inovatividade e inovação

Ação

Inovatividade → Inovação

Fonte: elaborado pelo autor, com base em Kamaruddeen, Yusof e Said (2010).

Ao nos debruçarmos sobre o desafio de incutir a inovatividade como traço da cultura que subjaz ao processo de aquisição pública, vemo-nos confrontados com a necessidade de garantir a perpetuidade de práticas inovativas, em esforço que goze de legitimidade intraorganizacional. Para tanto, há de se considerar o trinômio estratégia-pessoas-estrutura, na lógica própria do setor público, de sorte a casar forças por vezes antagônicas: a estabilidade e a previsibilidade do desenho burocrático-mecanicista weberiano e a flexibilidade e capacidade de reprogramação de um desenho orgânico, mais afeto à inovação. Tal discussão, ainda inconsistente e de certa forma negligenciada em fóruns de compras públicas, é realizada na próxima seção.

3. *LINKING BEES TO THE TREES*: OS LABORATÓRIOS DE INOVAÇÃO

Reconhece-se, *a priori*, que o modo como se dá, internamente, a divisão de responsabilidades e de autoridade é um dos resultados da estratégia traçada pela organização, provendo a racionalidade necessária para o exercício dos processos administrativos (FENILI, 2017). Tais processos, em última instância, irão promover o avanço dessa organização consoante o norte determinado por sua própria estratégia.

No setor público, a estrutura hierárquica funcional preconizada por Max Weber evidencia-se como a mais comum (SWEDBERG; AGEVALL, 2005; BINDREES et al., 2014). Linhas claras de autoridade, especialização em subunidades específicas, definição satisfatória de atribuições em termos de partições da estrutura e no nível de indivíduos, bem como o déficit de comunicação entre áreas internas, a baixa visão sistêmica e as limitadas flexibilidade e propensão à inovação são os predicados usuais remetidos à departamentalização funcional (VASCONCELLOS; HEMSLEY, 2003)[1]. O foco, tal qual o observado no modelo burocrático de gestão pública, recai sobre a eficiência processual, mas não sobre a sua eficácia, indo de encontro aos preceitos do *New Public Management*.

Estruturas menos introspectivas, como as voltadas a clientes ou a projetos ou, ainda, as adhocracias são entendidas como mais afetas à inovação. Não obstante, a tentativa de compatibilizar a estrutura funcional historicamente vigente no setor público com outro desenho mais extrínseco e adaptativo revela-se problemática. As estruturas matriciais, nas quais, usualmente, há

---
[1] Os motivos para a preponderância do modelo funcional no setor público são variados, podendo remeter à natural limitação de autonomia do agente público, se cotejado com o privado, à necessidade de definida organização formal que preveja os fluxos de comunicação etc. (BINDRESS et al., 2014).

a mescla das departamentalizações funcional e por projetos, são ilustrações dessa celeuma. A dualidade de comando pode implicar excesso de atribuições aos subordinados, além de disputas de poder entre a hierarquia vertical tradicional e a autoridade, tendências à anarquia e indefinição de papéis (SCHNETLER; STEYN; VAN STADEN, 2015).

A solução para tal impasse demanda análise sob os prismas cultural e político. O que se almeja, em última instância, é a efetiva edificação da inovatividade nas compras e contratações públicas, ou seja, que as ideias geradas em um fomentado ambiente inovativo sejam merecedoras do devido suporte para fins de implantação. Trata-se de se conectar o potencial inovativo, formado por pessoas e ideias, com as esferas de poder organizacional que dê a tal potencial devido acesso a recursos, nas suas mais diversificadas formas: o rol vai desde recursos materiais básicos para que os indivíduos possam, de fato, se dedicar à inovatividade (espaço físico, computadores etc.), estendendo-se a recursos de pessoal, e abarcando haveres intangíveis, dos quais se destaca o patrocínio da cúpula.

O que se busca, destarte, é um "intermediário", na concepção de Murray, Caulier-Grice e Mulgan (2010), responsável por liar as "abelhas às árvores"[2]. Essa metáfora responde por desafio já faceado no segundo setor. As incubadoras e os departamentos de pesquisa e desenvolvimento (P&D), em sintética amostra, consubstanciam espaços intermediários definidos enquanto resultado de superação da barreira em comento. Em se tratando do setor público, há de se, preliminarmente, definir o acurado nível de análise.

Para Eggers e Singh (2009), as capacidades de inovação das organizações públicas mostram-se prioritariamente focadas em processos administrativos internos, concentrando-se, ainda, em mudanças incrementais (BESSANT, 2005). Essa visão aclara a pertinência de se situar, inicialmente, os citados espaços intermediários circunscritos às fronteiras do órgão ou da entidade, de sorte a aproximá-los dos seus objetos de análise, minimizando a assimetria de informação entre o agente que atua no espaço intermediário e os demais *stakeholders* do processo de compras públicas, mote do presente exame.

Em adição, no intuito de se evitarem as incompatibilidades típicas de uma estrutura matricial, razoável linha de ação é a de incutir tais espaços como unidades pertencentes à estrutura funcional predominante no setor público.

---

2 *"To connect the bees to the trees"*, no original, sendo as *"bees"* (abelhas) a energia inovativa das pessoas e das ideias, e as *"trees"* (árvores) as instâncias organizacionais com a autoridade de absorver essa energia inovativa e colocá-la em prática.

Tal foi o norte que regeu gestão capitaneada na Câmara dos Deputados, a partir de meados de 2017.

Naquela Casa Legislativa, sob a égide da busca da inovatividade no processo de compras e contratações públicas, ao se pensar no modelo mais adequado de funcionamento desse espaço, os seguintes atributos e potencialidades foram considerados:

(i) capacidade de promoção de inovações *bottom up* e de customização / otimização de inovações *top down*;

(ii) deve exercer, ao menos, três papéis: (a) desenvolvedor e criador de inovação (respondendo a desafios específicos); (b) catalisador (atuando como membrana permeável, ao importar *insights* alheios ao setor público); e (c) educador (transformando processos, competências e cultura) (PUTTICK; BAECK; COLLIGAN, 2014);

(iii) estrutura prioritariamente horizontal, com equipe enxuta, de baixo índice de *turnover*, mesclando maturidade, conhecimento acerca do processo de compras e contratações públicas e criatividade;

(iv) institucionalização de ambiente de experimentação, no qual novas propostas e serviços possam ser construídos em conjunto com servidores públicos de outros órgãos / entidades, com cidadãos e demais *experts* (BASON, 2010);

(v) capilaridade intra e interorganizacional, formando-se redes tanto para a construção de novas soluções (cocriação), quanto para a sua disseminação, primando-se, ainda, pela geração de conhecimento, aproximando-se de espaços acadêmicos.

Tais predicados são inerentes aos denominados **laboratórios de inovação**, conforme lecionam Bellefontaine (2012) e Tõnurist, Kattel e Lember (2015).

Os laboratórios de inovação no setor público são hoje estrutura organizacional em expansão. Em geral, voltam-se a novas abordagens para fins de elaboração de políticas públicas e de oferta de serviços públicos inéditos ou aprimorados, adotando-se a base em evidências, os *insights* comportamentais ou o *design thinking*[3]. São, na ótica de Bellefontaine (2012, p. 1), "espaços colaborativos onde *stakeholders* com perspectivas diversas se engajam em um processo de *workshop* a fim de compreender

---
3 *Design thinking* refere-se à abordagem de proposição de soluções, que envolve, no caso das políticas públicas, o levantamento das necessidades, a criação de forma coletiva e colaborativa de um projeto, em perspectiva de máxima empatia com a comunidade. Envolve as fases de entendimento holístico do problema, observação de campo, formação do ponto de vista do grupo de *design*, ideação (*brainstorming* alusivo à geração de soluções), prototipagem, teste e ajustes (iteração) (CEREZINI; SILVA, 2017). Além do *design thinking*, há de se considerar os *insights* comportamentais, método que identifica modelos de comportamento capazes de incrementar a efetividade de ações e programas públicos.

problemas complexos e desenhar novas abordagens e soluções". Contando com algumas centenas de laboratórios em âmbito internacional, tais estruturas podem ser (i) governamentais (p.ex. o *Mindlab*, na Dinamarca, ou o *Centre for Excellence in Public Sector Design*, na Australia); (ii) inseridas no segundo setor, mas com foco no primeiro (p.ex. o *Deloitte Govlab*, em Washington, EUA); (iii) inseridas no terceiro setor (p.ex. o *Helsinki Design Lab*, na Finlância, ou o *The Public Policy Lab*, em Nova Iorque, EUA); ou (iv) presentes em universidades (tais como o *Harvard i-lab* e o *MIT AgeLab*, ambos em Boston, EUA).

A origem dos laboratórios de inovação pode ser remetida a "organizações independentes de pesquisa em políticas públicas, comumente conhecidas como *think tanks*[4]" (MCGANN; WEAVER, 2002, p. 2). Tal perspectiva é compartilhada por Williamson (2015), para quem uma das origens desses laboratórios no setor público reside na cultura de *think tank* predominante no cenário político anglo-americano.

A despeito de os primeiros *think tanks* terem surgido na década de 1920, concomitantemente na Europa e nos Estados Unidos, tal nomenclatura só foi introduzida nos EUA durante a II Guerra Mundial, caracterizando o "ambiente seguro no qual os especialistas militares e civis se situavam para poder desenvolver planos de invasão e estratégias militares" (HAUCK, 2015, p. 13). Nas décadas que se seguiram à II Guerra, o uso do termo foi ampliado, passando a abarcar instituições focadas em recomendações políticas, em relações internacionais e em questões sociais correntes. Grosso modo, inserem-se no campo da ciência política.

Atualmente, *think tanks* são definidos como "organizações de engajamento em pesquisas na área de políticas públicas, que geram análises e orientações voltadas a políticas domésticas e internacionais, permitindo aos *policy makers* e ao público tomar decisões fundamentadas acerca de política pública" (MCGANN, 2018, p. 8). Conforme dados de dezembro de 2017, publicados pelo *The Think Tanks and Civil Societies Program*, da Universidade da Pensilvânia, há 7.815 *think tanks* em atividade no mundo, sendo que 93 deles encontram-se no Brasil. A distribuição geográfica, em percentuais, dessas unidades é apresentada na Figura 55.

---

4 Tanques de pensamento, em tradução livre.

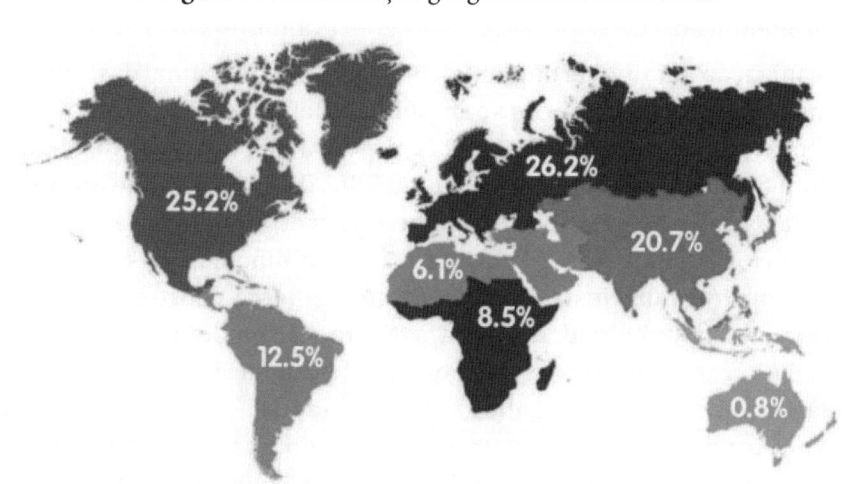

Figura 55. Distribuição geográfica dos *think tanks*

25.2%
26.2%
20.7%
6.1%
8.5%
12.5%
0.8%

Fonte: MCGANN (2018, p. 36).

Para o escopo desta obra, prolongar a discussão acerca das fronteiras conceituais entre laboratórios de inovação e *think tanks* revela olhar pouco prático. Tal debate evidencia-se, inclusive, atualmente pouco conclusivo em sede acadêmica, domínio mais adequado ao seu aprofundamento. De cunho mais pragmático, apresentam-se os pontos de vista dissonantes. De um lado, surge ângulo tal como o apresentado pela plataforma global *OnThinkTanks*[5], dedicada ao estudo e ao suporte de centros de pesquisa política. Em texto[6] de seu diretor e fundador, Enrique Mendizabal, há a provocação direta: seriam os laboratórios de inovação uma nova raça de *think tanks*? Afinal, segundo esse autor, ambas as organizações guardariam as mesmas funções, alusivas à criação e à legitimação de ideias e práticas.

Malgrado tal perspectiva, aliada à recorrente indefinição conceitual, o entendimento ora esposado é o da antinomia, ou seja, de que laboratórios de inovação diferem de *think tanks* por incluírem faceta que transcende a esfera política, mesclando-se traços generalistas de aperfeiçoamento de serviços. Ainda, os laboratórios são entendidos como dirigidos a propósitos específicos, consubstanciando unidade híbrida entre *think tanks*, organizações com propósitos sociais / comunitários, e centros de pesquisa e desenvolvimento (WILLIAMSON, 2015), sendo alicerçados no uso de artefatos de tecnologia da informação e comunicação (SCHUURMAN; TÕNURIST, 2017).

---

5 Disponível em: <https://onthinktanks.org>.
6 Disponível em: <https://onthinktanks.org/resources/nestas-innovative-lab-global-map-is-this-a-map-of-a-new-breed-of-think-tanks/>. Acesso em: 25 fev. 2018.

Existem em ambiente marcado pela austeridade fiscal e atuam como ilhas de experimentação.

A organização não governamental britânica Nesta[7], uma das expoentes globais no fomento à inovação no setor público, defende a distinção conceitual entre laboratórios de inovação e *think tanks*. Para tanto, vale-se de análise da incubadora de base tecnológica dos laboratórios da Universidade de Stanford, constituída há cerca de seis décadas, e que serviu de modelo para a concepção de laboratórios de inovação pública tais como o dinamarquês MindLab e o próprio laboratório da Nesta, sendo *benchmarking* na coordenação da rede governo-indústria-universidade. Para a Nesta, tal modelo – originalmente esteado em seara puramente tecnológica – poderia ser transposto às particularidades da arena pública, distinguindo-se de um *think tank* ao compor um espaço efetivamente experimental no qual protótipos de novas formas de entrega de serviços públicos seriam concebidos, navegando-se entre os primeiro, segundo e terceiro setores a fim de criar ideias úteis e utilizáveis.

Com essa estrita concepção, em 2015, a Nesta efetuou levantamento não exaustivo da distribuição territorial dos laboratórios de inovação no setor público. Considerando-se apenas os laboratórios inseridos nas estruturas governamentais (desconsiderando-se, assim, os pertencentes ao terceiro setor), identificou-se pouco mais de uma centena de unidades, sendo predominantes as relativas ao nível local (Fonte: NESTA 2015).

O Quadro 52 arrola, também em caráter não exaustivo, alguns dos laboratórios de inovação constantes da estrutura governamental no Brasil.

Quadro 52. Laboratórios de inovação do primeiro setor, no Brasil

Laboratório	Características gerais
coLAB-i	Trata-se de um dos primeiros laboratórios dedicados a promover e a suportar a concepção, o desenvolvimento e a aplicação e novas ideias e técnicas às atividades de órgão de fiscalização governamental. Tal unidade foi criada e é operada pelo Centro de Pesquisa e Inovação do Instituto Serzedello Corrêa, universidade corporativa do Tribunal de Contas da União. Instituído em 2015, o coLAB-i tem apoiado as unidades do TCU em projetos inovadores, promovendo pesquisa, comunicação, *networking*, capacitação, *design thinking* na proposição de soluções e serviços e prototipação.

---

[7] A Nesta foi criada, originalmente, como parte integrante do primeiro setor do Reino Unido, em 1998. Em 2010, contudo, decidiu-se que suas atividades poderiam ser mais bem desempenhadas se compusesse o terceiro setor, o que veio a se concretizar em 2012.

Laboratório	Características gerais
iGovLab	É o Laboratório de Inovação do Governo do Estado de São Paulo, criado em 2015 e que compreende espaço físico dedicado à abordagem de problemas complexos e à utilização de técnicas de redesenho de serviços.
G.Nova	Localizado na Escola Nacional de Administração Pública (ENAP), o G.Nova é um laboratório de inovação que se volta ao desenvolvimento de soluções para problemas públicos, baseando-se na técnica do *design thinking*. Executa projetos em parceria com órgãos e entidades públicas, tais como o Banco Central do Brasil e a Agência Nacional de Vigilância Sanitária. Foi instituído em 2016, em parceria com o Ministério do Planejamento, Desenvolvimento e Gestão e com o MindLab, da Dinamarca.
Fábrica de ideias	Criado em 2016, trata-se de laboratório de inovação destinado a fornecer a setores da ANVISA o apoio técnico necessário à ideação, prototipação e montagem do plano de negócios para a implementação de soluções inovadoras.
LabHAcker	Trata-se de espaço que visa a promover o desenvolvimento colaborativo de projetos inovadores em cidadania relacionados ao Poder Legislativo. Criado em 2013, na Câmara dos Deputados, articula rede formada por parlamentares, *hackers* e sociedade civil, promovendo a transparência e a participação social por meio da gestão de dados públicos. O laboratório também é responsável pela governança do portal e-Democracia, uma plataforma de participação que amplia a transparência da atividade legislativa e a interação entre os parlamentares e a sociedade.
LAB.ges	O Laboratório de Inovação na Gestão do Governo do Espírito Santo atua com três focos principais: fomento da cultura da inovação (gestão do conhecimento, debates etc.), promoção de parcerias e soluções inovadoras (escritório de processos, avaliação de políticas públicas etc.). É iniciativa da Secretaria de Estado de Gestão e Recursos Humanos (SEGER).

Fonte: elaborado pelo autor.

Ainda em termos do primeiro setor brasileiro, em 2016 foi criada a Rede Federal de Inovação no Setor Público (InovaGov[8]), com o objetivo de fomentar ações de inovação entre os órgãos e as entidades dos três Poderes – Legislativo, Executivo e Judiciário, contribuindo, ainda, com a interação com o setor privado, não governamental e acadêmico, além de estabelecimento de redes com iniciativas similares nas esferas estadual e municipal. Atualmente[9], a rede

---
[8] Plataforma disponível em: <inova.gov.br>. Acesso em: 27 fev. 2018.
[9] Dados de fevereiro de 2018.

conta com 55 membros do setor público, 10 do setor privado, 4 do terceiro setor e 3 do acadêmico (desconsiderando-se os pesquisadores independentes vinculados). Em apertada síntese, entende-se que a InovaGov funcione como uma espécie de *hub* de inovação, conferindo maior legitimidade e difusão às ações entre seus membros, agindo, ainda, como espaço de conformação cultural.

A instituição de um laboratório de inovação especializado em compras públicas é ação ainda insipiente em nível mundial. Os raros cometimentos nesse sentido, presentes no âmbito dos órgãos governamentais ou na seara acadêmica, são exemplificados no Quadro 53.

Quadro 53. Laboratórios de inovação em compras públicas

Laboratório	Características gerais
International Learning Lab on Public Procurement and Human Rights	Trata-se de rede global que visa à geração de conhecimento, à elaboração de ferramentas e à construção de capacidade local e nacional de agências públicas a fim de integrar a temática de direitos humanos nas compras públicas. Site: <http://www.hrprocurementlab.org/>. (Acesso em: 27 fev. 2018).
Observatorio de Contratación Pública	Lançado em 2011, na Espanha, refere-se a um espaço de encontro para profissionais de compras e de acadêmicos, com vistas ao debate e à análise das novidades introduzidas no ordenamento jurídico, bem como para a construção de novas propostas de ação para a modernização da contratação pública. Site: <http://obcp.es>. (Acesso em: 27 fev. 2018).
Procurement of Innovation Platform	Desenvolvido pelo *International Council for Local Environmental Initiatives* (ICLEI), trata-se de um *hub* online que congrega três funcionalidades: *website*, fórum em compras e contratações públicas e centro de pesquisa. Site: <https://www.innovation-procurement.org/>. Acesso em: 1º mar. 2018.
PIANOo	Estabelecido em 2005, PIANOo é o centro de expertise em compras e contratações públicas da Holanda. Constitui uma rede com mais de 3.500 compradores públicos, sendo responsável pela geração de conhecimento e pela criação de redes junto a universidades. Atualmente, dedica-se aos seguintes tópicos: conhecimento de mercado, contratações sustentáveis, estrutura do setor de compras nas organizações públicas e compras focadas no fomento da inovação. Site: <https://www.pianoo.nl>. (Acesso em: 1º mar. 18.)

Laboratório	Características gerais
The University of Nottingham's Public Procurement Research Group (PPRG)	Trata-se de líder global em pesquisa e ensino sobre a regulação de compras públicas. Inserida na estrutura da Escola de Direito da Universidade de Nottingham, seu papel como laboratório é justificado por sua atuação em projetos de pesquisa sobre reformas em compras públicas em distintos países. Site: <http://www.nottingham.ac.uk/pprg/>. (Acesso em: 02 mar. 18.)
Public Procurement Research Center (PPRC)	Similarmente ao PPRG, o Public Procurement Research Center situa-se em ambiente acadêmico, sendo fruto de cooperação interdisciplinar entre as universidades de Utrecht e de Twente, ambas holandesas. Uma vez mais, seu papel como laboratório é esteado na extrapolação da geração de conhecimento, alcançando a proposição de soluções a problemas específicos de órgãos governamentais na Holanda. Site: <https://www.uu.nl/en/organisation/utrecht-university-school-of-law/public-procurement-research-centre-pprc>. (Acesso em: 02 mar. 18.)

Fonte: elaborado pelo autor.

No Brasil, desconhecia-se a existência de um laboratório de compras públicas, em sua acepção estrita. A cediça escassez de recursos de pessoal e de arquitetura organizacional nos setores de logística da Administração Pública, aliada aos já abordados traços culturais e à intensiva normatização processual são elementos que obstaculizam empreendimentos dessa monta. A iniciativa pioneira, entretanto, deu-se na Câmara dos Deputados, no início de janeiro de 2018.

Conjetura-se que tal arquétipo possa ser difundido no setor público brasileiro, nos próximos anos. A suposição é dada com fulcro no cenário de crescente discussão sobre inovações nas compras públicas, bem como pela futura criação de uma rede nacional de compradores públicos, capitaneada pelo Ministério do Planejamento, Desenvolvimento e Gestão, que proverá maior poder de padronização de boas práticas. Ainda, vislumbra-se que as compras públicas – de certa forma negligenciadas enquanto objeto de pesquisa nos programas de pós-graduação nacionais – começam a compor agenda de estudos científicos. Destarte, a criação de grupos de pesquisa dedicados à matéria em âmbito acadêmico pode se traduzir em faceta embrionária de vindouros centros de pesquisa em aquisições e contratações públicas, nos moldes dos existentes nas universidades de Nottingham e Utrecht (ver Quadro 53).

Nesta seção, expôs-se a concepção dos laboratórios de inovação enquanto espaços intermediários em prol da institucionalização da cultura empreendedora em compras públicas. Se a criação de um laboratório com tal escopo é desafio vultoso, de maior ou igual imponência é a definição de como se trabalhar a inovação uma vez constituída a equipe e dispostos os recursos. Tal, supõe-se, é imbróglio recorrente em laboratórios de inovação e em *think tanks*: ou se apegam demasiadamente a um método de trabalho (como o *design thinking*), privilegiando a eficiência em detrimento da eficácia / efetividade, ou se veem desprovidos de arcabouço metodológico, passando a ter atuação trôpega e casuística. Isto posto, a racionalidade do trabalho a ser desenvolvido deve ser compreendida *a priori*, compondo esqueleto para a operação de um laboratório de compras.

4. A RACIONALIDADE NA OPERAÇÃO DE UM LABORATÓRIO DE INOVAÇÃO EM COMPRAS PÚBLICAS

O meio-termo – ou a conciliação – entre a adesão ao método e o foco em resultados é o que se cobiça, em uma unidade voltada à inovação. Para tanto, propugna-se que a compreensão do processo de compras públicas como um serviço é pedra angular ao êxito do aventado laboratório, permitindo, outrossim, o emprego de modelos teóricos que gozam da devida instrumentalidade.

4.1. A percepção do rito de compras como um serviço à organização

Para Morrar (2014, p. 7), "as características dos serviços foram amplamente negligenciadas pela literatura em inovação", em virtude da complexidade analítica de se definir o resultado de um serviço. Segundo essa autora, a definição de serviço e de suas características mostra-se fator crítico à discussão da inovação

O conceito de serviço guarda complexidade, de certa forma devido à lacuna histórica no estudo dos serviços, em favorecimento à indústria (GALLOUJ, 2002), bem como à heterogeneidade e variedade do setor, "seja em termos das características de produto e de processo, seja do ponto de vista das estruturas de mercado" (MEIRELLES, 2006, p. 119). Essa dificuldade impinge, na análise de Kon (2004), a permanência, no debate atual, da indefinição quanto às fronteiras conceituais entre bens e serviços.

Em termos de abordagens contemporâneas, em que pese o leque diversificado de interpretações sobre o conceito de serviço, Meirelles (2006) destaca a existência de duas linhas de análise principais. De um lado, situam-se autores que centram seus estudos na oferta do serviço, em suas características do processo de produção e do produto gerado. De outro, há o foco no consumo, atinente às funções desempenhadas pelos serviços e o público a que se destinam.

A análise focada na oferta, para Meirelles (2006, p. 126), define três especificidades dos serviços que os distinguem das demais atividades econômicas, a saber: (i) fluxo, referente às propriedades de simultaneidade e de continuidade do processo de prestação e consumo do serviço, o que reflete em sua inestocabilidade; (ii) variedade, concernente "à diversidade de técnicas produtivas e às diferenças no tamanho e na margem de lucro das empresas prestadoras de serviço"; e (iii) uso intensivo de recursos humanos, haja vista que, a despeito do uso crescente de máquinas e equipamentos, o serviço é uma atividade de natureza interativa e relacional, não podendo prescindir de pessoas que realizam a interface com os consumidores / usuários.

Já a abordagem com foco nas características de demanda busca, segundo o autor em pauta, analisar os serviços a partir da função desempenhada e do tipo de consumidor. Nesse escopo, passa-se a conceber os chamados serviços intermediários (ou produtivos), "orientados para o desenvolvimento das atividades produtivas da indústria e das empresas", e os serviços finais (ou de consumo), orientados "para o uso individual (serviços domésticos, lazer, entretenimento) e coletivo (segurança, saúde, educação)".

Gallouj (2007), por sua vez, arrola como características principais dos serviços sua natureza intangível, o caráter interativo em sua prestação, a ausência de transferência de direito de propriedade e a heterogeneidade. Tais características, suas descrições e seus impactos na análise da inovação em serviços são apresentados no Quadro 54.

Quadro 54. Especificidades dos serviços e suas consequências na análise da inovação

Especificidade	Descrição	Consequência na análise da inovação
Natureza intangível	Caráter vago e instável do produto de um serviço, sendo este produto ato, protocolo de tratamento, fórmula, isto é, processo e organização.	Contribui para desviar as análises para os componentes mais tangíveis da prestação, em especial para os processos. Dificulta, ainda, a distinção entre inovação de produto (afinamento de funcionalidades e qualidades) e de processo (redução de custos). Ademais, o caráter imaterial e volátil do serviço compromete o esforço de proteção da inovação e facilita a imitação.

Especificidade	Descrição	Consequência na análise da inovação
Dinâmica interativa	Também chamada de coprodução, traduz certa forma de participação do cliente na produção do serviço.	Traz consequências na natureza da inovação, haja vista que a interatividade vem a contribuir para a solução de um problema de um cliente específico, trazendo à tona formas particulares de inovação, como a sob medida e a *ad hoc*. Ainda, traz consequências na organização da inovação, visto que o cliente pode não ser apenas coprodutor, mas também coinventor, suscitando óbices de apropriação da inovação.
Ausência de transferência de direito de propriedade	Inexistência de produto que circule econômica e independentemente do suporte do serviço, não havendo (como para os bens) estabelecimento ou troca de direitos de propriedade.	Essa forma particular de circulação econômica tem consequências sobre a natureza dos regimes de apropriação da inovação nos serviços, explicando, em particular, as facilidades e as dificuldades de proteção.
Heterogeneidade	Trata-se da extrema diversidade do setor de serviços.	Passa a haver distintos comportamentos de inovação em serviços, a depender da atividade de serviço em análise.

Fonte: FENILI (2016).

De relevância prática para o presente capítulo, tem-se que, ao se conceber o procedimento licitatório como um serviço prestado a determinado cliente, com impactos à comunidade, congregam-se características internas e externas do rito de compra e contratação, afetas tanto a tarefas processuais quanto a benefícios "não apenas para a organização licitante, mas também, para a sociedade e a economia, ao mesmo tempo em que se minimizam os danos ao meio ambiente" (DEFRA, 2006, p. 10). Nessa ótica, entende-se como aplicável às licitações públicas o arcabouço teórico inerente à inovação em serviços.

Tal dedução é medular à estruturação da racionalidade necessária ao exercício do cotidiano de um laboratório de inovação. No caso em tela, o corolário é a possibilidade de se customizar modelo de inovação em serviços ao processo de compras e contratações públicas, e, com base nele, pautar e gerir uma agenda coerente de projetos. Visão objetiva acerca da construção do modelo é retratada em seguida.

4.2. O exercício do laboratório pautada por um modelo de inovação em compras públicas

A presente discussão será conduzida a partir do modelo de serviço proposto por Gallouj e Weinstein (1997). Na visão desses autores, um serviço[10] pode ser representado como um conjunto de vetores de características ou de competências, colocados em correspondência, conforme representado na Figura 57.

Figura 57. Produto (bens e serviços) como vetores de caraterísticas e de competências

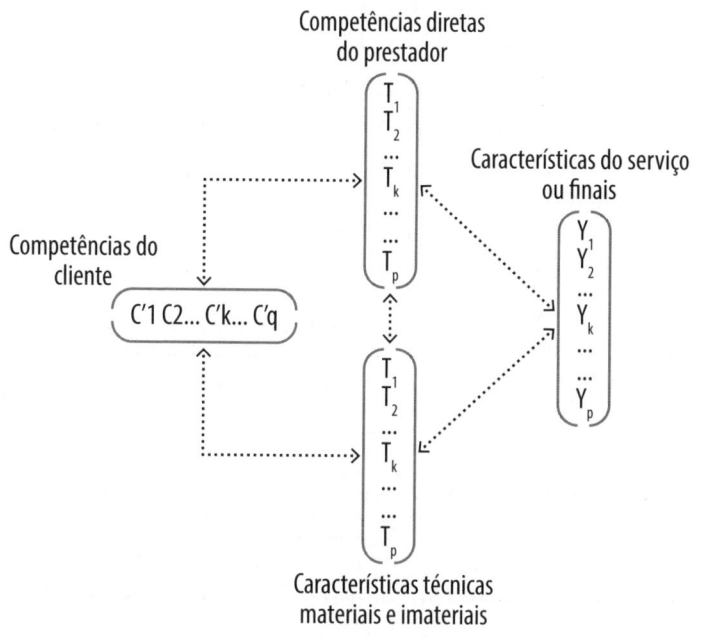

Competências diretas do prestador

T_1
T_2
...
T_k
...
T_p

Características do serviço ou finais

Y_1
Y_2
...
Y_k
...
Y_p

Competências do cliente

$C'1\ C'2 ... C'k ... C'q$

Características técnicas materiais e imateriais

T_1
T_2
...
T_k
...
T_p

Fonte: Gallouj e Weinstein (1997).

No modelo teórico de Gallouj e Weinstein (1997), a prestação de serviços depende da mobilização simultânea de competências (do provedor de serviço e do cliente) e de características técnicas tangíveis e intangíveis. A variável Y representa as características do serviço, os valores de uso e as utilidades fornecidas ao cliente. A variável T, por sua vez, corresponde às características técnicas materiais e imateriais, ou seja, os sistemas técnicos mobilizados para produzir as características vetoriais de Y.

Os vetores C e C' referem-se às competências do prestador e do cliente, respectivamente, cuja articulação simboliza o que se chama de interface da prestação. Com fundamento nesse modelo, Gallouj (2007, p. 14) define

---
[10] O modelo de Gallouj e Weinstein (1997) presta-se tanto a serviços quanto a bens.

a prestação de serviço como "a mobilização simultânea de características técnicas (materiais e imateriais) e de competências (internas e externas) para produzir características de serviços".

Esteando-se no modelo teórico em comento, é possível nominar alguns dos componentes vetoriais de características e competências aplicável ao objeto das compras públicas. O serviço em foco é o processo de compra ou contratação em si, provido a um cliente (usualmente) interno da organização que faz determinada demanda. O prestador do serviço, no caso, refere-se ao funcionário incumbido, ainda que parcialmente, de tarefa inerente ao processo de compra ou contratação, seja da fase interna ou externa da licitação. Pode assumir, no caso, diferentes papéis, tais como o de orçamentista, o de analista jurídico, entre outros.

Os componentes vetoriais característicos do serviço, obviamente em rol que comporta adaptações das mais diversas, são representados no Quadro 55.

Quadro 55. Principais componentes vetoriais do serviço de aquisição / contratação pública, com base no modelo de Gallouj e Weinstein (1997)

Vetor	Componentes
Competências do cliente (C')	Conhecimento sobre o processo de compra ou contratação
	Capacidade de especificação de sua demanda (realização de estudo preliminar / preenchimento de termo de referência ou do projeto básico)
Competências diretas do prestador (C)	Conhecimento sobre o processo de compra ou contratação
	Capacidade de análise do estudo preliminar e do termo de referência ou do projeto básico
	Capacidade de orçamentação (pesquisa de preços)
	Capacidade de elaboração de minutas de instrumentos convocatórios e contratuais
	Capacidade de conduzir análises jurídicas
	Capacidade de relacionamento com o mercado
Características técnicas materiais e imateriais (T)	Funcionalidades de sistemas de tecnologia da informação e comunicação que dão suporte às compras e contratações públicas
	Normas, regulamentos, manuais, instruções
	Arquitetura organizacional (estrutura, estratégia, processos – governança)
	Check-lists e modelos de termo de referência / estudos preliminares
Características do serviço ou finais (Y)	Preço do objeto
	Interstício do processo de licitação
	Qualidade do objeto (material ou serviço)
	Observância a critérios de sustentabilidade
	Transparência da compra ou contratação

Fonte: elaborado pelo autor.

Primeiramente, no que tange às competências do cliente (C'), arrolam-se dois componentes vetoriais. O conhecimento sobre o processo de aquisição ou contratação, de antemão, irá nortear as expectativas e as contribuições do demandante ao longo do processo. Em seguida, a capacidade de se bem definir a demanda, acarretando elaboração satisfatória de estudo preliminar, bem como preenchimento do termo de referência ou projeto básico, documentos basilares à solicitação pleiteada, abarcando especificações, prazos de entrega, justificativas de mérito e de quantitativo, constitui competência de interface direta com o prestador de serviço.

As competências do prestador de serviço (C) vão diferir em função do papel por ele exercido. Comum a todos os papéis, identifica-se o conhecimento sobre o processo de aquisição ou contratação, permeando sua ação ao longo da prestação do serviço. De maneira mais específica, arrolam-se: (i) a capacidade de se analisar o estudo técnico preliminar e o termo de referência ou o projeto básico, saneando-se as eventuais incorreções ou lacunas; (ii) a capacidade de orçamentação, de sorte a obter um preço estimado do objeto coerente com o praticado no mercado; (iii) capacidade de elaboração de minutas de instrumentos convocatórios e de termos contratuais; (iv) capacidade de se conduzir análises jurídicas, seja para fins de abertura de certames ou para a homologação do rito e autorização de despesa, e (v) capacidade de se relacionar com o mercado, seja durante o estudo preliminar ou, após a publicação do instrumento convocatório.

No que diz respeito às características técnicas materiais e imateriais (T), cita-se, inicialmente, os sistemas de tecnologia da informação e comunicação que usualmente agem como subsidiários às compras públicas. Tais sistemas podem ser voltados à fase interna do certame e/ou à externa. No Brasil, exemplo de sistema dessa espécie é o mantido pelo Ministério do Planejamento, Desenvolvimento e Gestão no Portal de Compras Governamentais. Ademais, arrolam-se ainda nesse vetor normas, regulamentos, manuais, instruções e documentos afins. Outrossim, a arquitetura organizacional – processos, estratégias e estrutura – constitui componente do vetor em pauta, consolidando aspecto majoritário da governança nas aquisições públicas. Por derradeiro, *check-lists* e modelos de estudos preliminares, projetos básicos e termos de referência evidenciam-se características imateriais do serviço.

As características do serviço são alusivas aos objetivos das compras e contratações públicas, seja em ótica operacional (preço econômico, qualidade e celeridade) ou estratégica (sustentabilidade), além de se conferir a devida transparência ao rito. Desse modo, conjetura-se que as características finais se confundem, para o processo em tela, com o seu próprio desempenho, ao consubstanciar os valores de uso e as utilidades fornecidas ao cliente.

Desse modo, guiando-se pelos componentes vetoriais do serviço de compra / contratação pública identificados acima, é possível a adaptação do modelo de Gallouj e Weinstein (1997) ao objeto de estudo, conforme representado na Figura 58.

Figura 58. O processo de compras e contratações públicas como vetores de características e competências

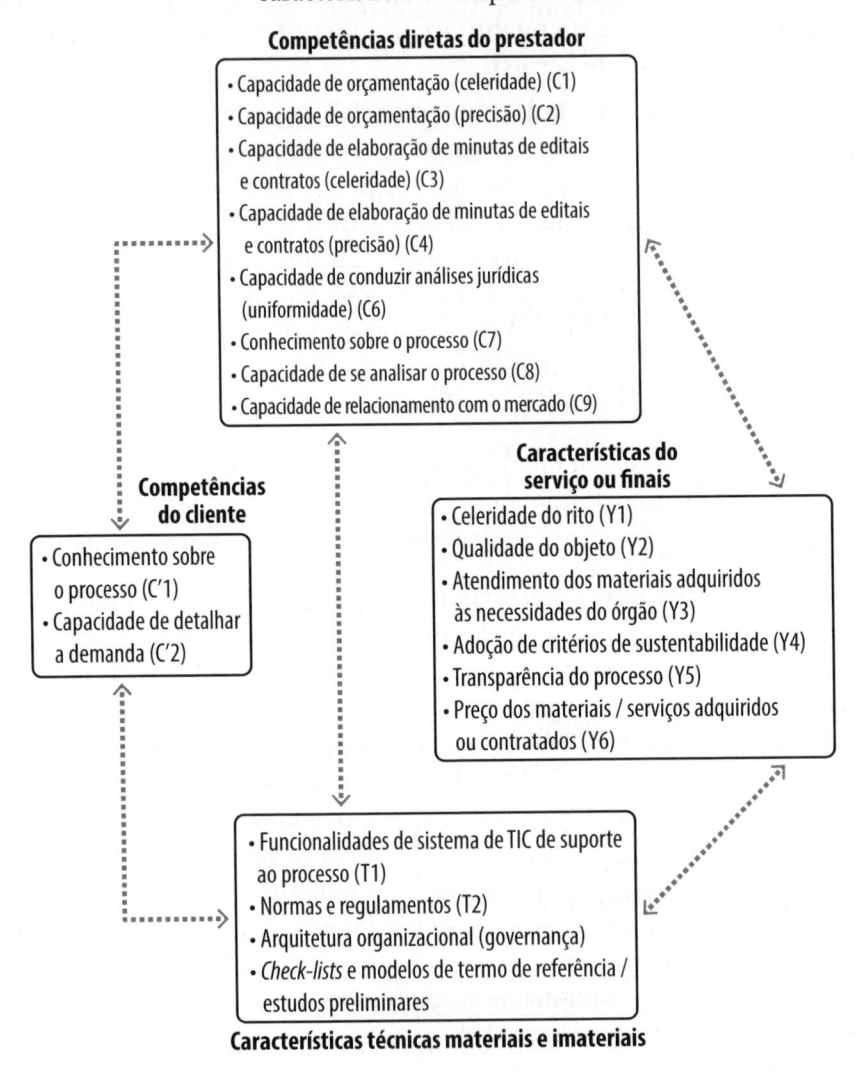

Competências diretas do prestador
- Capacidade de orçamentação (celeridade) (C1)
- Capacidade de orçamentação (precisão) (C2)
- Capacidade de elaboração de minutas de editais e contratos (celeridade) (C3)
- Capacidade de elaboração de minutas de editais e contratos (precisão) (C4)
- Capacidade de conduzir análises jurídicas (uniformidade) (C6)
- Conhecimento sobre o processo (C7)
- Capacidade de se analisar o processo (C8)
- Capacidade de relacionamento com o mercado (C9)

Competências do cliente
- Conhecimento sobre o processo (C'1)
- Capacidade de detalhar a demanda (C'2)

Características do serviço ou finais
- Celeridade do rito (Y1)
- Qualidade do objeto (Y2)
- Atendimento dos materiais adquiridos às necessidades do órgão (Y3)
- Adoção de critérios de sustentabilidade (Y4)
- Transparência do processo (Y5)
- Preço dos materiais / serviços adquiridos ou contratados (Y6)

- Funcionalidades de sistema de TIC de suporte ao processo (T1)
- Normas e regulamentos (T2)
- Arquitetura organizacional (governança)
- *Check-lists* e modelos de termo de referência / estudos preliminares

Características técnicas materiais e imateriais

Fonte: adaptado de Fenili (2016).

Gallouj (2007) define inovação como toda mudança que afeta um ou mais termos dos vetores de características (técnicas, de serviço) ou de competência, bem como a inter-relação entre os vetores, podendo dar-se por evolução, surgimento ou desaparecimento, dissociação, variação, entre outros. A inovação não é mais, nesse sentido, entendida como um resultado, mas sim como um processo, podendo assumir mecanismos tais como variação, evolução, surgimento, desaparecimento, dissociação, bem como ser intencionais, como esforços de pesquisa e desenvolvimento ou fruto de mecanismos naturais de aprendizado.

Note que, uma visão temporalmente dinâmica do modelo de serviços representado na Figura 58 pode desvelar inovações no processo de aquisições ou contratações públicas. Já uma ótica estática, centrada nas características finais ou do serviço, retrata o desempenho processual. Essa percepção confere a devida instrumentalidade ao modelo apresentado, que, por sua vez, passa a guiar as ações que visam à inovação, elencando-as sem que se perca a visão sistêmica do serviço prestado.

Advoga-se, isto posto, que o modelo retratado corporifica diretriz à atuação racional de um laboratório de inovação em compras públicas. De forma concreta, um programa de iniciativas pode ser estipulado, de forma paulatina e concatenada, visando ao aperfeiçoamento do global do serviço. O Quadro 56 traz a devida objetividade a tal assertiva, sendo referente à atuação do Laboratório de Inovação em Compras da Câmara dos Deputados. Registram-se, nesse Quadro, apenas os componentes vetoriais que, no momento de concepção da unidade de inovação, foram priorizados como merecedores de atenção.

Quadro 56. Projetos e práticas desenvolvidas a partir do Laboratório de Inovação em Compras da Câmara dos Deputados, definidos de acordo com o modelo de vetores de características e competências

VETOR	OBJETIVO	PROJETO / PRÁTICA
Competências do Cliente (C')		
Conhecimento sobre o processo	Otimizar o conhecimento do cliente sobre o processo, bem como sua capacidade de detalhar sua demanda, de forma que sua atuação seja mais eficiente.	• Estruturação e implementação de programa de capacitação em aquisições públicas que envolva o cliente. Na Câmara dos Deputados, estruturou-se o Programa de Educação Continuada em Aquisições (PEC Aquisições).
Capacidade de detalhar a demanda		
Competências diretas do prestador (C)		
Conhecimento sobre o processo	Otimizar o conhecimento do prestador sobre o processo, bem como sua capacidade analítica, de sorte a sanear eventuais lacunas e prover a devida orientação em suas instruções.	• Estruturação e implementação do PEC Aquisições (ver item anterior).
Capacidade de analisar o processo		

VETOR	OBJETIVO	PROJETO / PRÁTICA
Capacidade de relacionamento com o mercado	Aperfeiçoar a sistemática de interação do prestador com o mercado, seja durante os estudos preliminares, ou durante a fase externa dos certames.	• Estabelecer protocolo de interface com o mercado, bem como regras de governança para audiências públicas, quando de estudos preliminares. • Capacitar o prestador de serviço em negociação. • Iniciativa de capacitação do mercado. Estruturação de cursos, inicialmente voltado a municípios, com vistas a capacitar o segundo setor em licitações e contratos, focando-se no passo a passo de como licitar e contratar com a Câmara dos Deputados. Ideal que o cerne repouse, ainda, em micro e pequenas empresas. • Elaboração de manuais e tutoriais *web* que promovam a devida interação do segundo setor com as compras e contratações da Câmara dos Deputados.
Interface da Prestação (relação C' e C)		
Congregando ambos os vetores anteriores, a interface da prestação do serviço é tocada mediante duas práticas que visam ao seu aprimoramento: • estruturação de área, no setor de logística da organização, que faça o devido atendimento ao cliente, e dedique-se ao nível de serviço na relação C' e C. Em especial, que faça o acompanhamento dos processos de aquisição / contratação, o controle dos prazos e atue proativamente no saneamento de dúvidas dos clientes; • implementação de pesquisa de satisfação do cliente, aplicada pelo prestador. A pesquisa de satisfação dá-se por amostragem, quando da liquidação das faturas / notas fiscais. Constitui-se de formulário simplificado, do qual constam três questões, a saber: (i) a qualidade do serviço / material foi satisfatória?; (ii) o prazo para a aquisição / contratação foi satisfatório? (as questões i e ii são respondidas mediante escala Likert de 5 pontos, com campo texto livre facultativo em seguida); e (iii) sugestões para a melhoria do processo (texto livre). Com base na pesquisa de satisfação, é elaborado repositório de lições aprendidas dos processos, disponibilizado na intranet da Câmara dos Deputados. Boas práticas e oportunidades de melhoria, quando vislumbradas, são prontamente implementadas.		

VETOR	OBJETIVO	PROJETO / PRÁTICA
Características técnicas materiais e imateriais (T)		
Arquitetura organizacional (governança)	Elaborar e implementar instrumentos de governança em aquisições, de sorte a prover as devidas eficiência e efetividade ao gasto público.	• Elaborar e implementar o plano anual de compras e contratações (PACC). • Elaborar e implementar o plano estratégico de compras e contratações (PECC). • Elaborar e implementar o plano de logística sustentável (PLS). • Prover a devida concatenação lógica entre PLS – PECC – PACC, harmonizando tais instrumentos com o ciclo orçamentário. • Modelar os critérios para a aplicação de sanções em processos administrativos decorrentes de compras e contratações públicas. • Elaborar, implementar e acompanhar a execução de plano de gestão de riscos alusivo ao macroprocesso de compras e contratações públicas. • Estruturar organizacionalmente o macroprocesso de compras e contratações públicas (divisão de autoridade e responsabilidade). • Criação da Central de Compras do Poder Legislativo.
Check-lists e modelos de termo de referência / projeto básico / estudos preliminares	Aparelhar o processo de compras e contratações com modelos de *check-lists*, bem como de estudos preliminares, projetos básicos e termos de referência que assegurem a melhor qualidade de instrução.	• Elaborar e implementar modelo(s) de estudo técnico preliminar. • Associar, previamente, os modelos de estudo técnico preliminar aos itens do plano anual de compras, em função de sua complexidade. • Elaborar e implementar modelos de termo de referência / projeto básico. • Aperfeiçoar *check-lists* alusivos à instrução processual.

VETOR	OBJETIVO	PROJETO / PRÁTICA
Funcionalidades de sistema de TIC de suporte ao processo	Subsidiar o cliente e o prestador do serviço no desempenho de suas atribuições processuais, bem como prover informação gerencial.	• Implementar / aperfeiçoar sistema de TI subsidiário ao plano anual de compras e contratações. • Desenvolver e implementar painel de acompanhamento dos processos de compra e contratação em curso no órgão. • Desenvolver e implementar painel de acompanhamento da execução orçamentária alusiva ao plano anual de compras e contratações. • Desenvolver página *web*, a ser disponibilizada na intranet, com informações sobre jurisprudência sistematizada, lições aprendidas, acompanhamento de processos (o painel citado acima fica hospedado na página), vídeos e material de capacitação etc. • Desenvolvimento de painel informativo acerca da dispersão dos gastos em compras e contratações por empresa contratada (para aonde está escoando o montante dispendido pelo órgão?). Tal painel presta-se à informação de sustentabilidade econômica e social, visando à pulverização dos gastos, de sorte a evitar a formação de oligopólios.
Normas e regulamentos	Aprimorar os regramentos que subjazem o processo de compras e contratações.	• Elaborar instruções normativas que delineiem os métodos de construção e os papéis inerentes aos instrumentos de governança afetos ao processo de aquisições (planos anual e estratégico de compras e contratações, plano de logística sustentável, gestão de riscos etc.).
Características do serviço ou finais (Y)		
Adoção de critérios de sustentabilidade	Ampliar as práticas de sustentabilidade, aprofundando-se em suas dimensões econômica e social.	• Ações afirmativas inscritas em contratos administrativos. • Definição do nível ótimo de centralização de compras, de sorte a balancear os benefícios da economia de escala (paradigma centralizado) e o fomento a micro e pequenas empresas (paradigma descentralizado).

Fonte: elaborado pelo autor.

O portfólio de projetos e novas práticas constantes do Quadro 56 são dinâmicos por natureza, variando de acordo com a maturidade da organização acerca de seu processo de compras e contratações, bem como dos eventuais avanços galgados longitudinalmente.

Frisa-se, ainda, que alterações nos componentes das características finais significam que o serviço em si passa a assumir novos moldes, nova conformação temporal. Tomar ciência dessa possibilidade implica incutir a dinamicidade como traço das licitações públicas, que, naturalmente, revestem-se de distintos desígnios em função da evolução da sociedade em si.

5. CONSIDERAÇÕES FINAIS

Como manter a perenidade da inovação nas compras e contratações públicas? Ao nos voltarmos à provocação inicial deste Capítulo, reconhece-se que, ao menos, algumas respostas foram dadas.

O processo de institucionalização de um ambiente inovativo, perfilha-se, é catalisado pela criação de um espaço intermediário capaz de fazer a devida ligação entre *bees* e *trees*. E o funcionamento desse espaço intermediário pode se valer dos proventos de um modelo de inovação em serviços, capaz de assegurar a devida racionalidade na agenda de ações a serem desenvolvidas.

Investir nesses espaços intermediários, em ótica de curto prazo, importa tão somente o consumo de recursos de pessoal, algo raro e caro aos órgãos públicos brasileiros. Nada obstante, em um panorama de escassez de concursos públicos, os ritos de trabalho devem ficar mais inteligentes, de sorte que uma diminuta equipe executória possa ser mais eficiente em sua rotina de compras e contratações. Por conseguinte, em prisma de médio e longo prazo, investir em inovatividade é a única vereda plausível.

Há, admite-se, muitas respostas a serem dadas. Como serão esses espaços intermediários no futuro? Poderia haver um grande espaço intermediário que, de forma centralizada, atuasse como um centro de pesquisa, geração e disseminação de práticas otimizadas na Administração Pública? Tais espaços, ainda, poderiam se aproximar de centros de gestão de políticas públicas, com vistas à consecução do desenvolvimento nacional sustentável?

O que se vislumbra é um misto de teoria de suporte à prática, aliada à *grounded theory*. Estamos, neste último sentido, construindo teses e abstrações com base no empirismo. O que se assegura é que o caminho trilhado irá abrir novos *insights*, hoje imperceptíveis.

Referências

ADAMS, W. M. *The Future of Sustainability*: Re-thinking Environment and Development in the Twenty-first Century. Report of the International Union for the Conservation of Nature Renowed Thinkers Meeting, 29-31 January 2006. Disponível em: <http://cmsdata.iucn.org/downloads/iucn_future_of_sustanability.pdf>. Acesso em: 06 jan. 2018.

ALCHIAN, A. A.; DEMSETZ, H. Production, information costs and economic organization. *The American Economic Review*, v. 62, n. 5, p. 777-795, 1972.

AKERLOF, G. A. The Market for "Lemons": Quality Uncertainty and the Market Mechanism. *The Quarterly Journal of Economics*, v. 84, n. 3, p. 488 – 500, 1970.

ANDRIOLO, L. J. A Reforma do Estado de 1995 e o Contexto Brasileiro. *Anais do 30º Encontro da ANPAD*, 2006.

ANSOFF, H. I. *The new corporate strategy*. New York: John Wiley & Sons, 1988.

ARORA, D. Good Governance: a Study of the Concept in Indian Context. *IPCA AISP 23rd World Congress of Political Science*, 2014.

ASHER, M. G.; NEWMAN, D.; SNYDER, T. P. *Public Policy in Asia*: implications for business and government. London: Quorum Books, 2002.

ASHWORTH, R.; BOYNE, G.; DELBRIDGE, R. Escape from the Iron Cage? Organizational Change and Isomorphic Pressures in the Public Sector. *Journal of Public Administration Research and Theory*, v. 19, n. 1, p. 165-187, 2007.

ASSOCIAÇÃO BRASILEIRA DE NORMAS TÉCNICAS (ABNT). *NBR ISSO 31000: Gestão de Riscos – Princípios e diretrizes*. Rio de Janeiro, 2009.

BALESTRIN, A. Uma análise da contribuição de Herbert Simon para as teorias organizacionais. *REAd*, v. 8, n. 4, p. 1 – 17, 2002.

BARDHAN, P. Corruption and Development: a review of issues. In: HEIDENHEIMER, A.; JOHNSTON, M. (eds.) *Political Corruption:* Concepts and Contexts. New Brunswick, New Jersey, p. 321 – 339, 2001.

BARNEY, J.; OUCHI, W. (Eds.) *Organizational Economics.* San Francisco: Jossey-Bass, 1986.

BARROS, B. T.; PRATES, M. A. S. *O Estilo Brasileiro de Administrar.* São Paulo: Atlas, 1996.

BASON, C. *Leading Public Sector Innovation*: co-creating for a better society. Bristol: Policy Press, 2010.

BELLEFONTAINE, T. Innovation Labs: bridging think tanks and do tanks. *Policy Horizons Canada,* p. 1-5, 2012.

BERLE, A.; MEANS, G. *The Modern Corporation and Private Property.* New York: Macmillian, 1932.

BERGAMINI, C. W. *Liderança:* administração do sentido. São Paulo: Atlas, 1994.

BERGER, P. L.; LUCKMAN, T. *The Social Construction of Reality.* New York: Doubleday, 1967.

BERNSTEIN, P. L. *Against the Gods:* the Remarkable Story of Risk. New York: John Wiley & Sons, 1998.

BESSANT, J. Enabling continuous and discontinuous innovation: learning from the private sector. *Public Money and Management,* v. 25, n. 1, p. 35-42, 2005.

BINDREES, M. A., POOLEY, R. J.; IBRAHIM, I. S.; BENTAL, D. S. How public organisational structures influence software development processes. *Journal of Computer Science,* v. 10, n. 12, p. 2.593-2.607, 2014.

BOURDIEU, P. *O poder simbólico.* 4. ed. Rio de Janeiro: Bertrand Brasil, 2001.

____. *O senso prático.* Petrópolis: Editora Vozes, 2009.

____. *Razões práticas*: sobre a teoria da ação. Campinas: Papirus, 1996.

____.; WACQUANT, L. *An invitation to reflexive sociology.* Chicago: Chicago University Press, 1992.

BOURNE, L.; WALKER, D. H. T. Visualizing and mapping stakeholder influence. *Management Decision,* v. 43, n. 5, p. 649 – 660, 2005.

BOYATZIS, R. E. *The competent manager*: a model of effective performance. New York: John Wiley & Sons, 1982.

BRAENDLE, U. Theories of the Firm. *Quarterly Journal of Economics,* v. 3, n. 1, p. 141-154, 2004.

BRAMMER, S.; WALKER, H. Sustainable procurement in the public sector: an international comparative study. *International Journal of Operations & Production Management*, v. 31, n. 4, p. 452-476, 2011.

BRASIL. Constituição (1988). *Constituição da República Federativa do Brasil*. Brasília, DF, Senado Federal, 1988.

_____. *Lei nº 8.666*, de 21 de junho de 1993. Regulamenta o art. 37, inciso XXI, da Constituição Federal, institui normas para licitações e contratos da Administração Pública e dá outras providências. Disponível em: <http://www.planalto.gov.br/ccivil_03/leis/l8666cons.htm>. Acesso em: 05 fev. 2018.

_____. *Lei nº 10.520*, de 17 de julho de 2002. Institui, no âmbito da União, Estados, Distrito Federal e Municípios, nos termos do art. 37, inciso XXI, da Constituição Federal, modalidade de licitação denominada pregão, para aquisição de bens e serviços comuns, e dá outras providências. Disponível em: <http://www.planalto.gov.br/ccivil_03/leis/2002/l10520.htm>. Acesso em: 05 fev. 2018.

_____. *Lei Complementar nº 123*, de 14 de dezembro de 2006. Institui o Estatuto Nacional da Microempresa e da Empresa de Pequeno Porte, e dá outras providências. Disponível em: <http://www.planalto.gov.br/ccivil_03/leis/LCP/Lcp123.htm>. Acesso em: 05 fev. 2018.

_____. *Lei nº 12.527*, de 18 de novembro de 2011a. Regula o acesso a informações previsto no inciso XXXIII do art. 5º, no inciso II do § 3º do art. 37 e no § 2º do art. 216 da Constituição Federal e dá outras providências. Disponível em: <http://www.planalto.gov.br/ccivil_03/_ato2011-2014/2011/lei/l12527.htm>. Acesso em: 05 fev. 2018.

_____. *Lei nº 12.462*, de 4 de agosto de 2011b. Institui o Regime Diferenciado de Contratações Públicas – RDC e dá outras providências. Disponível em: <http://www.planalto.gov.br/ccivil_03/_ato2011-2014/2011/Lei/L12462.htm>. Acesso em: 05 fev. 2018.

_____. *Decreto nº 7.746*, de 5 de junho de 2012. Regulamenta o art. 3º da Lei no 8.666, de 21 de junho de 1993, para estabelecer critérios, práticas e diretrizes para a promoção do desenvolvimento nacional sustentável nas contratações realizadas pela administração pública federal, e dá outras providências. Disponível em: <http://www.planalto.gov.br/ccivil_03/_ato2011-2014/2012/decreto/d7746.htm>. Acesso em: 05 fev. 2018.

_____. Tribunal de Contas da União. *Referencial básico de governança aplicável a órgãos e entidades da administração pública*, 2ª ed. Brasília: TCU, Secretaria de Planejamento, Governança e Gestão, 2014.

_____. Ministério do Planejamento, Orçamento e Gestão. *Sustentabilidade na Administração Pública*. Brasília: Secretaria de Logística e Tecnologia da Informação, 2014a.

_____. Superior Tribunal de Justiça (STJ). *Resolução STJ/GP n. 17, de 16 de dezembro de 2015*. Brasília: STJ, 2015.

_____. Tribunal de Contas da União. *FOC 2014*: governança e gestão das aquisições. Brasília: TCU, Secretaria de Controle Externo de Aquisições Logísticas, 2016.

_____. Ministério do Planejamento, Desenvolvimento e Gestão. *Matriz de Riscos*: Gestão de Integridade, Riscos e Controles Internos da Gestão. Brasília: MPDG, Assessoria Especial de Controles Internos, 2017.

_____. Ministério do Planejamento, Desenvolvimento e Gestão. *Manual de Gestão de Integridade, Riscos e Controles Internos da Gestão*. Brasília: MPDG, Assessoria Especial de Controles Internos, 2017a.

BRESSER-PEREIRA, L. C. A Reforma Gerencial do Estado de 1995. *Revista de Administração Pública*, v. 34, n. 4, p. 55-72, 2000.

_____. Do Estado Patrimonial ao Gerencial. In: PINHEIRO; WILHEIM e SACHS (orgs.) *Brasil*: um Século de Transformações. São Paulo: Cia. das Letras, 2001.

BRÍGIDO, E. I. Michel Foucault: uma Análise do Poder. *Revista de Direito Econômico e Socioambiental*, v. 4, n. 1, p. 56-75, 2013.

BRUNO-FARIA, M. F.; BRANDÃO, H. P. Competências Relevantes a Profissionais da Área de T&D de uma Organização Pública do Distrito Federal. *RAC*, v. 7, n. 3, p. 35-56, 2003.

BRYSON, J. *Strategic planning for public and non-profit organization*. San Francisco: Jossey-Bass Publishers, 1995.

BURKE, J. *The Pinball Effect*: How Renaissance Water Gardens Made the Carburetor Possible and other Journeys Through Knowledge. New York: Little Brown and Co., 1997.

BUSSAB, W. O.; MORETTIN, P. A. *Estatística Básica*, 5ª ed. São Paulo: Saraiva, 2007.

CALLENDER, G.; MATTHEWS, D. Government Purchasing: an Evolving Profession? *Journal of Public Budgeting*, v. 12, n. 2, p. 272-290, 2000.

CAO, M. K.; CHI, R.; LIU, Y. Developing a Multi-Agent Automated Negotioation Service Based on Service-Oriented Architecture. *Service Science*, v. 1, n. 1, p. 31-42, 2009.

CARBONE, P. P. Cultura organizacional no setor público brasileiro: desenvolvendo uma metodologia de gerenciamento da cultura. *Revista de Administração Pública*, v. 34, n. 2, p. 133-144, 2000.

_____. A gestão por competências. In: CARBONE et al. *Gestão por competências e gestão do conhecimento*. Rio de Janeiro, FGV, 2006.

CARTER, C.; JENNINGS, M. The role of purchasing in corporate social responsibility: a structural equation analysis. *Journal of Business Logistics*, v. 25, n. 1, p. 145-186, 2004.

CARVALHO, J. L. F.; CARVALHO, F. A. A.; BEZERRA, C. O monge, o executivo e o estudante ludibriado: uma análise empírica sobre leitura eficaz entre alunos de administração. *Cadernos EBAPE.BR*, v. 8, n. 3, p. 535-549, 2010.

CASTEIGTS, M. La gouvernance urbaine entre science et ideologie. *Rencontres Internacionales Démocratie et Management local, Québec*. École National d'Administration Publique, 2003.

CEREZINI, N. R.; SILVA, N. L. F. *Design Thinking*: uma forma de redesenhar serviços públicos com foco no cidadão. In: *X Congresso CONSAD de Gestão Pública, 2017, Brasília, Anais...*

CHIAVENATO, I. *Introdução à Teoria Geral da Administração*, 4ª ed. São Paulo: Editora Manole, 2014.

CHUNG, R. G.; WU, C. Y. The identification of personnel director's competency profile through the use of the job competence assessment method. *African Journal Business Management*, v. 5, n. 2, p. 404-415, 2011.

CLUTTERBUCK, D. *Coaching Eficaz:* como orientar sua equipe para potencializar resultados. São Paulo: Editora Gente, 2008.

COASE, R. The Nature of the Firm. *Economica*, v. 4, n. 16, p. 386-405, 1937.

COHEN, H. *Você pode negociar qualquer coisa*: dicas do melhor negociador do mundo, 17ª ed. Rio de Janeiro: Record, 2007.

COHEN, K. J.; CYERT, R. M. Simulation of organizational behavior. In: MARCH, J. G. *Handbook of organizations*. Chicago: Rand McNally & Co., 1965.

COSTA, A. L. Sistemas de compras no Brasil: a Lei de Licitação e a Função Compras da Empresa Privada. *Revista do Tribunal de Contas da União*, v. 31, n. 35, p. 27-41, 2000.

COVELLO, V. T.; MUMPOWER, J. L. Risk Analysis and Risk Management: An Historical Perspective. *Risk Analysis*, v. 5, n. 2, p. 33-54, 1985.

COZENDEY, C. M. B. *Instituições de Bretton Woods: desenvolvimento e implicações para o Brasil.* Brasília: FUNAG, 2013.

CURRIE, G.; HUMPHREYS, M.; UCBASARAN, D.; MCMANUS, S. Entrepreneurial leadership in the English Public Sector: Paradox or Possibility. *Public Administration*, v. 86, n. 4, p. 987 – 1008, 2008.

D'IRIBARNE, P. National Cultures and Organisations in Search of a Theory: an Interpretative Approach. *International Journal of Cross Cultural Management*, v. 9, n. 3, p. 309-321, 2009.

_____. Giving French Management a Chance. The Association of des Amis de l'École de Paris du management, 2005.

_____. Práticas modernas de gestão inseridas nas culturas do terceiro mundo. *Civitas – Revista de Ciências Sociais*, v. 3, n. 2, p. 327-337, 2003.

DAMATTA, R. *O que faz o Brasil, Brasil?* Rio de Janeiro: Rocco, 1986.

DEFRA – Department for Environment, Food and Rural Affairs. *Sustainable Procurement National Action Plan*: Recommendations from the Sustainable Procurement Task Force. London: DEFRA, 2006.

DELBRIDGE, R.; EDWARDS, T. Challenging conventions: Roles and processes during non-isomorphic institutional change. *Human Relations*, v. 61, p. 299-325. 2008.

DIAS, I. S. Competências em Educação: conceito e significado pedagógico. *Revista Semestral da Associação Brasileira de Psicologia Escolar e Educacional*, v. 14, n. 1, p. 73-78, 2010.

DIMAGGIO, P; POWELL, W. *The neoinstitutionalism in organizational analysis.* Chicago: The University of Chicago Press, 1991.

DUPUIS, J. P. Antropologia, cultura e organizações: proposta de um modelo construtivista. In: CHANLAT, J. F. (org.). *O indivíduo na organização*: dimensões esquecidas, v. 3. São Paulo: Atlas, 1996.

EAGLETON-PIERCE, M. On the Genesis of the Concept of 'Governance': a post-bureaucratic perspective. *Critical Governance Studies Conference*, University of Warwick, 2010.

EDLER, J.; GEORGHIOU, L. Public procurement and innovation – Ressurecting the demand side. *Research Policy*, v. 36, n. 7, p. 949-963, 2007.

EGGERS, W. D.; SINGH, S. K. *The Public Innovator's Playbook*: nurturing bold ideas in government. Ash Institute: Harvard Kennedy School, 2009.

EISENHARDT, K. M. Agency Theory: an Assessment and Review. *Academy of Management Review*, v. 14, n. 1, p. 57-74, 1989.

ERDMENGER, C. *Buying into the Environment*: experiences, opportunities and potential for eco-procurement, 1st ed. Greenleaf Publishing Limited, 2003.

EREZ, M.; GATI, E. A Dynamic, Multi-Level Model of Culture: From the Micro Level of the Individual to the Macro Level of a Global Culture. *Applied Psychology: An International Review*, v. 53, n. 4, p. 583 – 598, 2004.

FABER, M., MANSTETTEN, R. e PROOPS, J. *Ecological economics*: concepts and methods. Cheltenham: Edward Elgar Publishing Ltd. 1996.

FACHIN, R.; MENDONÇA, J. R. Selznick: uma visão da vida e da obra do precursor da perspectiva institucional na teoria organizacional. In VIEIRA, M. M. F.; CARVALHO, C. A. (orgs). *Organizações, Instituições e Poder no Brasil*. Rio de Janeiro: FGV, 2003.

FEAGIN, J.; ORUM, A.; SJOBERG, G. *A case for case study*. Chapel Hill, NC: University of North Carolina Press, 1991.

FENILI, R. R. F. *Administração Geral de Pública para Concursos*: abordagem completa, 3ª ed. Rio de Janeiro: Impetus, 2017.

_____. *Desempenho em Processos de Compras e Contratações Públicas*: um estudo a partir da inovação e das práticas organizacionais. Tese de doutorado. Universidade de Brasília, 340 p., 2016.

_____. *Boas Práticas Administrativas em Compras e Contratações Públicas*. Rio de Janeiro: Impetus, 2015.

FLEURY, A.; FLEURY, M. T. *Estratégias empresariais e formação de competências*: um quebra cabeças caleidoscópico da indústria brasileira. Rio de Janeiro: Atlas, 2001.

FOUCAULT, M. *A arqueologia do saber*. Lisboa, Porto: Vozes, 1972.

_____. *Microfísica do Poder*, 23ª ed. Graal: São Paulo, 2004.

FREEMAN, R. E. *Strategic management*: a stakeholder approach. Boston: Pitman, 1984.

FREITAS, A. B. Traços brasileiros para uma análise organizacional. In: MOTTA, F. C. P.; CALDAS, M. P. (Orgs.). *Cultura Organizacional e Cultura Brasileira*. São Paulo: Atlas, 1997.

GALLOUJ, F. Economia da Inovação: um Balanço dos Debates Recentes. In: BERNARDES, R.; ANDREASSI, T. (orgs.) *Inovação em Serviços Intensivos em Conhecimento*. São Paulo: Saraiva, 2007.

_____. *Innovation in the service economy*: new wealth of nations. Cheltenham: Edward Elgar Publishing Limited, 2002.

_____.; DJELLAL, F. *Two decades of research on innovation in services*: which place for public services? 1st International EIBURS – TAIPS Conference on Innovation in the public sector and public e-services. Urbino, Italy, 2012.

_____.; WEINSTEIN, O. Innovation in Services. *Research Policy*, n. 26, p. 537-556, 1997.

GEERTZ, C. *A Interpretação das Culturas*. Rio de Janeiro: LTC, 2011.

GIDDENS, A. *Sociologia*. 4ª ed. Porto Alegre: Artmed, 2005.

GOLDING, D. A Social and Programmatic History of Risk Research. In: KRIMSKY, S.; GOLDING, D. (eds) *Theories of Risk*, Westport, CT: Praeger, 1992, p. 23-53.

GOMES, J. B. B. *Ação afirmativa e o princípio constitucional da igualdade*: o direito como instrumento de transformação social. Rio de Janeiro: Renovar, 2001.

GOMES, R. C.; GOMES, L. O. M. Proposing a Theoretical Framework to Investigate the Relationships between an Organization and its Environment. *RAC*, v. 11, n. 1, p. 75 – 95, 2007.

GONÇALVES, R. A internacionalização da produção: uma teoria geral? *Revista de Economia Política*, v. 4, n. 1, 1984.

GRAHAM, A. *Como escrever e usar estudos de caso para ensino e aprendizagem no setor público*. Brasília: ENAP, 2010.

GREENWOOD, R.; SUDDABY, R.; HININGS, C. R. Theorizing change: The Role of Professional Associations in the Transformation of Institutionalized Fields. *Academy of Management Journal*, v. 45, n. 1, p. 58-80; 2002.

GRIER, B. *The Early History of The Theory and Management of Risk*. Paper presenter at the Judgement and Decision Making Group Meeting, Philadelphia, Pennsylvania, 1981.

GUIMARÃES, T. A.; BORGES-ANDRADE, J. E.; MACHADO, M. S.; VARGAS, M. R. M. Forecasting core competencies in an R&D environment. *R&D Management*, v. 31, n. 3, p. 249-255, 2001.

HADJIMANOLIS, A. The barriers approach to innovation. In: SHAVININA, L. V. (org.) *The International Handbook on Innovation*. Oxford: Elsevier Science, p. 559-571, 2003.

HAUCK, J. C. R. *Think Tanks*: quem são, como atuam e qual seu panorama de ação no Brasil. *Dissertação de mestrado*. Programa de Pós-Graduação em Ciência Política da Universidade Federal de Minas Gerais (UFMG), 2015.

HAY-GIBSON, N. A river of risk: a diagram of the history and historiography of risk management. *Interdisciplinary Studies in the Built and Virtual Environment*, v. 1, n. 2, p. 148-158, 2008.

HITCHCOCK, A.; LAYCOK, K.; SUNDORPH, E. *Work in Progress*: towards a leaner, smarter public-sector workforce. London: Reform, 2017.

_____. Public Services in Blockchains II: Disrupting Bureaucracy. *The Reformer*, 2016.

HOFSTEDE, G. *Culturas e Organizações*: Compreender a nossa programação mental. Lisboa: Editora Silabo, 2003.

HOLANDA, L. M. C.; CARVALHO, H. G.; PILATTI, L. A.; FRASON, A. C.; RODRIGUES, J. F. Criação, desenvolvimento, e evolução dos conceitos de competência e aprendizagem organizacional. In: Simpósio de Excelência em Gestão e Tecnologia, V, 2008, Resende. *Anais...* Resende, SEGET, 2008.

HOLANDA, S. B. *Raízes do Brasil*. São Paulo: Companhia das Letras, 1995.

HOLLANDERS, H.; ARUNDEL, A.; BULIGESCU, B.; PETER, V; ROMAN, L.; SIMMONDS, P. *European Public Sector Innovation Scoreboard 2013*: a pilot exercise. European Union Publications Office, 2013.

HUGHES, E. C. The ecological aspect of institutions. *American Sociological Review*, v. 1, n. 2, p. 180-189, 1936.

HURLEY, R. F.; HULT, T. M. Innovation, Market Orientation and Organizational Learning: An Integration and Empirical Examination. *Journal of Marketing*, v. 62, n. 7, p. 42-54, 1998.

ICLEI. International Council for Local Environmental Initiatives. *The Procura+ Manual – a Guide to Cost-Effective Sustainable Public Procurement*, 2nd Edition. Germany: ICLEI European Secretariat, 2007.

_____. *Manual Procura+ – Um Guia para Implementação de Compras Públicas Sustentáveis*, 3ª ed. São Paulo: ICLEI – Governos Locais pela Sustentabilidade, Secretariado Europeu, 2015.

IENAGA, C. H. *Competence based management*. Seminário Executivo. São Paulo: Dexttron Consultoria, 1998.

INSTITUTO BRASILEIRO DE GOVERNANÇA CORPORATIVA (IBGC). *Guia de Orientação para Gerenciamento de Riscos Corporativos*. São Paulo: IBGC, 2007.

_____. *Guia das Melhores Práticas de Governança para Fundações e Institutos Empresariais*. São Paulo: IBGC, 2009.

_____. *Código das melhores práticas de governança corporativa*, 5ª ed. São Paulo: IBGC, 2015.

_____. *Gerenciamento de Riscos Corporativos: evolução em governança e estratégia*. Série Cadernos de Governança Corporativa. São Paulo: IBGC, 2017.

JACOBY FERNANDES, J. U. *Como comprar da micro e pequena empresa*. Brasília: SEBRAE, 2008.

JENSEN, M.; MECKLING, W. Theory of the firm: managerial behavior, agency costs and ownership structure. Journal of Financial Economics, v. 3, n. 4, p. 305-360, 1976.

JOHNSON, G.; SCHOLES, K.; WHITTINGTON, R. *Fundamentos de Estratégia*. Porto Alegre: Bookman, 2011.

JOYCE, P. *Strategic managemet for public services*. Philadelphia: Open University Press, 1999.

JUSTEN FILHO, M. Desenvolvimento nacional sustentado: contratações administrativas e o regime introduzido pela Lei 12.349/10. *Informativo Justen, Pereira, Oliveira e Talamini*. Curitiba, nº 50, 2011. Disponível em: <http://www.justen.com.br//informativo.php?&informativo=50&artigo=1077&l=pt>. Acesso em: 15 jan. 2018.

_____. *Comentários à Lei de Licitações e Contratos Administrativos*, 15ª edição. Dialética, 2012.

_____. *Comentários à Lei de Licitações e Contratos Administrativos*. São Paulo: Dialética, 2008.

KAMARUDDEEN, A. M.; YUSOF, N. A.; SAID, I. Innovation and Innovativeness: Difference and Antecedent Relationship. *The IUP Journal of Architecture*, v. 2, n. 1, p. 66-78, 2010.

KATZENBACH, J. R.; SMITH, D. K. *The Wisdom of Teams:* Creating the High Performance Organization. London: Harperbusiness, 2008.

KAUFMANN, D.; KRAAY, A. Governance indicators: where are we, where should we be going? *The World Bank Research Observer*, v. 23, n. 1, p. 1-30, 2008.

KESTING, P.; ULHØI, J. P. Employee-driven innovation: extending the licence to foster innovation. *Management Decision*, v. 48, n. 1, p. 65-84, 2010.

KNOWLES, C.; HANSEN E.; DIBRELL, C. Measuring Firm Innovativeness: Development and Refinement of a New Scale. *Journal of Forest Products Business Research*, v. 5, n. 5, p. 24, 2008.

KON, A. *Economia de Serviço – Teoria e Evolução no Brasil*. Rio de Janeiro: Elsevier, 2004.

KOREH, M.; SHALEV, M. Dialects of institutional change: the transformation of social insurance financing in Israel. *Socio-Economic Review*, 7, p. 553-584. 2009.

KOTLER, P. *Administração de marketing*: análise, planejamento, implementação e controle, 2ª ed. São Paulo: Editora Atlas, 1992.

LACERDA, L. *Logística reversa*: uma visão sobre os conceitos básicos e as práticas operacionais. Rio de Janeiro: COPPEAD/UFRJ, 2002.

LANA, M. S.; FERREIRA, V. C. P. Gestão por Competências: impactos na gestão de pessoas. *Estação Científica Online*, v. 1, n. 4, p. 1 – 18, 2007.

LANGDON, D. *Life Cycle Costing (LCC) as a contribution to sustainable construction: a common methodology*. Final Report. Davis Langdon Management Consulting, 2007.

LE BOTERF, G. De la competénce – essai sur un attracteur étrange. In: *Les éditions d'organisations*. Paris: Quatrième Tirage, 1995.

LESSA, R. Prefácio à terceira edição. In: NUNES, E. O. *A Gramática Política do Brasil*: clientelismo e insulamento burocrático, 3ª ed. Rio de Janeiro: Zahar Editores, 2003.

LIMA, D. H.; VARGAS, E. R. O Estado da Arte sobre Inovação no Setor Público: Como Estudos de Inovação em Serviços Podem Contribuir? In: *Encontro Nacional dos Programas de Pós-Graduação em Administração – ENANPAD*, 2010, Rio de Janeiro. Anais do XXXIV Enanpad, 2010.

LUNA, A. *MAnGve*: Implantando Governança Ágil. Rio de Janeiro: Brasport, 2011.

MACHADO, J. G. *Gestão Ambiental na Administração Pública*: a mudança dos padrões de consumo "começa em casa". Dissertação de mestrado em desenvolvimento sustentável. Centro de Desenvolvimento Sustentável, Universidade de Brasília, 2002.

MAINWARING, S. Introduction: Democratic Accountability in Latin America. In: MAINWARING, S.; CHRISTOPHER, W. (eds) *Democratic Accountability in Latin America*, New York: Oxford University Press, p. 3 – 33, 2003.

MARCH, J. G.; OLSEN, J. P. *Rediscovering Institutions: The Organizational Basis of Politics*. New York: The Free Press, 1989.

MARCONI, M. A.; LAKATOS, E. M. *Metodologia científica*: ciência e conhecimento científico; métodos científicos, teoria, hipóteses e variáveis; metodologia jurídica, 3ª ed. São Paulo: Atlas, 2000.

MARTINS, V. A.; BOSIO, Q. F.; JEREMIAS-JUNIOR, J.; ENCISO, L. F. Conflitos de agência, Governança Corporativa e o serviço público brasileiro: um ensaio teórico. In: 6º Congresso UFSC de Controladoria e Finanças, 2015. *Anais...* Universidade Federal de Santa Catarina, 2015, 18 p.

MATIAS-PEREIRA, J. Administração Pública no Brasil: políticas de revalorização das carreiras típicas de Estado como fator de atração de novos talentos para o serviço público federal. *Revista Observatoria de La Economía de Latinoamerica*, Universidade de Málaga, v. 12, n. 1, p. 1 – 29 – 2004.

MATOS, J. P. S. Custo do ciclo de vida como ferramenta para a gestão de ativos físicos – aplicação ao aquartelamento da Amadora da Academia Militar. *Dissertação de Mestrado*. Instituto Superior Técnico de Lisboa. 94p. 2016.

MAXIMIANO, A. C. A. *Introdução à administração*. 5ª ed. São Paulo: Atlas, 2000.

MAZNEVSKI, M. L.; DISTEFANO, J. J.; GOMEZ, C. B.; NOORDEHAVEN, N. G.; WU, P. C. Cultural Dimensions at the Individual Level of Analysis: the cultural orientations framework. *International Journal of Cross Cultural Management*, v. 2, n. 3, p. 275-295, 2002.

MCGANN, J. G.; WEAVER, R. (eds.) *Think tanks and civil societies*: catalysts for ideas and action. New York: Routledge, 2002.

_____. *2017 Global Go To Think Tank Index Report*. TTCSP Global Go To Think Tank Index Reports, 13. University of Pennsylvania, 2018.

MCCLELLAND, D. Testing for Competence rather than for "Intelligence". *American Psychologist*, v. 1, n. 28, p. 1-14, 1973.

MEEHAN, J.; BRYDE, D. Sustainable Procurement Practice. *Business Strategy and the Environment*, v. 20, p. 94-106, 2011.

MEIRELLES, A. M. *O planejamento estratégico no Banco Central do Brasil e a viabilidade estratégica em uma unidade descentralizada da autarquia: um estudo de caso*. Dissertação de mestrado. Centro de Pós-Graduação em Administração, Faculdade de Ciências Econômicas, Universidade Federal de Minas Gerais, Belo Horizonte, 229 p., 1995.

MEIRELLES, H. L. *Direito Administrativo Brasileiro*. 17ª ed. São Paulo: Malheiros Editores, 1991.

MEIRELLES, D. S. O Conceito de Serviço. *Revista de Economia Política*, v. 26, n. 1, p. 119-126, 2006.

MELLERS, B.; WEISS, R.; BIRNBAUM, M. Violations of Dominance in Pricing Judgements. *Journal of Risk and Uncertainty*, v. 5, n. 1, p. 73-90, 1992.

MEYER, J. W.; ROWAN, B. Institutionalized organizations: formal structure as myth and ceremony. In: MEYER, J. W.; SCOTT, W. R. (eds) *Organizational environments*: ritual and rationality. Beverly Hills, CA: Sage Publications, 1983.

MILLS, J.; PLATTS, K.; BOURNE, M.; RICHARDS, H. *Competing Through Competences*. Cambridge: University Press, 2002.

MIRANDA, S. V. *Identificação de Necessidades de Informação e sua relação com Competências Informacionais*: o caso da Supervisão Indireta de Instituições Financeiras no Brasil. Tese de Doutorado. Faculdade de Economia,

Administração, Contabilidade e Ciência da Informação e Documentação da Universidade de Brasília. 293p., 2007.

MIROSHNICK, V. Culture and international management: a review. *Journal of Management Development*, v. 21, n. 7, p. 521-544, 2002.

MISOCZKY, M. C. A. Implicações do uso das formulações sobre campo de poder e ação de Bourdieu nos estudos organizacionais. *Revista de Administração Contemporânea*, v. 7, edição especial, p. 9-30, 2003.

MORRAR, R. Innovation in Services: a Literature Review. *Technology Innovation Management Review*, v. 4, n. 4, p. 6-14, 2014.

MOTA, A. C. Y. *Accountability no Brasil*: os cidadãos e seus meios institucionais de controle dos representantes. Tese de doutorado. Faculdade de Filosofia, Letras e Ciências Humanas da Universidade de São Paulo. 243p. 2006.

MOTTA, F. C. P.; VASCONCELOS, I. F. G. *Teoria Geral da Administração*. 3ª ed. São Paulo: Cengage Learning, 2013.

MULGAN, G.; ALBURY, D. *Innovation in the Public Sector*. London: Cabinet Office Strategy Unit, 2003.

MURRAY, R.; CAULIER-GRICE, J.; MULGAN, G. *The Open Book of Social Innovation*. Social Innovation Series: Ways to Design, Develop and Grow Social Innovation. NESTA: The Young Foundation, 2010.

NESTA. *World of Labs*, 2015. Disponível em: <https://www.nesta.org.uk/blog/world-labs>. Acesso em: 25 fev. 2018.

NIEBURH, J. M. *Pregão Presencial e Eletrônico*, 5ª ed. Curitiba: Zênite, 2008.

NISEMBAUM, H. *A Competência Essencial*. São Paulo: Infinito, 2000.

OCDE. *Manual de Oslo*: Proposta de Diretrizes para Coleta e Interpretação de Dados sobre Inovação Tecnológica, 3ª ed. Traduzido pela Financiadora de Estudos e Projetos (FINEP), 2005.

OLIVEIRA, D. P. R. *Revitalizando a empresa*: a nova estratégia de reengenharia para resultados e competitividade – conceitos, metodologia, práticas. São Paulo: Atlas, 1996.

OLIVEIRA, S. A.; SEGATTO, A. P. Transferência de Tecnologia e Conhecimento sob a Lente Estruturacionista: uma Integração Temática. *RAE-eletrônica*, v. 8, n. 2, Art. 8, jul. / dez. 2009.

ONU. *Relatório Brundtland – Nosso Futuro Comum*. Comissão Mundial sobre Meio Ambiente e Desenvolvimento da Organização das Nações Unidas, 1987.

OSBORNE, D.; GAEBLER, T. *Reinventing Government*: how the entrepreneurial spirit is transforming the public sector. Reading, MA: Addison-Wesley, 1992.

PECI, A. A nova teoria institucional em estudos organizacionais: uma abordagem crítica. *Cadernos EBAPE.BR*, v.4, n. 1, p. 1-12, 2006.

_____.; VIEIRA, M. M. F.; CLEGG, S. R. A Construção do "Real" e Práticas Discursivas: o Poder nos Processos de Institucionalz(ação). *RAC*, v. 10, n. 3, p. 51-71, 2006.

PEREIRA JUNIOR, J. T. *Comentários à Lei de Licitações e Contratações da Administração Pública*, 5ª ed. Rio de Janeiro: Renovar, 2009.

PFEFFER, J.; SALANCIK, G. R. *The external control of organizations*: a resource dependence perspective. New York: Harper and How, 1978.

PIRES, J. C. S.; MACÊDO, K. B. Cultura organizacional em organizações públicas no Brasil. *Revista de Administração Pública*, v. 40, n. 1, p. 81-105, 2006.

PMI – PROJECT MANAGEMENT INSTITUTE. *Um Guia de Conhecimento em Gerenciamento de Projetos (Guia PMBOK®)*. 5ª ed. EUA: Project Management Institute, 2013.

PRADO JÚNIOR, C. *História Econômica do Brasil.* 41ª ed. São Paulo: Brasiliense, 1994.

PRATES, A. A. P. Organização e instituição do velho e novo institucionalismo. In: SUZANA, R.; MIGUEL, P. *Novas perspectivas na administração de empresas.* São Paulo: Iglu, 2000.

PUTTICK, R.; BAECK, P.; COLLIGAN, P. *I-teams*: the teams and funds making innovation happen in governments around the world. Nesta and Bloomberg Philantropies, 2014.

REAL, S. A. C. *Contributo da análise dos custos de ciclo de vida para projetar a sustentabilidade na construção.* Dissertação de mestrado. Instituto Superior Técnico (IST). Universidade Técnica de Lisboa, Lisboa, 2010.

REDDY, V. R.; KURIAN, M.; ARDAKANIAN, R. *Life-cycle Cost Approach for Management of Environmental Resources*: a Primer. SpringerBriefs in Environmental Science. Springer International Publishing, 2015.

ROBBINS, S. P. *Comportamento Organizacional.* São Paulo: Pearson Prentice Hall, 2006.

ROBLES JUNIOR, A.; BONELLI, V. V. *Gestão da qualidade e do meio ambiente: enfoque econômico, financeiro e patrimonial.* São Paulo: Editora Atlas, 2006.

ROCHA, C. L. A. Ação afirmativa – o conteúdo democrático do princípio da igualdade jurídica. *Revista Trimestral de Direito Público*, n. 5, p. 85-99, 1996.

ROE, M. *Maritime Governance and Policy-Making*. London: Springer, 2013.

ROGERS, D. S.; TIBBEN-LEMBKE, R. S. *Going Backwards*: Reverse Logistics Practice. Reno: University of Nevada, Center for Logistics Management, 1999.

ROGERS, E. *Diffusion of Innovations*. 5th Edition. New York: The Free Press, 2003.

ROLDÃO, M. *Gestão do currículo e avaliação de competências – as questões dos professores*. Lisboa: Editorial Presença, 2003.

SAARI, E.; LEHTONEN, M.; TOIVONEN, M. Making bottom-up and top-down processes meet in public innovation. *Service Industries Journal*, v. 35, n. 6, p. 325-344, 2015.

SAITO, R.; SILVEIRA, A. M. Governança Corporativa: Custos de Agência e Estrutura de Propriedade. *RAE-Clássicos*, v. 48, n. 2, p. 79-86, 2008.

SARLET, I. W. *A eficácia dos direitos fundamentais*. 2ª ed. Porto Alegre: Livraria do Advogado, 2001.

SCHATZKI, T. R; KNORR CETINA, K; SAVIGNY, E. V. *The practice turn in contemporary theory*. London: Routledge, 2001.

SCHEDLER, A. *¿Que és la rendición de cuentas?* México: Instituto Federal de Acceso a la Información Pública, 46 p., 2004.

SCHNETLER, R.; STEYN, H.; VAN STADEN, P. J. Characteristics of Matrix Structures, and their Effects on Project Success. *South African Journal of Industrial Engineering*, v. 26, n. 1, p. 11-26, 2015.

SCHUMPETER, J. A. *Capitalismo, Socialismo e Democracia*. Rio de Janeiro: Zahar, 1984.

SCHUURMAN, D.; TÕNURIST, P. Innovation in the Public Sector: Exploring the Characteristics and Potential Living Labs and Innovation Labs. *Technology Innovation Management Review*, v. 7, n. 1, p. 7-14, 2017.

SCOTT, W. R. The Adolescence of Institutional Theory. *Administrative Science Quarterly*, v. 32, n. 4, p. 493-511, 1987.

_____. Conceptualizing organizational fields: linking organizations and societal systems. In DERLIEN, H. U.; GERHARDT, U.; SCHARPF, F. W. (Eds.) *System-rationalitat und partialinteresse*, p. 203-221. Baden Baden, Germany: Nomos Verlagsgesellschaft, 1994.

_____. *Institutions and Organizations*. Thousand Oaks, CA: SAGE, 1995.

SECCHI, L. Modelos organizacionais e reformas da administração pública. *RAP – Revista de Administração Pública*, v. 43, n. 2, p. 347-369, 2009.

SELZNICK, P. Institutionalism 'old' and 'new'. *Administrative Science Quarterly*, 41, p. 270-277, 1996.

_____. *Leadership in Administration: a Sociological Interpretation*. New York: Row, Peterson and Company, 1957.

SHERMAN, A.; BOHLANDER, G; SNELL, S. *Managing Human Resource*. Cincinatti, OH: Sothwestern Publishing, 1995.

SILVA, D. P. *Vocabulário Jurídico*. Rio de Janeiro: Forense, 1989.

SILVA, G.; KULAY, L. A. Avaliação do Ciclo de Vida. In: VILELA JÚNIOR, A.; DEMAJOROVIC, J. (Eds.) *Modelos e ferramentas de gestão ambiental – desafios e perspectivas para as organizações*. São Paulo: SENAC, 2006.

SILVA FILHO, E. B. A Teoria da Firma e a Abordagem dos Custos de Transação: Elementos para uma Crítica Institucionalista. *Pesquisa & Debate*, v. 17, n. 2, p. 259-277, 2006.

SILVEIRA, A. D. M. *Governança corporativa no Brasil e no mundo*: teoria e prática. Rio de Janeiro: Elsevier, 2010.

SLOMSKI, V. *Controladoria e Governança na Gestão Pública*. São Paulo: Atlas, 2005.

SPENCER, L. M.; SPENCER, S. M. *Competency at Work*: Models for Superior Performance. New York: John Wiley & Sons, 1993.

SOUZA, E. C. L.; CASTRO-LUCAS, C.; FENILI, R. R.; FARIAS, R. M. C. Internacionalização de organizações: propostas de análise à luz da cultura. *R. Adm. FACES Journal*, v. 12, n. 1, p. 139-151, 2013.

SOUZA, L. D. F. Reserva do possível e o mínimo existencial: embate entre direitos fundamentais e limitações orçamentárias. *Revista Âmbito Jurídico*, v. 16, n. 116, 2013.

STROPPA, C. D. C. Licitação Sustentável. In: 9º Seminário Internacional de Compras Governamentais e Sustentabilidade, 2009. Disponível em: http://licitacao.uol.com.br/9seminario/downloads.asp. Acesso em: 07 jan. 2018.

SUBRAMANIAN, A.; NILAKANTA, S. Organizational innovativeness: Exploring the relationship between organizational determinants of innovation, types of innovations, and measures of organizational performance. *Omega*, v. 24, n. 6, p. 631-647, 1996.

SUNDBO, J.; GALLOUJ. F. Innovation in Service. *Policy Research in Engineering, Science and Technology*, PREST. Project Report S2, 1998.

SUNDFELD, C. A. *Licitação e Contrato Administrativo*. 2ª ed. São Paulo : Malheiros Editores, 1995.

SWEDBERG, R.; AGEVALL, O. *The Max Weber Dictionary*: Key Words and Central Concepts, 1st edition. Stanford University Press, 344 p., 2005.

SWINKLES, W. H. A. *Exploration of a theory of internal audit*: a study on the theoretical foundations of internal audit in relation to the nature and the control systems of Dutch public listed firms. Amsterdam, Eburon Academic Publishers, 2013.

TAYLOR, R. S. Information use environment. In: AUSTER, E.; CHOO, C. W. *Managing Information for the competitive edge.* New York: Neal-Schuman Pub., p. 93-136, 1996.

TEIXEIRA, M. F. F. B. *Desafios e Oportunidades para a Inserção do Tripé da Sustentabilidade nas Contratações Públicas*: um estudo dos casos do Governo Federal Brasileiro e do Governo do Estado de São Paulo. Dissertação de Mestrado. Universidade de Brasília, Centro de Desenvolvimento Sustentável, 2013.

THEIS, T.; TOMKIN, J. *Sustainability*: a comprehensive foundation. Houston, Texas, Rice University, 2012. Disponível em: <http://cnx.org/content/col11325/1.43/>. Acesso em: 06 jan. 2018.

TIDD, J.; BESSANT, J.; PAVITT, K. *Managing innovation – integrating technological, market and organizational change*, 2nd edition. England: John Wiley & Sons Ltd, 2001.

TÕNURIST, P. ; KATTEL, R.; LEMBER, V. Discovering Innovation Labs in the Public Sector. *Technology Governance*: Working Papers in Technology Governance and Economy Dynamics, n. 61, p. 1-36, 2015.

UNEP; SETAC. *Life cycle management*: a business guide to sustainability. Paris: United Nations Environment Program, 2007.

UNDP – United Nations Development Programme. *Governance for Sustainable Human Development.* A UNDP Policy Document, 1997.

UNOPS – The United Nations Office for Project Services. *Procurement and Innovation.* Supplement to the 2013 Annual Statistical Report on United Nations Procurement. UNOPS, 2014.

VASCONCELLOS, E.; HEMSLEY, J. R. *Estrutura das Organizações*: estruturas tradicionais, estruturas para inovação, estrutura matricial, 4ª ed. São Paulo: Pioneira Thomson Learning, 2003.

VESPER, J. An Incomplete History of Risk Management. In: VESPER, J. *Risk Assessment and Risk Management in Pharmaceutical Industry*: Clear and Simple. PDA Bookstore, 2006.

VIANA, E. *A Governança corporativa no setor público municipal – um estudo sobre a eficácia da implementação dos princípios da governança nos resultados fiscais.* 120 p. Dissertação (Mestrado em Contabilidade). Faculdade de Economia, Administração e Contabilidade de Ribeirão Preto da Universidade de São Paulo, 2001.

WALLS III; SMITH, M. R. *Life-cycle cost analysis in pavement design – interim technical bulletin.* FHWA-AS-98-079, Federal Highway Administration, Washington D.C., 1998.

WILLIAMSON, B. *Testing Governance*: The Laboratory Lives and Methods of Policy Innovation Labs. Working Paper. Stirling: University of Stirling, 2015.

WILLIAMSON, O. E. *Markets and Hierarchies*: Analysis and Antitrust Implications. New York: Free Presss, 1975.

_____. Comparative Economic Organization: The Analysis of Discrete Structural Alternatives. *Administrative Science Quarterly*, v. 36, n. 2, p. 269-296, 1991.

_____. *The theory of the firm as governance structure*: from choice to contract. Berkeley: University of California, 2002.

WINDRUM, P. Innovation in Public Sector Services. In: WINDRUM, P.; KOCH, P. (Eds.) *Innovation in Public Sector Services*: Entrepreneurship, Creativity and Management. Cheltenham: Edward Elgar, 2008.

WOOD JR., THOMAZ; DE PAULA, A. P. P. Viagem Epistemológica às Livrarias dos Aeroportos. *Iberoamerican Academy of Management Proceedings*, 3rd International Conference, São Paulo, 2003.

ZARIFIAN, P. *Objectif Compétence*. Paris: Liaisons, 1999.

Rua Alexandre Moura, 51
24210-200 – Gragoatá – Niterói – RJ
Telefax: (21) 2621-7007

www.impetus.com.br

Esta obra foi impressa em papel offset 75 grs./m^2